Christina Müller

Bewegte Grundschule

Anregungen für mehr Bewegung
in der Grundschule

4., aktualisierte und erweiterte Auflage

Onlineversion
Nomos eLibrary

Die Deutsche Nationalbibliothek verzeichnet diese Publikation in der Deutschen Nationalbibliografie; detaillierte bibliografische Daten sind im Internet über http://dnb.d-nb.de abrufbar.

ISBN 978-3-98572-048-4 (Print)
ISBN 978-3-98572-049-1 (ePDF)

4., aktualisierte und erweiterte Auflage 2022
© Academia – ein Verlag in der Nomos Verlagsgesellschaft mbH & Co. KG, Baden-Baden 2022. Gesamtverantwortung für Druck und Herstellung bei der Nomos Verlagsgesellschaft mbH & Co. KG. Alle Rechte, auch die des Nachdrucks von Auszügen, der fotomechanischen Wiedergabe und der Übersetzung, vorbehalten. Gedruckt auf alterungsbeständigem Papier.

Besuchen Sie uns im Internet
academia-verlag.de

Inhaltsverzeichnis

Vorwort	**9**
Einleitung: Schulen kommen in Bewegung	**17**
1 Bewegung im Leben von Kindern – Anspruch und Wirklichkeit	**21**
1.1 Die Bedeutung der Bewegung für die Entwicklung von Kindern	21
1.1.1 Bewegung als anthropologisch begründbares Grundbedürfnis von Kindern	21
1.1.2 Bedeutungsaspekte der Bewegung für die kindliche Entwicklung	23
1.2 Die Bewegungswelt und das Bewegungsverhalten von Kindern	37
1.3 Bewegte Grundschule gestalten – eine Querschnittsaufgabe	42
1.4 Ein pädagogisches Konzept der bewegten Grundschule	50
1.4.1 Theoretische Positionen	51
1.4.2 Hauptzielstellung und Teilziele	52
1.4.3 Bereiche und Teilbereiche	57
2 Bewegter Unterricht	**63**
2.1 Bewegtes Lernen	63
2.2 Dynamisches Sitzen	84
2.2.1 Befähigung zu einem bewegten Sitzverhalten	85
2.2.2 Veränderung der Sitzbedingungen	91
2.2.3 Bewegung in das Sitzen bringen	98
2.3 Auflockerungsminuten	101
2.3.1 Spielerische Gymnastik	104
2.3.1.1 Spielerische Gymnastik mit Körperteilen	105
2.3.1.2 Spielerische Gymnastik mit Alltagsmaterialien (Korken, Luftballon, Kissen, Stühlen, Lineal, Tücher)	109
2.3.1.3 Spielerische Gymnastik mit Partnern	113
2.3.2 Kleine Kunststücke	114
2.3.3 Bewegungsgeschichten	117
2.3.4 Rhythmisch-musikalische Bewegungsspiele	124
2.3.4.1 Rhythmusübungen	126
2.3.4.2 Bewegungslieder	130
2.3.4.3 Tanzspiele	138
2.3.5 Darstellendes Spiel	143
2.4 Entspannungsphasen	149

2.4.1 Kennlern- und Kontaktspiele	153
2.4.2 Spiele mit der Ruhe	157
2.4.2.1 Entspannende Spiele	158
2.4.2.2 Kleine Stilleübungen	161
2.4.3 Wahrnehmungsspiele	166
2.4.4 Entspannungsübungen	172
2.4.4.1 Atemübungen	172
2.4.4.2 Anspannung und Entspannung	175
2.4.4.3 Spielerische Massage	180
2.4.4.4 Entspannungsgeschichten	185
2.5 Bewegungsorientierte Projekte	188
2.5.1 Parallele Behandlung bewegungsorientierter Themen in einem fachübergreifenden Unterricht	188
2.5.2 Bewegungsorientierte Projekte	191
2.6 Individuelle Bewegungszeit	203
2.6.1 Möglichkeiten und Grenzen	203
2.6.2 Mögliche Handlungssituationen	206

3 Bewegte Pause — **211**

3.1 Ziele der bewegten Pause	211
3.2 Ideensplitter für bewegte Pausen	215
3.2.1 Bewegte Pausen im Klassenzimmer	215
3.2.2 Das Schulhaus als Bewegungsraum	217
3.2.3 Bewegte Hofpausen	219
3.3 Die Gestaltung von bewegten Pausen	224

4 Bewegtes Schulleben — **227**

4.1 Ganztagsangebote für Bewegung, Spiel und Sport	229
4.2 Spiel- und Sportfeste	231
4.3 Wandertage und Klassenfahrten	237

5 Schulsport als Fundament einer bewegten Schule — **249**

5.1 Beitrag des Schulsports zur bewegten Grundschule	250
5.1.1 Ergänzung und Erweiterung	250
5.1.2 Impulsgebung	255
5.2 Facheigene Ziele des Schulsports in der Grundschule und Aspekte der methodischen Gestaltung	257

6 Bewegte Freizeit — **261**

6.1 Zusammenarbeit mit den Familien	263
6.2 Kooperationen mit (bewegten) Horten	273
6.3 Gesellschaftliche Integration	279

7 Qualifizierung für die Gestaltung einer bewegten Grundschule — **285**
   7.1 Wie bringe ich meine Schule in Bewegung? — 285
   7.2 Bewegte Grundschule als Thema in der Lehrerausbildung und -fortbildung — 297
   7.3 Vorschläge für ein Konzept zur Aus- und Fortbildung — 300

Literatur — **309**

Anhang — **329**
   Anhang 1: Bilder für Bewegungsgeschichte (Biewald, 1997) — 330
   Anhang 2: Massagegeschichten (Petzold, 1997a) — 332
   Anhang 3: Entspannungsgeschichten (Lang, 1997) — 337
   Anhang 4: Gehirngymnastik (Brain-Gym) — 342
   Anhang 5: Gummitwist — 346
   Anhang 6: Elternbriefe — 347
   Anhang 7: Lernprogramme mit Bewegungsanregungen — 364
   Anhang 8: Bedeutung der Bewegung — 365

Bildnachweis — **367**

Vorwort zur 1. Auflage

Bei einer Schülerbefragung wurde deutlich, dass für Grundschulkinder das Stillsitzen in den meisten Fächern „nicht schön, blöd, langweilig und sehr schwer" ist und sie sich mehr Bewegung im Deutsch- oder Mathematikunterricht wünschen (Müller et al., 1993). Eine von uns durchgeführte Literaturanalyse zeigte, dass Fragen nach Bewegungsaktivitäten im Schulalltag schon seit mehreren Wissenschaftler- und Lehrergenerationen von Interesse sind. Positive Auswirkungen auf die Lernleistung und Persönlichkeitsentwicklung konnten in fast allen Untersuchungen nachgewiesen werden. Wir stellten uns die Fragen: Warum bestimmt trotz Lockerung bewegungsbezogener Regeln durch unterschiedliche Formen des offenen Unterrichts ein „typischer Sitzunterricht" noch zu häufig den Schulalltag? Warum kommt Schule so schwer in Bewegung?

Antworten fanden wir auf unterschiedlichen Ebenen, so in fehlender Integrationsleistung unterschiedlicher Wissenschaftsgebiete bezüglich der Bewegungserziehung, in einer Unterbewertung der Rolle der Bewegung im Schulalltag seitens der Administration, in einem zu traditionellen Unterrichtsverständnis der Lehrer, in unzureichender Sensibilisierung für die Bedeutung der Bewegung für die kindliche Entwicklung und in fehlender Handlungskompetenz bezüglich der Gestaltung von Bewegungsaktivitäten bei Lehrern und Eltern sowie in ungünstigen materiellen Bedingungen u. a.

Wir schlussfolgerten, dass Chancen für mehr Bewegung in der Schule nur bestehen, wenn Veränderungen auf diesen unterschiedlichen Ebenen anvisiert werden. Mit diesem Anspruch konzipierten wir das Forschungsprojekt „Bewegte Grundschule", das von 1996 bis 2000 in vier Versuchsschulen in Sachsen und einer Schule in Rheinland-Pfalz erprobt wurde.

Diesem Zeitplan folgend stellt dieses Vorwort, welches wie üblich nach Beendigung des Buchmanuskriptes geschrieben wurde, einen Rückblick dar, schließt aber gleichzeitig in den Dank die Bitte der Autorin um eine ergebnisorientierte weitere Zusammenarbeit ein.

Wenn im Vorwort und auch im gesamten Buch von „wir" die Rede ist, dann sind dies die Mitglieder der Forschungsgruppe „Bewegte Grundschule" im Bereich Sportpädagogik der Fakultät Erziehungswissenschaften der Technischen

Vorwort zur 1. Auflage

Universität Dresden. Ohne die sehr kritischen, aber immer konstruktiven Beratungen, ohne die zahlreichen Ideen der Mitglieder der Forschungsgruppe und ohne deren weit über die beruflichen Verpflichtungen hinausgehendes Engagement wäre das Projekt nicht konzipiert, nicht realisiert worden und dieses Buch hätte von mir nicht geschrieben werden können. Deshalb bedanke ich mich in besonderem Maße bei Frau Marit Obier, Frau Martina Volkmer, Frau Ruth Mathe, Herrn Ralph Petzold, Herrn Mario Loncke † sowie bei den Studenten, die sich vor allem im Rahmen von Belegarbeiten, wissenschaftlichen Arbeiten, Vordiplomarbeiten u. a. ergebnisorientiert in die Arbeit von Teilforschungsgruppen eingebracht haben bzw. gegenwärtig einbringen.

Die Projektidee ist in enger Zusammenarbeit mit der Universität Koblenz-Landau entstanden. Mein Dank gilt Frau Helga Pollähne und Herrn Prof. Dr. Hanns Petillon, der mit seinen theoretischen Positionen aus grundschulpädagogischer Sicht und seinen Erfahrungen auch aus der wissenschaftlichen Begleitung des Modellversuches „Lern- und Spielschule in Rheinland-Pfalz" wesentliche Denkanstöße und forschungsmethodische Beratung gegeben hat.

Mit den Grundschuldidaktikern der Fakultät Erziehungswissenschaft der TU Dresden, Frau Dr. Elke Germann, Frau Dr. Irene Scholze und Herrn Dr. Steffen Wittkowske, haben mir weitere Experten mit ihren Hinweisen zur Seite gestanden. Ich bedanke mich für die Beratung zu speziellen Fragestellungen von Frau Dr. Barbara Haupt (Jena), Herrn Prof. Dr. Peter Hirtz (Greifswald), Herrn Prof. Dr. Arno Zeuner (Leipzig), Herrn Prof. Dr. Klaus Koinzer (Chemnitz) und Prof. Dr. Gerhard Hecker (Köln).

Ein Konzept nur aus den Köpfen von Wissenschaftlern bliebe ohne Praxisbezug ein theoretisches Konstrukt.

Den Hauptanteil der Arbeit bei der Umsetzung und Vervollkommnung des Konzeptes haben selbstverständlich die Kolleginnen und Kollegen der Versuchsschulen:
Grundschule Cossebaude, 109. Grundschule Dresden, Grundschule Hermsdorf, Grundschule Tharandt, Grund- und Hauptschule Böbingen-Gommersheim
Mein Dank gilt auch den Kolleginnen und Kollegen der Kontrollschulen, die uns bei der Gewinnung von Vergleichsdaten unterstützen:
4. Grundschule Dresden, 91. Grundschule Dresden, Grundschule Reichenberg/Boxdorf, Grund- und Hauptschule Lustadt
Die förderlichen Kontakte mit Vertretern anderer, ebenfalls mehr Bewegung in der Schule anzielender Konzepte in Deutschland, der Schweiz, Österreich und Belgien habe ich als sehr angenehm empfunden. Vor allem das offensichtlich ver-

Vorwort zur 1. Auflage

einende Bemühen aller Enthusiasten einer bewegten Schule, trotz vieler Schwierigkeiten Lösungen im Interesse der Kinder zu finden, beeindruckte mich sehr.

Das Projekt wäre nicht Realität geworden ohne:
- die entsprechenden Genehmigungen durch das Sächsische Staatsministerium für Kultus und die Unterstützung besonders des Referates für Schulsport,
- die finanzielle Unterstützung durch die AOK Sachsen und des Bundesverbandes der Unfallversicherungsträger der öffentlichen Hand,
- das Verständnis vieler Eltern,
- die freundliche Genehmigung des Verlages HALB & HALB, Abbildungen mit der Symbolgestalt für die Grundschule in Sachsen, genannt „Murmel", in verschiedenen Veröffentlichungen, so auch in diesem Buch, verwenden zu dürfen,
- und natürlich die Kinder.

Den Mädchen und Jungen an den Versuchsschulen gilt mein größter Dank. Sie haben sehr freudig und selbständig bewegte Grundschule mitgestaltet. Durch ihren oft problemlosen Umgang mit den Inhalten der bewegten Schule halfen und helfen sie, Bedenken und Unsicherheiten der Erwachsenen schnell aus dem Weg zu räumen.

Insgesamt wird sicher deutlich, dass eine tragende Komponente des Projektes „Bewegte Grundschule" bisher und hoffentlich auch zukünftig im Aufeinanderzugehen der direkt und indirekt Beteiligten liegt und ebenso im gemeinsamen Bemühen, im Interesse der Kinder Lösungen für mehr Bewegung in der Schule zu finden.

Diese Erfahrungen des Miteinanders sind für mich persönlich eines der beachtenswerten Ergebnisse unseres Projektes.

Dresden, März 1999   Christina Müller

Vorwort zur neu bearbeitenden 3. Auflage

Seit dem Erscheinen der 1. Auflage sind über 10 Jahre vergangen. In viele Grundschulen ist vermehrt Bewegung gekommen. Langsam verbreitet sich das Konzept auch in weiterführenden Schulen.

Der Blick der Forschungsgruppe „Bewegte Schule" ist längst über den Grundschulbereich hinaus gerichtet. Ab 2000 wurde das Konzept der bewegten Schule für weiterführende Schulen entwickelt, dort erprobt und mit einer Längsschnittstudie über fünf Jahre wissenschaftlich begleitet (Müller & Petzold, 2014). Für die langjährige Zusammenarbeit gilt unser Dank dem Humboldt-Gymnasium in Radeberg, den Mittelschulen in Tharandt, Medingen und Wiesa sowie den Kontrollschulen: Gymnasium Dresden-Plauen, Mittelschule Boxdorf, Mittelschule Heidenau.

In den letzten Jahren wurden ausgehend von der bewegten Grundschule konzeptionelle Weiterentwicklungen für den Hort (Müller, 2009) und für den Kindergarten (Müller, 2008) vorgenommen. Diese Überlegungen blieben nicht ohne Rückwirkungen für den Grundschulbereich. Ebenso erfordern Veränderungen in der Schulwirklichkeit, wie die Ganztagsangebote oder die Zertifizierung von bewegten Schulen, Ergänzungen.

Deshalb war für die 3. Auflage der „Bewegten Grundschule" eine umfassende Bearbeitung notwendig. Verändert wurden besonders die Kapitel 5 und 7. Erweiterungen betreffen aber ebenso alle anderen Kapitel.

Wir hoffen mit der 3. neu bearbeiteten Auflage weitere Grundschulen für mehr Bewegungsaktivitäten begeistern zu können. Des Weiteren wollen wir zu pädagogisch sinnvollen Übergängen unter dem Bewegungsaspekt anregen vom Kindergarten – über die Grundschulen – zu den weiterführenden Schulen sowie zu Kooperationen mit den Horten. Im Interesse der Kinder ist dies auf in jedem Fall!

Leipzig, März 2010   Christina Müller
                                    und die Forschungsgruppe „Bewegte Schule"

Vorwort zur neu bearbeitenden und erweiterten 4. Auflage

Seit dem Erscheinen der 3. Auflage sind wieder über 10 Jahre vergangen. Die Schulwirklichkeit und die Bewegungswelt von Kindern haben sich verändert. Das Konzept der bewegten Schule hat weitere Verbreitung erlangt. Eine Reihe von Schulen und Kitas konnte in Sachsen zertifiziert werden. Vielfältige Erfahrungen und neue Ideen sind sowohl in der Forschungsgruppe als auch vor allem an den Schulen entstanden.

Aus diesen Gründen wurde für die 4. Auflage eine umfassende Bearbeitung notwendig, die sich besonders auf folgende Schwerpunkte bezieht:
- Die Gestaltung einer bewegten Grundschule wird in der 4. Auflage als eine Querschnittsaufgabe konkretisiert, die sowohl innerhalb der Grundschule als auch entlang des Bildungsweges von der Kinderkrippe – über den Kindergarten – bis zur Grundschule und dem Hort – und bis zu den weiterführenden Schulen zu konzipieren ist. Damit dies gelingen kann, werden Verbindungen innerhalb der Grundschule ausgewiesen und auf Querschnittsaufgaben entlang des Bildungsweges hingewiesen. Zur Unterstützung wurden formelle Anpassungen an die Struktur und Form der Bücher „Bewegte Kita" (Müller, 2021) sowie „Bewegte Schule" (Müller & Petzold, 2014) vorgenommen. Einige Beispiele aus diesen Büchern wurden übernommen.
- Die 4. Auflage enthält auch förderschwerpunktübergreifende Aspekte für inklusive Bildungsprozesse bzw. für Förderschulen, die aus der Zusammenarbeit mit solchen Schulen entstanden und im Buch „Bewegte Schule für alle" (Müller & Dinter, 2020) veröffentlicht sind.
- Bei der Überarbeitung wurden weitere Ideen aus zertifizierten bewegten Grundschulen aufgenommen. Für die gute Zusammenarbeit im Sinne eines gegenseitigen Prozesses des Gebens und Nehmens bedanken wir uns.
- Die Medienhinweise wurden ergänzt und aktualisiert. Die angegebene Literatur ist teilweise auch als E-Book, als PDF-Datei zum Downloaden, als Hörbuch im Internet aufzufinden oder wird als Bücher im gebrauchten Zustand angeboten.

Vorwort zur neu bearbeitenden und erweiterten 4. Auflage

Wir hoffen, dass wir mit der 4. Auflage noch weitere Grundschulen für mehr Bewegung im Schulalltag interessieren und ihnen Hilfe für die Umsetzung geben können.

Leipzig, April 2022　　　　Christina Müller
　　　　　　　　　　　　　und die Forschungsgruppe „Bewegte Schule"
　　　　　　　　　　　　　der Universität Leipzig

Einleitung
Schulen kommen in Bewegung

Zahlreiche Schulen haben sich auf den Weg begeben, ihre pädagogische Arbeit neu zu orientieren und sich dadurch besser auf veränderte Lernvoraussetzungen und Lebensvorstellungen der Kinder einzustellen. Die Kolleginnen und Kollegen an diesen Schulen ergreifen sozusagen von unten die Initiative zu Reformen (Stern & Balsliemke, 1998, S. 62-64). Dabei kann Schule nicht nur im Sinne von Verändern in Bewegung gebracht werden, sondern im eigentlichen Wortverständnis sollten dem Bewegungsleben der Kinder ein viel höherer Stellenwert als bisher eingeräumt werden.

Auf den Weg zu bewegten Grundschulen haben sich bereits im August 1996 vier Grundschulen in Sachsen und eine Schule in Rheinland-Pfalz begeben. Sie wurden unterstützt von Wissenschaftlern aus beiden Bundesländern (Müller & Petillon, 1995). In einer ergebnisorientierten Zusammenarbeit wurde und wird das Ausgangskonzept auf das Machbare überprüft und ausgeformt. In diesem Zusammenwirken von Wissenschaftlern und Praktikern sehen wir einen Schlüssel zum Erfolg.

Mit der Veröffentlichung sind drei Zielstellungen verbunden:
- das theoretische Konzept zu erläutern
- praktische Gestaltungsmöglichkeiten aufzuzeigen und
- Erfahrungen weiterzugeben

Es kann keine generelle Übertragbarkeit unseres Konzeptes auf alle anderen Schulen im Sinne einer 1:1-Projektion erwartet werden. Regionale Unterschiede, Differenzierungen der Schülerschaft, die Erfahrungen und der persönliche Unterrichtsstil jeder Lehrkraft, das Zusammenspiel im Lehrerkollegium und vieles mehr erfordern Modifizierungen, Akzentuierungen und Veränderungen entsprechend der konkreten Situation. Deshalb wollen unsere Vorschläge nur als allgemeine Anregung verstanden sein. Selbst in unseren Versuchsschulen entstehen trotz gleicher konzeptioneller Grundlagen bewegte Grundschulen mit Differenzierungen in der Ausprägung.

Das Aufgreifen unserer Vorschläge verlangt auch nicht sich unbedingt für das spezielle Schulprofil „Bewegte Grundschule" zu entscheiden. Es ist durchaus

Einleitung

möglich, einzelne Bausteine herauszugreifen und in Schulen mit anderem Profil (z. B. „Gesunde Schulen") einzusetzen. Ein solches Vorgehen kann auch die Lesart dieses Buches bestimmen.

Die Gliederung folgt dem Prinzip vom Allgemeinen zum Konkreten.

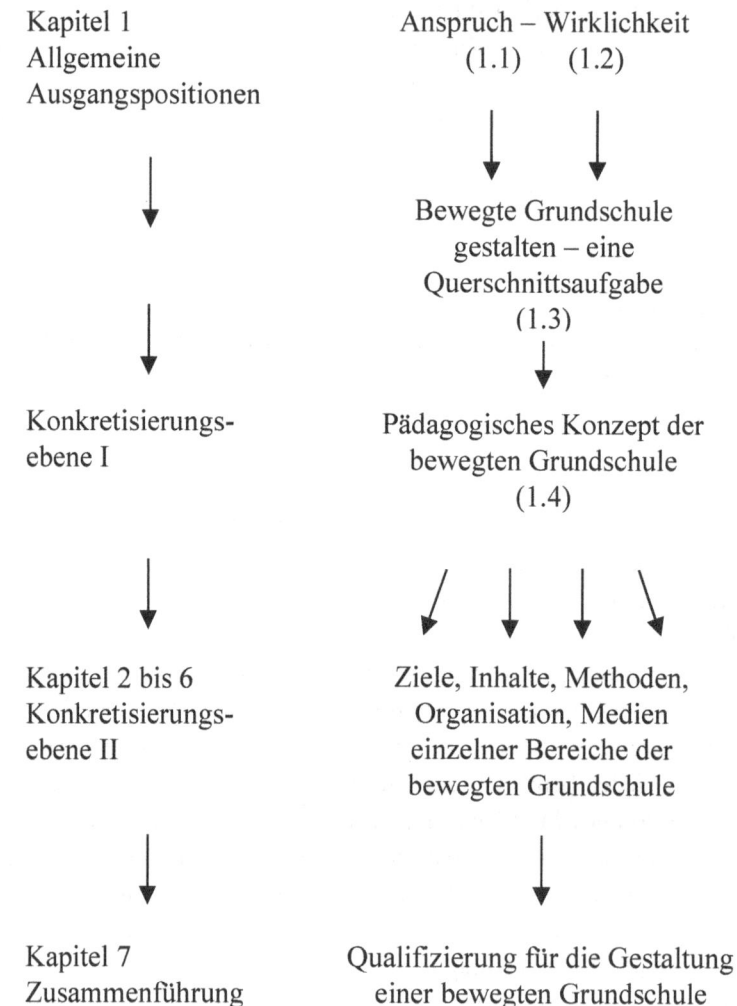

Einleitung

Das Kapitel 1 geht von anthropologischen Grundannahmen aus und es werden Bedeutungsaspekte der Bewegung für die kindliche Entwicklung formuliert. Dem sich daraus ergebenden Anspruch wird die Wirklichkeit der Bewegungswelt von Kindern heute gegenübergestellt. Als Lösungsansatz für den deutlich werdenden Widerspruch wird die Gestaltung einer bewegten Grundschule als Querschnittsaufgabe aufgezeigt. Basierend auf diesen Erkenntnissen sowie nach einer Analyse von Wissensbeständen sowie von Konzepten und Projekten werden Begriffsverständnis, Ziele und Teilziele der Bewegungserziehung abgeleitet, Möglichkeiten und Grenzen diskutiert sowie ein Strukturierungsvorschlag unterbreitet.

In den Kapiteln 2 bis 6 werden konkrete Umsetzungsmöglichkeiten für einen bewegten Unterricht, eine bewegte Pause, ein insgesamt bewegtes Schulleben und Verbindungen zur Freizeit aufgezeigt. Dabei wird jeweils von der begrifflichen Klärung und der Formulierung von Teilzielen ausgegangen, exemplarisch inhaltliche Umsetzungsmöglichkeiten vorgeschlagen sowie methodisch-organisatorische Hinweise und ausgewählte Medienempfehlungen gegeben. Dem mehr an der praktischen Seite interessierten Leser bieten sich in diesen Kapiteln unterschiedliche Einstiegsmöglichkeiten, die allerdings auf Dauer nicht den Blick auf das Gesamtverständnis ausklammern sollten.

Das Buch schließt mit Vorstellungen zu einem Aus- und Fortbildungskonzept für eine bewegte Grundschule.

Grundschulen in Sachsen umfassen die Klassen 1 bis 4. Deshalb sind die Vorschläge auch schwerpunktmäßig auf diese Altersstufe bezogen. Die konzeptionellen Grundpositionen und ausgewählte Umsetzungsbeispiele dürften aber sowohl für Erzieherinnen im Vorschulbereich als auch für Lehrkräfte an weiterführenden Schulen und Pädagogen an Förderschulen von Interesse sein, um Schule mehr in Bewegung zu bringen.

Anmerkung: Aus Gründen des Leseflusses wird in den didaktisch-methodischen Anregungen die männliche und weibliche Form alternierend verwendet und nicht jedes Mal gemeinsam. Es sind dabei jedoch immer alle anderen Formen gleichermaßen angesprochen.

1 Bewegung im Leben von Kindern – Anspruch und Wirklichkeit

1.1 Die Bedeutung der Bewegung für die Entwicklung von Kindern

1.1.1 Bewegung als anthropologisch begründbares Grundbedürfnis von Kindern

Kinder wollen und müssen sich bewegen. Diese These gilt als Binsenweisheit und das nicht erst gegenwärtig. Viele namhafte Pädagogen der Vergangenheit erkannten bereits die Wichtigkeit dieser Forderung. Rousseau (Ausgabe 1987) gab in seinem „Emile" den Ratschlag: „Wollt ihr also die Intelligenz eures Zöglings fördern, so fördert die Kräfte, die sie beherrschen muss. Trainiert ständig seinen Körper, macht ihn robust und gesund, damit er klug und vernünftig wird. Haltet ihn dauernd in Bewegung, lasst ihn rennen, schreien, sich anstrengen und bestätigen, lasst ihn durch Kraft ein Mensch sein, und bald wird er es durch die Vernunft sein". (Denk & Hecker, 1981, S. 51). Pestalozzi (1807) ging davon aus, dass Körperbildung vorbehaltlos und gleichwertig in die Gesamterziehung zu integrieren sei. In seiner Elementargymnastik betonte er, dass die Natur „das Kind als untrennbares Ganzes gibt" mit vielseitigen Anlagen des Herzens, des Geistes und des Körpers, deren Entwicklung „unzertrennlich miteinander verbunden" ist (Denk & Hecker, 1981, S. 11).

Gedanken der Verschränkung von körperlicher Bildung und Gesamterziehung reflektieren sich auch verstärkt in reformpädagogischen Konzepten. So ist bei Maria Montessori (1971, S. 31) zu lesen: „Von gleich großer Bedeutung für die Entwicklung des Kindes ist seine eigene spontane Bewegung. Das Kind muss sich immer bewegen, kann nur aufpassen oder denken, wenn es sich bewegt."

Montessori vertrat auch die Idee einer Freiheit im Sitzen und bezeichnete die Schulbank als „Sklavenbank" (Illi, 1991, S. 18).

Petersen (1965, S. 25) beachtete bei der Einrichtung seiner Jena-Plan-Schule besonders den Arbeits-Pausenrhythmus. Eine tägliche Bewegung unter Leitung des Lehrers gehörte zum festen Bestandteil seines Konzeptes.

Dieser kleine historische Exkurs soll verdeutlichen, dass Gedanken über die Rolle der Bewegung für die kindliche Entwicklung durchaus nicht neu sind.

Umfassendere Begründungen für die Bedeutung der Bewegung findet man bei Grupe (1982), Scherler (1975), Kretschmer (1981), Größing (1993), Ehni (1985).

Grupe (1982, S. 84-102) unterscheidet vier Bedeutungsaspekte. Nach seiner Auffassung hat Bewegung instrumentale, explorierend-erkundende, soziale und personale Bedeutungen. Kretschmer (1981, S. 23-25) differenziert auch in Bezug auf Scherler (1975) folgende Funktionen der Bewegung für die kindliche Entwicklung: Durch Bewegung erkunden und gestalten Kinder ihre Umwelt, sie verständigen und vergleichen sich, sie drücken sich aus und strengen sich beim Bewegen körperlich an.

Größing (1993, S. 148-163) erörtert den Einfluss von Bewegungshandlungen auf Faktoren der körperlichen, kognitiven, sozialen, emotionalen Entwicklung sowie der personalen Entfaltung.

Das Problem liegt aber vor allem darin, dass die Bedeutungen der Bewegung nie ganz feststehend sind und von situativen und normativen Bedingungen abhängen (Grupe, 1982, S. 105). Außerdem ist Bewegung nur ein „entwicklungsförderndes Lebenselement" (Größing, 1993, S. 148) in der Komplexität, Variabilität und Dynamik der kindlichen Entwicklung und nicht zu trennen von anderen Faktoren, besonders nicht vom Spiel. Bewegung, Leistung (als gelungene Handlung) und Spiel stehen in einem engen Beziehungszusammenhang. Über Bewegungshandlungen zu sprechen, ohne nicht gleichzeitig Leistung und Spiel mitzudenken, ist unmöglich.

Auf die Bedeutung der Bewegung als Ausgangspunkt und Grundlage für sämtliche Leistungen und Werte der Menschen, wie Intelligenz, Sprache, Denken, Sozialkompetenz, Selbstkompetenz u. a. wird von unterschiedlichen Vertretern der Anthropologie hingewiesen (Roth, 1971, S. 448). Bewegung ist ein anthropologisch begründbares Grundbedürfnis und neben Sprechen und Denken eine fundamentale Daseinsweise des Menschen. Besonders Kinder brauchen Bewegung als Mittler zwischen sich und ihrer Mit- und Umwelt. Über Bewegung können sie Verbindungen knüpfen zwischen sich und den Dingen, zwischen den Dingen und zwischen sich und anderen Menschen. Durch Bewegung wird die Welt von den Kindern erlebt, erfahren, erkannt und gleichzeitig geformt und gestaltet. Damit ist die Bewegung für die Kinder Erfahrungsorgan und Gestaltungsinstrument in einem (Grupe, 1982, S. 75).

1.1 Die Bedeutung der Bewegung für die Entwicklung von Kindern

Die Notwendigkeit einer Erziehung zur Bewegung ergibt sich aus der Tatsache, dass die menschliche Bewegung erworben ist, im Vergleich zur „Erbmotorik" der Tiere (Grupe & Mieth, 1998, S. 67). Das Kind muss lernen, die Welt über Bewegung zu erfahren und zu gestalten. Dies wird sich nicht nur durch unabsichtliches Erziehungsgeschehen (funktional) vollziehen, sondern verlangt auch absichtliches Erziehungshandeln (intentional) der Erwachsenen, die durch planvolle Maßnahmen und gezielte Handlungen Lernvorgänge unterstützen und das Kind zu Dispositionen und Verhaltensweisen führen (Keck, 1994, S. 94; Brezinka, 1981, S. 86). Damit wird die Erziehung zur Bewegung zu einer Aufgabe der Schule (und natürlich auch des Elternhauses).

Um allerdings Fragen nach dem Warum?, Was? und Wie? bezogen auf die Bewegungserziehung beantworten zu können, ist es hilfreich, die Bedeutungen der Bewegung detailliert zu hinterfragen.

In der Anfangsphase der bewegten Schule wurde die Notwendigkeit wurde vorrangig aus der kompensatorischen bzw. präventiven Perspektive begründet (Illi, 1995b; Breithecker, 1995, 1996, s. auch Laging, 2017, S. 69-70). In der Folgezeit betonten weitere Konzepte die entwicklungstheoretische, die schulpädagogische oder die sozialisationstheoretische Perspektive (s. auch Pollähne, 2000, S. 82). Die nachfolgenden Ausführungen sind geprägt durch das Bemühen um die Beachtung unterschiedlicher Begründungsperspektiven – vor allem, um dadurch Einengungen zu vermeiden.

Bedeutungsaspekte der Bewegung (Grupe, 1982, S. 78) für die Entwicklung von Heranwachsenden, die in unserem Verständnis auch mit normativen Akzentsetzungen verbunden sein können, sehen wir wie folgt:

1.1.2 Bedeutungsaspekte der Bewegung für die kindliche Entwicklung

Die Antworten zur Bedeutung der Bewegung für die kindliche Entwicklung werden ausgehend von dem im Abschnitt 1.1.1 skizzierten Begriffsverständnis und entsprechend des verfolgten Anliegens im Hinblick auf die Bewegungserziehung im Schulalter, speziell im Grundschulalter, gegeben und auf Wesentliches konzentriert. Der Oberbegriff „Bewegungsaspekte" wird von Grupe (1982, S. 76) übernommen und soll kennzeichnen, dass es durchaus weitere Bedeutungsdimensionen der Bewegung geben kann (Grupe, 1982, S. 77). Um Konkretisierungen vornehmen zu können, werden im Folgenden Bedeutungsaspekte der Bewegung bezogen auf die kognitive, soziale, emotionale, körperlich-motorische Entwicklung der kindlichen Persönlichkeit sowie auf das Selbstkonzept des Kindes im Einzelnen beschrieben. Diese sind aber in ihren engen Verknüpfungen zu sehen, denn „die Bedeutung der Bewegung als entwicklungsförderndes Lebenselement ist nur an der ganzen Person zu bestimmen" (Größing, 1993, S. 148).

Den nachfolgenden Ausführungen liegt ein interaktionistisches Entwicklungsverständnis zu Grunde. Damit wird davon ausgegangen, dass sich die Person im Handeln entwickelt und sich dieses Handeln in einer Person-Umwelt-Interaktion vollzieht (Baur, 1994, S. 41), dass sowohl genetisch-biologische (endogene) als auch Umwelteinflüsse (exogene) in ihrem Zusammenwirken die Entwicklungsprozesse steuern.

Als Binnengliederung werden zu jedem Bedeutungsaspekt eingangs für uns grundlegende Theoriepositionen kurz gekennzeichnet und daran anschließend ausgewählte Fakten für den Begründungszusammenhang aufgeführt.

Bewegung ermöglicht differenzierte Wahrnehmungen und vielfältige Erfahrungen

Wahrnehmungen sind Prozesse der subjektiven Informationsaufnahme und der Verarbeitung. Sie vermitteln dem Kind Kenntnisse über sich selbst, über die Umwelt und über gestellte Anforderungen (Eberspächer, 1993, S. 39). Beeinflusst werden Wahrnehmungen durch aktuelle Prozesse wie Gefühle, Erwartungen, Motivationen u. a. und durch überdauernde Bedingungen wie Wissen, Können, Einstellungen und Selbstkonzepte (Eberspächer, 1993, 4 S. 12), die zur „Selektion und Akzentuierung beitragen" (Gabler et al., 1986, S. 43).

Wahrnehmung bildet mit Bewegung eine Einheit. Beide treten nicht parallel auf. Durch die Auseinandersetzung mit seiner Umwelt sammelt das Kind „Erfahrungen der Beschaffenheit und Gesetzmäßigkeit der materialen Umwelt" (Scherler, 1975, S. 7) und gewinnt Erkenntnisse, die für das Verstehen der Dinge, der Umwelt, der Natur von grundlegender Bedeutung sind. In und durch sondern sind miteinander verschränkt (v. Weizsäcker, 1950, S. 163). Die Theorie des Gestaltkreises Weizsäckers sagt aus, dass sich in der Einheit von Wahrnehmung und Bewegung die Person-Umwelt-Wechselbeziehung realisiert.

Wiederholte Wahrnehmungen können durch Speicherung von Informationen zu Erfahrungen im Sinne von Resultat und Prozess führen (Clauss, 1995, S. 130), die wiederum als Einflussfaktoren auf Wahrnehmungsprozesse wirken.

1.1 Die Bedeutung der Bewegung für die Entwicklung von Kindern

Von besonderer Bedeutung für die kindliche Entwicklung ist die Gewinnung von Erfahrungen aus erster Hand. Gerade Spiel- und Bewegungssituationen bieten vielfältige Handlungsgelegenheiten für primäre Erfahrungen, die die Kinder „unmittelbar durch und mit ihren Bewegungen und mit und über ihren Körper machen" (Grupe, 1992, S. 27).

Je nach Zielsetzung ist zu unterscheiden:

Der eigene Körper und seine Bewegung werden selbst zum Gegenstand der Erfahrungssituation.
Das Kind kann durch wiederholte Bewegungen und damit durch Körper- und Bewegungswahrnehmungen ein Bild von seinem Körper entwickeln und erfahrener im Umgang mit dem eigenen Körper und seiner Bewegung werden. Es wird zunehmend bewusster:
– körperliche Befindlichkeiten wahrnehmen
– Anspannung und Entspannung differenzieren können
– wechselnde Belastbarkeiten empfinden, körperliche Grenzwerte erleben
– die Beeinflussung der körperlichen Leistungsfähigkeit durch Bewegung erfahren (Grupe, 1982, S. 88-89)

Bewegung ist das Mittel, um über Mit- und Umwelt Erfahrungen und damit Erkenntnisse zu gewinnen.
– An erster Stelle stehen dabei materiale Erfahrungen. Durch die handelnde Bewegung kann ein Kind Eigenschaften und Verwendungsmöglichkeiten von Geräten und Materialien erkunden, auch in einem nicht funktionalen Zusammenhang (Papprollen zum Balancieren, Korken zum Werfen und Fangen, Tücher zum Jonglieren u. a.).
– Grupe (1982, S. 90) verweist darauf, dass zu dieser Gruppe von Erfahrungen auch Naturerfahrungen zu rechnen sind. „Wer das Wasser meidet, weiß nichts vom Wechsel der Elemente; wer die Natur nicht erwandert, kennt sie eigentlich nicht".
– Des Weiteren kann das Kind (auch bei Beachtung unterschiedlicher Leistungsvoraussetzungen) durch Bewegung Sozialerfahrungen als Erfahrungen des Miteinanders beim Bewegungshandeln sammeln.

1 Bewegung im Leben von Kindern – Anspruch und Wirklichkeit

Bewegung hilft beim kognitiven Lernen
Im Sinne einer speziellen Lerntätigkeit wird unter kognitivem Lernen vornehmlich die Aneignung von Wissen und Lernstrategien verstanden. Diese spezielle Lerntätigkeit muss aber in Verbindung mit dem Lernbegriff im weiten Sinne gesehen werden, der „alle relativ überdauernden Veränderungen des Erlebens und Verhaltens" (Henze, 1994, S. 209) aufgrund von Erfahrungen umfasst.

Begründungen für den Einfluss des Bewegens auf das kognitive Lernen liegen u. a. in folgenden Tatsachen:

Die Grundlage jeglichen Lernens ist ein gut funktionierendes Wahrnehmungssystem (Zimmer & Cicurs, 1993, S. 26). Auf die enge Verbindung von Wahrnehmung und Bewegung wurde bereits hingewiesen. Wenn Bewegung die Wahrnehmungsfähigkeit fördert, dann kann davon ausgegangen werden, dass Bewegung auch Unterstützung im Lernprozess geben kann. Zimmer (1995, S. 30) verweist (auch mit Bezug auf Vester, 1992, S. 142) darauf, dass Wissen umso besser und langfristiger gespeichert werden kann, Aufmerksamkeit und Lernmotivation sich vergrößern, je mehr Kanäle für die Wahrnehmung genutzt werden. Wird neben den üblichen akustischen und optischen Analysatoren auch der Bewegungssinn im Lernprozess angesprochen, so stehen dem Kind *zusätzliche Informationen* zur Verfügung. So können neue Buchstaben abgehüpft oder geometrische Figuren mit dem ganzen Körper geformt werden (s. Abschnitt 2.1).

Fischer et al. (1996, 134) stellen folgende Wirkungen von Bewegung (bereits bei 10 bis 25 Watt Belastung) in Bezug auf Gehirnfunktionen heraus: Die Hirndurchblutung wird gesteigert, dadurch kommt es zu einer besseren Sauerstoffversorgung und erhöhten Energiebereitstellung im Gehirn. Die Aktivierung von Nervenzellen bzw. von Zielorganen (z. B. Muskulatur) fördert die Ausschüttung nervenzellschützender (neurotroper) Faktoren und damit die „weitere Synapsenbildung sowie das Aussprossen der Nervenverästelungen und den Nervenstoffwechsel" (Dickreiter, 1997, S. 13). Neugeborene besitzen eine riesige Anlage an Nervenzellen (über 200 Milliarden), die nur erhalten bleiben, wenn sie miteinander vernetzt werden (ebd.). Komplexe motorische Handlungen können wesentlich zu dieser synaptischen Verschaltung und weiteren Aussprossung beitragen. Der Drang von Kindern zur Bewegung ist also ein natürliches Bedürfnis zur *Erhaltung von Nervenzellen*, die im späteren Leben für die geistige Leistungsfähigkeit zur Verfügung stehen (Dickreiter, 2000, S. 15). Eriksson et al. haben 1998 nachgewiesen, dass, entgegengesetzt der bisherigen Auffassung, sich auch bei Erwachsenen Nervenzellen noch vermehren können. „Körperliche Bewegung erwies sich als der stärkste Stimulus zur Neuronenneubildung" (Hollmann et al., 2005, S. 7). Zusammenfassend resümieren Hollmann et al. (2003, S. 468) hinsichtlich der (lebenslangen) Gehirnentwicklung, dass „eine qualitativ und quantitativ geeignete körperliche Aktivität für das Gehirn als genauso wichtig an(zusehen ist) wie für das Herz-Kreislauf-System". Als geeignet wird von den genannten Autoren vor allem Übungsgut zur Schulung der aeroben Ausdauer sowie der Bewegungskoordination benannt.

Eine weitere Begründung für den Zusammenhang von Bewegung und kognitivem Lernen bezieht sich auf physiologische Aspekte: Bei sehr bewegungseingeschränkten Tätigkeiten, wie z. B. dem Sitzen, erfolgt die Energiebereitstellung auf sehr niedrigem Niveau. Der Parasympathikus als „Ruhenerv" arbeitet verstärkt. Folgen sind Ermüdung und damit verbundene Denk- und Konzentrationsschwierigkeiten. Es kommt zu Störungen in der Antriebs- und Steuerfunktion, zur Verlangsamung des Arbeitstempos, zur Fehlerhäufung. Bereits leichte Bewegungen können helfen, diese Erscheinungen zu überwinden. So erhöht ein langsamer Spaziergang die Hirndurchblutung und verbessert dadurch die Sauerstoffversorgung und den Energiestoffwechsel im Gehirn (Dickreiter, 1997, S. 15). Lehrl & Fischer (1994, S. 182) schlussfolgern anhand von Untersuchungsergebnissen, dass körperliche Bewegung die geistige Leistungsfähigkeit begünstigt. „Wer sich bewegt, dem fällt das Denken leichter. Es wird rascher. ... Er kann sich in Raum und Zeit sowie Wort und Zahl schneller und effektiver orientieren." Man könnte also von einer *Optimierung der Informationsverarbeitung* sprechen, wenn Lernstoff (Malfolgen, rechtschreibliche Besonderheiten o. Ä.) erarbeitet oder gefestigt wird in Verbindung mit dem Gehen durch den Raum, dem Wechseln der Plätze, dem Zuspielen eines Softballes u. a. (s. Abschnitt 2.1).

Die Aktivierung des Gehirns, vor allem die *Zusammenarbeit* der linken Gehirnhälfte (verantwortlich für analytisches Denken, Sprache, logische Vorgänge) und rechten Gehirnhälfte (verantwortlich für ganzheitliches Denken, Kreativität, Raumorientierung, bildliche Vorstellungen, Gefühle) kann gefördert werden, wenn diese Bewegungen über die Körpermittellinie als sogenannte Über-Kreuz-Bewegungen verlaufen (Dennison & Dennison, 1991, S. 12), (s. Anhang 4: Gehirngymnastik).

Sprache und Bewegung beeinflussen sich gegenseitig (Zimmer, 2009, S. 16-17). Das Sprechen selbst ist eine komplexe motorische Handlung, bei der viele Muskeln aktiviert und koordiniert werden müssen (Zimmer, 2009, S. 66). Bewegungsanlässe wirken als Motor des Spracherwerbs und Bewegung ist auch ein Medium der Kommunikation (Gestik und Mimik, Körpersprache). Das Erlernen und Beherrschen der Sprache kann aber auch die Bewegungsförderung unterstützen, denn Sprache ist das Medium, in dem Bewegungshandlungen organisiert und begleitet, Bewegungserlebnisse mitgeteilt und reflektiert sowie komplexe Bewegungsbeziehungen ausgehandelt werden können (Zimmer, 2012b, S. 92-94). (Müller & Dinter, 2020 S. 25-28)

Praktiker weisen auch immer wieder auf das häufige gemeinsame Auftreten von retardierter Sprachentwicklung, Schwierigkeiten beim Erlernen des Lesens, Schreibens und Rechnens, Verhaltensauffälligkeiten und tollpatschigen, unbeholfenen Bewegungen hin. Gemeinsame Ursachen für solche Auffälligkeiten werden in der Literatur (Breitenbach & Brand, 1987, S. 29) in funktionellen und hirnorganischen Störungen gesehen, die das Ordnen und Koordinieren einströmender Informationen sowie das Vergleichen mit vorhandenen Daten und entsprechende adaptive Reaktionen verhindern. Bei einer Verbesserung der *Integrationsfähigkeit des Zentralnervensystems,* insgesamt kommt es zu positiven Auswirkungen auf einzelne Funktionen. Komplexe Bewegungen haben in diesen Prozessen eine zentrale Bedeutung. Somit können Aussagen unterstrichen werden, dass Rechnen etwas mit Rückwärtsgehen, Rollschuhlaufen etwas mit Lesenlernen zu tun haben (Kahl, 1992).

Bewegung fördert das soziale Lernen
Nachfolgend wird davon ausgegangen, dass soziales Lernen die individuelle Auseinandersetzung und Bewältigung von sozialen Ereignissen meint und als Teilaspekt einer übergeordneten Identitätsentwicklung zu sehen ist (Petillon, 1993, S. 17 und 40). Der Begriff soziales Lernen wird von uns präskriptiv verwendet und bezieht sich damit auf gewünschte soziale Eigenschaften und Fähigkeiten. Da unsere Ausführungen die Entwicklung im Grundschulalter betreffen, kommt der Schülergruppe als „zentralem Ort sozialen Lernens" (Petillon, 1993, S. 28) besondere Bedeutung zu. Wir schließen uns Theoriepositionen an, die die Gegenseitigkeit in Form der Dialektik von Selbstentfaltung und Anerkennung der Ansprüche anderer als Wesensmerkmal des sozialen Lernens kennzeichnen (Petillon, 1993, S. 83).

1.1 Die Bedeutung der Bewegung für die Entwicklung von Kindern

Bewegungs- und Spielsituationen bieten vielfältige soziale Lernmöglichkeiten, bei denen die *Wechselseitigkeit und Aufeinanderbezogenheit von Geben und Nehmen* ausgewogen realisiert werden können:

- Bewegungssituationen sind Gelegenheiten für soziale Begegnungen, bei denen Kontakte aufgenommen und angenommen werden, bei denen die Fähigkeit entwickelt wird, sich verbal und nonverbal verständlich zu machen und andere zu verstehen. Bewegung kann nonverbale Kommunikation sein und dadurch auch Interaktionen in interkulturellen Kontakten erleichtern. Bewegung lässt fremde Kulturen erlebbar werden und sensibilisiert für Andersartigkeit.
- In vielen Bewegungs- und Spielaktivitäten wirken Kinder in Gruppen oder Partnerschaften zusammen. Dabei ist das gegenseitige Einfühlen die Grundlage für gelungene „Bewegungs-Interaktionen".
- Die Ziele können oft nur durch gemeinsames Handeln realisiert werden und erfordern Interaktionen, wie das Treffen und Akzeptieren sozialer Vereinbarungen, den Umgang mit unterschiedlichen (auch wechselnden) Rollen, die Bewältigung von Konflikten, das Einbringen eigener Ideen, aber auch die freiwillige und aktive Einordnung.
- Bewegungssituationen erfordern oft gegenseitige Hilfe und Akzeptanz sowie das Aufbauen und Annehmen von Vertrauen und Verlässlichkeit.
- Bewegungs- und Spielsituationen können das Bewusstsein der Zusammengehörigkeit fördern.
- Die Echtheit der Gefühle, die Offenheit der Selbstdarstellung, das Ausleben-Können und -Dürfen von Emotionsäußerungen, aber auch das Abwenden-Können emotionaler Eskalationen kennzeichnen spezifische Interaktionen, erfordern aber auch mit Gefühlen anderer sensibel umgehen zu können.

Bewegungs- und Spielsituationen bieten auch für Schülergruppen die Chance, das *soziale Klima* als „Hinweis auf die emotionalen Befindlichkeiten der Mitglieder einer Gruppe" (Petillon & Laux, 2002, S. 200) positiv zu beeinflussen. Bei vielen Bewegungsaktivitäten wirken die Schüler in Gruppen oder Partnerschaften zusammen. Dabei ist das gegenseitige Einfühlen die Grundlage für gelungene „Bewegungs-Interaktionen". Diese wiederum können das Bewusstsein der Zusammengehörigkeit fördern.

1 Bewegung im Leben von Kindern – Anspruch und Wirklichkeit

Bewegung regt das emotionale Erleben an
Emotionen oder Gefühle sind subjektive Befindlichkeiten (Gabler et al., 1986, S. 101). Das subjektive Bewusstwerden eines psychischen Inhalts oder Vorgangs wird mit dem Begriff Erleben bezeichnet (Dieterich & Rietz, 1996, S. 117) und kann von unterschiedlicher Intensität geprägt sein. Das emotionale Erleben ist Voraussetzung, Begleiterscheinung und Folgeerscheinung des Handelns (Gabler et al., 1986, S. 101).

Die menschliche Bewegung ist gewiss nicht der alleinige Auslöser emotionalen Erlebens. Es kann aber davon ausgegangen werden, dass grundsätzlich ein positiver Zusammenhang zwischen als befriedigend erfahrenen Bewegungshandlungen und emotionalem Erleben besteht, allerdings stark abhängig von der konkreten Bewegungssituation und deren subjektiver Verarbeitung. Andererseits können misslungene Handlungen auch ein negatives emotionales Erleben auslösen. Im Erfahren beider Seiten sowie in der Verarbeitung von Erfolg und Misserfolg liegt der Wert von Bewegungshandlungen (die oft unmittelbare Rückmeldungen aufweisen) für die Persönlichkeitsentwicklung des Kindes. Durch Bewegungshandlungen besteht, die Möglichkeit verstärkte Reize zu setzen, die zu intensiverem Erleben und dadurch zu einer *nachhaltigeren Gefühlsentwicklung* bei den Kindern führen können, z. B. durch Kontrastsituationen wie Sicherheit – Risiko, Mut – Angst, Erfolg – Misserfolg, Spaß/Freude – Ärger, Sieg – Niederlage.

– Bewegungssituationen und Bewegungshandlungen regen das emotionale Erleben auch an durch die Verbindung von Bewegungserlebnissen mit Naturerlebnissen, den Kontakt mit verschiedenen Medien (Schnee, Eis, Wasser, Luft), den Umgang mit unterschiedlichen Gegenständen sowie mit Partner und Gruppe u. a. m.

Ein elementares Bedürfnis im Kindesalter ist das nach Bewegung. Bedürfnisse bezeichnen einen Mangelzustand. Werden den Kindern nicht genügend Möglichkeiten zur Befriedigung ihres Bewegungsbedürfnisses eingeräumt, dann sind Unausgeglichenheit, Gereiztheit oder gar Aggressivität die Folge (Baumann 1986, S. 61). Demzufolge tragen vielseitige Bewegungsangebote über den gesamten Schulalltag zur Stabilisierung der Handlungsregulation bei.

– Für moderate sportliche Bewegungshandlungen (besonders Fitnesstraining, Ausdauersportarten) ist nachgewiesen, dass negative aktuelle Befindlichkeiten reduziert und positive Stimmungsveränderungen erreicht werden können (Abele & Brehm, 1994, S. 143; Alfermann & Stoll, 1996, S. 406). Emotionen haben dann wiederum positive Auswirkungen auf die Aktivierung und

1.1 Die Bedeutung der Bewegung für die Entwicklung von Kindern

damit auf die Antriebskraft eines Menschen, auf die Generierung von Motivationen und Absichten sowie auf die Aufmerksamkeits- und Denkprozesse (Abele, 1994, S. 299-300). So können sinnvolle Bewegungsaktivitäten während der Pausen in der nachfolgenden Unterrichtsstunde die Konzentrationsfähigkeit und kognitive Leistungsfähigkeit erhöhen.

– Neben dieser anregenden Funktion kann Bewegung bei Überaktivierung (Stress) auch beruhigend durch den Abbau von Stresshormonen (Adrenalin, Noradrenalin, Testosteron, Cortisol) wirken. Vor Stresssituationen, z. B. vor Klassenarbeiten, sollten deshalb individuelle Möglichkeiten zur Abreaktion durch Bewegungsübungen (sich recken und strecken, die Treppe im Schulhaus herauf- und herunter steigen) eingeräumt oder Entspannungsübungen (Atemübungen, Progressive Muskelentspannung, gegenseitige Massage mit Igelbällen o. Ä.) über einen Zeitraum von 3 bis 5 Minuten eingesetzt werden. Zusätzlich zu den kurzfristigen positiven Wirkungen von Bewegung können langfristige Veränderungen bezüglich der Stressresistenz durch Bewegung und Sport erreicht werden.

– Die Entstehung von Aggression und Gewalt kann mehrere Ursachen haben. Schule selbst und die schulischen Strukturen können auch eine davon sein. Der durch zu langes Sitzen und Langeweile in den Pausen entstandene Aggressionsstau wurde bei einer Befragung von Lehrkräften und Schulleitern als wichtige Ursache für Gewaltreaktionen der Schüler genannt (DGUV, 2019b). Auch nicht bewältigter Stress bedeutet eine niedrige Schwelle für Aggressionen und eine erhöhte Bereitschaft zu Gewalt (Härdt, 2000, S. 20). Mehr Bewegungsmöglichkeiten für die Schüler durch die Umsetzung des Konzeptes der bewegten Schule ordnet Pilz (2005, S. 9) als einen unverzichtbaren Teil schulischer Bemühung zur Gewaltprävention ein. Möglichkeiten zur Entspannung und zu individuellen Bewegungsfreiräumen in allen Fächern, sinnvolle Bewegungsangebote in den Pausen, sport- und erlebnisorientierte Wandertage und Klassenfahrten und natürlich ein Sportunterricht, für den Fairplay einen wesentlichen Wert darstellt, bieten die Chance zum Aggressionsabbau und zur Gewaltprävention. Die Verbindung zu anderen Bedeutungsaspekten der Bewegung (Sozialerfahrungen des Miteinanders, Selbstkonzept u. a.) wird hierbei besonders deutlich.

– Bewegungshandlungen ermöglichen ein für die emotionale Entwicklung nachhaltiges „Flow-Erleben", worunter Csikszentmihalyi (1992, S. 73-101) das völlige Aufgehen in einer Tätigkeit, die Verschmelzung von Handlung

und Bewusstsein, die Polarisierung der Aufmerksamkeit auf das Tun, den Ausschluss negativer Gedanken und Gefühle, eine Art Selbstvergessenheit und das vollständige Vertrauen in die eigene Fähigkeit versteht. Härdt (2000, S. 32) bezeichnet den Flow-Effekt als „optimalen Lern- und Arbeitszustand".
- Schulfreude und Lernfreude als „affektive Tönung von Einstellungen zu verschiedenen Lerngegenständen und -aktivitäten" (Helmke, 1997, S. 60) bzw. zu Schule allgemein sind wesentliche emotional-motivationale Bedingungsfaktoren der Entwicklung von vielfältigen Kompetenzen und der Schulleistung. Einem Trend zur Abnahme der Lernfreude (Helmke, 1997, S. 64) bzw. einem Absinken der Wertschätzung von Schule (Petillon, 1997b, S. 114) könnten zusätzliche Bewegungsaktivitäten möglicherweise entgegenwirken. Begründungen hierfür sind in einem abwechslungsreichen Unterricht, im Wechsel zwischen Spannung und Entspannung, in der Toleranz gegenüber dem kindlichen Bewegungsbedürfnis, in einer ganzheitlichen Förderung der Schüler, in einer Erhöhung des Wohlbefindens u. a. zu sehen.

Bewegung ist die Voraussetzung für die motorische und gesunde körperliche Entwicklung
Auf die Frage nach der Bedeutung der Bewegung für die Entwicklung der Kinder sind die Motorik und der Gesundheitsaspekt sicher die naheliegendsten, außerdem auch die wissenschaftlich am fundiertesten belegten Begründungszusammenhänge. Deshalb kann auf umfassende Erklärungen an dieser Stelle verzichtet und nur auf Schwerpunkte hingewiesen werden.

Die **motorische Entwicklung** umfasst alle Prozesse der Steuerung und Kontrolle von Haltung und Bewegung und deren lebensalterbezogenen Veränderungen (Singer & Bös, 1994, S. 19) – in unserem Fall also bezogen auf das Grundschulalter – und ist abhängig von Reifungs- und Lernprozessen. Im Ergebnis von Bewegungshandlungen kommt es zu Veränderungen bezüglich motorischer Fähigkeiten (konditioneller und koordinativer Fähigkeiten und der Beweglichkeit) sowie motorischer Fertigkeiten (im Grundschulalter besonders Grundformen der Bewegung, wie Gehen, Laufen, Springen, Werfen, Fangen u. a.). Detailaussagen zur motorischen Entwicklung liegen z. B. vor von Scheid (1994) und Winter (1987). Von dem Begriffsverständnis der Bewegung als Erfahrungsorgan und Gestaltungsinstrument ausgehend und bei den Möglichkeiten der Umsetzung der Bewegungserziehung in den unterschiedlichen Fächern, bei der Gestaltung der Pausen und des Schullebens insgesamt in der Grundschule resultieren Schwerpunktsetzungen. Diese liegen in der Festigung von Grundformen der Bewegung, vor allem aber in der *Schulung koordinativer Fähigkeiten*. Das Grundschulalter ist eine besonders günstige Phase dafür, denn Hirtz (1985, S. 51) stellt fest, dass „es einfacher und effektiver ist, auf die heranreifenden als auf die ausgereiften Funktionen und Fähigkeiten Einfluss zu nehmen". Im Bemühen aus didaktischen Gründen eine Beschränkung auf grundlegende und wesentliche Fähigkeiten vorzunehmen, kennzeichnet der Autor als fundamentale Fähigkeiten die Reaktionsfähigkeit, die Gleichgewichtsfähigkeit, die Rhythmusfähigkeit, die räumliche Orientierungsfähigkeit und die kinästhetische Differenzierungsfähigkeit (Hirtz, 1985, S. 33). Vielfältige Variationen von Bewegungshandlungen sind die wesentliche Methode zur Vervollkommnung dieser Fähigkeiten.

Die **körperliche Entwicklung** bezieht sich auf quantitative und qualitative Veränderungen des Körpers (Crasselt, 1994, S. 106).

Regelmäßige und entsprechend dosierte Bewegungsreize führen bei den Kindern u. a. zu Anpassungsvorgängen im Herz-Kreislauf-System sowie im Atmungssystem. Die weite Sicht, die wir entsprechend der Vorstellungen von Grupe (1982, S. 75) auf die Bewegung haben, die also nicht nur die sportliche Bewegung im Blick hat, erfordert die Wirkungen von Bewegungsaktivitäten auf die gesunde körperliche Entwicklung genauer zu durchdenken. Mit Belastungsreizen von etwa drei bis fünf Minuten bei einer niedrigen bis höchstens mittleren Intensität, so wie sie mit der Mehrzahl der in den folgenden Abschnitten vorgestellten Inhalte realisiert werden, liegt eine zu geringe Belastungsdosierung vor, um beispielsweise Veränderungen der Herzgröße („Sportlerherz") erzielen zu können. Oftmalige Wiederholungen kurzzeitiger Belastungsreize im Verlaufe des Schultages bei meist niedriger Intensität können aus physiologischer Sicht zu kurzfristigen (unmittelbaren) und längerfristigen Auswirkungen führen:
- Auf Veränderungen der Gehirnfunktionen und -strukturen wurde bereits hingewiesen.
- Die Ausschüttung bestimmter Hormone bzw. die Reduzierung des Cortisolspiegels (Stresshormone) können ebenfalls durch Bewegungsaktivitäten beeinflusst werden. Dadurch verbessert sich das aktuelle wie das habituelle Wohlbefinden.
- Im passiven Bewegungsapparat nimmt Bewegung Einfluss auf die Knochenstruktur (besonders die Knochendichte), erhöht die Beweglichkeit der Knochenverbindungen und trägt zur Vergrößerung der Knorpelzellen bei.

1 Bewegung im Leben von Kindern – Anspruch und Wirklichkeit

Ständiger Druckwechsel auf die Bandscheiben und dadurch die Sicherung der für die Versorgung der Bandscheiben notwendigen Stoffdiffusion führt zur besseren Regeneration und damit langfristig zum Erhalt ihrer Elastizität.
- Die alternierende Aktivierung verschiedener Muskelgruppen führt zu gesteigerter Durchblutung und damit zur Verbesserung der Nährstoffaufnahme sowie des Abtransportes von Abfallprodukten zwischen den Aktivierungsperioden. Muskuläre Dysbalancen können umgangen und längerfristig Haltungsschwächen sowie Haltungsschäden vermindert bzw. vermieden werden. (Koinzer, 1995; Badtke, 1995; Hollmann & Hettinger, 1990; Weineck, 1993 u. a.)
- Bei der Thematisierung der Bedeutung der Bewegung für eine gesunde körperliche Entwicklung ist auch das Problem von Unfallrisiken, die oft als Folge von Bewegung angesehen werden, zu diskutieren. Unfallversicherungsverbände und Krankenkassen heben immer wieder hervor, dass nicht die Bewegung, sondern Bewegungsmangel und daraus resultierende motorische Defizite Unfallursachen darstellen. So können Kinder oft ihre Bewegungen nicht mit denen anderer Kinder koordinieren, schnell abstoppen oder die Richtung ändern, sich beim Sturz geschickt abfangen, beim Radfahren sicher einhändig Zeichen geben u. Ä. (Kunz 1993a, S. 4). Durch die Wiederholung kurzzeitiger Bewegungsreize werden neuromuskuläre Regulationsvorgänge, wie die intramuskuläre (Synapsenschaltung) und intermuskuläre Koordination (Einschleifen von Reflexmechanismen) positiv beeinflusst. Dies kann zu längerfristigen Wirkungen auf die gesamte Bewegungskoordination und -sicherheit und somit wiederum zu einer Verringerung von Unfällen führen.

Zwischen motorischer und körperlicher Entwicklung sowie weiteren Bedeutungsaspekten der Bewegung bestehen unmittelbare Zusammenhänge, die wie folgt verdeutlicht werden können: Körperliche Inaktivität, verursacht durch Motivationsmangel, Hemmungszustände, soziale Isolation, Selbstunsicherheit, passive Freizeitbeschäftigung u. a., führt zu funktioneller Unterbelastung. Durch die damit verbundene Abnahme der Organleistungsfähigkeit kommt es zu vermehrter Inaktivität, die dann dieses „tapsige" und „ungeschickte" Kind z. B. in eine weitere soziale Isolation bringt. Es wird bei Bewegungsspielen nicht mehr zum Mitmachen aufgefordert oder gar ausgeschlossen, scheidet zuerst aus und ist dadurch wieder inaktiv und verstärkt körperlich unterbelastet. Gezielte Bewegungsangebote sind dafür eine der wichtigsten Möglichkeiten, den betroffenen Kindern zu helfen diesen „Teufelskreis" zu durchbrechen.

Bewegung unterstützt den Aufbau eines positiven Selbstkonzeptes
Bisher wurde der Bezug von Bewegung und den unterschiedlichen Bereichen kindlicher Entwicklung aufgezeigt. Eine besondere Bedeutung kommt dem Zusammenhang von Bewegungshandlungen und dem Selbstkonzept zu.

Unter Selbstkonzept verstehen wir die Gesamtheit aller Einstellungen und bewusst verarbeiteten Erfahrungen, die eine Person von sich hat. Es stellt so etwas wie das innere Bild von sich selbst dar (Dieterich & Rietz, 1996, S. 382) und ist eine wichtige Orientierung für das Handeln (Eberspächer, 1993, S. 93). Das Selbstkonzept ist als mehrdimensionales Konstrukt zu sehen (schulisches, soziales, emotionales Selbstkonzept, Körperkonzept u. a.), (Gerber & Pühse, 2005, S. 28). Die Bedeutungsaspekte der Bewegung haben in diesem wechselseitigen Prozess einen wichtigen Stellenwert. Selbstkonzepte bauen sich im Laufe der Persönlichkeitsentwicklung auf und „sind unter anderem das Ergebnis des Wahrnehmens der eigenen Person, des Nachdenkens über sich selbst und der soziale Vergleich" (Eberspächer, 1993, S. 93).

- Körperliche Fähigkeiten und Körpermerkmale werden von Neubauer (1976, S. 19) als „Ankervariablen" für die Entwicklung des Selbstkonzeptes betrachtet. Sie tragen zur Entwicklung eines Selbstkonzeptes das Bild von seinem eigenen Körper, eine positive Einstellung zur eigenen Körperlichkeit bei. Ebenso von Bedeutung für die personelle Entfaltung ist aber auch, wie das Kind den Umgang mit seinem Körper erlebt. „Sich selbst im Wege stehen" (Zimmer & Cicurs, 1993, S. 21), motorische Ungeschicktheit, Hilflosigkeit in Bewegungssituationen u. Ä. können sich negativ auf das Selbstkonzept auswirken. Die Erfahrung eines Mehr an Bewegung dagegen kann ein Mehr an Sicherheit und Zutrauen geben (Grupe, 1982, S. 100). Dieses Bild von der eigenen Person wird aber auch beeinflusst durch Vergleiche mit anderen und von Bewertungen durch Mitschüler, Lehrer, Eltern oder durch die Übernahme fremder Werturteile.
- Positive motorische Könnenserfahrungen beeinflussen die Leistungsmotivation. Sie ermöglichen vor allem auch die Achtung vor sich selbst und die Akzeptanz durch andere und können einen Gegenpol darstellen zu Anerkennungsbestrebungen mit „falschen" Mitteln, wie Clownerien, Provokationen, Aggressionen. Vermehrte Bewegungserfahrungen können zu

- einer positiveren Einschätzung nicht nur der körperlichen, sondern auch der schulischen Fähigkeiten führen (Schendel, 1998, S. 95).
- Bewegungshandlungen können bei Kindern einen bedeutenden Einfluss auf das Selbstkonzept haben, da gerade im Grundschulalter körperliche Fähigkeiten und motorisches Können im eigenen Spiegelbild und für den sozialen Status in der Gruppe entscheidende Faktoren sind, aber auch, weil unmittelbare Rückmeldungen über den inneren Regelkreis (besonders über den kinästhetischen Analysator) erfolgen und weil der Zusammenhang zwischen Ursache und Wirkung sehr deutlich wird.
- Basierend auf Literaturanalysen stellen Gerber & Pühse (2005, S. 29) heraus, dass offensichtlich „ein positiver Zusammenhang zwischen sportlicher Betätigung und dem generellen, sozialen und speziell auch dem körperbezogenen Selbstkonzept beobachtet" werden kann.
- Zimmer (2006, S. 63-64) resümiert, dass Einstellungen und Überzeugungen zur eigenen Person (Selbstkonzept) durch Bewegungssituationen positiv beeinflusst werden, vor allem durch das Erkennen des Zusammenhanges zwischen eigener Anstrengung und Erfolg, dem Gewinnen der Überzeugung, selbst etwas bewirken zu können, dem Erleben schwieriger Situationen als Herausforderung, dem Übertragen von positiven Erlebnissen beim Bewegungskönnen und dem daraus resultierenden Selbstvertrauen auf andere Bereiche. (Müller & Petzold, 2014, S. 26)

Die dargestellten Bedeutungsaspekte der Bewegung sind für die harmonische Entwicklung, d. h. die Ausgewogenheit kognitiver, sozialer, emotionaler und körperlich-motorischer Aspekte der Persönlichkeitsentwicklung, unerlässlich. Wesentlich ist, dass Bedeutungsaspekte der Bewegung in ihren engen Verknüpfungen gesehen werden müssen. So wirken Bewegungshandlungen beispielsweise nicht isoliert nur auf die Verbesserung körperlich-motorischer Fähigkeiten, sondern gleichzeitig auch auf das Selbstkonzept (Selbstvertrauen), die soziale Anerkennung (Platz in der Gruppe), das emotionale Erleben (Erfolg oder Misserfolg) und weitere Bereiche der Persönlichkeitsentwicklung.

1.1 Die Bedeutung der Bewegung für die Entwicklung von Kindern

Zusammenfassend ist die Erkenntnis zu formulieren:

*Bewegung ist für die umfassende Entwicklung von Kindern
von sehr großer Bedeutung!*

Sie daran zu hindern heißt, ihre Entwicklung zu behindern (Kretschmer, 1981, S. 171).

Doch welche Bewegungsgelegenheiten haben Grundschulkinder in unserer heutigen Zeit? Dem gekennzeichneten Anspruch der Kinder auf Bewegung wird im folgenden Abschnitt die Wirklichkeit der Bewegungsmöglichkeiten gegenübergestellt.

1.2 Die Bewegungswelt und das Bewegungsverhalten von Kindern

Der Begriff „Bewegungswelt" umfasst bei Baur (1987, S. 8) „die in ihren Bewegungstätigkeiten entwickelten Person-Umwelt-Beziehungen" und stellt „die im Bewegungshandeln erfahrene und (re)produzierte Welt dar".

Allgemein kann für einen längeren Zeitraum von etwa 30 Jahren eingeschätzt werden:

Das Bewegungsverhalten von Kindern ist abhängig von den Bedingungen in der jeweiligen Bewegungswelt. Untersuchungen zu komplexen Wandlungsprozessen der kindlichen Lebenswelt (z. B. Schmidt, 1996; Haupt, 1996; Kleine et al., 1998; Schmidt, 2008) lassen die Aussage zu, dass Kinder zunehmend von einer sie in ihrem Bewegungsverhalten einschränkenden Welt umgeben sind.

Die nachfolgend dargestellten Veränderungen der Bewegungswelt von Kindern müssen eingeordnet werden in die Bezüge zur gesamten kindlichen Lebenswelt und können deshalb nur einen Ausschnitt mit Trendaussagen darstellen.

Fördernde und hemmende Bedingungen für das Bewegungshandeln

Die Bewegungsaktivitäten der Kinder kommen unter konkreten räumlichen, materialen, personalen und sozialen Gegebenheiten zustande (Baur, 1987, S. 6), die fördernd oder hemmend auf das Bewegungshandeln von Grundschulkindern wirken können. Eine einseitig negative Beschreibung dieser Bedingungen erscheint uns nicht gerechtfertigt. An einigen ausgewählten Konkretisierungen sollen sowohl positive als auch negative Veränderungen der Bewegungswelt von Grundschulkindern skizzenhaft verdeutlicht werden und ist nur als Trendaussage einzuordnen.

Räumliche Bedingungen
Die Einengung der Bewegungsräume durch Privatisierung, Bebauung und Asphaltierung von Freiflächen, Spielverbote zum Beispiel durch Schilder wie „Spielen auf dem Hof verboten!", durch die Zunahme des Straßenverkehrs u. a. wirkt als hemmende Bedingung für das Bewegungshandeln von Kindern. Einschränkungen für Bewegungsmöglichkeiten ergeben sich des Weiteren aus der Monofunktionalität der heutigen Räume, die durch ihre Ausstattung speziell vorgegebenes Verhalten in Räumen festschreiben (im Gegensatz zum „Spielplatz Natur"). Eine Schule, in der Bewegungsräume auf den Pausenhof und die Sporthalle reduziert bleiben und in der konzentriertes Lernen noch zu häufig mit Stillsitzen verbunden wird, verstärkt die Problematik.

Andererseits entwickelt sich zunehmend ein Netz an institutionellen Bewegungs- vor allem aber Sportangeboten (Vereine, Urlaubszentren u. a.), das teilweise auch schon von Grundschulkindern genutzt werden kann. Im Vergleich zu früheren Kindergenerationen stehen außerdem heute oftmals günstigere räumliche Wohnverhältnisse zur Verfügung, auch wenn die Möglichkeiten eines Bewegungsraumes „Kinderzimmer" bei weitem noch nicht ausgeschöpft sind (Kleine, 1998, S. 128).

Materiale Bedingungen
Die materiale Ausstattung der Kinderzimmer hat sich zweifelsfrei verbessert. Kinder haben häufig Spielsachen in großer Fülle, die aber oftmals mehr zum passiven Konsumieren als zum aktiven (Bewegungs-) Handeln anregen. Die Mediatisierung der Kinderzimmer stellt ein besonderes Problem dar. Keiner kann und will heute Computer aus unserem Leben mehr verdammen. Wenn Kinder einen Computer oder Gameboy, jedoch keinen Ball besitzen, sollte dies nachdenklich stimmen.

Als fördernde Bedingung verweist Haupt (1998, S. 159) auf eine „vermehrte Anzahl von nutzbaren Sport- und Bewegungsgeräten, die zum Teil eine Rückeroberung der Räume ermöglicht" (z. B. Fahrrad, Inliner) und zu Freizeitfreundschaften führen kann. Außerdem sind die bereits erwähnten Institutionen, die Bewegungs- und Sportangebote unterbreiten, mit Geräten oft sehr gut ausgestattet. Hemmende Bedingungen können sich dann ergeben, wenn diese Angebote von Grundschulkindern allein nicht erreichbar sind oder die Eltern die Mitgliedsbeiträge nicht tragen können.

Soziale und personale Bedingungen
Bezüglich sozialer und personaler Bedingungen kann festgestellt werden, dass Geschwister und Nachbarskinder häufig als Spielkameraden im Wohnumfeld fehlen. Dagegen stellt der Schulhort einen Ort da, „wo noch viele Kinder zusammen draußen spielen können und alte Kinderspiele weitererleben" (Haupt, 1998, S. 157), wo auch das Spielen in altersheterogenen Gruppen dominiert.

Für die Elternhäuser kann ausgesagt werden, dass die Eltern (besonders die Mütter) aus Angst vor den Gefahren der Straße kontrollierend in die Freizeitgestaltung der Kinder eingreifen (Haupt, 1998, S. 155-156). Überhaupt scheint die verständliche Angst der Eltern vor Gewalt gegen Kinder zunehmend zu einem die Bewegungssozialisation beeinflussenden Faktor zu werden. Fördernd kann dagegen bewertet werden, dass eine Reihe von Elternhäusern an gemeinsamen Familienfreizeiten als Bewegungszeiten interessiert ist. Bewegungs- und Sportaktivitäten in der Natur (Fahrrad fahren, Laufen, Wandern, Wintersport) werden offensichtlich bevorzugt (Müller et al., 1993).

Fördernd oder hemmend wirken ebenfalls personale Bedingungen (Bedingungen des einzelnen Kindes wie Angst, Mut, Zutrauen zu sich selbst, Bewegungsdrang u. a.), die sich in Abhängigkeit von Reglementierungen des Bewegungsverhaltens im bisherigen Lebenslauf durch Eltern und Erzieher ausgebildet haben.

Zusammenfassend kann festgestellt werden, dass je nach Ort des Aufwachsens (räumliche, materiale, personale und soziale Bedingungen) die einzelnen Kinder unterschiedliche Spielräume zur Verfügung haben, diese Bedingungen außerdem auch unterschiedlich wahrnehmen.

Folgen bewegungshemmender Bedingungen
Welche entwicklungsfördernde Wirkungen Bewegung für Grundschulkinder hat, wurde bereits im Abschnitt 1.1 dargestellt. An dieser Stelle soll skizzenhaft aufgezeigt werden, welche Auswirkungen das Überwiegen bewegungshemmender Bedingungen im Zusammenwirken mit weiteren Faktoren auf die kognitive, soziale, emotionale sowie körperlich-motorische Entwicklung haben kann. In vorliegender Literatur (Zimmer, 1995, 1997; Petillon, 1993; Rusch, 1988; Größing, 1993; Kiphard, 1997) werden benannt:

- Bei einer Anzahl von Kindern sind Wahrnehmungsstörungen (nicht mehr zuhören können, Unkonzentriertheit u. a.) festzustellen. Die Kinder sind einer Überflutung durch optische und akustische Reize ausgesetzt (Zimmer, 1997, S. 24). Dadurch sind Erfahrungen mit dem eigenen Körper und mit der Bewegung weniger möglich und dem Selbsterleben und der Entwicklung körper- und bewegungsbezogener Erfahrungen wird die Existenzgrundlage entzogen.
Die Natur wird mehr über die Medien als in der Wirklichkeit wahrgenommen. Bewegungserlebnisse in der Natur werden zu Ausnahmesituationen und ein rücksichtsvolles Verhalten gegenüber der Umwelt kann nicht geübt werden.
- Störungen im sozialen Verhalten haben ihren Ausdruck in ausgeprägter Ich-Bezogenheit, Einzelgängertum, Streitlust, aggressivem Verhalten, rechthaberischen Ansprüchen, Kontaktproblemen u. a. (Petillon, 1993, S. 7). Erfahrungen des Miteinanders bei gemeinsamer Bewegungshandlung fehlen, wie Zusammenschließen zu Gruppen, Regeln aushandeln, Konflikte lösen, Verantwortung übernehmen. Spielkultur wird nicht mehr von älteren Kindern an jüngere weitergegeben (Zimmer, 1997, S. 21).
- Die Unterdrückung des Bewegungsbedürfnisses sowie die Anhäufung unverarbeiteter Erlebnisse führt zu Erregungs- und Gefühlsstauungen und dadurch zu erheblicher Reizbarkeit, zu starken Stimmungsschwankungen, Unmotiviertheit, Schulangst und Affekthandlungen.
- Schmidt (2008) verweist auf Untersuchungen, die aussagen, dass im Grundschulalter bereits über 10 % übergewichtige und über 6 % adipöse Kinder zu finden sind.
- Reserven gibt es bei der Entwicklung koordinativer Fähigkeiten: In der Mo-Mo-Studie bezogen auf die Koordination (Seitliches Hin- und Herspringen, Balancieren rückwärts, Einbeinstand) ist Folgendes erkennbar (Hanssen-Doose & Niessner, 2020): Nach deutlicher Verbesserung zwischen Baselinie (2003-2006) und Welle 1 (2009-2012) bleiben die Werte zwischen Welle 1 und Welle 2 (2014-2017) annähernd gleich – und dies sowohl bei Mädchen und Jungen und den Altersklassen 4 bis 5 Jahre als auch 6-10 Jahre.
- Als Folgen o. g. Probleme kann es zu einem negativen Selbstkonzept kommen, gekennzeichnet u. a. durch Unselbstständigkeit, fehlendes Selbstvertrauen, geringes Selbstwertgefühl.

1.2 Die Bewegungswelt und das Bewegungsverhalten von Kindern

In welchem Maße die knapp skizzierten, sehr unterschiedlichen räumlichen, materialen, sozialen und personalen Gegebenheiten bei jedem einzelnen Grundschulkind wirken, ob fördernde oder hemmende Bedingungsfaktoren überwiegen, ist sehr unterschiedlich. Wir stimmen Schierz zu, der vor einer Pauschalisierung warnt und „differenzierte Aussagen über Gewinne und Verluste von Modernisierungsprozessen für Kinder" einfordert (Schierz, 1998, S. 327). Wesentlich erscheint, dass Grundschulkinder sich Kompetenzen zur Gestaltung von Bewegungsaktivitäten unter den Gegebenheiten sowie Kompetenzen zur zunehmenden Einflussnahme auf die Bedingungen aneignen.

Bewegungsverhalten
Bezogen auf das Bewegungsverhalten sei auf folgenden Ergebnissen und Empfehlungen verwiesen. Im Verständnis der WHO (2010, 2018) sind Kinder ausreichend körperlich aktiv bei täglich mindestens 60 Minuten mäßig bis sehr anstrengender körperlich-sportlicher Aktivität. In Deutschland erreichen lt. KiGGS Welle 2 (Finger et al., 2018) diese Bewegungsempfehlung nicht einmal die Hälfte der Kinder im Alter von 3 bis 6 Jahren (Mädchen 42,5 % und Jungen 48,9 &) sowie weniger als ein Drittel im Alter von 7 bis 10 Jahren (Mädchen 22,8 % und Jungen 30,0 %).

Der Wert von täglich 60 Minuten stellt einen Mindestwert dar. In den „Nationalen Empfehlungen für Bewegung und Bewegungsförderung" (Rütten & Pfeifer, 2016) für Deutschland wurde konkreter als Empfehlung formuliert:

Säuglinge/Kleinkinder (0 bis 3 Jahre):	so viel bewegen wie möglich
Kindergartenkinder (4 bis 6 Jahre):	180 Minuten/Tag angeleitete und nicht angeleitete Bewegung
Grundschulkinder (6 bis 11 Jahre):	90 Minuten/Tag und mehr mit einer moderaten bis hohen Intensität

Beim Vergleich der Empfehlung der WHO (2018) von täglich 60 Minuten mit den in der KiGGS-Studie ermittelten Zahlen (s. oben) wird eine deutliche Differenz zwischen Anspruch und Wirklichkeit sichtbar.

1 Bewegung im Leben von Kindern – Anspruch und Wirklichkeit

1.3 Bewegte Grundschule gestalten – eine Querschnittsaufgabe

Der Anspruch, der sich aus der umfassenden Bedeutung der Bewegung für die kindliche Entwicklung ergibt, und die Wirklichkeit der Bewegungswelt von Kindern heute liegen weit auseinander und in der Tendenz scheint sich die Diskrepanz zu vergrößern. Im Interesse der Kinder muss es zu einem gesamtgesellschaftlichen Anliegen werden, ihnen mehr Chancen auf Bewegung einzuräumen. In diesen Prozess hat sich auch die Institution Schule einzubringen. Traditionell wird Bewegung als Gegenstand des Faches Sport gesehen. Doch bei der weiten Sicht auf die Bedeutung der Bewegung für die kindliche Entwicklung (s. Abschnitt 1.1.2) darf es keine Einschränkung nur auf ein Fach geben. Der Sportunterricht wäre damit überfordert. Die Problemlösung muss insgesamt eingeordnet werden in die Diskussion zur Gestaltung von Schule, um den Widerspruch zwischen der Bedeutung der Bewegung und der Bewegungswirklichkeit zu entschärfen.

Deshalb sollte *Bewegungserziehung* eine umfassende Aufgabe der Schulentwicklung sein, die alle Fächer und auch den außerschulischen Bereich einbezieht. Dadurch kann ein Beitrag geleistet werden, den Widerspruch zwischen der Bedeutung der Bewegung für die kindliche Entwicklung zu entschärfen.

Begriffsverständnis
Mit dem Begriff Bewegungserziehung schließen wir uns an Grupe & Mieth, 1998, S. 67 (s. Abschnitt 1.1.1) an, ebenso an Jürgens et al. (1997, S. 63), der Bewegungserziehung als *eine* handlungsorientierte Aufgabe von allgemeiner Bedeutung einordnet. Zu verweisen sei auch auf Duncker (1994, S. 242). Für ihn gehört die Dimension Bewegung zu den grundlegenden Kategorien einer Anthropologie der Grundschule und wäre in eine Theorie des Elementarunterrichtes und seiner Methodik aufzunehmen. Der Begriff Bewegungserziehung wird nachfolgend ausschließlich für diese umfassende Aufgabe der Grundschule verwendet. Da sich Ziele, Inhalte, Methoden und Organisationsformen von denen des Faches Sport unterscheiden, wird für eine klare terminologische Trennung plädiert. Das Fach sollte auch in der Grundschule weiterhin Sport heißen, ein weites Begriffsverständnis von Sport allerdings vorausgesetzt, das durch vielfältige Bewegungsformen bei unterschiedlichen pädagogischen Perspektiven (Kurz, 1997, S. 21-35) charakterisiert werden kann. Diese Auffassung unterscheidet sich von den Autoren, die in den zurückliegenden Jahren den Begriff Bewegungser-

ziehung statt Sportunterricht (Faust-Siehl et al., 1996, S. 97; Laging, 1997, S. 369) bzw. gleichzeitig für das Fach und einen fächerübergreifenden Erziehungsauftrag (Größing, 1993, S. 60) oder in der Verbindung Musik- und Bewegungserziehung als eigenständiges Fach (Bayrisches Staatsministerium für Unterricht und Kultus, 1977) verwendet haben bei Differenzierungen in den Zielen, Inhalten und Methoden.

Die Begrifflichkeit „umfassende Aufgabe" wird in der vorliegenden 4. Auflage konkretisiert als eine Querschnittsaufgabe. Grundlagen dafür bilden in den letzten Jahren im Rahmen des Forschungsprojektes „Bewegte Schule" an der Universität Leipzig vorgenommene konzeptionelle Weiterschreibungen, besonders zu Anregungen für mehr Bewegung in Krippe, Kindergarten und Hort im Buch „Bewegte Kita" (Müller, 2021) sowie der Veröffentlichung „Lernen und Bewegung verbinden – eine Querschnittsaufgabe in Kita und Schule" (Müller, 2019).

Erklärt können *Querschnittsaufgaben* als mehrere Bereiche des gesellschaftlichen Lebens berührenden Aufgaben, „an denen mit gleicher Zielsetzung gearbeitet werden soll" („Querschnittsaufgabe", 2022 unter https://educalingo.com/de/dic-de/querschnittsaufgabe).

Von diesen Begriffserklärungen kann für Bildungsprozesse abgeleitet werden, dass die Gestaltung von bewegter Kita und Schule als Querschnittsaufgabe konzipiert werden sollte und dies nach Meinung der Autorin sowohl *innerhalb einer Bildungsinstitution als auch entlang des Bildungsweges.*

Diese Gedanken sollen nachfolgend am Beispiel des bewegten Lernens verdeutlicht werden.

a) **Innerhalb der Grundschule** muss Bewegung im Verständnis als Erfahrungsorgan und Gestaltungsinstrument (s. Abschnitt 1.1) als eine Aufgabe in allen Fächern angesehen werden.

Beispiele, ausgewählt aus dem Kapitel 2 sowie der angegebenen ergänzenden Literatur.

Mathematik
- Orientierungen im Raum und Lagebeziehungen beim Bewegen erleben
- Vorstellungen von Ordnungen und Mengen, Zahlen, Formen, Größen über Bewegung erfahren, begreifen
- Ergebnisse durch Bewegung/Körpersprache ausdrücken, mitteilen

Deutsch
- Sprechrhythmen über Bewegung spüren. Schreibbewegungen ganzkörperlich erfahren
- Bewegung als Medium der Kommunikation nutzen (Gestik, Mimik, Körpersprache), z. B. pantomimisch Wortbedeutungen oder Erlebnisse ausdrücken
- Bewegungsvorhaben über Sprache gemeinsam gestalten

Sachunterricht
- den eigenen Körper und die Natur über Bewegung wahrnehmen und begreifen
- Erscheinungen in der Natur und Gemeinschaft durch Bewegung/Körpersprache ausdrücken
- Bewegungsumwelt gemeinsam planen und (mit-)gestalten
- bei Unterrichtsgängen die Natur erkunden

Englisch
- Schreibweise von Wörtern mit dem Körper und sprachliche Strukturen durch Bewegung im Raum wahrnehmen
- Fremdsprache über Bewegung erfahren, erkennen
- Gehörtes über Bewegung wiedergeben

Ethik
- den Körper und die Natur über Bewegung wahrnehmen
- sich Menschen und Kulturen über Bewegungshandlungen erschließen
- Verhaltensweisen, Gefühle über Bewegung ausdrücken
- das Leben in der (Schul-)Gemeinschaft durch Bewegungsaktivitäten mitgestalten

Musik
- Zusammenhang von Musik und Bewegung empfinden, Atmung wahrnehmen, sich bei Musik entspannen
- Musik mittels Bewegung tänzerisch bzw. szenisch gestalten und improvisieren
- durch Unterrichtsgänge Klänge aufnehmen, ein Konzert erleben

Kunst
- sinnlich erfassbare Erscheinungen in der Kunst und Umwelt über Bewegung/über den Körper wahrnehmen und bildnerisch gestalten
- Kunstwerke mit dem Körper formen, (nach-)gestalten oder sich hineinspielen
- bei Unterrichtsgängen Materialien zum bildnerischen Gestalten sammeln, architektonische Elemente in Bauwerken erkunden und betrachten

b) **Entlang des Bildungsweges** können bewährte Formen bei inhaltlichen und methodischen Veränderungen von der Krippe über den Kindergarten bis zu Hort und Grundschule sowie den weiterführenden Schulen geführt werden. Konkretisiert wird dies nachfolgend exemplarisch am Beispiel des bewegten Lernens in mathematischen Lernbereichen (Müller, 2019, S. 157-164). Gleichzeitig sind aber auch eigenständige Aufgaben der Institutionen zu beachten.

Der Lernprozess im Kontext der Mathematik kann über folgende Möglichkeiten und konkrete Beispiele Unterstützung erfahren durch Bewegung als zusätzlichen Informationszugang (s. auch Kapitel 3):

Hinweise: Die Beispiele wurden entnommen aus Müller, 2006, 2021; Müller & Ziermann, 2021. Die Übersichten sind dem Altersverlauf folgend jeweils von unten nach oben zu lesen. Legende: Gy – Gymnasium, OS -Oberschule (bis Kl. 10), GS - Grundschule

Mathematische Sachverhalte empfinden, wahrnehmen, erleben

OS/Gy: Figuren aus Seilen legen oder mit dem eigenen Körper formen, spiegelbildliche Figuren zu zweit laufen

GS: Ziffern oder geometrische Figuren auf den Rücken des Partners oder mit dessen Hand schreiben

Hort: geometrische Figuren oder Ziffern im Schulgelände in den Sand schreiben oder auf den Boden ritzen

Kiga: Formen unter einem Tuch fühlen und sortieren

Krippe: durch Schieben oder Anheben von zwei Gegenständen wahrnehmen, welcher schwerer ist

1 Bewegung im Leben von Kindern – Anspruch und Wirklichkeit

Vorstellungen von Zahlen, Formen, Größen erfahren, erkennen, begreifen
OS/Gy: mit Karten zu Dezimalbrüchen sich auf einem Zahlenstrahl einordnen, mit Ballbewegungen Funktionsgraphen darstellen, ausprobieren, wie viel Schüler z. B. in ein Quadrat (1 m x 1 m) passen
GS: Zielwerfen auf Papprollen mit Ziffern und addieren der noch stehenden Rollen, Zeiten für Laufrunden schätzen und messen, Knöpfe gegen eine Wand werfen und Entfernungen messen
Hort: Würfelfußball (Schaumstoffwürfel in ein leeres Tor spielen und Anzahl der Würfelaugen der Gruppe zählen), Rundenzeiten mit Fahrgeräten ermitteln, Tennisringe/Sandsäckchen gegen eine Mauer werfen und Entfernung des Landepunktes mit Bandmaß messen
Kiga: Würfeln und entsprechend der Augenzahl eine vereinbarte Übung ausführen, Zeitspannen erfahren (1 Minute lang gehen, tanzen), Knöpfe gegen eine Wand werfen und Entfernung des Landepunktes mit Daumendicken/Handspannen oder Kaffeebohnen messen
Krippe: sich als Gruppe der Größe nach sortieren, Gegenstände einer vorgegebenen Farbe sammeln

Antworten/Ergebnisse durch Gestik, Mimik, Körpersprache ausdrücken, mitteilen
OS/Gy: verschieden quadratische Funktionen mit den Armen und dem Körper nachstellen
GS: durch Anzahl der Wiederholungen von Bewegungsübungen
Hort: paarweise zu angesagten Flächen im Schulgelände laufen
Kiga: Bewegungsaufgaben ausführen („Stelle dich links neben …)
Krippe: sich nach Aufforderung auf den Stuhl setzen oder sich unter den Stuhl legen

Mathematische Inhalte in ihrem alltäglichen Sinnzusammenhang gestalten
OS/Gy: als „Reisende" auf einer „Bank" Geld tauschen
GS: Einkaufsspiele, Uhrzeiten anwenden
Hort: in Kleingruppen eine Wanderung vorbereiten (Busfahrzeiten, Streckenlängen, Verpflegung einkaufen)
Kiga: Abzählreime gestalten, Zahlen im Kindergarten suchen
Krippe: Deckel zu einem passenden Karton/Dose zuordnen

1.3 Bewegte Grundschule gestalten – eine Querschnittsaufgabe

Etwas durch Bewegung formen, gestalten, verändern
OS/Gy: maßstäbliche Darstellungen des Schulgeländes anfertigen sowie bewegungsaktive Umgestaltungen planen und realisieren
GS: den Pausenhof verändern, z. B. durch das Aufmalen von Hüpfkästchen
Hort: zu zweit mit einem Gummi/Strick geometrische Formen gestalten, Figuren bei Fadenspielen formen
Kiga: Muster legen, Mandalas gestalten
Krippe: mit einem Seil gelegte Formen umgehen (kriechen, laufen), darauf balancieren

Sich Mathematik durch Unterrichtsgänge/Spaziergänge erschließen
OS/Gy: Höhenberechnungen im Gelände durchführen, nach Abbildungen von Funktionsgraphen in der Natur suchen
GS: im Schulgelände und dem Umfeld nach geometrischen Formen und Figuren suchen, Entfernungen schätzen und messen
Hort: mit dem Blick auf eine Straße/Kreuzung vorher festgelegte Fahrzeuge zählen und dann einzelne Summen, die Gesamtsumme, die Anzahl im Durchschnitt pro Minute u. a. berechnen,
bei einem Herbstspaziergang Früchte oder Blätter entsprechend einer Aufgabe sammeln
Kiga: Zahlen/Formen im Kindergarten (und dem Umfeld) suchen
Krippe: Mengen suchen (Welche Gegenstände gibt es einmal, zweimal, mehrmals?)

Auswahl an konkreten Beispielen zur Optimierung der Informationsverarbeitung (Müller, 2019, S. 162-164):

Zustimmung oder Ablehnung zu Lösungen/Aussagen signalisieren
OS/Gy: Zustimmung bzw. Ablehnung mit zwei Mannschaften als Haschspiel durchführen
GS: bei richtiger Lösung/Aussage weitergehen, bei falscher sich am Ort drehen
Hort: zu einer von Schülern erzählten Geschichte bei eingebauten Fehlern vereinbarte Bewegungen ausführen

1 Bewegung im Leben von Kindern – Anspruch und Wirklichkeit

Kiga: sich bei richtigen Aussagen der Erzieherin durch den Raum bewegen oder, wenn es falsch ist, in die Hocke gehen (wie bei: Ein Kreis hat vier Ecken.)
Krippe: s. o. (z. B. zu einem hochgehaltenen Gegenstand nennt die Erzieherin die entsprechende Farbe)

Beim Zuwerfen/Zurollen eines Balles etwas bilden oder sich etwas einprägen
OS/Gy: umwandeln (gemeine Brüche in Dezimalbrüche, Größen in verschiedene Einheiten), mathematische Begriffe abfragen
GS: Malfolgen aufsagen, Aufgabenketten bilden
Hort: sich gegenseitig Aufgaben stellen und die Lösung nennen
Kiga: das Zählen üben
Krippe: beim Zurollen eines Balles gezeigte Gegenstände benennen, den eigenen Namen oder den Namen des Partners rufen

Beim Gehen (durch den Raum)
OS/Gy: zu Argumenten passende Funktionswerte finden, mit Spielkarten rechnen, Aufgaben mit Quadratzahlen lösen
GS: zu Aufgaben passende Lösungen finden, sich Informationen einholen
Hort: Kettenrechnen mit ausgelegten Aufgaben im Gelände, sich Informationen im Schulhaus, -gelände oder Außengelände einholen
Kiga: sich mit Kindern treffen, die gleiche Merkmalsplättchen haben (z. B. rote Plättchen oder welche mit Kreisen
Krippe: Klammern in passende farbliche Karton sortieren

Beim Wechseln der Plätze
OS/Gy: Aufgaben aufschreiben, die ein „wandernder" Schüler löst (Brüche erweitern oder kürzen, Größen umrechnen, Gleichungen ausrechnen)
GS: ausliegende Aufgaben lösen, Ergebnisse vergleichen
Hort: an Stationen unterschiedliche Aufgaben erfüllen (gegenseitig Körperteile vermessen und den Partner in Originalgröße mit Kreide auf den Asphalt zeichnen, Abstände schätzen und mit Körpermaßen messen sowie vergleichen, Gewichte von Gegenständen schätzen und eine Reihenfolge ermitteln, dann durch Wiegen kontrollieren)

1.3 Bewegte Grundschule gestalten – eine Querschnittsaufgabe

Kiga: Aufgaben erfüllen (Muster legen, Stäbchen nach der Länge sortieren, Formen ordnen, Gegenstände nach dem Gewicht sortieren. Mengen vergleichen, zu Würfelbildern entsprechende Mengen zuordnen)
Krippe: maximal drei Puzzle-Teile oder Farben-Dominosteine sammeln und am Ende zusammenfügen, je einen Bauklotz mitnehmen und einen Turm bauen

Unterschiedliche Arbeitshaltungen beim Lösen von Aufgaben anwenden
OS/Gy: geometrische Begriffe auf den Schulhof zeichnen, alternative Sitzgelegenheiten (Sitzkissen, Sitzball, Hokki u. a.) selbstständig nutzen (Müller & Petzold, 2014, S. 75-89)
GS: unterschiedliche Arbeitshaltungen sowie Entlastungshaltungen bzw. -bewegungen kennen und anwenden alternative Sitzgelegenheiten (Sitzkissen, Sitzball, Hokki u. a.) selbstständig einbeziehen (Müller, 2010a, S. 72-86)
Hort: s. o. auch Arbeitsplätze im Hortgelände nutzen
Kiga: bewegte Spielsituationen favorisieren auch noch bodennahe Arbeitshaltungen einbeziehen
Krippe: den Wechsel bodennaher Haltungen (sitzen, liegen, hocken, knien, kriechen u. a. auf ausgelegten Matten) anregen

Mit den o. g. aktuellen Veröffentlichungen zur bewegten Kita und Schule (Müller, 2019, 2021) und der Orientierung an Querschnittsaufgaben besteht auch die Chance, Übergänge anschlussfähiger zu gestalten und eine erfolgreiche Transition (Griebel & Niesel, 2011) zu erreichen.

Folgende Wechsel der Einrichtungen entlang des Bildungsweges rücken in den Blickpunkt: Der Übergang vom Kindergarten zur Grundschule sowie der Übergang von der Grundschule zu den weiterführenden Schulen.

Es erfolgt eine Konzentration (in Anlehnung an Bahr, 2020) auf folgende zwei Schwerpunkte:

Die Unterstützung der kindlichen Übergangsbewältigung

Kinder und deren Eltern müssen Übergänge im Leben der Kinder selbst bewältigen. Pädagogen können dabei nur unterstützen. Dafür ist es sowohl wichtig, in der abgebenden Einrichtung vorzubereiten als auch in der folgenden Institution weiterzuführen, d. h. auf Bekanntem und Vertrautem aufzubauen und dies sinnvoll mit Neuem zu verknüpfen. In dem Buch „Bewegte Kita" werden bei den Zielen und inhaltlichen Beispielen (mit Sternchen versehen) Möglichkeiten der Linienführungen von der Kita zur Schule aufgezeigt. Auch die Anregungen zum bewegten Lernen in den Klassenstufen 5 bis 10/12 (Müller, 2006-2021) führen Anregungen aus der Grundschule weiter.

Die Gestaltung pädagogischer Übergänge
Die Gestaltung pädagogischer Übergänge wird nur gelingen, wenn die Pädagogen der abgebenden und der aufnehmenden Einrichtungen zusammenarbeiten. Weitere beteiligte Akteure sind einzubeziehen (Hort, Sportvereine, Träger, kommunale Vertreter u. a.).

Die Zusammenarbeit mit den Eltern ist eine wesentliche Voraussetzung (bewegte Eltern-Kind-Aktivitäten, aktive Einbindung der Eltern in die Planung und Durchführung u. a.). Konkrete Anregungen sind vor allem im Kapitel 4 und 6 zu finden.

1.4 Ein pädagogisches Konzept der bewegten Grundschule

Aus den Ausführungen in den Abschnitten 1.1 und 1.2 ergibt sich der Widerspruch, dass Bewegung eine umfassende Bedeutung für die Entwicklung der Kinder hat – die Bewegungsumwelt und das -verhalten aber Reserven aufzeigen. Zur Lösung dieses Widerspruches müssen alle beitragen – von der Krippe angefangen – über den Kindergarten bis zum Hort und alle Schularten, aber natürlich ebenso die Familien und das gesamte Gemeinwesen.

Die bewegte Grundschule (oder wenigstens das Einbringen von mehr Bewegungsaktivitäten in den Schulalltag) sind mögliche Lösungsansätze.

Nachfolgend verdeutlichen wir dem Konzept zugrunde liegende theoretische Positionen und stellen danach Ziele und Teilbereiche der bewegten Grundschule dar.

1.4.1 Theoretische Positionen

Anthropologisches Bewegungsverständnis (Grupe, 1982, S. 75)
Bewegung ist ein anthropologisch begründbares Grundbedürfnis und neben Sprechen und Denken eine fundamentale Daseinsweise des Menschen. Basierend auf den Vorstellungen von Grupe (1982, S. 75) ist Bewegung für Kinder ein Erfahrungsorgan und Gestaltungsinstrument in einem, denn durch Bewegung können sie die Welt erleben, erfahren, erkennen und gleichzeitig formen und gestalten. Aus der Tatsache, dass die menschliche Bewegung erworben ist, ergibt sich die Notwendigkeit einer Erziehung zur Bewegung.

Interaktionistisches Entwicklungsverständnis (Baur, 1993, S. 41)
Es wird davon ausgegangen, dass sich die Person im Handeln entwickelt und sich dieses Handeln in einer Person-Umwelt-Interaktion vollzieht, dass sowohl genetisch-biologische (endogene) als auch Umwelteinflüsse (exogene) in ihrem Zusammenwirken die Entwicklungsprozesse steuern.

Vermittelnde didaktische Position, verstanden als Eigenwert, aber auch Ineinander-Übergehen von Polarisierungen (Duncker & Popp, 1994)
Bestimmend für Zielbestimmungen und die methodische Gestaltung sind Polarisierungen wie: Gegenwarts- und Zukunftsorientierung, Kindorientierung und Sachvermittlung, Selbst- und Fremdbestimmung. Bewegte Grundschule sollte die „Erfüllung des Augenblicks" und die Zukunftsorientierung im Blick haben. Damit schließen wir uns Entwicklungstrends an, die Überlegungen vom Eigenwert, aber auch ein Ineinander-Übergehen von Polaritäten favorisieren.

Balanceprozess von Verhaltens- und Verhältnisveränderung (Antonovsky, 1979, 1987)
In Anlehnung an Konzepte der Gesundheitsförderung und der Stressbewältigung wird von einem Balanceprozess im Spannungsfeld zwischen individuellen Verhaltensweisen und den umgebenden Verhältnissen/Bedingungen ausgegangen. Ziele, die sich jede Einrichtung stellt, müssen sich demzufolge sowohl auf die Veränderung der räumlichen, materiellen und personellen Bedingungen als auch auf das Bewegungsverhalten und die Einstellungen zum Bewegen (bei Kindern, Pädagogen, Eltern u. a.) richten.

1 Bewegung im Leben von Kindern – Anspruch und Wirklichkeit

Übergänge als kritisches Lebensereignis (Speck-Hamdan, 1992; Jürgens et al., 1997 u. a.)
Übergänge stellen einen gravierenden Einschnitt in die Biografie des Kindes dar. Ihn sinnvoll zu gestalten, verlangt die Balance zwischen Kontinuität und Veränderung, damit die Schaffung von Geborgenheit und neuer Hausforderung. Den Kindern bei der erfolgreichen Bewältigung zu helfen, liegt in der Verantwortung der abgebenden bzw. aufnehmenden Institution. Die Kinder müssen dort abgeholt werden, wo sie sich befinden. Jede Einrichtung muss aber auch einen Grundstein für das Lernen in weiteren Bildungsinstitutionen legen. (Tietze et al., 2016, S. 242)

1.4.2 Hauptzielstellung und Teilziele

Das unserer Auffassung zugrunde liegende Begriffsverständnis geht von den im Abschnitt 1.1.1 dargestellten anthropologischen Grundannahmen aus. Demzufolge ist Bewegung ein anthropologisch begründbares Grundbedürfnis und neben Sprechen und Denken eine fundamentale Daseinsweise des Menschen. Basierend auf den Vorstellungen von Grupe ist Bewegung für Kinder ein Erfahrungsorgan und Gestaltungsinstrument in einem, denn durch Bewegung können sie die Welt erleben, erfahren, erkennen und gleichzeitig formen und gestalten (Grupe, 1982, S. 75).

Bewegungserziehung in einem solchen weiten Verständnis kann nicht nur an das Fach Sport gebunden sein, sondern ist eine in allen Fächern zu konkretisierende, die Lernbereiche übergreifende und auch den außerunterrichtlichen Bereich implizierende umfassende Aufgabe der Grundschule (s. Abschnitt 1.3).

Bewegte Grundschule sollte nicht in erster Linie geprägt werden durch Lehrer, die beispielsweise in den Pausen Bewegungsspiele mit den Kindern durchführen, oder im Unterricht ansagen, wann Sitzhaltungen geändert werden, sondern von Schülern, die aus eigenem Antrieb heraus in einem vereinbarten Rahmen Bewegungsaktivitäten entfalten. Das setzt allerdings voraus, dass in einer Anfangsphase gerade Grundschulkinder aufgrund ihrer noch geringen eigenen Erfahrungen und darin begründeten Einsichten einer zielgerichteten Anleitung und Unterstützung bedürfen.

Deshalb ist die *Hauptzielstellung* die Befähigung der Kinder zur individuellen Handlungskompetenz, die darauf gerichtet ist, durch Bewegung die Umwelt zu erfahren und zu gestalten. Unter Handlungskompetenz ist die Fähigkeit und Bereitschaft zu verstehen, in unterschiedlichen Situationen selbständig geeignete Bewältigungsstrategien zu finden und diese situationsadäquat einzusetzen.

Wir verfolgen mit unserem Konzept das Ziel, eine auf die Ganzheit des Kindes gerichtete Bewegungserziehung in einem interdisziplinär-integrativen Ansatz zu realisieren. Interdisziplinarität und Integration betont vor allem das Zusammenwirken verschiedener Wissenschaftsgebiete sowie Fächern der Grundschule (s. auch Abschnitt 7.2). Ganzheit zu erreichen, muss immer unvollständig bleiben und kann nur beschrieben werden, wenn konkrete Teilaspekte ins Auge gefasst werden. Deshalb werden *Teilziele* formuliert, die auf der Ebene einzelner Bereiche der Bewegungserziehung (s. Abschnitt 1.4) eine weitere Konkretisierung erfahren. Die Ableitung der Teilziele erfolgt aus den im Abschnitt 1.1.2 dargestellten Bedeutungsaspekten der Bewegung bezüglich der kognitiven, sozialen, emotionalen und körperlich-motorischen Entwicklung und berücksichtigt die im Abschnitt 1.2 skizzierten Folgen der Bewegungswirklichkeit von Kindern.

Teilziele für die Förderung der sinnlichen Wahrnehmung
Zielstellung einer umfassenden Bewegungserziehung muss das Sammeln von Primärerfahrungen sein. Basierend auf den Positionen von Grupe (1982, S. 88-89) sollten diese Erfahrungen „aus erster Hand" gerichtet sein auf leibliche und soziale Erfahrungen sowie auf materiale Erfahrungen, die gerade im Kindesalter von besonderer Bedeutung sind.

Folgende Konkretisierungen ergeben sich:
- Die Kinder sollen Bewegungs- und Körpererfahrungen sammeln, besonders Anspannung und Entspannung differenziert wahrnehmen können.
- Sie sollen über Bewegung Eigenschaften von Gegenständen erkunden sowie die Natur wahrnehmen und erfahren.
- Die Kinder sollen beim Bewegungshandeln Erfahrungen des Miteinanders in Paaren oder Gruppen sammeln (soziale Koordination und Wahrnehmung).

Teilziele für die kognitive Entwicklung
Dieses Teilziel leitet sich aus der Notwendigkeit unterschiedlicher Informationszugänge sowie aus der physiologischen Bedeutung der Bewegung für das kognitive Lernen ab.

- Die Kinder sollen über den kinästhetischen Analysator (Bewegungssinn) zusätzliche Informationen gewinnen.
- Die Informationsverarbeitung soll optimiert werden.
- In Verbindung mit dem unmittelbaren Bewegungshandeln sollen sich die Kinder Kenntnisse zu Bewegungsspielen, Auflockerungs- und Entspannungsübungen sowie zu unterschiedlichen Sitzhaltungen aneignen.

Teilziele für die soziale Entwicklung
Wir schließen uns Theoriepositionen von Petillon (1993, S. 83) an, dass soziale Ereignisse in der Dialektik von Selbsterfahrung und Anerkennung der Ansprüche anderer bewältigt werden, d. h. vor allem:
- Die Kinder sollen bei Bewegungsaktivitäten Kontakte (verbale, nonverbale, körperliche) annehmen und selbst aufnehmen.
- Bei der Gestaltung von „Bewegungs-Interaktionen" sollen sich die Kinder freiwillig und aktiv einordnen, sich aber auch mit eigenen Ideen einbringen und für das Gelingen verantwortlich fühlen.
- Sie sollen soziale Vereinbarungen gemeinsam treffen und individuell einhalten sowie Verlässlichkeit und rücksichtsvolles Verhalten erfahren und zeigen.

Teilziele für die emotionale Entwicklung
Wir gehen davon aus, dass das Ausleben des Bewegungsbedürfnisses erfüllte Gegenwart vermitteln kann und dass außerdem die für sportliche Bewegungshandlungen nachgewiesenen positiven Veränderungen aktueller Befindlichkeiten auch für Bewegungsaktivitäten im Rahmen der Bewegten Grundschule zutreffen können.

Folgende wesentliche Konkretisierungen leiten sich ab:
- Die Kinder sollen ihr Bewegungsbedürfnis ausleben können. Dadurch soll auch zu mehr Schul- und Lernfreude angeregt werden. Sie sollen sich die Bewegungsfreude auch in Verbindung mit Naturerlebnissen erhalten.
- Die Kinder sollen Entlastung durch den Abbau negativer Spannungen spüren lernen

Teilziele für die motorische Entwicklung, bes. Schulung der Koordination
Teilziele bezüglich der motorischen Entwicklung beziehen sich ausgehend von dem zugrunde gelegten Bewegungsverständnis weniger auf die Aneignung

sportlicher Fertigkeiten und die Konditionierung, da die Belastungsreize als weitgehend zu gering erscheinen, sondern vor allem auf die Schulung koordinativer Fähigkeiten. Das Konzept von Hirtz (1985) mit den für den Schulsport bestimmten fünf fundamentalen Fähigkeiten kann auch für die umfassende Bewegungserziehung einen geeigneten Ansatz bilden, da es den allgemeinbildenden Charakter betont und sich auf das Grundschulalter bezieht (Hirtz, 1985, S. 31-33). Neue Aspekte fügen wir diesem koordinativen Ansatz durch die Einbindung der Koordinationsschulung in die übergreifenden Zielstellungen der Bewegungserziehung und die Integration in den Gesamtzusammenhang der kognitiven, sozialen und emotionalen Entwicklung hinzu.

Die Ausprägung und Vervollkommnung der folgenden fünf koordinativen Fähigkeiten stehen in enger Verbindung mit der Realisierung der anderen Teilziele der Bewegungserziehung. So kann die Vervollkommnung der kinästhetischen Differenzierungsfähigkeit die stärkere Einbeziehung des kinästhetischen Analysators sichern und die Sensibilität für den eigenen Körper erhöhen. Die Ausprägung der räumlichen Orientierungsfähigkeit fördert z. B. die visuo-motorische Wahrnehmung, durch die Entwicklung der Rhythmusfähigkeit wird die An- und Entspannungsfähigkeit der Muskulatur unterstützt, die Vervollkommnung der Gleichgewichts- und Reaktionsfähigkeit in Verbindung mit den anderen Fähigkeiten fördert die Bewegungssicherheit.

Von dem Konzept der koordinativen Fähigkeiten von Hirtz (1985) ausgehend sehen wir folgende spezifische Teilziele:

Koordinative Fähigkeiten	Teilzielstellung Die Kinder sollen:
kinästhetische Differenzierungsfähigkeit	– Bewegungen räumlich und zeitlich präzise ausführen – die Muskeln zweckmäßig an- und entspannen – die Finger, die Hände differenziert bewegen – visuelle Reize mit der Handmotorik koordinieren (Auge-Hand-Koordination)
räumliche Orientierungsfähigkeit	– Bewegungshandlungen im Raum steuern

1 Bewegung im Leben von Kindern – Anspruch und Wirklichkeit

Koordinative Fähigkeiten	**Teilzielstellung** Die Kinder sollen:
Rhythmusfähigkeit	– den eigenen Bewegungsrhythmus dem Gesang/der Musik oder einem Partner/ einer Gruppe anpassen
Gleichgewichtsfähigkeit	– das Gleichgewicht bei wechselnden Umweltbedingungen halten bzw. wieder herstellen
komplexe Reaktionsfähigkeit (nur bedingt Zielstellung)	– auf aktuelle Reizsituationen schnell und zweckmäßig reagieren

Teilziele für die gesunde körperliche Entwicklung, bes. Verbesserung der Körperhaltung
Innerhalb des Beitrages der Bewegungserziehung zur gesunden körperlichen Entwicklung stellt die Körperhaltung für uns einen Schwerpunkt dar mit den Zielsetzungen:
– Die Kinder sollen Haltungskonstanz vermeiden und lernen, wechselnde Arbeitshaltungen einzunehmen.
– Sie sollen sich vielfältig bewegen.

Teilziele für die Entwicklung des Selbstkonzeptes
Wir gehen von einem positiven Zusammenhang zwischen Bewegung und der Ausbildung des Selbstkonzeptes aus und leiten ab:
– Die Kinder sollen Bewegungssicherheit erlangen.
– Sie sollen zunehmend selbstbewusst und selbstgesteuert Bewegungsaktivitäten gestalten.

Teilziele für die Sensibilisierung für kulturelle Werte
Dieses Teilziel trägt übergreifenden Charakter. Damit „altes Spielgut" nicht weiter verloren geht, sollte eine umfassende Bewegungserziehung folgende Ziele anstreben:
– Die Kinder sollen altes und neues Bewegungsspielgut erleben, aufgreifen und weitergeben.
– Sie sollen Bewegungsgewohnheiten bzw. -traditionen (Sitzgewohnheiten, Pausenverhalten, Traditionen innerhalb des Schullebens u. a.) kritisch prüfen, diese dann pflegen und verändern.

Auch wenn in einzelnen Bereichen (s. Abschnitt 1.4.3) bestimmte Teilziele dominieren, muss betont werden, dass Bewegungserziehung von einem ganzheitlichen Ansatz ausgeht, also immer ein Gesamtzusammenhang zwischen kognitiven, sozialen, emotionalen und motorischen Erlebnis- und Erfahrungsprozessen gesehen wird. In der Spezifizierung von Teilzielen auf der Ebene einzelner Bereiche der Bewegungserziehung bei gleichzeitiger Beachtung wechselseitiger Beziehungen und Verknüpfungen sehen wir Besonderheiten unseres Vorgehens bei der Zielbestimmung.

Die auf Kompetenzen der Kinder und damit Verhaltensweisen orientierten Ziele müssen ergänzt werden durch Ziele, die die Veränderung der die Kinder umgebenden Verhältnisse anstreben, wie die Gestaltung der Schule als Bewegungsraum, die Veränderung der Sitzbedingungen, aber auch die Veränderung von pädagogischen Verhaltensgewohnheiten der Lehrer und Eltern (s. Abschnitt 1.4.1).

1.4.3 Bereiche und Teilbereiche

Besonders nach inhaltlich-organisatorischen Gesichtspunkten, aber auch bei unterschiedlichen Gewichtungen von Zielaspekten, lassen sich mit dem Unterricht (bewegtes Lernen, dynamische Sitzen usw.) der Pause (Schulhof und Schulhausspiele usw.) und mit außerunterrichtlichen Formen (zusammengefasst unter dem Begriff Schulleben) drei große Bereiche benennen, die miteinander in Verbindung stehen, auf dem Schulsport (Sportunterricht, Sportförderunterricht, Sport-AGs) als Fundament aufbauen und Bezüge zur Freizeit aufweisen (nach Müller, 1996, S. 65 in einer Überarbeitung für die 4. Auflage mit Anpassung an Bewegte Schule in Sachsen, s. Müller & Petzold, 2014, S. 36).

1 Bewegung im Leben von Kindern – Anspruch und Wirklichkeit

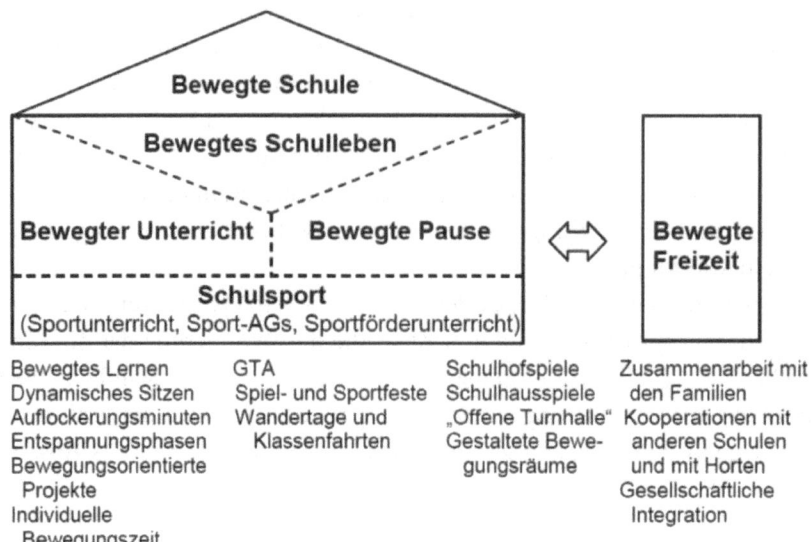

Eine weitere Ausdifferenzierung in Teilbereiche erscheint vor allem notwendig, um Überschaubarkeit zu gewähren, Unterschiede zu verdeutlichen aber auch Verbindungen zu kennzeichnen.
Unterscheidungsmerkmale haben wir vor allem in folgenden Fakten gefunden:
- *Simultane oder sukzessive Verbindung zwischen Bewegungshandlungen und dem kognitiven Lernen*
  Bewegtes Lernen, dynamisches Sitzen, individuelle Bewegungszeiten sowie bewegungsorientierte Projekte stellen Formen dar, bei denen Bewegungshandlungen simultan mit dem kognitiven Lernen verbunden werden. Bei Auflockerungsminuten und Entspannungsphasen wird dagegen die eigentliche Lerntätigkeit kurzzeitig unterbrochen. Diese Aussage trifft auch auf die tägliche Bewegungszeit zu, nach Wasmundt-Bodenstedt (1984, S. 47) verstanden als eine etwa 20-minütige flexible oder geplante Bewegungsaktivität im Unterricht unterschiedlicher Fächer.
  Anmerkung: Ausführungen zur täglichen Bewegungszeit erfolgen in diesem Buch nicht, da zu dieser Thematik ausführliche Veröffentlichungen bereits vorliegen (Wasmundt-Bodenstedt, 1984; IPTS, 1987). Außerdem ist nach Meinung unserer Versuchsschullehrer bei der Realisierung von Auflockerungsminuten, Entspannungsphasen, Formen des bewegten Lernens, Bewegungs-

spielen in der Pause u. a. eine zusätzliche Unterbrechung des Unterrichtes von etwa 20 Minuten nicht mehr erforderlich und auch schwer realisierbar.
- *Grad der Einflussnahme des Pädagogen*
  Weitere Unterschiede sind beispielsweise darin zu sehen, dass dynamisches Sitzen, individuelle Bewegungszeiten, Pausenspiele intrinsisch motiviert sind und von den Kindern selbstständig ausgeführt werden. Bei Formen des bewegten Lernens wird die Einflussnahme des Pädagogen eher erforderlich sein.
- *Variabilität oder Konstanz als Grundsatz der methodischen Gestaltung*
  Unter methodischem Gesichtspunkt ist es günstig, Entspannungsphasen zunächst unter konstanten Bedingungen durchzuführen. Andere Bereiche der bewegten Grundschule sollten von Variationen geprägt sein. Wichtig ist die Ausbildung von Ritualen, die den Kindern Sicherheit und damit Orientierung geben können.
- *Aktivierung oder Deaktivierung der Steuerprozesse des animalen und vegetativen Nervensystems*
  Auflockerungsminuten sollen eine aktivierende Wirkung auf die geistige Leistungsfähigkeit haben, Entspannungsphasen dagegen eine Überaktivität abbauen. Bewegung wirkt dabei als Aktivationsoptimierer (Dickreiter, 1997, S. 15). In beiden Fällen ist das vegetative Nervensystem an den Steuerungsprozessen indirekt beteiligt, indem es die energetischen Voraussetzungen für die geistige Leistungsfähigkeit schafft. Es besteht funktionell aus zwei Teilsystemen, die umgangssprachlich als Sympathikus und Parasympathikus bezeichnet werden (Badtke, 1995, S. 103). Der Sympathikus steigert in den von ihm versorgten Organen die Leistungsbereitschaft und Leistung (Aktivierung des Herz-Kreislauf-Systems, Mobilisierung des Glykogens, Erweiterung der Atemwege und damit Verbesserung der Sauerstoffzufuhr, Dämpfung der Darmtätigkeit, Erhöhung der Bewusstseinshelligkeit u. a.). Der Parasympathikus dämpft die Leistungsbereitschaft, verbessert aber alle Vorgänge, die der Erholung dienen (Ökonomisierung der Herztätigkeit, Verengung der Atemwege, Aktivierung der Darmtätigkeit u. a.; Titel, 1996, S. 584; Findeisen et al., 1976, S. 76-77). Beide dürfen aber nicht als Gegenspieler betrachtet werden, sondern ergänzen sich in ihren Wirkungen (Badtke, 1995, S. 106). Dieses sinnvolle Zusammenspiel muss immer Beachtung finden, auch wenn die Bewegungsaktivitäten der Auflockerungsminuten auf dominierende Wirkungen des Sympathikus, die Entspannungsphasen dagegen auf die Dominanz des Parasympathikus gerichtet sind.

1 Bewegung im Leben von Kindern – Anspruch und Wirklichkeit

Die Unterscheidung in Teilbereiche kann auch hilfreich sein, um die konkrete Umsetzung realistisch einschätzen und kurze und längerfristige Ziele planen zu können. Zwischen den Bereichen und Teilbereichen der Bewegungserziehung ergeben sich vielfältige Verbindungen. So können beispielsweise Schulhofspiele im Sportunterricht vermittelt, Bewegungsgeschichten im Deutschunterricht erfunden, Entspannungsphasen mit Entlastungshaltungen verbunden, das Schulgelände im Rahmen eines Projektes und in Zusammenarbeit mit den Eltern zum Bewegungsgelände gestaltet werden u. a. m.

Das Haus der bewegten Schule mit seinen Bereichen und Teilbereichen stellt auch eine Anregung für ein *Schulprofil „Bewegte Grundschule"* dar. Es ist als „Rohbau" anzusehen. Die Ausgestaltung ist abhängig von den konkreten Bedingungen und muss durch die Lehrkräfte vor Ort selbst geleistet werden. Bleiben wir bei dem bildhaften Vergleich. In jedem Haus kann man einzelne Zimmer betreten, d. h. Lehrkräfte können sich allein für bestimmte Bereiche der Bewegungserziehung interessieren und diese durchaus auch mit unterschiedlichen Gewichtungen umsetzen. Wenn sich ein Kollegium auf den Weg macht, das gesamte Haus mit spezifischen bewegungserzieherischen Zielstellungen auszugestalten, dann sollte der Begriff bewegte Grundschule im Sinne eines Schulprofils Anwendung finden. Der Weg zur Entwicklung eines Profils „Bewegte Schule" beginnt mit der Erarbeitung eines Schulprogramms mit dem profilbildenden Akzent „Bewegung". Dieses Programm setzt bestimmte Schwerpunkte und koordiniert einzelne Aktivitäten. Es sollte regelmäßig geprüft und fortgeschrieben werden und dient der systematischen Ausbildung des Schulprofils. Das mit dem Programm anvisierte Schulprofil ist Ausdruck der Identität der Grundschule. Es kennzeichnet die Eigenart der einzelnen Schule als Summe aller Teilkonzepte und der vorfindbaren Konkretisierungen und Realisierungen. Als angestrebtes Resultat eines kontinuierlichen Prozesses sollte es im Vergleich zum Programm über einen längeren Zeitraum Stabilität aufweisen. (Bildungskommission NRW, 1995, S. 144-147; Stibbe, 1998, S. 389-398)

Von dieser Begriffsbestimmung ausgehend können folgende Aussagen getroffen werden:
– Möglichkeiten für Bewegungsaktivitäten in den Pausen allein machen noch keine bewegte Schule aus, können aber einen Anfang darstellen.

- Die Realisierung einer Bewegungserziehung, die den Unterricht und den außerunterrichtlichen Bereich erfasst, kann nur als Teilkomponente, allerdings mit besonderer Gewichtung, in das Schulprofil eingehen.
- Schulen mit dem Profil „Bewegte Grundschule" werden sich in ihrer Ausgestaltung unterscheiden, da die konkreten Bedingungen ein wesentliches Kriterium darstellen. So sind selbst an unseren Projektschulen trotz des gleichen Konzeptes Differenzierungen erkennbar.
- Schulen mit anderen Profilen können und müssen ebenfalls Bewegungserziehung als Querschnittsaufgabe realisieren – in Abstimmung mit ihrem eigenen Schulprofil. So bietet sich beispielsweise bei „Gesunden Schulen" eine große gemeinsame Schnittfläche an.

In den folgenden Kapiteln wird der Versuch unternommen, didaktische Aspekte für die einzelnen Bereiche der bewegten Grundschule getrennt zu behandeln, dabei aber Verbindungen und Verknüpfungen aufzuzeigen.

Tipp:
Für alle Bereiche und Teilbereiche der bewegten Schule sind kurze Ausführungen zu den Zielen und ausgewählten Inhalten – ergänzt durch „Ideen zum Staunen" aus den Projektschulen – zu finden auf unserer Homepage: https://bewegte-schule-und-kita.de

Lesehinweise:

Die weiteren Ausführungen des Buches gliedern sich entsprechend des zugrundeliegenden Konzeptes nach dem Haus der bewegten Schule (s. Abschnitt 1.4.3). in den bewegten Unterricht (Kapitel 2), in die bewegte Pause (Kapitel 3), das bewegte Schulleben (Kapitel 4), den Schulsport (Kapitel 5) sowie in die bewegte Freizeit (Kapitel 6). Ausführungen zur Qualifikation für die Gestaltung der bewegten Grundschule schließen sich an.

Die Darstellungen folgen im Wesentlichen der Binnengliederung:
- *Begriffserklärung und Teilziele* sollen einen Einblick in theoretische Positionen geben und die Einordnung sowie die Struktur verdeutlichen.
- *Methodisch-organisatorische Hinweise* sollen die Gestaltung der Bewegungserziehung unterstützen. Es fließen auch kurze Modifikationen für Kindern mit Entwicklungsbesonderheiten ein (ausführlich in Müller & Dinter, 2020)
- *Medienempfehlungen* sind exemplarisch. Es wird keine umfassende Auflistung angestrebt. Wir empfehlen Medien, die sich im Rahmen unseres Projektes bewährt haben. Dadurch ist die Auswahl subjektiv geprägt.
- *Inhaltsvorschläge* zeigen beispielhaft Umsetzungsmöglichkeiten auf

In den Abschnitten werden auch Gedanken geäußert, wie die bewegte Schule als Querschnittsaufgabe innerhalb der Grundschule sowie entlang des Bildungsweges gestaltet werden kann (Abschnitt 1.3).
- Zur Verdeutlichung von Querschnittsaufgaben innerhalb der Grundschule werden Anregungen für die Umsetzung in anderen Bereichen der bewegten Grundschule sowie in unterschiedlichen Fächern gegeben.
- Bezogen auf die Querschnittsaufgaben entlang des Bildungsweges werden auch ausgewählte Beispiele aufgeführt, die aus der „Bewegten Grundschule" in die Bücher zur bewegten Kita (Bereich Kindergarten und besonders Hort) sowie zur bewegten Schule (Klassenstufen 5 bis 10/12) übernommen wurden und diese sind mit einem Sternchen (*) gekennzeichnet. Aber auch einige Beispiele aus den genannten Büchern sind zur Erweiterung in die 4. Auflage eingeflossen.

Müller, Chr. (2021). *Bewegte Kita*. Baden-Baden: Academia.
Müller, Chr. & Petzold, R. (2014). *Bewegte Schule*. St. Augustin: Academia.

2 Bewegter Unterricht

In den folgenden Kapiteln 2 bis 6 wird der Versuch unternommen, die didaktischen Aspekte für die einzelnen Bereiche entsprechend des Hauses der bewegten (Grund-)Schule getrennt zu behandeln, dabei aber Verbindungen und Verknüpfungen aufzuzeigen. Begonnen wird mit dem bewegten Lernen, das im sächsischen Konzept einen besonderen Schwerpunkt bildet.

2.1 Bewegtes Lernen

Lernen findet traditionell vorrangig im Sitzen statt. Doch es gibt keine Belege dafür, dass man nur so lernen kann. Im Gegenteil – unsere Untersuchungen weisen die Vorteile eines bewegungsaktiven Arbeitens in allen Fächern aus (s. Müller & Petzold, 2002). Auch können wir Bedenken von Lehrkräften zerstreuen, dass bei zusätzlichen Bewegungsaktivitäten die Unterrichtsziele nicht geschafft werden. Bewegungszeit muss keine verlorene Zeit für das kognitive Lernen sein, sondern kann unterstützend wirken.

Unter bewegtem Lernen verstehen wir, dass kognitives Lernen und Bewegung gleichzeitig stattfinden. Formen des bewegten Lernens werden in Abhängigkeit vom Lernstoff der einzelnen Fächer von den Pädagogen planmäßig und zielgerichtet ausgewählt und eingesetzt. Hierin besteht ein Unterschied zu den vorrangig intrinsisch motivierten Bewegungsaktivitäten der Schüler in den bewegten Pausen.

Die Ziele des bewegten Lernens liegen vor allem in dem Erschließen eines zusätzlichen Informationszuganges und in der Optimierung der Informationsverarbeitung. Außerdem hilft bewegtes Lernen Haltungskonstanz zu vermeiden und kann die Konzentrationsfähigkeit sowie die Lernfreude steigern. Des Weiteren sollen die Schüler selbstständig das Lernen mit Bewegung verbinden, neue Varianten suchen und mit einem Partner oder einer Kleingruppe zusammenarbeiten. Sie können Bewegungshandlungen im Raum steuern und verhalten sich rücksichtsvoll.

2 Bewegter Unterricht

Für Schüler mit sonderpädagogischem Förderbedarf (bes. beim Lernen) sind die vorgeschlagenen Beispiele vielfach zu vereinfachen und mit den Lehrplänen abzustimmen. Motorische und kognitive Mehrfachanforderungen müssen entkoppelt werden. Für den Einstieg sollte ein Grundrepertoire an methodischen Formen als eine Art Fundament gewählt werden. Beispiele mit Sprach- und Sprechanlässen sowie nonverbaler Kommunikation sind verstärkt einzusetzen. Die Umfänge der schriftlichen Fixierung müssen ggf. reduziert werden. Es ist bei Formen, die Körperkontakte oder pantomimisches Gestalten bedingen sowie bei der Präsentation von Gestaltungsaufgaben kleinschrittig und sensibel vorzugehen. Von den Lehrkräften sind Übungsformen des bewegten Lernens, die Aussagen zur eigenen Familie, zum Selbstkonzept, zur Lebensperspektive erfordern, mit Feingefühl und Differenzierung einzusetzen. Formen des bewegten Lernens sollten auch in anderen Teilbereichen wiederholend aufgegriffen werden. (Müller & Dinter, 2020, S. 33-62)

Die beiden Hauptzielstellungen, zusätzlicher Informationszugang und Optimierung der Informationsverarbeitung, werden an dieser Stelle näher erläutert, um damit auch das Verständnis für die nachfolgenden Beispiele zu erleichtern.

I Zusätzlicher Informationszugang durch Bewegung

Als Lernkanäle werden hauptsächlich der akustische und der optische Analysator genutzt. Über den Bewegungssinn (kinästhetischer Analysator), dessen Rezeptoren über den gesamten Körper verteilt in den Muskeln, Sehnen, Bändern und Gelenken liegen, kann der Schüler zusätzlich Informationen zum Lerngegenstand erhalten. Diese Informationen erfolgen also nicht über die Umwelt, sondern über den Körper und die eigene Bewegung. Entsprechend des in Kapitel 1 dargestellten anthropologischen Begriffsverständnisses können Menschen über Bewegung die Welt erleben, erfahren, erkennen sowie formen und gestalten (Grupe, 1982, S. 75).

Der Lernprozess kann über folgende Möglichkeiten Unterstützung erfahren:

I/1   etwas über Bewegung/über den Körper *empfinden, wahrnehmen, erleben* (auch fachliche Strukturen im Raum)
I/2   *etwas über Bewegung erfahren, erkennen, begreifen*
I/3   etwas durch Mimik, Gestik, Körpersprache *ausdrücken, mitteilen*
I/4   etwas szenisch *darstellen*
I/5   etwas durch Bewegung *formen, gestalten, verändern*
I/6   etwas durch Unterrichtsgänge *erkunden*

So kann das Kind zu erlernende Ziffern und Buchstaben neben dem Sehen und Hören ergänzend auch über den Bewegungssinn erschließen, indem es diese abhüpft, mit den Händen oder Füßen erfühlt, die Form mit dem Körper empfindet oder gestaltet. Längen oder Massen können mit dem Bewegungssinn erfasst, geometrische Figuren mit dem Körper erfühlt und geformt werden. Die Kinder haben die Möglichkeit, die Analyse und Synthese von Wörtern über Bewegung zu verdeutlichen oder Vorgänge in der Natur über Bewegungsaktivitäten zu erkennen und zu begreifen. Alle aufgeführten Möglichkeiten geben dem Kind zusätzliche Informationen über den Lerngegenstand und unterstützen damit den Lernprozess, ebenso wie viele in den Tabellen sowie der angegebenen Literatur aufgeführte Beispiele, bei denen Lernen mit Bewegungshandlungen verbunden wird.

II Optimierung der Informationsverarbeitung - Lernen mit Bewegung

Schule ist traditionell eine „Sitzschule". Lernen scheint vorrangig nur im ruhigen Sitzen möglich. Dabei wurden bereits vor mehr als 2000 Jahren die Schüler von Aristoteles in Wandelhallen unterrichtet (Seele, 2012, S. 16), Mönche promenierten bei geistigen Gesprächen durch die Klostergänge und in früheren Zeiten schrieben Dichter und Gelehrte, wie z. B. J. W. v. Goethe, an Stehpulten und schritten beim Nachdenken im Zimmer auf und ab (Breithecker et al., 1996, S. 24). Lehrer pflegen auch heute weniger im Sitzen zu arbeiten, sie bewegen sich im Unterrichtsraum. Schüler dagegen sollen noch zu häufig beim „Stillsitzen" lernen. Dabei weisen Untersuchungen zu Grundgrößen der Informationsverarbeitung (bei Erwachsenen) nach, dass bereits geringe fahrradergometrische Belastungen die Gehirndurchblutung anregen und dadurch die geistige Leistungsfähigkeit, insbesondere die Kurzspeicherkapazität und die Lerngeschwindigkeit,

2 Bewegter Unterricht

ansteigen (Lehrl & Fischer, 1994, S. 182). Zur Optimierung der Informationsverarbeitung reichen bereits Bewegungen mit geringer Intensität aus.

Folgende Bewegungsformen eignen sich zur Verbindung von Lernen und Bewegung, weitgehend unabhängig von den stofflichen Inhalten:

II/1   *mit Bewegung* Zustimmung oder Ablehnung signalisieren
II/2   *beim (Zu-)Werfen* eines Balles o. Ä. Fachwissen einordnen, abfragen, festigen
II/3   *beim Gehen* (durch den Raum)
– Gespräche führen
– Aufgaben lösen
– sich Informationen einholen
– sich etwas einprägen und am Platz aufschreiben
II/4   *Plätze wechseln* und dabei etwas üben
II/5   *unterschiedliche Arbeitshaltungen* einnehmen/anwenden

Überwinden wir unsere pädagogischen Gewohnheiten und ermöglichen den Kindern, Lernen mit Bewegung zu verbinden. Dabei ist nicht der schnaufende und schwitzende Schüler im Deutschunterricht gefragt. Bewegungen mit geringer Intensität reichen zur Optimierung der Informationsverarbeitung bereits aus, wie z. B. gehen, hüpfen, drehen, sich strecken, Arme und Beine überkreuzt bewegen. Nachfolgende Beispiele basieren auf diesen theoretischen Positionen, z. B. das Einprägen von Wörtern beim Gehen durch den Raum, Leseübungen in Verbindung mit dem Tausch der Plätze oder das Lösen von Rechenaufgaben in Verbindung mit Zielwerfen. Die konkreten Inhalte können aus dem aktuellen Lernstoff der jeweiligen Klasse ausgewählt werden. Damit sind die nachfolgenden Anregungen weitgehend stoff- und klassenstufenunabhängig, woraus sich viele Variationsmöglichkeiten ergeben. Solche Übungen können als Erweiterung traditioneller Formen des Unterrichtens eingeordnet werden. Neben der verbesserten Sauerstoffversorgung des Gehirns tragen psychische Komponenten (nicht mehr still sitzen zu müssen sowie die Motivationserhöhung durch eigene Aktivität) dazu bei, das Lernen zu erleichtern und eine Schule zu gestalten, die wirklich vom Kinde ausgeht.

Auf diesem Grundgerüst basierend wurde untersucht, was dieses „Etwas" in den einzelnen Fächern sein kann. In den nachfolgenden Tabellen sind die

Konkretisierungen der Ziele für unterschiedliche Fächer der Klassen 1 bis 4 zu finden. Zu den grau hinterlegten Aspekten gehören die ausgewählten Beispiele. Eine Vielzahl weiterer Ideen kann in den ausgewiesenen Karteikartensammlungen nachgeschlagen werden.

Zur Arbeit mit den didaktisch-methodischen Anregungen
Die in dieser Veröffentlichung nur exemplarisch herausgegriffenen Beispiele sind ausführlich formuliert, teilweise mit Abbildungen versehen und nach Klassenstufen und Themenbereichen gegliedert in Karteikartensammlungen (A5-Format) erschienen.

Hinweise zur Arbeit mit den didaktisch-methodischen Anregungen:
- Die Beispiele der Materialsammlungen sind als Anregungen zu verstehen, die entsprechend der konkreten Bedingungen sowie der aktuellen Klassensituation ausgewählt und verändert werden müssen. Außerdem soll dazu angehalten werden, selbst Beispiele zu ergänzen und auszuprobieren.
- Die Beispiele für bewegtes Lernen sind nicht nur für den Frontalunterricht geeignet, sondern bei entsprechender Aufbereitung natürlich auch für Freiarbeitsphasen, Werkstattarbeit u. a.
- Nach einer Einführungsphase sollte die selbstständige Durchführung durch die Kinder angeregt werden.
- Zur Förderung sozialer Kompetenzen ist der Arbeit in Paaren oder Kleingruppen der Vorrang gegenüber der Einzelarbeit einzuräumen. Die Spielgedanken lassen Rollenwechsel zu und stellen das gemeinsame Lösen von Aufgaben gegenüber dem Konkurrenzbetrieb in den Vordergrund.
- Die Bewegungsformen sollten vor allem bei den Beispielen zur Optimierung der Informationsverarbeitung variiert werden.
- Eine Reihe von Vorschlägen eröffnet die Chance, dass Kinder diese Formen auf ihr häusliches Üben und Lernen oder die Erledigung der Hausaufgaben im Hort übertragen. Die Sensibilisierung der Erzieher bzw. der Eltern für die Bedeutung der Bewegung in der kindlichen Entwicklung ist dafür dringend notwendig.
- Bewegtes Lernen erfordert auch das gemeinsame Absprechen von Regeln. Dann ist die Umsetzung der Beispiele nach unseren Erfahrungen problemlos. Anfängliche Bedenken, die sich vor allem auf zu große Unruhe, unkonzentriertes Arbeiten sowie geringere Erfolge beim kognitiven Lernen bezogen,

zerstreuten sich schnell. Die Kinder nehmen die Angebote mit viel Begeisterung an. Die Ergebnisse bei Schulleistungstests sind an unseren Versuchsschulen nicht schlechter als an den Kontrollschulen. Bewegtes Lernen ist also keine verlorene Zeit für das „richtige" Lernen. Für die Pädagogen bedeutet bewegtes Lernen allerdings methodisches Umdenken. Dem haben sich die Kollegen an unseren Versuchsschulen aber gestellt, auch weil andererseits 90 % von ihnen eine verbesserte Aufmerksamkeit und Konzentration sowie eine größere Lernfreude der Kinder als entlastend für die Unterrichtsführung registrierten (Pollähne, 1997, S. 85).

- Die Realisierung der Verbindung von Lernen und Bewegung ist nicht auf die Grundschule beschränkt, sondern stellt eine Querschnittsaufgabe sowohl an einer Bildungseinrichtung als auch entlang des Bildungsweges dar. (s. Abschnitt 1.3). Die am Ende der folgenden Medienhinweise aufgeführte Literatur zu unterschiedlichen Fächern in den weiterführenden Schulen, aber auch zu den Kindertageseinrichtungen (Krippe, Kindergarten, Hort) weist darauf hin. Insgesamt ist inzwischen ein Gesamtkonzept zum bewegten Lernen entstanden – bei altersspezifischen Modifizierungen.

Medienhinweise zum bewegten Lernen
Müller, Chr., Ciecinski, A. & Schlöffel, R. (2016). *Bewegtes Lernen in Englisch. Anfangsunterricht in der Grundschule* (2. neu bearb. und erweit. Aufl.). Academia.
Müller, Chr. (2003). *Bewegtes Lernen in Ethik. Klassen 1 bis 4*. Academia.
Müller, Chr. & Engemann, M. (2003). *Bewegtes Lernen im Fach Kunst. Klasse 1 bis 4*. Academia.
Müller, Chr. (2006). (Hrsg.). *Bewegtes Lernen in Klasse 1. Fächer Mathematik, Deutsch, Sachunterricht* (3. Aufl.). Academia.
Müller, Chr. (2006). (Hrsg.). *Bewegtes Lernen in Klasse 2. Fächer Mathematik, Deutsch, Sachunterricht* (3. Aufl.). Academia.
Müller, Chr. (2006). (Hrsg.). *Bewegtes Lernen in Klasse 3 und 4. Fächer Mathematik, Deutsch, Sachunterricht* (3. Aufl.). Academia.
Müller, Chr. (2006). (Hrsg.). *Bewegtes Lernen in Klasse 1 bis 4. Fächer Mathematik, Deutsch, Sachunterricht.* (3. Aufl.). Academia.
Müller, Chr. & Mende, J. (2009). *Bewegtes Lernen in Musik. Klassen 1 bis 4*. Academia.

Bestellungen können gerichtet werden an: nomos-shop.de

Für die Klassen 5 bis 10/12 liegen Karteikartensammlungen vor für die Fächer: Mathematik, Deutsch, Englisch, Physik, Chemie, Geografie, Biologie, Geschichte, Ethik, Evangelische Religion, Gemeinschaftskunde/Recht/Wirtschaft, Kunst, Musik.

Für die mathematische, kommunikativen sowie naturwissenschaftlichen Bildungsbereiche in Krippe, Kindergarten und Hort werden Anregungen gegeben in:
Müller, Chr. (2021). *Bewegte Kita*. Academia.

Ergänzende Literatur:
Belorf, A. & Schmid, A. (2000). *741 Spiel und Übungsformen bewegtes Lernen. Teil 1: Kindergarten/Vorschule und 1. - 4. Schuljahr*. Schorndorf: Hofmann.
DGUV (Hrsg.). (2019c). *Bewegung und Lernen*. DGUV Information 202-101. Berlin: DGUV.

2 Bewegter Unterricht

I Mathematik: Zusätzliche Informationszugänge durch Bewegung

I/1 Ordnungen, Formen, Zahlen, Größen über Bewegung/über den Körper *wahrnehmen, erleben*
(grundlegende mathematische Einsichten, Malfolgen, geometrische Figuren)
Einteilungen auf dem Zahlenstrahl, der Stellentafel *empfinden*

I/2 Vorstellungen von Ordnungen und Mengen, Zahlen, Formen, Größen u. a. über Bewegung *erfahren, begreifen*
(Zahlenstrahl, Mengenverhältnisse, Allzeitbereitmaße)

I/3 Ergebnisse durch Bewegung/Körpersprache *ausdrücken, mitteilen*

I/4 mathematische Inhalte in Alltagssituationen *darstellen*
(Rechnen mit Geld, z. B. beim Einkaufen, oder mit Längen, Gewichten, Zeiten)

I/5 etwas durch Bewegung *formen und gestalten*
(Zahlen, Figuren)

I/6 bei Unterrichtsgängen Mathematik *erkunden*
(Suche nach geometrischen Figuren und Körpern, nach Angaben zu Größen oder Geldbeträgen)

Beispiel zu I/1	Rhythmische Malfolgen	Klasse 2

Eine Multiplikationsfolge wird genannt. Die Kinder gehen, ohne sich zu behindern, durch den Raum und sagen zum Rhythmus der Schritte die Folge der natürlichen Zahlen auf. Alle Ergebnisse der vorgegebenen Folge werden durch Klatschen, Schnipsen, einen Stampfschritt o. Ä. hervorgehoben.
Variante: Multiplikationsfolgen rückwärts gehen und zählen

Beispiel zu I/2	Rechnen auf dem Zahlenstrahl	Klasse 2

Es bilden sich Paare. Ein Kind steht in Höhe eines beliebigen Punktes neben dem aufgemalten Zahlenstrahl. Der Partner nennt von dieser Zahl ausgehend eine Additions- oder Subtraktionsaufgabe. Das Kind am Zahlenstrahl führt entsprechend viele Schritte aus (z. B. bei 43 minus 4, d. h. vier Schritte rückwärts) und löst die Aufgabe. Beim Überschreiten des Zehners wird um sich selbst gedreht oder in die Luft gesprungen. Anschließend werden die Rollen getauscht.

Beispiel zu I/4	Wie lang ist ein Kilometer?	Klassen 3-4

Die Klasse geht eine Strecke von einem Kilometer (möglichst gerade und einsehbar) ab. Gleichzeitig messen die Schüler und stellen alle 100 m ein Markierungszeichen auf. Am Ende angekommen, überblicken sie den abgeschrittenen Kilometer. Anschließend laufen sie zum Ausgangspunkt zurück. Elf Kinder sammeln die Markierungen ein.
Variante: Auf dem Rückweg die „Reststrecke" bis zu einer Meile zurücklaufen (englische Meile: 1,61 km; Seemeile: 1,85 km)

II Mathematik: Optimierung der Informationsverarbeitung

II/1 *mit Bewegung* Zustimmung oder Ablehnung zu Aussagen oder Lösungen signalisieren

II/2 *beim (Zu-)Werfen* eines Balles o. Ä. Aufgaben bilden und lösen (Grundaufgabe, Malfolgen aufsage, Aufgabenketten bilden)

II/3 *beim Gehen* (durch den Raum)
- Fragen beantworten, Ergebnisse besprechen
- Aufgaben bilden und lösen
- sich Informationen einholen, Lösungen kontrollieren
- sich Aufgaben einprägen, am Platz aufschreiben und lösen

II/4 *Plätze wechseln* und dabei Aufgaben lösen

II/5 *unterschiedliche Arbeitshaltungen* beim Lösen von Aufgaben einnehmen

Beispiel zu II/2	**Rechenball**	Klasse 1-4
Kleingruppen spielen sich einen Softball zu. Ein Spieler nennt eine Aufgabe, der angespielte Schüler nennt das Ergebnis. Ist es richtig, so führen alle eine vorher vereinbarte Bewegungsaufgabe aus, z. B. Hampelmann. Anschließend stellt das Kind die nächste Aufgabe. War die Antwort falsch, wird der Ball zurückgeworfen. *Varianten:* Vorgänger und Nachfolger, Zahlen und deren Teiler/Vielfache Multiplikations- und Divisionsfolgen Bewegungsaufgabe verändern		

Beispiel zu II/3	**Rechnen mit Spielkarten**	Klasse 2
Mit einer Spielkarte geht jedes Kind durch den Raum und sucht sich einen Partner. Beide multiplizieren die Augen ihrer Spielkarten. Haben beide das gleiche Ergebnis, trennen sie sich. Bei unterschiedlichen Lösungen muss neu gerechnet werden.		

Beispiel zu II/4	**Von Platz zu Platz**	Klasse 3-4
Auf jedem Platz liegt eine Aufgabe (evtl. zur Selbstkontrolle mit Ergebnissen auf der Rückseite). Die Schülerinnen lösen die Aufgabe an ihrem Platz und gehen anschließend mit Heft und Stift zu einem anderen Platz. *Variante:* Wer schafft in einer vorgegebenen Zeit die meisten richtig gelösten Aufgaben?		

Weitere Beispiele in den Karteikartensammlungen zum bewegten Lernen für die Fächer Mathematik, Deutsch, Sachunterricht (s. Müller, 2006).

2 Bewegter Unterricht

I Deutsch: Zusätzliche Informationszugänge durch Bewegung

I/1 Sprache über Bewegung/über den Körper *wahrnehmen, erleben*
(Laute, Buchstaben, Wörter)

sprachliche Strukturen durch Bewegung im Raum *wahrnehmen*
(ABC, Zeitformen, Wortarten)

I/2 Sprache über Bewegung *erfahren und begreifen*
(Silben/Wörter abhüpfen/ablaufen, puzzeln)
Gedichte u. a. über sinnvolle Bewegungen *erleben* und sich dadurch einprägen

I/3 Rechtschreib- oder Grammatikentscheidungen durch Bewegung *mitteilen*
(Groß- und Kleinschreibung, Wortarten, Komparation, Zeitformen)
pantomimisch Wortbedeutungen, Erlebnisse u. a. *ausdrücken*

I/4 Sprache über Bewegung *szenisch darstellen*
(Gedichte, Lesetexte, Fingerpuppen, Handpuppenspiel, Puppentheater)

I/5 (Schwünge) und Bewegungsvorhaben über Sprache gemeinsam *formen*
(Bewegungsgeschichten, Pausenspiele, Spielfest)

I/6 bei Unterrichtsgängen Sprache *erkunden*
(Straßennamen, Beschriftungen u. a.)

Beispiel zu I/1	**Schreiben mit geschlossenen Augen**	Klassen 2-4
An der Tafel, auf einer Folie oder in der Wortleiste stehen zu übende Wörter. Jeweils zwei Schüler finden sich zusammen. Ein Schüler legt seine Schreibhand auf die seines Partners und schließt die Augen. Der andere Partner schreibt nun ein Wort auf den Tisch oder in die Luft. Der Schüler mit den geschlossenen Augen versucht das Wort zu erraten. Dann werden die Rollen gewechselt. Bild?		

Beispiel zu I/4	**Fingerpuppen treffen sich***	Klassen 1-2
Aus Papier- oder Papprölllchen, Streichholzschachteln, Nussschalen o. Ä. werden Fingerpuppen gebastelt (S. 2.3.5). Paarweise oder zu dritt werden Situationen szenisch dargestellt, z. B. Erlebnisse mit Tieren, bzw. Lesetexte nacherzählt.		

Beispiel zu I/5	**Bewegungsgeschichten**	Klassen 3-4
Vorbereitend werden Bewegungsgeschichten gespielt (s. Abschnitt 2.3.3) Kleingruppen überlegen sich neue Geschichten mit passenden Bewegungen und probieren diese mit der Klasse aus (evtl. Geschichten aufschreiben) *Varianten:* als Hausaufgabe und mit den Eltern, Geschwistern oder Freunden spielen, Massagegeschichten ausdenken		

II Deutsch: Optimierung der Informationsverarbeitung

II/1 *mit Bewegung* Zustimmung oder Ablehnung zu mündlichen Sprachäußerungen signalisieren (Schreibweisen, Wortfelder)

II/2 *beim (Zu-)Werfen* eines Balles o. Ä. Wortmaterial bilden und ordnen (Alphabet lernen, Wortfamilien u. a. bilden)

II/3 *beim Gehen (durch den Raum)*
- Gespräche führen, Antworten geben
- Aufgaben lösen
  (Buchstaben und Laute festigen, Aufbau von Wörtern und Silben)
- sich Informationen einholen
- sich das Schriftbild einprägen und am Platz aufschreiben
  (Wanderdiktat, Arbeit mit dem Wörterverzeichnis)

II/4 *Plätze wechseln* und dabei den Wortschatz festigen

II/5 *unterschiedliche Arbeitshaltungen* beim Lesen, Zuhören und Schreiben einnehmen (s. Abschnitt 2.2.1)

Beispiel zu II/1	**Richtig oder falsch?**	Klassen 3-4

Die Schülerinnen gehen im Raum. Der Spielleiter nennt verschiedene Wörter mit langem Vokal. Wenn die Kinder meinen, dass sie mit „aa, ee, oo" geschrieben werden, klatschen sie in die Hände. Sind sie für eine andere Schreibweise, winken sie mit beiden Armen ab.
Varianten: Bei einem vorgelesenen Text mit vereinbarten Bewegungen Wörter mit langem Vokal kennzeichnen, Rechtschreibschwerpunkt variieren, z. B. ck oder k

Beispiel zu II/2	**ABC-Ball**	Klasse 2

Die Klasse bilden eine Gasse (einen Kreis). Eine Schülerin wirft den Ball einem Kind zu und nennt einen beliebigen Buchstaben des Alphabets. Der Schüler setzt mit dem nächsten Buchstaben fort und wirft den Ball weiter. So wird das gesamte Alphabet durchgespielt.
Varianten: in Gruppen arbeiten, Alphabet rückwärts ansagen

Beispiel zu II/3	**Gesucht – Gefunden**	Klassen 3-4

Wortkarten werden im Zimmer verteilt. Die Kinder gehen zu einer Karte, prägen sich das Wort ein und schreiben es an ihrem Platz ins Heft. Danach suchen sie das Wort im Wörterverzeichnis und notieren Seite/Spalte. Anschließend wird mit der Lösung auf der Rückseite der Wortkarte verglichen.

Weitere Beispiele in den Karteikartensammlungen zum bewegten Lernen für die Fächer Mathematik, Deutsch, Sachunterricht (s. Müller, 2006).

I Sachunterricht: Zusätzliche Informationszugänge durch Bewegung

I/1 den eigenen Körper und die Natur über Bewegung *wahrnehmen, erleben*
(Atmung, Sinnesorgane, Pflanzen, Geräusche)
Strukturen durch Bewegung *erleben*
(Jahresablauf)

I/2 den Menschen, die Natur über Bewegung *erfahren, begreifen*
(Orientierungen, Arbeitshaltungen u. a.)

I/3 Erscheinungen in der Natur, im Straßenverkehr u. a. durch Bewegung, Körpersprache *ausdrücken, mitteilen*

I/4 etwas szenisch *darstellen*
(Tierfamilien, Verhalten bei Krankheiten u. a.)

I/5 Bewegungsumwelt *formen und gestalten*
(Schulhofspiele, Bewegungsspiele zu Familienfesten, Bau eines Fahrrad-Parcours u. a.)

I/6 bei Unterrichtsgängen die Umwelt *erkunden*
(Natur, Bewegungsräume, Straßenverkehr)

Beispiel zu I/1	In welchem Monat ist …?	Klasse 2
Die Kinder malen auf dem Schulhof einen Zeitstrahl oder Jahreskreis mit Monaten auf. Dann stellen sie sich entsprechend ihres Geburtstages, bestimmter Feiertage u. a. auf bzw. vor oder nach dem entsprechenden Monat.		

Beispiel zu I/3	Bei Rot bleibe stehen, bei Grün …!	Klasse 1
Hebt der Spielleiter einen grünen Ball oder Luftballon hoch, dann gehen alle Kinder rücksichtsvoll durch das Zimmer. Auf ein rotes Signal bleiben alle, ohne zu wackeln, stehen. *Varianten:* Raum vergrößern und Fortbewegungsart ändern (auf dem Schulhof laufen), auf einem Bein stehen		

Beispiel zu I/5	**Bewegungsräume**	Klassen 3-4
Bei einem Unterrichtsgang werden Bewegungsräume im Heimatort erkundet (Park, Wiese, Freibad, Flächen für Rollschuhlauf und Inline-Skating, Fahrradwege, Rodelberg u. a.) und je nach Möglichkeit praktisch erprobt. Dabei geben sich die Schüler gegenseitig Bewegungsideen weiter und sollen Unfallgefahren erkennen und vermeiden.		

2.1 Bewegtes Lernen

II Sachunterricht: Optimierung der Informationsverarbeitung

II/1   *mit Bewegung* Zustimmung oder Ablehnung zu Beobachtungen signalisieren
       (von Tieren und Pflanzen, Mitschülern, Sehenswürdigkeiten)

II/2   *beim (Zu-)Werfen* eines Balles o. Ä. Begriffe, Namen einordnen, abfragen
       (zu Ober- und Unterbegriffen, Tieren oder Pflanzen, Namen der Mitschüler))

II/3   *beim Gehen* (durch den Raum)
       – Antworten geben
       – Aufgaben lösen
       (Verhalten im Straßenverkehr)
       – sich Informationen einholen
       (Lernumgebung)
       – sich etwas einprägen und am Platz aufschreiben

II/4   *Plätze wechseln* und dabei Wissen zur Natur festigen

II/5   unterschiedliche *Arbeitshaltungen* kennen lernen
       (Sitzhaltungen)

Beispiel zu II/1	Richtig oder falsch?	Klassen 3-4
Die Lehrkraft beschreibt ein Tier/eine Pflanze und baut mehrere Fehler ein. Während der Beschreibung gehen die Schüler durch den Raum/am Platz. Erkennen sie einen Fehler, bleiben sie stehen.		

Beispiel zu II/3	Wo ist was?	Klasse 1
Vier bis fünf Schüler finden sich zu einer Gruppe zusammen. Von der Lehrkraft erhalten die Gruppen in unterschiedlicher Reihenfolge Aufträge, welcher Bereich in der Schule gemeinsam zu suchen ist, z. B. Lehrerzimmer, Sekretariat, Essenausgabe. Wenn sie zurückkommen, berichten sie was sie dort gesehen haben und erhalten den nächsten Auftrag.		

Beispiel zu II/5	Sitzhaltungen	Klassen 1-2
Die Schülerinnen nehmen entsprechend der Lehrerdemonstration unterschiedliche Sitzhaltungen (s. Abschnitt 2.2.1) ein. Sie probieren aus, welche günstig für das Schreiben, Lesen oder Zuhören ist und wenden diese an.		

Weitere Beispiele in den Karteikartensammlungen zum bewegten Lernen für die Fächer Mathematik, Deutsch, Sachunterricht (s. Müller, 2006).

2 Bewegter Unterricht

I Englisch: Zusätzliche Informationszugänge durch Bewegung

I/1 Gegenstände oder die Schreibweise von Wörtern mit dem Körper *wahrnehmen*
sprachliche Strukturen durch Bewegung im Raum *wahrnehmen*
(Ordnen von Ziffern, Buchstaben, Wochentagen)

I/2 Fremdsprache über Bewegungshandlungen *erfahren und erkennen*
(Bewegtes Rechnen, Bewegungsspiele)
landeskundliches Wissen über Bewegung *erleben*
(traditionelle Bräuche, Meilenlauf)

I/3 Gehörtes über Bewegung *wiedergeben*
(Anzahl, Bewegungen im Raum, Bewegungshandlungen)
Antworten und Informationen durch Bewegung sowie Körpersprache *ausdrücken* und *mitteilen*
(Begriffe, Tätigkeiten, Stimmungslage, Gedichte, Geschichten)

I/4 Alltagssituationen szenisch *darstellen* (Einkaufen)

I/5 Bewegungsvorhaben gemeinsam *planen und durchführen* (Kleine Spiele)

Beispiel zu I/1	**Die richtige Folge**	Anfangsklassen
Gruppen mit fünf bis sieben Schülern fertigen sich Wortkarten zu den Wochentagen, Monatsnamen und Jahreszeiten an. Dann benennt die Lehrkraft eines dieser Themen, z. B. Wochentage. Jeder Schüler nimmt sich nun einen Wochentag und die Gruppe stellt sich in der richtigen Reihenfolge auf. Alle Kinder sprechen die Wochentage in der richtigen Reihenfolge.		

Beispiel zu I/3	**Make a jump!**	Anfangsklassen
Die Kinder bewegen sich frei im Raum (lockeres Traben, Hopserlauf, Nachstellschritte). Der Spielleiter gibt durch Schlag auf die Trommel das Zeichen zum Anhalten und nennt eine Bewegungsform. Alle Kinder sprechen nach und führen die Bewegung aus. Beispiele: Make a (two) jump(s). Sit (Lie) down. Touch your nose (head, ear, eye, shoulder, foot). Make jumps with your right (left) foot.		

Beispiel zu I/4	**Everyday situations**	Anfangsklassen
Dreiergruppen stellen Alltagssituationen an einem Imbissstand oder in einem Geschäft dar. Zwei Schülerinnen erkundigen sich beim „Verkäufer" nach dem Angebot, nach den Preisen, geben ihre Bestellung auf und bezahlen.		

II Englisch: Optimierung der Informationsverarbeitung

II/1 *mit Bewegung* Zustimmung oder Ablehnung zu mündlichen Sprachäußerungen signalisieren

II/2 *beim (Zu-)Werfen* eines Balles o. a. Vokabeln bzw. sprachliche Strukturen festigen, z. B. zum Jahresverlauf

II/3 *beim Gehen* (durch den Raum)
- Monologe/Dialoge führen (Familie, Schätzen von Längen)
- Aufgaben lösen
  (Zahlen bilden, Wortschatz üben, Zusammenfügen von Wörtern)
- sich Informationen einholen
- sich das Schriftbild einprägen und am Platz aufschreiben (Wanderdiktat)

II/4 *Plätze wechseln* und dabei den Wortschatz festigen

II/5 *unterschiedliche Sitz- und Entlastungshaltungen* beim Hören von Texten einnehmen (s. Abschnitt 2.2.1)

Beispiel zu II/2	Die zwölf Monate	Anfangsklassen

Kleingruppen spielen sich einen Softball zu. Das Kind mit Ballbesitz nennt jeweils den nächsten Monat.
Varianten: Jahreszeiten, Feiertage, Wochentage, Reihenfolgen rückwärts Ober- und Unterbegriffe, ähnlich zu anderen Themenbereichen.

Beispiel zu II/3	Wanderdiktat	Anfangsklassen

Die Schüler gehen zu einer der im Raum verteilten Karten mit Wörtern oder kurzen Sätzen. Sie prägen sich den Inhalt ein. Am Platz zurückgekehrt, schreiben sie das Wort oder den Satz auf. Ziel ist es, alle Wörter und Sätze fehlerfrei auf dem Papier zu fixieren. Zur Selbstkontrolle kann mit der Karte verglichen werden.

Beispiel zu II/3	Zahlen bilden	Anfangsklassen

Jeder Schüler zieht eine Rommé-Karte. Daraufhin gehen alle durch den Raum und suchen sich einen Partner. Die Paare bilden eine zweistellige Zahl und sprechen beide Varianten aus, z. B. ninety-four und forty-nine. Dann suchen sie sich neue Partner.
Varianten: Jahreszahlen bilden, Rommékarten mit dem Partner tauschen, gebildete Zahlen in Sätzen anwenden

Weitere Beispiele in: Müller, Chr., Ciecinski, A. & Schlöffel, R. (2016). *Bewegtes Lernen im Fach Englisch. Anfangsunterricht* (2. neu bearb. Aufl.) St. Augustin: Academia.

2 Bewegter Unterricht

I Ethik: Zusätzliche Informationszugänge durch Bewegung

I/1 den Körper und die Natur über Bewegung *wahrnehmen*
(Vertrauensspiele, Naturmaterialien erfühlen)

fachliche Zuordnungen über Bewegung *wahrnehmen*
(Ernährungskreis, Jahreskreis, Symbole und Riten, Meinungsleine)

I/2 sich Menschen und Kulturen über Bewegungshandlungen erschließen
(Kennlernspiele, Spiele aus aller Welt)

I/3 Verhaltensweisen, Gefühle durch Körpersprache *ausdrücken*
(Tagesablauf, Fairplay, Tierhaltung)

I/4 ethische Probleme, religiöse Ereignisse *szenisch darstellen*

I/5 das Leben in der (Schul-)Gemeinschaft durch Bewegungsaktivitäten mitgestalten (Pausenspiele, Spielfest, Spiele miteinander)

I/6 bei Unterrichtsgänge sich andere Lernorte erschließen
(Tiere und Pflanzen in der Umgebung, Kirchenrundgang, Erlebniswanderung)

Beispiel zu I/1	**Meinungsleine**	Klassen 1-4

Quer durch das Zimmer wird eine Leine gespannt und zwei entgegengesetzte Meinungen an die Enden geheftet. Die Schüler schreiben ihren Namen auf ein Blatt Papier und überlegen, wo sie ihren Zettel an die Leine anhängen.
Varianten: Meinungslinie, Meinung begründen lassen (Kl. 3-4)

Beispiel zu I/3	**Mein Tagesablauf**	Klassen 1-4

Die Lehrkraft nennt Tageszeiten bzw. stellt diese an einem Uhrmodell ein. Die Schülerinnen stellen dar, was sie zu dieser Zeit tun. Dabei sollen sie besonders überlegen, wann sie sich bewegen und wann nicht. Nachfolgend wir über einen sinnvollen Tagesablauf und die Rolle von Bewegungsaktivitäten gesprochen.
Varianten: Bewegungskalender anfertigen (Kl. 3-4)

Beispiel zu I/5	**Auf dem Schulhof**	Klassen 3-4

Während mehrerer Hofpausen beobachten die Schüler, welche Konfliktsituationen auf dem Schulhof auftreten. Sie diskutieren dies und versuchen gemeinsam, Lösungswege zu finden. Diese könnten z. B. in der Beschaffung von Spielkisten oder im Initiieren von Schulhofspielen liegen.

II Ethik: Optimierung der Informationsverarbeitung

II/1 *mit Bewegung* Zustimmung oder Ablehnung zu ethisch-moralischen Fragen oder Problemen signalisieren
(Verhaltensweisen, Normen und Normverstöße)

II/2 *beim (Zu-)Werfen* eines Balles sich ethische Grundkenntnisse einpräge

II/3 *beim Gehen* (durch den Raum)
- eigene Erfahrungen und Positionen darlegen
  (Pflichten in der Familie, eigenes Bewegungskönnen, Naturveränderungen)
- Aufgaben lösen (Schulwechsel, Hobbys)
- Informationen einholen
- sich Grundkenntnisse einprägen und am Platz aufschreiben

II/4 *Plätze wechseln* und dabei Erfahrungen und Meinungen austauschen

II/5 beim Lösen von Aufgaben *unterschiedliche Arbeitshaltungen* einnehmen
(s. Abschnitt 2.2.1)

Beispiel zu II/1	Zustimmung oder Ablehnung	Klassen 3-4
Der Lehrer (evtl. Schüler) erzählt eine Geschichte, die von Verhaltensweisen, Normen und Normverstößen in Alltagssituationen handelt. Jeder Schüler geht durch den Raum, solange er dem Geschehen zustimmt. Er bleibt bei Ablehnung stehen. Ist er unentschlossen, bewegt er sich am Platz. Unterschiedliche Auffassungen werden zum Schluss gemeinsam besprochen.		

Beispiel zu II/3	Meine Pflichten in der Familie	Klassen 1-2
Paarweise gehen die Schülerinnen durch das Zimmer/auf dem Gang entlang und tauschen sich darüber aus, welche Pflichten sie in der Familie haben. Zum Abschluss erfolgt eine gemeinsame Zusammenfassung. *Varianten:* zum Thema Bildkarten malen oder Tätigkeiten pantomimisch darstellen		

Beispiel zu II/3	Wünsche an die neue Schule	Klasse 4
Die Schüler finden sich entsprechend der Schulen zusammen, die sie ab Klasse 5 besuchen werden. Beim Gehen durch den Raum/das Schulgelände diskutieren sie, welche Wünsche sie an die neue Schule haben. Ihre Vorstellungen notieren sie abschließend auf ein am Boden liegendes Plakat. *Variante:* Plakate bei einer Besichtigung der neuen Schule übergeben		

Weitere Beispiele in: Müller, Chr. (2005). *Bewegtes Lernen in Ethik. Klassen 1 bis 4.* St. Augustin: Academia.

2 Bewegter Unterricht

I Musik: Zusätzliche Informationszugänge durch Bewegung

I/1 Zusammenhang von Musik und Bewegung empfinden, Atmung wahrnehmen, sich bei Musik entspannen
(entspannende und aktivierende Wirkung der Musik)

musikalische Strukturen über Bewegung *wahrnehmen*
(Aufstellen auf Notenlinien entspr. der Töne bzw. Abschreiten der Intervalle)

I/2 Musik über Bewegung *erfahren, erkennen und begreifen*
(Metrum, Schwerpunkte der Taktarten)

I/3 Musik durch Gestik und Körpersprache *ausdrücken*
(Bewegte Lieder)

I/4 Musik mittels Bewegung tänzerisch bzw. szenisch *gestalten* oder *improvisieren*
(Tänze, Märchen oder Geschichten, musikalische Werke)

I/5 musikalisch-tänzerische/sportliche Darbietungen zur Musik *präsentieren*

I/6 durch Unterrichtsgänge Klänge aufnehmen, Musik *erleben*
(Naturklänge, Musikveranstaltungen)

Beispiel zu I/4	**Triangelgespenst**	Klassen 2-4
Die Lehrkraft erfindet eine Geschichte über das Leben der Triangelgespenster und erzählt diese der Klasse. Die Kinder verwandeln sich in Gespenster mit Triangeln in der Hand. Ein Kind ist der Wind und bringt mit dem Schlegel die Triangelgespenster zum Klingen. Verstummt der Klang, muss der Wind die Triangeln erneut anschlagen. Es sollten möglichst alle Gespenster immer in Bewegung bleiben.		

Beispiel zu I/6	**Macht die Natur Musik?**	Klassen 2-4

Außerhalb des Schulgebäudes konzentrieren sich die Kinder auf Klänge, die sie umgeben. Jeder „nimmt einen Klang still für sich" mit in den Unterrichtsraum. Aus vorhandenen Instrumenten sucht er sich eines aus, welches den Klang gut nachahmen könnte. Die Ergebnisse werden der Klasse vorgestellt.
Varianten: Entstehung eines Natur-Straßen-Klangkonzertes

II Musik: Optimierung der Informationsverarbeitung

II/1 *mit Bewegung* Zustimmung oder Ablehnung zu musikbezogenen Fragen signalisieren
(Lieder erkennen)

II/2 *Beim (Zu-)Werfen* eines Gegenstandes *oder beim Würfeln* das Liedrepertoire festigen

II/3 *beim Gehen* (durch den Raum)
- Gespräche führen
- Aufgaben lösen
- sich Informationen bzw. Materialien holen, z. B. um Instrumente zu bauen
- sich etwas einprägen und am Platz aufschreiben

II/4 *Plätze wechseln* und dabei musizieren
(Instrumente ausprobieren)

II/5 *unterschiedliche Arbeitshaltungen* beim Singen und Zuhören anwenden
(Singhaltungen, Atemübungen)

Beispiel zu II/4	Orff-Improvisationen	Klassen 2-4
Auf verschiedenen Plätzen sind Orff-Instrumente aufgebaut. Das Lied „Der Kuckuck und der Esel" wird gesungen. Im Unterrichtsgespräch klären die Schüler gemeinsam, wie die Laute von Kuckuck und Esel auf den vorhandenen Instrumenten spielerisch umgesetzt werden können. Nachfolgend wechseln die Kinder die Plätze und probieren die Instrumente aus. Danach werden alle Ideen gesammelt (und aufgeschrieben). Zum Abschluss erfolgt das Vorstellen der Stücke, wobei die jeweiligen Gruppen auf ihren Instrumenten spielen und die anderen Kinder mitsingen. *Varianten:* Alltagsgegenstände als Instrumente einbeziehen, andere (Kinder-)Lieder verwenden, wobei Lieder mit Tieren (Tierlauten) von Vorteil sind.		

Beispiel zu II/5	Singhaltungen	Klassen 1-4
Ein kurzes Lied wird in verschiedenen Körperhaltungen (stehend, liegend, gebeugt, hockend, liegend) gesungen. Wie lässt es sich am besten singen und warum (Körperbau, Atmung u. a.)? *Variante:* unterschiedliche Sitzhaltungen beim Zuhören bewusst anwenden (s. Abschnitt 2.2.1).		

Weitere Beispiele in: Müller, Chr. & Mende, J. (2009). *Bewegtes Lernen im Fach Musik. Klassen 1 bis 4.* St. Augustin: Academia.

2 Bewegter Unterricht

I Kunst: Zusätzliche Informationszugänge durch Bewegung

I/1 sinnlich erfassbare Erscheinungen in der Kunst und Umwelt über Bewegung/ über den Körper *empfinden, wahrnehmen, erleben* und bildnerisch gestalten (Geräusche, Naturmaterialien, Oberflächenstrukturen, Sinnespfad)

Körperbewegungen *empfinden* und bildnerisch gestalten (Tierbewegungen, Raumwege, Schattenbilder)

Ordnungen über Bewegung im Raum *erleben*

I/2 Farbbeziehungen über Bewegung *erfahren*

I/3-5 Kunstwerken mit dem Körper *formen, (nach-)gestalten oder sich hineinspielen* (Bilder, plastische Objekte, Figuren u. a.)

I/6 bei Unterrichtsgängen Materialien zum bildnerischen Gestalten *erkunden* und *sammeln*, architektonische Elemente in und an Bauwerken *erkunden*/betrachten (Naturmaterialien, Fundstücke)

Beispiel zu I/1	Die sehende Hand	Klasse 4
Gruppenarbeit. Pro Tisch liegt in der Mitte unter einem Tuch ein Material mit einer spezifischen Oberflächenstruktur. Die Schülerinnen betasten das Material und zeichnen gleichzeitig das Erfühlte. Es geht um die Wahrnehmung der Struktur. 		

Beispiel zu I/3-4	Der Bildhauer	Klassen 2-4
Die Schüler gehen paarweise zusammen. Einer spielt Bildhauer und der andere eine Figur, die erst in eine bestimmte Position gebracht werden muss. Der Bildhauer probiert Winkelstellung der Arme, der Beine usw. Die „Figur" lässt (fast) alles mit sich machen. Wenn die „richtige" Stellung gefunden ist, wird die Position grob abgezeichnet. Rollentausch		

Beispiel zu I/6	Fantasiegestalten	Klassen 1-4
Grundlage ist die Aufgabe, eine Plastik aus gesammelten Naturästen herzustellen. Es soll in eine offene Form etwas hineingesehen werden, z. B. ein Vogel, Pferd, Drachen. Das Gesehene wird mit einfachen Zusatzmaterialien (Farbe, Ton und Gipsbinden) im Unterrichtsraum noch verstärkt.		

2.1 Bewegtes Lernen

II Kunst: Optimierung der Informationsverarbeitung

II/1   *mit Bewegung* Zustimmung oder Ablehnung signalisieren

II/2   *beim Weitergeben* eines Gegenstandes Wissen festigen

II/3   *beim Gehen* (durch den Raum)
- Gespräche führen, Aufgaben lösen
- sich über Gestaltungsmöglichkeiten informieren (gefüllte Glaskörper u. a.)
- sich Fachwissen einprägen

II/4   *Plätze wechseln* und dabei Einsichten zu Gestaltungsmöglichkeiten erweitern

II/5   *unterschiedliche Arbeitshaltungen* beim Malen, Drucken, Bauen einnehmen

Beispiel zu II/2	**Der fragende Pinsel**	Klassen 1-4
Die Schülerinnen stellen sich zum Innenstirnkreis auf. Während des Musikspiels wird ein Pinsel von Hand zu Hand gegeben. Wird die Musik ausgeschaltet, bleibt auch der Pinsel stehen. Der Schüler, der den Pinsel hat, muss zur „Erlösung" eine Aufgabe aus der vorangegangenen Unterrichtsstunde, die von der Lehrerin gestellt wird, lösen. Danach wird die Musik wieder angestellt.		

Beispiel zu II/4	**Maler – du musst wandern!**	Klassen 1-4
Die einzelnen Werkzeuge/Materialien liegen jeweils an einem bestimmten Platz im Raum. Wer sie benutzen will, muss zu dem Platz gehen, das Werkzeug mitnehmen und nach Gebrauch wieder an diesen Platz zurückbringen. Gleichzeitig hat er die Möglichkeit, sich Arbeiten anderer Schülerinnen anzusehen.		

Beispiel zu II/5	**Kartoffeldruck**	Klasse 4
Jeder Schüler stellt sich einen Kartoffelstempel mit einfachen Formen her. In Gruppenarbeit wird in unterschiedlichen Arbeitshaltungen (auf dem Boden kniend, an der Wand stehen u. a. gedruckt.		

Weitere Beispiele in: Müller, Chr. & Engemann, M. (2005). *Bewegtes Lernen im Fach Kunst. Klassen 1 bis 4.* St. Augustin: Academia.

2 Bewegter Unterricht

2.2 Dynamisches Sitzen

„Wenn du in die Schule kommst, dann lernst du endlich das Stillsitzen!" Solche oder ähnliche unpädagogische Vorwarnungen von Erwachsenen führen dazu, dass für manche Schulanfänger die Gedanken an Schule unweigerlich mit der Vorstellung vom Stillsitzen verbunden sind – und leider vielerorts nicht ganz zu Unrecht. Schule ist noch zu häufig eine „Sitzschule". Dabei stellte der Orthopäde Staffel bereits vor über einhundert Jahren (1884) fest, dass „der Mensch nicht zum Sitzen geschaffen" sei (Breithecker et al., 1996, S. 17). Zu langes Sitzen führt zu:
- einseitiger Beanspruchung des Muskel- und Bandapparates und dadurch zur Erschlaffung oder zur Verkürzung von Muskeln
- Verformung der noch wachsenden Wirbelsäule
- Minderversorgung der Bandscheiben, dadurch erhöhter Belastungsdruck und degenerativen Verformung
- Einengung des Brust- und Bauchraumes („In-Sich-Zusammensacken") und damit zur Funktionsbeeinträchtigung der Atmungs- und Verdauungsorgane
- Behinderung der Durchblutung mit der Folge einer schlechteren Sauerstoffversorgung für das Gehirn
- unvollständiger Entwicklung des sensorischen Systems, vor allem bezüglich des Körpergefühls (Breithecker et al., 1996, S. 11-17)

Mit Hin- und Herrutschen, Kippeln, dem Abstützen des Kopfes u. a. ist der Körper um Selbstregulation bemüht. Dies wird oft vom Kind selbst nicht mit vollem Bewusstsein wahrgenommen. Wenn wir Erwachsenen diese Erscheinungen als natürliche Reaktionen des Körpers und nicht als Undiszipliniertheit einordnen, dann ist bereits ein wichtiger Schritt von einer „Sitzschule" zu einer Schule, in der das Sitzen in Bewegung kommt, getan. Und das ist unbedingt notwendig, denn bereits in der 4. Klasse wurde in Untersuchungen (Flörchinger, 2013) festgestellt, dass die Schüler über 9 Stunden am Tag sitzen. Auch Zimmermann (2020, S. 242, mit Bezug auf Sprengeler et. al 2017) verweist auf durchschnittlich 8,5 Stunden Sitzzeit von Heranwachsenden zwischen 6 und 10 Jahren.

Gerade bei der Problematik des Sitzens wird so - wie vielleicht in keinem anderen Bereich der Bewegungserziehung - das bereits diskutierte (s. Abschnitt 1.4.1) Bedingungsgefüge zwischen Veränderungen des Verhaltens und der Verhältnisse deutlich. Verhaltensweisen der Lehrer (und Eltern), deren Kompetenz, Akzeptanzbereitschaft und Vorbildwirkung werden zu entscheidenden Bedingungsfaktoren mit Wechselwirkung zu den Verhaltensweisen der Schüler. Die Kinder brauchen Sicherheit, dass Bewegung beim Sitzen nicht nur erlaubt, sondern erwünscht ist. Das setzt Umdenken bei den Erwachsenen voraus und ist nach unseren Erfahrungen ein Prozess, der Zeit benötigt.

In unserem Konzept nehmen verhaltensorientierte Maßnahmen einen Schwerpunkt ein (s. Abschnitte 2.2.1 und 2.2.3), ergänzt durch derzeit realisierbare Veränderungen der Verhältnisse (Abschnitt 2.2.2). Regelmäßiges Wechseln der Sitzhaltungen ist offensichtlich für die Kinder günstiger als selbst die besten ergonomischen Schülerarbeitsplätze, die ohnehin für viele Schulen nur eine Langzeitperspektive darstellen können.

2.2.1 Befähigung zu einem bewegten Sitzverhalten

Dynamisches Sitzen bedeutet einen häufigen Wechsel der Sitzpositionen und in einem weiten Sinn das Einnehmen unterschiedlicher Arbeitshaltungen.

Die wesentliche Aufgabe muss darin bestehen die Kinder zu befähigen, für den Körper ungeeigneten Rahmenbedingungen, wie sie wohl in vielen Schulzimmern leider noch anzutreffen sind, mit entsprechenden Verhaltensweisen selbstbestimmt und selbstständig zu begegnen.

Die Schüler lernen, dass sie keine konstanten Haltungsmuster einnehmen, dass sie zwischen Sitzpositionen wechseln, Entlastungshaltungen, Sitzvarianten bzw. alternative Arbeitshaltungen anwenden und Entlastungsbewegungen selbstständig ausführen.

Dadurch kommt es zu:
- einem ausgeglichenen Spannungs- und Entspannungszustand der Muskulatur
- einer Entlastung der Wirbelsäule, besonders der Lendenwirbelsäule
- einem ständigen Druckwechsel auf die Bandscheiben und dadurch zur Sicherung der für die Regeneration notwendigen Stoffdiffusion („Pumpmechanismus")
- der Anregung des Stoffwechsels und des Kreislaufes
- einer freieren Atmung und damit besseren Sauerstoffversorgung lebensnotwendiger Organe, so auch des Gehirns
- psychischer Entspannung (nicht stillsitzen müssen), Stressabbau, Erhöhung der Schul- und Lernfreude sowie der Konzentrationsfähigkeit

Die positiven Folgen sind der Abbau von inneren Spannungen, die Verbesserung der Konzentrationsfähigkeit und die Steigerung des Wohlbefindens.

In allen Klassenstufen und Schularten muss das Verantwortungsgefühl angesprochen werden, dass durch bewegtes Sitzen andere Schülerinnen nicht beim Lernen gestört werden. Dies gilt vor allem auch für Schüler mit dem Förderschwerpunkt Lernen sowie emotionale und soziale Entwicklung. Klare Regeln sind zu vereinbaren und deren Einhaltung konsequent zu fordern. Auch ist zu klären, in welchen Situationen ein solches bewegtes Sitzverhalten sinnvoll ist und in welchen nicht. Für Schüler mit sonderpädagogischem Förderbedarf in der geistigen sowie körperlichen und motorischen Entwicklung sind zum Teil ein individuell angepasstes Mobiliar sowie geeignete alternative Sitzgelegenheiten notwendig. (s. Müller & Dinter, 2020, S. 63-74)

Befähigung zum bewegten Sitz- und Arbeitsverhalten bedeutet vor allem, die Sitzpositionen und die Arbeitshaltungen zu wechseln und die Wirbelsäule zu entlasten.

Wechsel zwischen Sitzpositionen
Je nach den auszuführenden Tätigkeiten sollten die Schüler ihre Sitzposition von sich aus variieren (AOK, 1994, 13).

2.2 Dynamisches Sitzen

Schreibhaltung	Arbeitshaltung	Zuhörhaltung

Vordere Sitzhaltung	**Mittlere Sitzhaltung**	**Hintere Sitzhaltung**
– Kopf und Oberkörper vor dem Becken – Rücken gerade – Abstützen des Oberkörpers	– Kopf und Oberkörper lotrecht über dem Becken – Becken in mittlerer Stellung – Rumpfmuskulatur angespannt	– Kopf und Oberkörper hinter Becken – Rücken unterhalb Schulterblätter an Stuhllehne abgestützt

Entlastung der Wirbelsäule

Weitere aus unserer Sicht interessante inhaltliche Lösungen bietet das Konzept von Illi (1991) durch Entlastungshaltungen sowie Entlastungsbewegungen und -stellungen an.

Mit *Entlastungshaltungen* beim Lesen, Schreiben und Zuhören wird eine Vergrößerung der Unterstützungsfläche und dadurch eine Entlastung der Wirbelsäule erreicht.

2 Bewegter Unterricht

Entlastungshaltungen beim Schreiben und beim Zuhören

Entlastungshaltungen beim Lesen

2.2 Dynamisches Sitzen

Vor allem das Drehen des Stuhles (Lehne nach vorn und mit einem kleinen Kissen abpolstern) erweist sich in unseren Versuchsschulen als eine von den Kindern gern gewählte Variante beim Zuhören, Lesen und Schreiben. Als ein zusätzlicher positiver Effekt wird ein günstiger Abstand der Augen vom Arbeitsmaterial erzielt.

Bei *Entlastungsstellungen* wird ein großer Teil des Körpergewichtes auf die Unterstützungsfläche abgegeben und dadurch eine Entlastung der Bandscheiben erreicht. Beispiele:
- den Oberkörper mit verschränkten oder gestreckten Armen auf den Tisch legen
- Oberkörper auf die Knie legen
- Schneidersitz, Unterarme auf den Knien abstützen und den Kopf lockerlassen
- „Päckchenstellung" (Fersensitz, Oberkörper auf Oberschenkel)

Bei *Entlastungsbewegungen* wird der Bewegungsapparat durch sanfte harmonische Gegenbewegungen entlastet, z. B.:
- im Sitzen Arme nach oben strecken, anschließend den Oberkörper auf die Knie legen
- Oberkörper nach links und rechts drehen
- Arme im Nacken verschränken und Rücken gegen die Lehne drücken

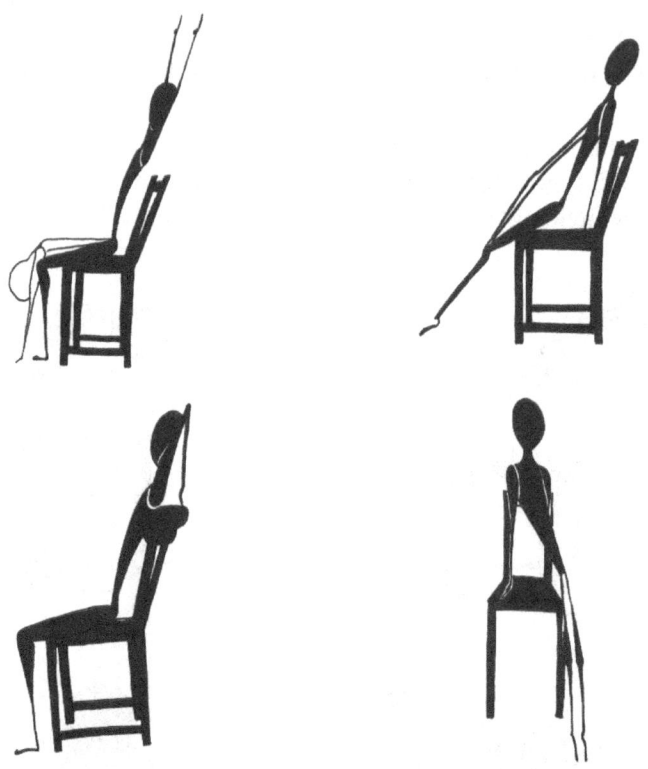

Wechsel der Körperhaltung
Manche Aufgabe im Unterricht kann von den Kindern eventuell auch im Schneidersitz in einer mit Auslegware ausgestatteten Ruheecke im Klassenzimmer oder auf einer Wiese im Schulgelände ausgeführt werden. Der Hockstand (Kauern) oder die Bauch- und Rückenlage sind weitere mögliche Alternativen zum Sitzen. Auf solche Haltungen sollten die Schülerinnen vor allem im Zusammenhang der Erfüllung ihrer Hausaufgaben hingewiesen werden.

2.2 Dynamisches Sitzen

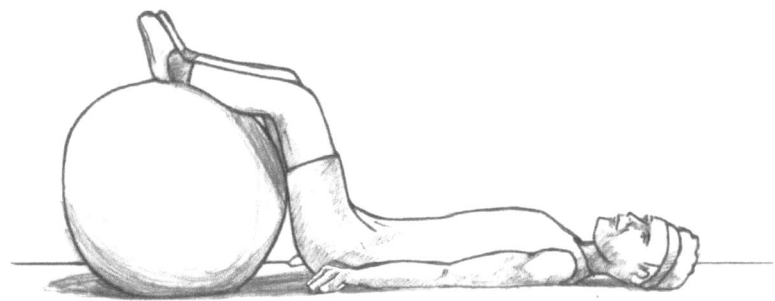

Gelernt werden kann nicht nur im Sitzen oder Liegen, sondern auch im Stehen und Gehen. Umsetzungsmöglichkeiten werden bei den Beispielen zum bewegten Lernen (s. Abschnitt 2.1) angedeutet.

2.2.2 Veränderung der Sitzbedingungen

Es wurde bereits darauf eingegangen, dass eine entscheidende Bedingung für die Kinder das Zulassen der im Abschnitt. 2.2.1 beschriebene Sitzvarianten durch die Erwachsenen ist. Außerdem können die Sitzbedingungen für die Schüler durch das individuelle Anpassen der Schulmöbel an die Körperhöhe, durch alternative Sitzgelegenheiten sowie durch ergonomische Schülerarbeitsplätze verändert werden. Die Aufzählung ist aus unserer Sicht als Reihenfolge des Realisierbaren anzusehen.

Individuelle Anpassung der Schulmöbel an die Körperhöhe
Einheitliches Schulmobiliar mit in gleicher Höhe eingestellten Tischen mag als Klassenzimmer ohne Schülerinnen zwar ein gutes Bild geben, aus sitzpädagogischer Sicht ist dies wohl aber weniger sinnvoll, denn Grundschulkinder sind nicht alle annähernd gleich groß. Bei unserer Gesamtstichprobe betrug die Variationsbreite der Körperhöhe der untersuchten Klassen am Ende des 2. Schuljahres 32 cm. Konkret trat in einer Klasse eine Spannweite von 29 cm auf, d. h. ein Junge war 151 cm groß, ein Mädchen dagegen nur 122 cm. Auffällig ist, dass die Spannweite in allen 15 untersuchten Klassen vom Ausgangsniveau der Klasse

1 bis zum Ende der Klasse 2 zunimmt. Das Problem potenziert sich also offensichtlich. (Petzold, o.J.)

Scheinbar schnell zu realisierende Lösungen sind:
- der Austausch von Sitzmöbeln zwischen den einzelnen Klassen (auch wenn dadurch das einheitliche Bild verloren geht)
- die passende Einstellung der Tische (wenn möglich)
- die Befähigung der Schüler, selbst darauf zu achten, dass nach dem Sitzkreis o. Ä. der richtige Stuhl wieder an den eigenen Platz kommt (farbige Markierung nutzen)
- die Überprüfung der Stimmigkeit zwischen Körperhöhe und Sitzmobiliar mindestens einmal im Schulhalbjahr durch den Klassenleiter, evtl. in Abstimmung mit dem Schularzt

Dass das Einfache mitunter doch Schwierigkeiten bei der Umsetzung bereitet, ist auch eine Erfahrung aus vielen Projektjahren.

Informationen für die Richtgrößen der Möbel für Schüler sind in dem Regelwerk der Deutschen Gesetzlichen Unfallversicherung (DGUV) zu finden, aktuell in: DGUV (Hrsg.). (2018). Klasse(n) - Räume für Schulen Empfehlungen für gesundheits- und lernfördernde Klassenzimmer. Anhang A – Maße, Größenklassen und Größenkennzeichnungen. DGUV Information 202-090. Berlin: DGUV.

Tab. 2.2.2: Funktionsmaße Möbel für Schüler (nach Europäische Norm EN 1729-1, s. DGUV, 2018)

Größenklasse	1	2	3	4	5
Farbkennzeichnung	Orange	Violett	Gelb	Rot	Grün
Durchschnittliche Körperhöhe	105	120	135	150	165
Höhe Sitzfläche	26	30	34	38	42
Tischhöhe	46	52	58	64	70

Maße in cm

Es wird darauf hingewiesen, dass ein etwas zu niedriger Stuhl besser ist als ein zu hoher. Bei Hospitationen haben wir jedoch mitunter das Letztere gesehen. Unsere Beobachtungen finden Bestätigung in Untersuchungen Dresdner Schulärzte zur Schulmöbelsituation im Schuljahr 1994/1995 (Petzold, Renate, 1996, S. 24).

Von 1062 reihenuntersuchten Kindern im 2. Schuljahr saßen 90 % in deutlich überhöhtem Schulgestühl, bei 30 % der Kinder kam eine nicht passende Tischhöhe dazu.

Die Kinder unserer Stichprobe waren am Ende der 2. Klasse im Durchschnitt 133 cm groß (Müller & Petzold, 2002, S. 121). Noch einmal sei auf das bereits erwähnte Beispiel mit einer Spannweite von 29 cm zurückgegriffen. Das Zimmer dieser Klasse müsste mit drei verschiedenen Gestühlhöhen ausgestattet sein (violett, gelb, rot). Diese Aussage trifft auf dreizehn unserer untersuchten fünfzehn Klassen zu.

Andere Untersuchungen zeigen ähnliche Ergebnisse (Berquet, 1994, S. 25; Koch, 1995, S. 19; DGUV, 2018. S. 13).

Die Problematik wird noch komplizierter, weil Kinder mit gleicher Körperhöhe oft unterschiedliche Körperproportionen haben. Deshalb ist die individuelle Anpassung durch eine Sitzprobe erforderlich. Folgende Merkmale müssen überprüft werden:

- Füße vollflächig auf dem Boden, Beine leicht geöffnet
- Oberschenkel waagerecht, rechter Winkel zum Unterschenkel
- Kniekehle ohne Berührung mit Sitzfläche
- Ellenbogenspitze in Höhe der Tischplatte
- Lehne stützt Rücken ab: Bei hinterer Sitzhaltung unterhalb der Schulterblätter, bei vorderer Sitzhaltung am Beckenrand (Berquet, 1988, S. 61)

Welche weiteren Probleme sich noch ergeben können, soll die folgende Geschichte eines Praktikanten aus einer unserer Versuchsschulen zeigen!

<u>*Das scheinbar Einfache, was doch so schwer ist*</u>

Meine Mentorin erklärte mir, dass Schüler, die in einer gesunden Körperhaltung sitzen, wesentlich konzentrierter und ausgeglichener arbeiten. Also wurde gleich am ersten Tag nach den großen Ferien damit begonnen, die Stühle und Tische den entsprechenden Größen der Schüler zuzuordnen. Doch schon während der folgenden ersten Stunde zeigte sich, dass dies nur ein Provisorium bleiben konnte. Viele Kinder waren einfach zu klein für die Stühle und Bänke. Deshalb verließen wir uns nicht mehr auf unser Augenmaß, sondern kontrollierten die Stuhl- und Bankhöhen mit dem Tafellineal, um nicht immer wieder feststellen zu müssen, dass manche klein aussehende Bank doch zu groß für ein Kind war. Um unsere Möglichkeiten der Auswahl an Mobiliar zu erhöhen, nahmen wir am folgenden Tag die Stühle und Tische aus dem Stuhlkreiszimmer hinzu. Wir hofften, dass die dadurch entstehende Sitzordnung (große Bänke und große Schüler hinten, kleine Bänke und kleine Schüler vorn) sich bewähren würde. Aber leider hatten wir in unserem Enthusiasmus nicht bedacht, dass jetzt einige Brillenträger hinten saßen und ein Schüler, der auf dem linken Ohr schwerhörig war, auf der rechten Bankreihe gelandet war. Also wurde bei der nächsten Gelegenheit die Sitzordnung wieder korrigiert. Die Bänke und Stühle mussten natürlich mit „umziehen", was für mich wieder ein fleißiges Bänketragen bedeutete. Die Schwere der Aufgabe wurde somit für mich sehr direkt fühlbar. (Richter, 1998)

Ergonomische Schülerarbeitsplätze
Zumindest als mittel- oder längerfristige Perspektive müssten die Schulen mit ergonomischen Schülerarbeitsplätzen ausgestattet werden (wie von der DGUV, 2018 formuliert mit Schulmöbeln mit dynamisch-aktiven Bewegungselementen). Wesentliche Kennzeichen solcher Schulmöbel sind:
- die stufenlose Höhenverstellbarkeit von Tischen und Stühlen mit Rollen (leichte Verfahrbarkeit)
- platzsparende Tische, möglichst Einzeltische
- die mindestens 16° (besser 21°) schrägzustellende Tischplatte; (Der Bau von Aufsatzpulten mit Unterstützung der Eltern könnte eine kurzfristige Teillösung darstellen. Bastelanleitung Böttler, o. J., S. 47-48)
- die Sitzneigung im vorderen Drittel, die Verstellbarkeit von Sitztiefe und Lehnenhöhe
- dynamische Sitzflächen und Rückenlehnen (für leichtes Wippen und Kippeln) (Breithecker et al., 1996, S. 21; DGUV, 2018)

Eine günstige Sitzhaltung kann dazu beitragen, Arztkosten in den späteren Jahren geringer zu halten. Dies sollte auch ein Argument sein, sich nicht für die kostengünstigste, sondern für die gesundheitsdienlichste Variante beim Kauf von Schulmöbeln zu entscheiden. Überzeugungsarbeit bei den Kostenträgern in diesem Sinne zu leisten, ist offensichtlich dringend notwendig.

Alternative Sitzgelegenheiten
Seit Jahren werden im internationalen Maßstab *Sitzbälle* als alternative Sitzgelegenheit empfohlen. Die Erfahrungen zeigen, das Sitzen auf dem Ball muss aber auch gelehrt und gelernt werden. Gute Erfahrungen haben wir an unseren Ver-

suchsschulen mit drei bis vier Sitzbällen pro Klasse gemacht, die spätestens in der Pause untereinander getauscht werden. Neben unseren sehr begrenzten finanziellen Möglichkeiten spricht für diese Variante vor allem, dass Kinder oft nicht die ausreichende Kraft der Rückenmuskulatur besitzen, um mehrere Stunden in der aufrechten Haltung zu sitzen. Wenn sie dann „In-Sich-Zusammensacken", sitzen sie auf dem Ball genauso mit der fehlerhaften Rundrückenhaltung wie auf einem Stuhl.

Eine andere Möglichkeit im Vergleich zum Sitzball bildet das *Sitzkissen* oder ein *Hokki* (Wackelhocker) bzw. Stehpulte. Auch diese alternativen Sitzgelegenheiten stehen in den Klassen nur in geringer Anzahl zur Verfügung und müssen deshalb ausgetauscht werden. Die Kinder können sich z. B. in eine Liste eintragen und der Ordnungsdienst nimmt dann die Verteilung vor.

 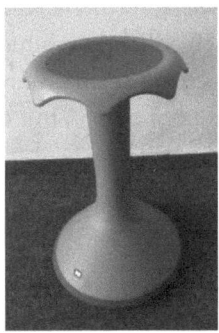

Auszüge aus Projektberichten

Sitzkissen mit Noppen sind nicht nur ein Therapiemittel und schulen den Gleichgewichtssinn sowie die Feinmotorik, sie lassen sich auch gut individuell im Unterricht einsetzen. Durch die Sitzhöhenregulierung (unterschiedlich stark aufpumpen) können Arbeitshöhen ausgeglichen werden. Kippelnde Schüler verlagern ihren Körperschwerpunkt und erhalten durch die Noppen neue Reize, was ihre Aufmerksamkeit aktiviert.
(Projektbericht Hans-Fallada-Schule, Schule für Erziehungshilfe, Rietschen, 2017)

Sehr beliebt bei den Kindern ist das Sitzen auf einem Hokki. So ein Hokki ist rutsch- und standfest, dabei aber in alle Richtungen beweglich. In den Pausen werden die bewegten Sitzmöbel an andere Mitschüler weitergegeben.
(Projektbericht Grundschule Königswalde, 2017)

Stehpulte sind eine weitere Möglichkeit, die Arbeitshaltung zu ändern Die Kinder können sich in eine Liste eintragen, wann sie das Stehpult benutzen wollen. (Projektbericht Grundschule Thomas Münzer Limbach-Oberfrohna, 2019)

Eine weitere interessante Anregung fanden wir mit *alternativen Sitzelementen* für den Einsatz im Unterricht aber auch als Bewegungssituation für die Pause im Projekt „Bewegungsbaustelle" der Universität Gesamthochschule Essen (Landau & Sobczyk, 1996). Von einer Firma angefertigte Grundelemente aus Hartschaum wurden unterschiedlich kombiniert, mit Resten von Auslegware und Teppichband beklebt (genaue Beschreibung Börner et al., 1998, S. 28-29). Die Herstellung der Sitzelemente gemeinsam mit den Eltern ist möglich.

2.2 Dynamisches Sitzen

Varianten:

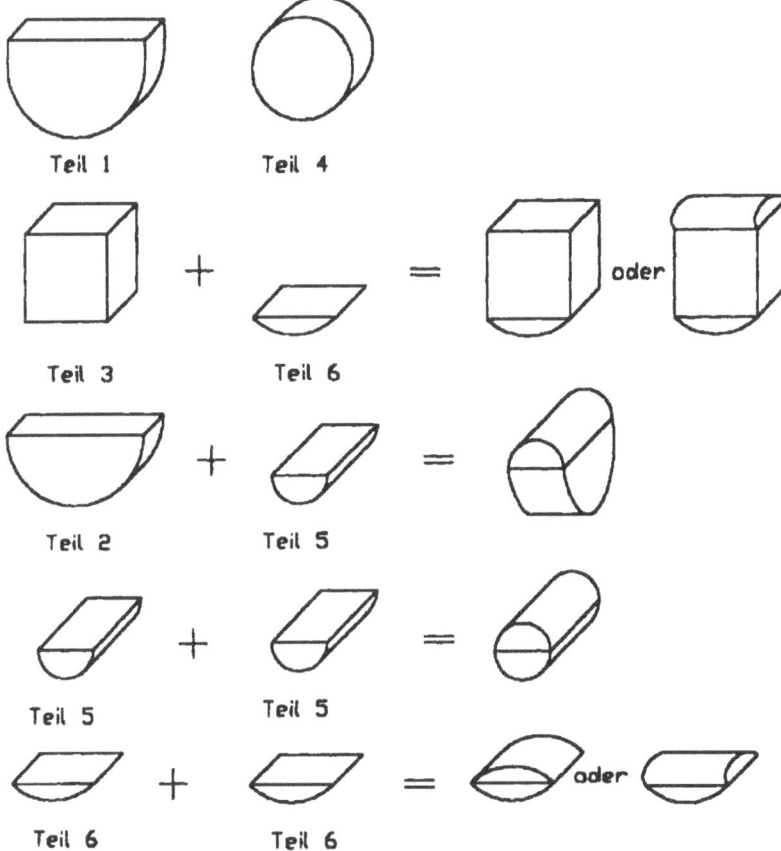

Kindermeinungen zu den Sitzelementen:

A.: „Ich sitze darauf lieber als auf Stühlen und würde sie gern für immer behalten. Manche finde ich bequem, aber nicht alle. Am besten gefällt mir die ´Wippe´."

B.: „Es sollte jeder Schüler ein Sitzelement bekommen, weil wir uns jeden Tag darum streiten. Am besten gefällt mir die ´Wippe´. In der Pause wippen wir damit oft",

2 Bewegter Unterricht

C.: „Mir gefallen die Sitzelemente gut, weil es ‚mal etwas anderes ist und man viel damit machen kann."

D.: „Ich finde sie besser als Stühle, weil sie so bequem sind. Ich will aber nicht nur auf ihnen sitzen – auch ‚mal auf Stühlen." (Schmiedl & Schumacher, 1998)

Erlebnisse einer Praktikantin:

Ungeahnte Nutzung

Bei dem Bau der alternativen Sitzmöbel haben wir uns natürlich Gedanken über ihre Nutzung gemacht. Unsere Vorstellungen gingen nicht weit über das Sitzen und Schaukeln hinaus. Die Kinder hatten viel mehr Ideen. Zu beobachten war, dass die Schüler jede erdenkliche Stellung der Möbel ausprobierten und hier bald an die Grenzen stießen. Doch wurden die Möbel nie uninteressant oder alltäglich, denn jeder kam auf neue Möglichkeiten. Volker liebte den Halbkreis, er gab ihn gar nicht mehr aus der Hand. Als ich nun in der Pause in die Klasse kam, machte ich eine erstaunliche Entdeckung. Volker legte sein Möbelstück auf die Seitenfläche, nahm im hinteren Teil des Klassenzimmers Anlauf, kniete sich auf sein geliebtes Sitzobjekt und rutschte durch den freien Gang des Klassenzimmers, wobei es ihm hervorragend gelang, das Gleichgewicht zu halten. Nach ein paar Tagen schoben sich die Kinder gegenseitig durch die Klasse und konnten nicht genug davon bekommen. Auch nutzten sie die Sitzmöbel als Hindernisse, um als „Pferd" darüber zu springen. Die Kinder drehten die Sitzmöbel nicht nur in alle Richtungen, um das beste Sitzen herauszufinden, nein, sie balancierten, schoben, sprangen, bauten und freuten sich über diese Gelegenheiten. (Schmiedl, 1998)

2.2.3 Bewegung in das Sitzen bringen

Wenn sich Pädagogen der Aufgabe annehmen, Bewegung in das Sitzen zu bringen, dann könnten folgende Ratschläge hilfreich sein:
    Als Einstieg sollten die eigenen Sitzgewohnheiten kritisch hinterfragt werden. Dynamisches Sitzen hat nicht nur für den kindlichen Rücken positive Wirkungen. Mit den Lebensjahren nehmen erfahrungsgemäß die Rückenbeschwerden zu. Mehr Bewegung statt Stillsitzen kann manche Tablette oder Spritze ersparen.

2.2 Dynamisches Sitzen

Wer selbst die wohltuende Wirkung von Entlastungshaltungen oder dem Sitzen auf einem Ball gespürt hat, ist eher bereit zu akzeptieren, dass Schülerinnen ihren Stuhl drehen, sich mit dem Ellenbogen auf der Bank abstützen oder leicht mit dem Ball wippen. Nach unseren Erfahrungen liegen die Probleme mit dem dynamischen Sitzen weniger bei der Umsetzung durch die Kinder, sondern mehr bei dem Akzeptanzverhalten, bei der Bereitschaft zum Umdenken seitens Lehrer und Eltern.

Ihre Bedenken beschreibt eine Praktikantin wie folgt:

So ein Gewackel

Der erste Schultag begann mit zwei neuen Sitzbällen für die Klasse. Zwei Schülerinnen schnappten sich gleich die neuen Sitzgelegenheiten und ich dachte mir: „Auf so einem Ball würdest du jetzt auch gerne sitzen". In den folgenden Tagen tauschten die Schüler die Bälle immer selbstständig untereinander aus und ich war sehr erstaunt, dass es keine Streitereien um die Bälle gab. Eines Morgens, es war an einem Mittwoch, kam ich in die Schule und sah, dass der Junge, neben dem ich während der Hospitationen saß, sich für diese Stunde einen Sitzball genommen hatte. Als die Stunde begann, hüpfte er wie wild auf dem Ball herum. Die Schulbank wackelte und seine Federtasche und das Heft fielen zu Boden. Mein erster Gedanke war: „Hoffentlich geht dieses Gewackle und Gehüpfe nicht die ganze Stunde." Während ich mir Notizen zu der Stunde machte, stellte ich fest, dass mich der Junge mit seinem Sitzball störte und ablenkte. Es machte mich ganz nervös und letztendlich konzentrierte ich mich nur noch auf den Ball und hatte meine Hospitation völlig vergessen. Ich überlegte sehr lange, ob diese Sitzbälle wirklich so positiv sind, denn ich empfand es als Lernbeeinträchtigung für den Banknachbarn. Doch der Schüler neben mir war in der Stunde auf seinem Ball sehr glücklich und verfolgte den Unterricht konzentriert. Meine Gedanken eilten zwei Tage voraus. Ich stellte mir vor, dass mich als Lehrperson so ein Gewackel wahrscheinlich sehr irritieren würde. Doch während meines ersten Lehrversuches empfand ich den wippenden Jungen überhaupt nicht als störend und freute mich über seine konzentrierte Mitarbeit. Damit es einigen Kindern nicht auch so ergeht wie mir, sollte vielleicht angeregt werden, dass immer den beiden Kindern die Sitzbälle zur Verfügung stehen, die nebeneinander an der Schulbank sitzen. (Müller, D., 1998)

Die Eltern sollten unbedingt für die Sitzthematik sensibilisiert werden. In welchen Konflikt kommen die Kinder sonst, wenn sie in der Schule an Bewegung beim Sitzen gewöhnt sind, zu Hause aber Ermahnungen hören wie „Sitz doch endlich still!" oder „Bei den Hausaufgaben wird ordentlich am Tisch gesessen!". Dynamisches Sitzen muss gelernt werden. Die Schüler sollten altersangemessen Kenntnisse erlangen, unterschiedliche Möglichkeiten des Sitzens gezeigt bekommen, ausprobieren und bewusst anwenden. Längerfristige Zielstellung muss es aber sein, dass Veränderungen der Sitzpositionen von der sensomotorischen Regulationsebene übernommen werden, d. h. im Unterbewusstsein ablaufen, allerdings jederzeit ins Bewusstsein geholt werden können. Dadurch wird es möglich, dass sich die Kinder weniger auf ihre Sitzhaltung, sondern mehr auf den Lernstoff konzentrieren können.

Damit die Mitschüler nicht beim Lernen gestört werden, ist es wichtig, gemeinsam Regeln zu vereinbaren, die dann von jedem Kind eingehalten werden müssen.

Grundsätzlich gilt: Sowenig Sitzen wie möglich! Auflockerungsminuten, Varianten des bewegten Lernens und andere Bereiche der bewegten Grundschule sollten zu einer insgesamt bewegten Grundschule führen. Sitzbälle oder ergonomische Schülerarbeitsplätze allein können die Probleme mit dem Sitzen als ungesündeste Dauerbelastung nicht lösen.

Medienempfehlungen zum Thema Sitzen
Böttler, G. et al. (o. J.). *Bewegung, Spiel und Sport in der Schule.* Weilheim/Teck: Bräuer GmbH.
Breithecker, D., Philipp, H., Böhmer, D. & Neumann, H. (1996). In die Schule kommt Bewegung – Haltungs- und Gesundheitsvorsorge in einem „bewegten Unterricht". *Haltung und Bewegung, 16* (2), 5-47.
Börner, M., Haberkorn, G. & Schmiedl, C. (1998). Warum muss ich in der Schule immer stillsitzen? *Grundschulunterricht, 45* (4), 28-29.
DGUV (Hrsg.). (2018). *Klasse(n) - Räume für Schulen. Empfehlungen für gesundheits- und lernfördernde Klassenzimmer. Anhang A – Maße, Größenklassen und Größenkennzeichnungen.* DGUV Information 202-090. Berlin: DGUV.
Illi, U. (1991). *Sitzen als Belastung.* Wäldi (Schweiz): Verlag SVSS.

2.3 Auflockerungsminuten

Welcher Pädagoge kennt nicht folgende Situationen: Am Morgen sind die Kinder noch, am fortgeschrittenen Unterrichtsvormittag wieder müde, schläfrig, unkonzentriert. Eine kurze Auflockerung mit Bewegungsübungen kann sehr schnell eine erfrischende Wirkung zeigen. Geöffnete Fenster unterstützen den Erfolg.

Wir verstehen unter Auflockerungsminuten eine kurzzeitige (ca. 3 Minuten) Unterbrechung des Unterrichtes mit teilweise angeleiteten, zunehmend aber auch selbstständig ausgeführten Bewegungsübungen – individuell oder mit der gesamten Klasse. (Andere Autoren bezeichnen solche Unterbrechungen als Bewegungspause. Mit dem Begriff Auflockerungsminuten wollen wir eine zu große Formulierungsähnlichkeit zur bewegten Pause umgehen.)

Es kommt dabei dominant zu einer Aktivierung des Sympathikus (Erregungsnerv), dadurch zur Anregung des Herz-Kreislauf-Systems und damit verbunden zu einer besseren Energieversorgung des Körpers (s. Abschnitt 1.4.3). Ermüdungserscheinungen kann somit vorgebeugt und die Konzentrationsfähigkeit wieder aufgebaut werden. Feinmotorische Übungen mit den Fingern, den Füßen oder der Gesichtsmuskulatur erweisen sich als besonders aktivierend (Dickreiter, 1997, S. 16). Aus der Vielzahl der möglichen Übungen haben wir entsprechend der Ziele der Bewegungserziehung vor allem solche ausgewählt, die das Sammeln neuer Bewegungserfahrungen und die Entwicklung der Sozial- und Selbstkompetenz unterstützen, indem die Kinder sich bei der Gestaltung von Bewegungsaktivitäten mit eigenen Ideen einbringen, sich aber auch freiwillig und aktiv einordnen sollen. Die Mehrzahl der ausgewählten Übungen kann einen Beitrag zur Koordinationsschulung leisten, wenn zielgerichtet variiert wird. Durch die Auflockerungsminuten sollen die Kinder Haltungskonstanz vermeiden, sich Bewegungsfreude erhalten und Bewegungssicherheit erlangen sowie altes Kulturgut erleben.

Der Begriff „Auflockerungsminuten" wurde von uns aus dem „Greifswalder Schulversuch" (1976-1979) zur körperlichen, geistigen und sozialen Entwicklung der Kinder bei täglicher Bewegung, bei Spiel und Sport (Gärtner et al., 1986) übernommen. Fingerspiele, das Üben mit Alltagsmaterialien und die Bewegungsgeschichten sind, in dem von uns angestrebten Umfang, eine Erweiterung des ursprünglichen Konzeptes der Auflockerungsminuten. Außerdem wurde von uns in diesen Bereich der Bewegungserziehung das darstellende Spiel eingeordnet, auch wenn wir uns der Überschneidung mit anderen Bereichen bewusst sind.

2 Bewegter Unterricht

Den nachfolgenden Abschnitten liegt folgende Struktur zugrunde:

Auflockerungsminuten

2.3.1	2.3.2	2.3.3	2.3.4	2.3.5
Spielerische Gymnastik mit ... – Körperteilen – Alltagsmaterialien – Partnern	Kleine Kunststücke	Bewegungsgeschichten	Rhythmisch-musikalische Bewegungsspiele – Rhythmusübungen – Bewegungslieder – Tanzspiele	Darstellendes Spiel – Pantomime – Scharade – Stegreifspiel – Figurenspiel

Methodisch-organisatorische Hinweise zu Auflockerungsminuten:
Wenn die vorgestellten Übungen zur Koordinationsschulung beitragen sollen, ist zielgerichtete Variation notwendig. Dies kann geschehen durch:
- Veränderung der Bewegungsprogramme
(Gehen, Laufen, Hüpfen, Schwingen, Kreisen, Pendelschwingen u. a.)
- Veränderung der Bewegungsausführung
(langsam/schnell, groß/klein, vorwärts/ rückwärts/seitwärts, beidseitig üben, mit unterschiedlichen Körperteilen den Luftballon spielen oder Gegenstände balancieren u. a.)
- Veränderung der Übungsbedingungen
(mit geschlossenen Augen üben, Abstände und Materialien variieren, Drehungen einbauen, mit Gegenwirkung des Partners oder unter Zeitdruck üben u. a.)

Die vorgeschlagenen Varianten ermöglichen vielfältige Formen der Differenzierung. Dadurch besteht auch eine Chance, dass sich alle beteiligen können – unabhängig von den Voraussetzungen.

Bei Schülern mit sonderpädagogischem Förderbedarf sind Vereinfachungen vorzunehmen, die Auflockerungen ruhig zu beenden und rhythmisch-musikalische Bewegungsformen verstärkt anzuwenden. Auflockerungsminuten sollten

2.3 Auflockerungsminuten

so gestaltet werden (möglichst offen), dass sich jeder Schüler mit seinen Stärken einbringen kann und Erfolge erlebt. (Müller & Dinter, 2020, S. 75-103)

Medienempfehlungen zu Auflockerungsminuten
Arndt, M. & Singer, W. (1981). *Fingerspiele und Rätsel für Vorschulkinder*. Berlin: Volk und Wissen.
Bundeszentrale für gesundheitliche Aufklärung (2002). *Lied & Bewegung* (mit CD). Köln: BzfA.
Döbler, H. & Döbler, E. (2018). *Kleine Spiele* (23. Aufl.). Mühlheim an der Ruhr: Verlag an der Ruhr.
Erkert, A. (2004). *Bewegungsspiele für Kinder. Körpererfahrung und Bewegungsförderung für jeden Tag* (2. Aufl.). München: Don Bosco Verlag.
Ferber, D. & Steffe, S. (2010). *Sing, klatsch & spring*. Münster: Ökotopia.
Gemeindeunfallversicherungsverband Westfalen-Lippe et al. (Hrsg.). (1999). *Mehr Bewegung in die Schule* (mit CD). Seelze: Friedrich.
Hering, B., Hering, W. & Meyerholz, B. (o. J.). *Trio Kunterbunt Hits*. Lippstadt: Kontakte.
Hering, W. (2010). *Kunterbunte BewegungshitS*. (mit CD). Münster: Ökotopia.
Hoefs, H., Götzenberg, M. & Loss, H. (o. J.). *Vom Frühstückssong zum Abschiedsgong*. Audio-CD. Mühlheim: Verlag an der Ruhr.
Horn, R. (2015a). *Meine Jahreszeiten-HitS*. (mit CD). Lippstadt: Kontakte Musikverlag
Horn, R., Mölders, R. & Schröder, D. (o. J.). *Klassenhits – das Original*. CD-Paket. Lippstadt: Kontakte-Musikverlag.
Jöcker, D. & Fuhrig, H.-J. (o. J.). *Start English with a Song* (CD/DVD). Münster: Menschenkinder Verlag.
Jöcker, D. (o. J.). *Singen & Bewegen* (mit CD/DVD). Teil 1 und Teil 2. Münster: Menschenkinder Verlag.
Kleikamp, L. & Jöcker, D. (o. J.). *1, 2, 3 im Sauseschritt* (mit CD/MC). Münster: Menschenkinder Verlag.
Kreusch-Jacob, D. (1999). *Musikerziehung* (3. Aufl.). München: Don-Bosco-Verlag.
Kreusch-Jacob, D. (2001). *Das Musikbuch für Kinder* (11. Aufl.). Mainz u. a.: Schott.
Petillon, H. (1997a). *Von Adlerauge bis Zauberbaum. 1000 Spiele für die Grundschule*. Landau: Knecht.
Portmann, R. & Schneider, E. (1995). *Spiele zur Entspannung und Konzentration*. München: Don Bosco.

Reichert, A. & Vogt, C. (1996). *Abenteuerreisen. Bewegungsspiele für die Grundschule*. Puchheim: Pb-Verlag.
SMK. (Hrsg.). (2018). *Spiel & Spaß. Eine Sammlung für die Hosentasche* (5. Aufl.). Dresden: SMK. Zugriff am 30. Januar 2022 unter https://publikationen.sachsen.de/bdb/artikel/22796
Thurn, B. (1992). *Mit Kindern szenisch spielen*. Berlin: Cornelsen.
Unfallkasse Sachsen (o. J.). *Bewegung bringt's! 100 kleine Sp*ielideen. Meißen: Unfallkasse Sachsen. Zugriff am 30. Januar 2022 unter https://www.uksachsen.de/kita.
Vahle, F. (1996). *Bewegungsliederbuch*. Weinheim, Basel: Beltz.
Vahle, F. (2001). *Hupp Tsching Pau. Bewegungsliederbuch* (2. Aufl.). Weinheim, Basel: Beltz.

2.3.1 Spielerische Gymnastik

Der Teilbereich spielerische Gymnastik, im Rahmen von Auflockerungsminuten, hat Wurzeln in dem Ansatz der Gymnastikbewegung, der die Verbesserung der Körperhaltung anzielt. Namen wie P. H. Ling und B. Mensendieck (funktionelle Gymnastik) stehen dafür. Das Attribut „spielerisch" soll die methodische Gestaltung mehr auf das Variieren des Bekannten (Ehni, 1982, S. 475) orientieren als auf (monotone) Wiederholungen. Mit der Überschrift begrifflich zwar nicht gefasst, bilden aber Koordinationsübungen eine zweite Säule dieses Teilbereiches. Dabei werden aus der Struktur der Koordinationsübungen nach Hirtz (1985, S. 73), Übungen zur Bereicherung motorischer Erfahrungen sowie Übungen zur Ausprägung und Vervollkommnung fundamentaler koordinativer Fähigkeit als Schwerpunkt gesehen.

Die ausgewählten Übungen zielen neben der physischen und psychischen Aktivierung vor allem auf:
- das Sammeln vielfältiger Erfahrungen (auch mit Alltagsmaterialien in einem sonst nicht üblichen Zusammenhang, z. B. Korken zum Werfen)
- die Schulung koordinativer Fähigkeiten, besonders Bewegungen präzise ausführen, Auge-Hand-(Fuß-)Koordination, Bewegungen (auch mit Geräten) im Raum steuern, das Gleichgewicht herstellen, schnell reagieren
- das Kennenlernen von Übungen für die Hand-, Fuß- und Gesichtsmuskulatur, da diese eine besonders aktivierende Wirkung hervorrufen

- das Erlangen von Bewegungssicherheit und dadurch die Entwicklung des Selbstbewusstseins (Was ich schon kann!)
- die Förderung der Fähigkeit mit einem Partner zusammenzuarbeiten und
- die Haltungsschulung

Methodisch-organisatorische Hinweise zur spielerischen Gymnastik:
- Die Übungsformen sind nach wenigen Durchgängen zu verändern (s. Abschnitt 2.3).
- Die Kinder sollen angeregt werden, vorwiegend in Partnerarbeit selbst neue Übungen oder Variationen zu finden.
- Beim Üben möglichst die Fenster öffnen.
- Zur Fußgymnastik sind die Schuhe auszuziehen.
- Der Einsatz von Auflockerungsminuten erfolgt meist flexibel, wenn Ermüdungserscheinungen auftreten.
- Der Wiedereinstieg in den Unterricht fällt eventuell leichter, wenn mit weniger bewegungsintensiven Übungen beendet wird.

Bei Schülern mit sonderpädagogischem Förderbedarf sollten viele Wahlmöglichkeiten angeboten werden, damit jeder Schüler Erfolgserlebnisse haben kann. Vergleiche untereinander sind weniger sinnvoll und Körperkontakte evtl. problematisch. Zieh- und Schiebewettkämpfe und „Grimassen schneiden" sind nur bedingt einsatzfähig.

2.3.1.1 Spielerische Gymnastik mit Körperteilen

Fingerspiele
Fingerspiele verwenden die Finger und Hände als Spielmaterial und werden mit meist überlieferten Reimen oder gereimten Geschichten (s. auch 2.3.3) aus Liedern (s. auch 2.3.4.2) verbunden (Petillon, 1997a, S. 270). Durch Fingerspiele können vor allem Bewegungserfahrungen mit den Händen gesammelt, die Feinmotorik der Finger geschult und ein freudvoller Ausgleich zu anstrengenden Schreibübungen geschaffen werden. Da die Kinder gerade zu Beginn des Schreiblehrganges den Füllfederhalter viel zu verkrampft umfassen, haben Fingerspiele im Anfangsunterricht eine besondere Bedeutung. Neue inhaltliche Ideen erscheinen uns weniger notwendig, vielmehr sollte altes Spielkulturgut

wiederentdeckt und an Spielformen aus der Vorschulzeit (s. Müller 2021, S. 89-90) angeknüpft werden (z. B. „Zehn Finger haben wir", „Das ist der Kleine").

Es regnet ganz sacht

Es regnet ganz sacht	*Mit den Fingern die*
nun schon eine Nacht.	*Regentropfen darstellen*
Jetzt regnet es sehr,	
gleich regnet es mehr.	
Es donnert und blitzt,	
Sabinchen gleich flitzt	*Mit den Fingern einer*
hinein in das Haus,	*Hand „laufen",*
dann schaut sie heraus	*die andere Hand bildet das Haus*
und sagt: „Oh, wie fein!	
Nun ist Sonnenschein!"	
(Arndt & Singer, 1981, S. 76)	

Mäusefamilie

Das ist Vater Maus.	*Daumen zeigen*
Sieht wie alle Mäuse aus:	*Handfläche nach oben zeigen*
Weiches Fell –	*Handrücken streicheln*
große Ohren –	*mit den Fingern „malen"*
spitze Nase –	*Fingerspitzen an die Nase legen*
und der Schwanz sooo lang!	*Hände zeigen einen Abstand von etwa 30 cm*
Das ist Mutter Maus.	*Zeigefinger*
(Text weiter wie oben)	
Das ist Bruder Maus. ...	*Mittelfinger*
Das ist Schwester Maus. ...	*Ringfinger*
Das ist Baby Maus.	*kleinen Finger zeigen*
Sieht gar nicht wie alle Mäuse aus:	*Kopf schütteln wie oben, aber entsprechend abgewandelt*
Glattes Fell - kleine Ohren - kleine Nase -	
und der Schwanz sooo kurz!	*Hände zeigen einen Abstand von etwa 7 cm*
(Verfasser unbekannt)	

Spielerische Gymnastik für die Hände und Füße sowie das Gesicht
Für diesen Abschnitt wurden im 1. Teil Spiel- und Bewegungsformen gewählt, die mit Körperteilen ausgeführt werden. Feinmotorische Übungen mit den Fingern, den Füßen oder der Gesichtsmuskulatur erweisen sich als besonders aktivierend (Dickreiter, 1997, S. 16), da diese Körpergebiete einen ausgedehnten Umfang an Feldern der motorischen Hirnrinde einnehmen. Weitere Spiel- und Bewegungsformen beziehen Alltagsmaterialien wie z. B. Korken, Lineal, Stühle oder Tücher mit ein oder konzentrieren sich auf die Zusammenarbeit mit einem Partner. Vor allem motivationale Aspekte begründen diese Auswahl.

Die Finger turnen*
- Finger schließen – Finger spreizen
- Faust ballen – Finger strecken, evtl. dabei die Hand drehen
- Finger nacheinander beugen und strecken
- abwechselnd mit den einzelnen Fingern leise auf den Tisch klopfen
- mit den Daumen nacheinander die anderen Fingerspitzen berühren (vor- und rückwärts, eine Hand vorwärts, die andere rückwärts)
- Fingerspitzen der gespreizten Hände gegeneinanderdrücken, Bewegung kann auch für einzelne Finger nacheinander erfolgen
- Hände falten und zusammendrücken
- Hände kreisen (nach innen, nach außen)

Die Füße lesen Zeitung
Die Kinder zeigen ohne Schuhe, was ihre Füße alles können, z. B.:
- wie eine Raupe über die Zeitung gehen
- eine Zeitung auseinander- und zusammenfalten
- auf die Zeitung einzelne Buchstaben mit den Füßen schreiben
- mit den Zehen die Zeilen von links nach rechts verfolgen und auf einzelne Abschnitte tippen
- mit den einzelnen Zehen auf die Zeitung tippen
- mit dem linken Fuß auf die Zeitung rhythmisch stampfen, mit dem rechten Fuß über die Zeitung kreisen
- auf der Zeitung im Ballenstand (auch auf einem Bein) möglichst lange stehen
- die Zeitung zu einem Ball zusammenknüllen und mit dem Nachbarn spielen;
- mit den Füßen „Beifall" klatschen
- den Papierball mit den Füßen in den Papierkorb schaffen

Die Füße turnen
- Füße fest zusammenkrallen und sie dann weit auseinanderspreizen
- Fußspitzen kräftig anziehen und strecken, auch wechselseitig
- mit den Füßen kreisen (auch gegeneinander)
- zwischen einem hohen Ballenstand und einem halben Hockstand wechseln
- im Ballenstand stehen und die Fersen zueinander und auseinander drehen
- mit einem Seil Buchstaben und Ziffern legen
- ein Seil verknoten und den Knoten wieder öffnen
- mit dem Banknachbarn mit den Füßen „Tauziehen" (mit Springseil)

Was können die Füße noch turnen?

Grimassen schneiden
Die Kinder lehnen sich über die Stuhllehne (zueinander gedreht) und schneiden Grimassen.
Der Banknachbar ahmt als „Spiegel" alle Bewegungen nach.
Mimische Möglichkeiten sind:
- Gesicht zusammenziehen
- Stirn runzeln (horizontal und vertikal)
- Nase rümpfen, zusammenziehen, Nasenlöcher dehnen
- Augen abwechselnd zukneifen
- Wangenmuskeln bewegen
- Lippen unterschiedlich formen
- mit den Ohren wackeln
- Haaransatz bewegen u. a.
- die Augen in alle Richtungen schweifen lassen

Hund und Katze
Hund und Katze begegnen sich (zwei Kinder in der Bankstellung oder mit vorgebeugtem Oberkörper und abgestützt auf dem Stuhl oder der Bank).
Mimische Möglichkeiten:
- Unterlippe so weit wie möglich vorschieben und versuchen die Nasenspitze zu erreichen
- Unterlippe kräftig nach unten ziehen, wobei die Zähne zusammenbleiben
- „Nase rümpfen"
- Wangen weit aufblasen und Luft langsam entweichen lassen
- „Stirnrunzeln"

2.3 Auflockerungsminuten

- „Fauchen"
- Zunge weit herausstrecken und Richtung linkes/rechtes Ohr, zum Kinn oder zur Nase bewegen
- Vierfüßlerstand, Kopf locker hin und her schütteln

Die Zunge turnt
Mit der Zunge folgende Bewegungen ausführen:
- schnalzen, schmatzen, singen auf lala-lala ...
- die Lippen mit der Zunge ablecken und umkreisen
- die Zunge einrollen und gegen den oberen Gaumen stemmen
- die Zunge geschwind herausschnellen lassen und rasch zurückziehen
- die Zunge weit herausstrecken: in Richtung linkes/rechtes Ohr, zum Kinn, zur Nase
- die Zunge so weit wie möglich in den Rachen stecken
- mit der Zunge den gesamten Gaumen abtasten
- die Zunge gegen die unteren Zähne drücken
- die Zunge zu einem Rohr einrollen

Alle Übungen im Stand oder einer Entlastungshaltung ausführen!
Wichtig: Dazwischen immer wieder entspannen! (Höfler, 1993, S. 58)

2.3.1.2 Spielerische Gymnastik mit Alltagsmaterialien
 (Korken, Luftballon, Kissen, Stühlen, Lineal, Tücher)

Korkenregen*
Einen Korken hochwerfen und dann wieder fangen.

Fußakrobatik
Dem Banknachbarn mit einem Fuß (Schuhe ausziehen) einen Korken geben und ihn mit dem anderen Fuß wieder zurücknehmen.

Pendel
Den Korken an einem Faden befestigen und ihn kreisen. Nun soll versucht werden, genau einen Gegenstand auf dem Tisch (Radiergummi o. Ä.) zu treffen.

Flieg Luftballon flieg!
Einen Luftballon aufblasen, ihn aber nicht verknoten. Den Luftballon im Schulhaus/ auf dem Schulhof fliegen lassen und versuchen seinen Bewegungen zu folgen.

Bleib in der Luft!
Einen Luftballon möglichst lange in der Luft halten, ihn mit den Fingern, der Hand, dem Unterarm, dem Ellenbogen, der Nase, dem Kopf, dem Knie oder dem Fuß spielen.
Varianten:
- zwischendurch in die Hocke gehen, sich setzen, eine Dehnung ausführen
- den Luftballon so lange wie möglich in der Luft halten, ein Partner macht ohne Luftballon alle Übungen des Partners nach
- möglichst viele Zuspiele schaffen
- in einer Kleingruppe (drei bis fünf Kinder) mehrere Luftballons in der Luft halten
- den Luftballon an eine Wand werfen, sich drehen und ihn wieder fangen

Recken und Strecken
Ein Kissen oder Plüschtier mit beiden Händen festhalten und die Arme nach oben strecken. Im Zehenstand sich nach vorn und nach hinten, nach rechts und nach links beugen und versuchen, die Arme immer gestreckt zu lassen.
Varianten:
- Im Schneidersitz das Kissen mit beiden Händen nach oben halten, aufstehen und dabei die Arme gestreckt halten.
- Mit einem Partner ein Kissen mit beiden Händen nach oben halten und auf einem Bein stehend nach links und rechts oben strecken.

Stühle als Hindernisse*
Zwischen den Stühlen entlang gehen und jeden Stuhl jeweils mit einer Hand oder einer Ellenbogenspitze berühren.
Varianten: rückwärts oder seitwärts gehen
Durch den Raum gehen, bei einem Signal vom Spielleiter Aufgaben erfüllen, z. B.:
- sich paarweise auf den Stuhl setzen
- zu zweit einen Stuhl anheben

Einen Partner, der die Augen geschlossen hat, mit Körperkontakt (Handfassung u. a.) durch die Stühle führen.

Gymnastik an Stühlen*
Stand hinter dem Stuhl (Hände auf der Stuhllehne)
Bewegungsaufgaben:
- halbe Kniebeugen
- rechtes und linkes Knie abwechselnd zum entgegengesetzten Arm heben
- Füße abwechselnd auf Fußballen und Ferse setzen
- Knie hochziehen, runden Rücken machen (Kopf an die Knie)
- Beine vor- und zurückschwingen
- Ferse an das Gesäß drücken
- über der Stuhllehne einen „Katzenbuckel" machen
- am Ort laufen
- den Stuhl anheben und sich drehen

Gymnastik auf Stühlen*
Auf dem Stuhl sitzen und folgende Übungen ausführen:
- über den Kopf, vor dem Körper, hinter dem Stuhl in die Hände klatschen
- in der Seithalte sich abwechselnd nach links und rechts beugen bis die Finger den Boden berühren
- einen Buckel wie eine Katze machen und dann die Arme weit nach oben strecken
- Hände hinter dem Kopf verschränken und Kopf gegen die Hände drücken
- beide Schultern anheben und fallen lassen
- mit einer Hand „Kirschen pflücken"
- vor- und rückwärts Fahrrad fahren, evtl. ohne sich am Stuhl festzuhalten
- ein Bein/beide Beine schnell anhocken, wieder senken und gleich vom Boden abfedern
- die linke Fußspitze strecken und die rechte weit nach oben ziehen, dann langsam wechseln
- unter einem/beiden angezogenen Beinen in die Hände klatschen
- wechselseitig einen Ellenbogen an das andere Knie führen
- „Ausheben" aus dem Sitz

2 Bewegter Unterricht

Stuhltanz
Nach Musik:
- rhythmische Bewegungen mit Armen, Beinen oder dem Kopf ausführen
- um den Stuhl tanzen
- hinter dem Stuhl stehen, die Lehne erfassen und rhythmisch hüpfen, dabei wechselseitig die Beine seitwärts spreizen
- s. o. den Stuhl durch Drehen, Kippeln u. a. tanzen lassen
- selbst Bewegungen erfinden

Minutenspiele
Stuhltanz, geeignete Bewegungen an Stühlen oder andere (Lieblings-)Übungen eine Minute lang ausführen. *Varianten:*
- Wer meint, dass genau eine Minute vergangen ist, setzt sich. Wer kommt der Zeit am nächsten?
- Minutenspiele aus dem Kita-Bereich aufgreifen (Müller, 2021, S. 98-99).

Schnell und geschickt
- Das Lineal aus der Vorhalte fallen lassen und versuchen es zu fangen, bevor es auf dem Boden aufkommt.
- Das Lineal auf den Tisch stellen, es loslassen, auf den Tisch klatschen und es wieder auffangen.
- Das Lineal zwischen sich und den Nachbarn auf den Tisch stellen und loslassen. Er soll es fangen!
- Das Lineal mit einer Hand ganz schnell drehen.
  Varianten:
  - Handwechsel
  - beim Drehen um den Stuhl laufen u. a.
- Das Lineal schnell um den Körper/durch die gegrätschten Beine geben.

Körperteile finden
Mit dem Lineal die angesagten Körperteile berühren:
- linkes Ohr
- rechter Fuß usw.

Schwer wird es, wenn der Spielleiter falsche Bewegungen vorzeigt.

Farbkleckse
Farbige Tücher werden im Klassenzimmer/Schulhaus verteilt. Die Kinder gehen, laufen und hüpfen um sie herum oder überspringen sie. Auf ein Zeichen werden alle roten, blauen oder bunten Tücher hochgehalten.
Variante: sich auf die Tücher zu zweit setzen

Tücherturnen
Die Kinder nehmen sich ein Tuch und versuchen:
- es hochzuwerfen und zu fangen
- zu gehen und es zu werfen
- es mit dem Fuß zu greifen und einem Mitschüler zu winken
- es mit den Füßen zusammenzufalten und wieder auseinander zu falten
- mit beiden Füßen ein Tuch zu greifen und Rad zu fahren
- Pendelschwünge vorwärts und rückwärts an der rechten und linken Körperseite erst mit einem Arm, dann mit beiden Armen gleichzeitig und mit beiden Armen entgegengesetzt auszuführen
- die Pendelschwünge zu Kreisschwüngen zu steigern (links, rechts und vor dem Körper)
- Achterschwünge, erst mit dem rechten und dem linken Arm, später mit beiden Armen gleichzeitig zu üben
- Spiralbewegungen mit dem Tuch und Wellenbewegungen – große und kleine – mit dem Tuch auszuführen
- mit dem Tuch hinter dem Rücken sich diesen „abzutrocknen" oder es schulterbreit zu fassen und es bei gestreckten Armen hoch und runter zu ziehen (ausschultern)
- mit dem Tuch den Oberschenkel an den Körper oder die Ferse an den Po zu ziehen und auf der Stelle sich hüpfend zu drehen

2.3.1.3 Spielerische Gymnastik mit Partnern

Der Schatten*
Zwei Partner stehen hintereinander.
- Der vordere Partner macht verschiedene Übungen (Hampelmann, verschiedene Sprünge, Armbewegungen, u. a.) vor. Der zweite Partner versucht, diese als „Schatten" nachzuvollziehen.

- Der Vordermann nimmt unterschiedliche Stellungen auf einem Bein ein. Der Partner vollzieht als „Schatten" diese Figuren nach.
- Der vordere Partner geht durch den Raum und versucht, auf vorher vereinbarte Berührungen durch seinen Hintermann schnell zu reagieren.

  z. B.: Stopp   Berührung des Kopfes
        vorwärts   Berührung des Rückens
        Vierteldrehung nach rechts Berührung der rechten Schulter

Zwillinge*

Mit dem Partner wird durch Körperteile verbunden (z. B. Rücken an Rücken) durch den Raum gegangen ohne andere Paare zu behindern.

Zieh- und Schiebewettkämpfe*

Zwei Kinder stehen sich mit geringem Abstand gegenüber und halten die Arme in Vorhalte (die Handflächen sollen nach vorn zeigen). Durch einen Stoß auf die Handflächen versuchen sie, den Partner aus dem Gleichgewicht zu bringen.

Varianten: – im Grätschstand oder im Hockstand
           – auf einem Bein (Hirtz, 1985, S. 107)

Reiterkampf

Jeweils zwei Kinder haben die Arme verschränkt und stehen sich auf einem Bein gegenüber. Sie hüpfen aufeinander zu und versuchen, sich gegenseitig aus dem Gleichgewicht zu bringen.

Lass die Füße tanzen!

Ein Kinderpaar fasst sich in Gegenüberstellung auf die Schultern. Nun versuchen sie, sich gegenseitig auf die Füße zu treten.

2.3.2 Kleine Kunststücke

Kleine Kunststücke sind koordinativ anspruchsvoll. Sie ermöglichen aber auch Grenzen bei sich selbst auszutesten und damit eine individuelle Arbeitsweise. Kreativität in Bezug auf den eigenen Körper und Bewegungslust werden gefördert.

Methodisch-organisatorische Hinweise zu kleinen Kunststücken:
- Den Kindern müssen Zeit und inhaltliche Freiräume zum Erkunden der eigenen Möglichkeiten eingeräumt werden.
- Zum Ausprobieren weiterer Kunststücke sollte angeregt werden.
- Voraussetzung ist eine entspannte, angstfreie Atmosphäre.
- Um koordinative Wirkungen zu erzielen, sind Veränderungen notwendig.

Kellner
Auf eine/jede Hand einen Korken legen und diesen wie ein Tablett tragen.
- beide Hände entgegengesetzt nach außen/innen kreisen
- mit einer Hand eine Acht kreisen
- erst einen, dann beide Korken in die jeweils andere Hand werfen und fangen.

Kissen balancieren
Das Kissen auf den Kopf legen. Auf einem Bein stehend mit dem anderen Bein Kreise, Schwünge o. Ä. ausführen. Durch das Zimmer, eventuell eine Treppe herauf und herab, gehen ohne das Kissen zu verlieren.

Variante:
Fällt das Kissen herunter, muss das Kind stehenbleiben und warten, bis ein anderes Kind das Kissen aufhebt und es ihm wieder auf den Kopf legt (natürlich ohne das eigene Kissen zu verlieren). Wer hat den meisten Kindern geholfen?

Jongleur
- das Lineal auf dem Kopf/der Nase/der Stirn/dem Handrücken/dem Mittelfinger u. a. Körperteilen balancieren
- mehrere Drehungen ausführen und um Stuhl/um Bank/durch den Raum gehen

Balancieren und Jonglieren
Ein zusammengelegtes Tuch balancieren:
- auf dem Kopf und dabei drehen
- über dem Arm wie ein Kellner
- auf einem Fuß und auf dem anderen Bein hüpfen

Erst mit ein, dann mit zwei und später mit drei Tüchern jonglieren:
- ein Tuch senkrecht hochwerfen und mit der Wurfhand fangen

- wechselseitig mit zwei Tüchern ein Tuch links hochwerfen und rechts fangen und umgekehrt

Wer kann ...?
- Ein Lineal in Vorhalte senkrecht fallen lassen und kurz vor dem Boden wieder auffangen?
- Auf dem rechten oder linken Bein stehen und dabei
  - das andere Bein vor-, seit- oder rückspreizen
  - den Fuß des anderen Beines kreisen oder heben oder senken
  - mit einem oder beiden Armen kreisen
  - sich um die eigene Achse drehen
  - alle Übungen mit geschlossenen Augen ausführen?
- Mit einer Hand über den Bauch kreisen, mit der anderen leicht auf den Kopf klopfen?
- Von einer Markierung aus 2, 5 oder 10 Schritte vorwärts gehen/hüpfen und mit geschlossenen Augen oder in der Rückwärtsbewegung wieder genau seinen Ausgangspunkt erreichen?
- Den Radiergummi, das Lineal o. Ä. auf der Hand, einem Finger, der Nase, der Stirn, dem Kinn, dem Fußrist balancieren?
- Aus dem Schneidersitz ohne Gebrauch der Hände aufstehen?
- Mit geschlossenen Augen und hintereinander gestellten Füßen stehen und dabei bis 20/30 ... zählen?
- Auf einem Bein hüpfen und sich dabei drehen? (Drehungen zählen)
- Ein Buch auf dem Kopf durch das Zimmer balancieren?

2.3 Auflockerungsminuten

Könnt Ihr ...?*
- in Handfassung mit einem Partner Einbeinhüpfen: bei Stellung der Partner zueinander, neben – oder hintereinander; vor-, rück- oder seitwärts (Hirtz, 1985, S. 107).
- Rücken an Rücken stehen, euch durch die gegrätschten Beine die Hände geben und dann vom Platz fortbewegen?
- Rücken an Rücken sitzen, die Arme auf der Brust verschränken und dann gemeinsam aufstehen?
- mit einem Partner in Handfassung gegenübersitzen, Zehen aneinanderstellen und durch gleichzeitiges Ziehen zum Aufrichten kommen?
- euch „Guten Tag" sagen, die Hände festhalten und über die eigene Hand zweimal steigen? (zwischendurch ist die Position Rücken an Rücken)
- das linke Bein des Partners am Knöchel mit eurer rechten Hand fassen und möglichst lang gemeinsam hüpfen?
- Die Fingerspitzen leicht gegeneinanderdrücken und dabei möglichst lange auf einem Bein stehen?

2.3.3 Bewegungsgeschichten

Unter Bewegungsgeschichten verstehen wir kurze (ca. drei Minuten) mündlich vorgetragene Erzählungen von realen oder fiktiven Ereignissen. Diese sollen das Interesse der Kinder ansprechen, unterhalten und vor allem zu Teil- möglichst zu Ganzkörperbewegungen animieren. Den Inhalt der Geschichten drücken sie über selbstausgedachte, spontane oder gemeinsam abgesprochene Bewegungen aus.

Während einer kurzen Bewegungsgeschichte konzentrieren sich die Kinder auf die Verbindung akustischer Wahrnehmungen mit passenden Bewegungen, wodurch ein Ausgleich zum kognitiven Lernen erzielt werden kann. Bewegungsgeschichten regen die Vorstellungskraft und Fantasie der Kinder an. Sie können das Erleben von Spannung und Frohsinn unterstützen. Die Kinder schlüpfen gleichzeitig in dieselbe Rolle – das verbindet und fördert das Gemeinschaftsgefühl.

Anfangs sollten Bewegungsgeschichten von der Lehrkraft erzählt werden. Sehr bald sollten Bewegungsgeschichten von der Lehrerin nur begonnen und von den Schülern beendet oder selbst von den Schülerinnen ausgedacht werden.

Methodisch-organisatorische Hinweise zu Bewegungsgeschichten:
- Die Thematik sollte an den Erfahrungen und am Erleben der Kinder anknüpfen. Es kann ein Bezug zu Unterrichtsinhalten (z. B. Deutsch und Sachunterricht) hergestellt werden. Auch Fingerspiele können mit kleinen Geschichten verbunden werden (Abschnitt 2.3.1)
- Mögliche Themen für Bewegungsgeschichten: Unser Wandertag, Am Sonnabend war Eltern-Kind-Spielstunde, Tiere im Wald u. a.
- Die Geschichten sollten Spannungselemente enthalten und optimistisch ausklingen. Ruhige Bewegungen am Schluss erleichtern eventuell den Übergang zur Weiterführung des Unterrichtes.
- Die Bewegungsformen sollten nur in der Anfangsphase vorgegeben werden, dann zunehmend von der Klasse oder auch Kleingruppen selbst ausgedacht werden.
- Die Geschichten können durch Bilder (evtl. auf Folien) oder durch Musik unterstützt werden. (Bilder zu aufgeführten Bewegungsgeschichten s. Anhang 1)
- Während der Bewegungsgeschichte Fenster öffnen. Als Lehrer selbst mitmachen – danach fällt auch der Lehrkraft das Weiterarbeiten leichter.
- Der Einsatz erfolgt meist flexibel bei zunehmenden Ermüdungserscheinungen in der Klasse.

Bei Schülern mit sonderpädagogischem Förderbedarf dürfen Bewegungsgeschichten nicht zu lang sein, sondern sollten lieber kurze Sätze enthalten und dafür aber wiederholt werden. Die Bewegungsaufgaben sollten bei den Geschichten und Liedern je nach den individuellen Voraussetzungen anfänglich deutlich vorgezeigt oder offen gestaltet werden, damit sich jeder entsprechend seiner Möglichkeiten einbringen kann. (s. Müller & Dinter, 2020, S. 75-103)

Es können auch mit **Fingern gespielte Geschichten** eingesetzt werden.

Klein Häschen wollt spazieren gehen

Klein Häschen wollt spazieren geh'n,	*mit Zeige und Mittelfinger über*
spazieren ganz allein.	*den Tisch „laufen"*
Da hat's das Bächlein nicht geseh'n	
und plumps, fiel es hinein.	
Das Bächlein trug's dem Tale zu,	*Finger fallen in die geöffnete andere*
dort wo die Mühle steht,	*Hand und werden zur „Mühle"*
und wo sich ohne Rast und Ruh	*getragen*
das große Mühlrad dreht.	*mit den Armen*
Gar langsam drehte sich das Rad,	*kreisen*
drauf sprang der kleine Has'.	*mit den Fingern „springen"*
Und als er oben saß gerad	
sprang er hinab ins Gras.	
Dann lief das Häschen schnell nach Haus,	*mit Fingern „laufen"*
vorbei war die Gefahr.	
Die Mutter klopft ihm's Fellchen aus,	*„Häschen" leicht ausklopfen*
bis dass es trocken war.	

(Arndt & Singer, 1981, S. 117)

2 Bewegter Unterricht

Hab' ein Beet im Garten
Hab' ein Beet im Garten klein,   *Bewegung entsprechend Text*
hark es fleißig über,
streu die winz'gen Körner rein,
decke Erde drüber.

Geht die liebe Sonne auf,
wärmt das Beet mit Strahlen.
Regentropfen fallen drauf,
keimen bald die Samen.

Da erwacht das Pflänzlein klein,
streckt die Wurzeln unter,
reckt das Hälmchen in die Höh,
guckt hervor ganz munter.

Immer höher wird es nun,
Sonnenstrahlen glühen
bis die Knospen eines Tages   *Hände langsam zur*
wundervoll erblühen.   *Blüte öffnen*
(Arndt & Singer, 1981, S. 104)

2.3 Auflockerungsminuten

Ein weiteres Beispiel könnte ein Bummel durch die Tierwelt sein.

Quer durch die Tierwelt	*Mögliche Bewegungsformen*
Wir sind alle Störche mit langen Beinen und staksen durch den Sumpf,	*am Ort staksen,*
unsere Arme sind der spitze Schnabel, wir suchen Frösche ...	*Arme bilden langen Schnabel*
Oh, das sind ja ein paar Frösche, die machen so viel Lärm, dass die Störche davonfliegen.	*hüpfen und quaken*
In dem Sumpf gibt es auch Wasserflöhe, und die können noch viel höher springen.	*Hocksprünge*
Sie springen so hoch in die Luft, dass sie auf einem Vogel landen, der gerade auf seinem Flug nach Süden ist und ein Liedchen zwitschert.	*Flügelschlag mit Armen*
Er fliegt bis in die Steppe, und dort gibt es Elefanten. Schwer stampfen sie herum und schwenken den Kopf mal nach rechts, mal nach links.	*stampfen und Kopf schwenken*
Aber schon schleicht sich der König der Tiere, der Löwe heran, langsam schleppend durch das hohe Gras und plötzlich ein Riesensprung ... (Biewald, 1997, s. auch Anhang 1)	*schleichen und springen*

2 Bewegter Unterricht

Badeausflug* *Mögliche Bewegungsformen*
Es ist ein Sommertag wie er im Buche steht. Solch ein Badewetter muss man einfach nutzen.

Schnell packen wir alles ein, was wir zum Baden brauchen: Badeanzug, Handtuch, Sonnenmilch, Ball, Decke, Essen und Trinken ...   *pantomimisch einpacken*

Wir gehen zum Schwimmbad.   *am Ort gehen*

Dort angekommen, packen wir alle Sachen (s.o.) wieder aus.   *pantomimisch auspacken*

Dann gehen wir zur Dusche.   *pantomimisch duschen*

Anschließend schwimmen, springen und tauchen wir im Becken - usw. (Biewald, 1997, s. auch Anhang 1)   *Schwimmbewegung*

Eine Fahrradtour mit Picknick

Heute ist ein schöner Tag. Die Sonne scheint und keine Wolke ist am Himmel zu sehen.	*Schüler schauen zum „Himmel"*
Wir holen unsere Fahrräder aus dem Schuppen und alle hintereinander radeln wir los.	*„radeln"*
Wir fahren auf einem Feldweg entlang, der einige Löcher hat. Dann fahren wir einen Berg hinauf. Wir müssen uns tüchtig anstrengen und kräftig in die Pedale treten.	*hopsen* *kräftig radeln* *Schweiß abwischen*
Geschafft. Das war schwer.	
Aber nun können wir die Beine ausruhen, es geht bergab und wir schauen uns die Landschaft an. Nun biegen wir rechts in den Wald ein, die saubere Luft tut uns gut: Wir atmen tief ein und aus.	*nach rechts dehnen* *tief atmen*
Vor uns liegt eine große Lichtung mit sattem grünen Gras. Genau richtig für unser Picknick.	*Bewegungen entsprechend Text*
Wir breiten die Decken aus. Trinken und Essen. Nun wollen wir spielen:	
– Ballspiele	
– Fangspiele	
Plötzlich wird es sehr windig. Ein Gewitter zieht auf. Wir müssen nach Hause. Alle Kinder ziehen ihre Jacken über und nun aber schnell. Wir radeln durch den Wald nach links und fahren bergauf	*nach links drehen* *langsam und schnell „radeln"*
und bergab,	
über einen Feldweg mit Löchern	*hüpfen*
und den letzten Rest des Weges im Endspurt.	*schnell „radeln"*
Müde kommen wir zu Hause an.	*hinsetzen*
(Lauschke, 1998)	

2 Bewegter Unterricht

Auf dem Spielplatz*
Ein realer oder fiktiver Besuch eines Spielplatzes wird erzählt und in entsprechende Bewegungen umgesetzt. Folgende Situationen könnten eingebaut werden: Über den Spielplatz laufen, auf einem Balken balancieren, im Sand spielen oder auch klettern, schaukeln, rutschen u. a.
Varianten:
– von einer Sportstunde berichten
– eine Geschichte von einem anderen Ereignis mit konkretem Bezug zu den Kindern erzählen (Wandertag, Sportfest, Wettkampf, Projekt u. a.)
– Bewegungsgeschichte vom Lehrer nur begonnen und von Schülern beendet oder selbst von den Kindern ausgedacht

2.3.4 Rhythmisch-musikalische Bewegungsspiele

Unser Konzept der Bewegungserziehung sieht für die Gestaltung von Auflockerungsminuten die Einbeziehung von Elementen der rhythmisch-musikalischen Erziehung vor. Die Nähe der Versuchsschulen im Dresdner Raum zur Wirkungsstätte des Begründers der rhythmisch-musikalischen Erziehung, Emile Jacques-Dalcroze, in Hellerau (Randgebiet von Dresden) wäre dafür ein mögliches Argument. Die Begeisterung der Kinder an solchen Auflockerungsminuten ein zweites. Hauptsächlich muss aber die enge Beziehung zwischen Rhythmus und Bewegung unterstrichen werden. Der Rhythmus in der Musik lässt sich durch körperliche Wiedergabe ausdrücken (Zuckrigl et al. 1980, S. 11) und jede Bewegung hat als ein wesentliches Merkmal einen bestimmten Rhythmus (Merkmal der zeitlichen Ordnung), (Meinel, 1987, S. 113).

Im Rahmen des Konzeptes der Bewegungserziehung leisten die rhythmisch-musikalischen Bewegungsspiele vor allem einen Beitrag zur Schulung der Rhythmusfähigkeit, verstanden nach der Definition von Hirtz (1985, S. 35) als „relativ verfestigte und generalisierte Verlaufsqualität des Erfassens (Wahrnehmens), Speicherns und Darstellens einer vorgegebenen bzw. im Bewegungsablauf enthaltenen zeitlich-dynamische Gliederung". Rhythmisch-musikalische Bewegungsspiele fördern im Zusammenhang mit Singen und Tanzen die Bewegungsfreude und können zur Sensibilisierung für kulturelle Werte beitragen. Diese Formen bieten Gelegenheiten sowohl zum spontanen Improvisieren als auch zum gemeinsamen Gestalten. Dabei sollen die Kinder erkennen, dass es für die erfolgreiche Lösung von Gestaltungsaufgaben wichtig ist sich mit eigenen Ideen einzubringen, aber sich auch einem Partner oder einer Gruppe freiwillig und aktiv anzupassen. Sie erleben die gemeinschaftsfördernde und entspannende Wirkung von Singen und Tanzen und erlangen Bewegungssicherheit in Verbindung mit Rhythmus und Musik.

Bei der inhaltlichen Auswahl haben wir auf Rhythmusübungen, Bewegungslieder und Tanzspiele orientiert. (Die Spiellieder ordnen wir mehr dem Vorschulalter zu.) Zwischen diesen Formen sehen wir Differenzierungen bezüglich der teil- oder ganzkörperlichen Ausführung sowie des notwendigen Bewegungsraumes. Vor allem unterscheiden sich aber diese Formen dadurch, dass die Bewegung bestimmt wird durch den Rhythmus (Rhythmusübungen), durch den Inhalt (Bewegungslieder) bzw. durch die Musik (Tanzspiele).

Methodisch-organisatorische Hinweise zu rhythmisch-musikalischen Bewegungsspielen:
- Rhythmisch-musikalische Bewegungsspiele können variiert werden, besonders durch das Suchen neuer Bewegungsformen, durch die Veränderung des Tempos oder der Lautstärke und durch den Einsatz unterschiedlicher Klanginstrumente.
- Unter dem Gesichtspunkt der Aktivierung sollten Ganzkörperbewegungen bevorzugt werden.
- Dem Singen der Kinder ist der Vorrang vor dem Einsatz von digitalen Medien zu geben.
- Die Einbeziehung von rhythmisch-musikalischen Bewegungsspielen zur Auflockerung sollte in enger Verbindung mit den Fächern Musik und Sport geschehen.
- Gymnastikformen, Rhythmusübungen, Bewegungsgeschichten und -lieder sowie Formen des Darstellenden Spiels sollte von dem Kindergarten aufgegriffen werden. Andere können nach der Grundschule weitergeführt werden.
- Einige Formen sollten zu Ritualen entwickelt werden, die Orientierungspunkte am Tag oder in der Woche setzen, z. B. Montagslied oder am Morgen Lieder zum Muntermachen. Die rhythmisch-musikalischen Bewegungsspiele können z. B. bei Festen und Feiern (s. Abschnitt 4.2) eingesetzt werden.

Eine besondere Bedeutung haben rhythmisch-musikalische Übungsformen für Schüler mit sonderpädagogischem Förderbedarf. Sie können mit Sprach- und

Sprechrhythmen verbunden werden, geben eine unmittelbare und unanfechtbare Bezugsnorm zur Orientierung aller, bieten individuelle Erfahrungen sowie Ausdrucksmöglichkeiten und können kreativ gestaltet werden. Je nach den individuellen Voraussetzungen sollten Mehrfachanforderungen (z. B. Kopplung von Fuß- und Handrhythmen) vereinfacht und eine Orientierung an der Lehrkraft oder an Mitschülern ermöglicht werden. (Müller & Dinter, 2020, S. 75-103)

2.3.4.1 Rhythmusübungen

Rhythmusübungen verfolgen das Ziel, „die eigenen Bewegungen einem bestimmten vorgegebenen Rhythmus anzupassen oder deren zeitlich-dynamische Gliederung zu erfassen und wiederzugeben" (Hirtz, 1985, S. 77). Die Rhythmusvorgabe kann durch Klanginstrumente, Musik, Sprache, aber auch durch einen Partner oder die Gruppe erfolgen. Rhythmische Gerätebahnen (z. B. Slalomlauf) im Sportunterricht können diese Formen erweitern.

Methodisch-organisatorische Hinweise zu Rhythmusübungen:
Rhythmusübungen müssen zielgerichtet variiert werden, z. B. durch das Suchen neuer Bewegungsformen, durch die Veränderung des Bewegungstempos oder der Lautstärke und durch den Einsatz unterschiedlicher Klanginstrumente. Kinder haben da viele Ideen! Beispiele:

Körperinstrumente
- Stimme
  (Vokale, Konsonanten, Zungenschnalzen, Silben, rhythmisch gesprochene Wörter oder Sätze)
- Hände (Handinnenfläche, Handrücken, hohle Hände, Fingerspitzen auf die Knie)
  (klatschen, patschen, schnipsen, trommeln, reiben)
- Füße
  (stampfen, trippeln, tippen, schleifen, wippen – jeweils Fußspitze, Ferse, ganzer Fuß möglich)

Selbstgebastelte Instrumente, Spielzeuginstrumente und Gegenstände
- Schlaghölzer (Kochlöffel, Steine, Kastanien u. Ä.)

2.3 Auflockerungsminuten

- Rasseln (gefüllte Überraschungseier, Becher, Dosen u. Ä.)
- Zupfinstrumente (mit Gummi, Nylon- oder Baumwollschnüren bespannte Kartons, Becher, Dosen u. Ä.)
- Klappern und Kastagnetten (Vorderteile von zersägten Kochlöffeln, Nüsse, Folien u. Ä.)
- Melodica, Kindertrommel
- Büchsen, Töpfe, Flaschen u. a.

Rhythmusinstrumente
Tamburin, Schellentrommel, Handtrommel, Schellenstab, Schellenkranz, Triangel, Klanghölzer, Holzblocktrommel, Röhrenholztrommel, Rasseln, Becken, Guiro, Kürbisrassel u. a. Diese Instrumente sind evtl. bei der Musiklehrerin der Schule vorhanden.

Lieder rhythmisch begleiten
Lieder, die von den Kindern gern gesungen werden (z. B. am Morgen als Begrüßungslied), sollten rhythmisch unterstützt werden - durch Klatschen, Schnipsen, Patschen am Ort u.a.
Varianten:
- rhythmische Bewegungen am Ort (Schwingen, Hüpfen)
- rhythmische Bewegungen in der Fortbewegung (Gehen, Hüpfen)

2 Bewegter Unterricht

Tanz weiter!
Die Kinder bewegen sich rhythmisch nach einem selbst gesungenen Lied/einer Kassette. Nach Beendigung einer Strophe/bei Musikstopp bewegen sie sich im gleichen Rhythmus weiter.
Varianten:
- Bei Musikstopp gibt ein Kind eine Bewegungsmöglichkeit für alle vor (z. B. auf einem Bein hüpfen, am Ort laufen, Arme abwechselnd nach oben strecken). Wenn die Musik wieder einsetzt, bewegen sich alle Kinder nach ihren eigenen Vorstellungen.
- Bei Musikstopp stehen die Kinder in den unterschiedlichsten Stellungen ganz still. Setzt die Musik wieder ein, soll so schnell wie möglich der Rhythmus aufgenommen werden.

Sprechrhythmen
Lieblingsessen, den eigenen Vornamen, beliebige Wörter, Rechtschreibregeln, Sprichwörter, Sprüche, Werbeslogans, (eigene) Gedichte rhythmisch sprechen und den Rhythmus mit Körperinstrumenten unterstützen.
Varianten:
- Rhythmen variieren
- laut und leise sprechen
- in Gruppen unterschiedliche Rhythmen im Wechsel sprechen

Eene, Meene ... (Weiss, 1994, S. 118-119)

Eene	Meene	Ping	Pong
1	2	3	4
rechte Hand schlägt auf linkes Knie	linke Hand schlägt auf rechtes Knie	rechts in die Luft schnipsen	links in die Luft schnipsen
Hatze	Batze	Kulle	Wulle
5	6	7	8
mit überkreuzten Händen auf den Boden/die Knie schlagen		linke Hand boxt nach rechts oben	rechte Hand boxt nach links oben

Varianten:
- mit den Händen oder Füßen andere Bewegungen ausführen
- Stimme einsetzen
- Materialien und selbstgebastelte Instrumente verwenden

Rhythmisches Gestalten von Sprechversen (SMK, 1996)

Ri-ra-rutsch!
Wir fahren mit der Kutsch!
Wir fahren mit der Schneckenkutsch,
wo es keinen Heller kost'!
Ri-ra-rutsch!
Wir fahren mit der Kutsch!

Jacob hat kein Brot im Haus,
Jacob macht sich gar nichts draus,
Jacob hin, Jacob her,
Jacob ist ein Zottelbär.

Die ganze Reihe hüpft zum Schmidt,
Wer hüpft mit?
Herr Schmidt, Herr Schmidt ist nicht zu
Haus, er ist aus.
Die ganze Reihe hüpft zum Schmidt.
Wer hüpft mit?
Jawohl, jawohl er ist zu Haus,
er spannt g'rad seine Pferde aus.
Zurr, zurr, zurr.

Wer will mit nach Rummelskirchen?
Wer will mit, der komm'!
Wo die 17 Bauern saßen
und die 18 Schinken aßen.
Wer will mit – der komm!

Petersilie, Suppenkraut
wächst in uns'em Garten.
Unser Ännchen ist die Braut,
soll nicht lange warten.
Roter Wein und weißer Wein,
morgen soll die Hochzeit sein.

Bewegungsvorschläge:
- Hälfte der Klasse klatscht, andere Hälfte führt Bewegungen aus
- unterschiedliche Raumgestaltung, z. B. frei im Raum, Gasse, Kreis, Schlängellinie

Welle*
Die Kinder bilden Kleingruppen und geben einen kurzen Rhythmus geklatscht, geschnipst o. Ä. wie eine Welle im Kreis herum.

Mach's mir nach!*
Die Kinder stehen sich paarweise gegenüber. Eins von beiden gibt eine rhythmische Bewegung vor, die das andere Kind so lange mit- und nachmacht, bis es selbst eine neue Bewegung vormacht, z. B. hüpfen, schwingen.
Variante:
Die Kinder gehen in ruhigem Schritt durch den Raum. Irgendwann gibt ein Kind eine dominierende rhythmische Bewegung vor (z. B. Elefantenlauf, Hüpfen auf einem Bein, Vierfüßlergang ...) und alle anderen nehmen den Rhythmus dieser Bewegung auf. Nach einer beliebigen Zeit beginnt ein anderes Kind mit einer anderen Bewegung, die ebenfalls von allen imitiert wird usw.

Wandernder Ball
Die Kinder stehen in Kreisaufstellung mit je einem kleinen Ball. Der Schlagball/Softball/Tennisball oder anderer kleiner Gegenstand wird bei der 1. Zählzeit mit beiden Händen vor die Brust gedrückt („zu mir") und bei der 2. Zählzeit mit der rechten Hand von oben dem rechten Nachbarn in die geöffnete linke Hand gelegt („weiter"). Zunehmend sollte versucht werden, diese Übung ohne zählen auszuführen.
Variante: Über-Kreuz-Bewegung

Gruppenrhythmus*
Die Kinder stehen in Kreisaufstellung oder an ihren Plätzen. Sie gehen rechts beginnend 4 Schritte vorwärts und zählen 1-2-3-4. Danach gehen sie ohne zu schließen rechts beginnend 4 Schritte rückwärts und zählen 4-3-2-1. Bei den nächsten Durchgängen wird erst immer auf 1 geklatscht, später auf 2, auf 3, auf 4, auf 3 ...

2.3.4.2 Bewegungslieder

Bewegungslieder sind in unserem Verständnis lustige Lieder, die durch ihren Text zu teil- oder ganzkörperlichen Bewegungen animieren. Die Kinder setzen den Inhalt spontan mit ihren eigenen Ideen in Bewegung um oder gestalten nach gemeinsamer Absprache diese Lieder. Die Bewegungsübungen müssen mit dem Singen koordiniert werden, was beispielsweise bei dem Lied „Drei Schweine ..." aufgrund der unregelmäßigen Wiederholung des Wortes „saßen" nicht ganz einfach ist (Hoffmann, 1998, S. 36-38). Die gemeinschaftsfördernde Wirkung des Singens, die „Geborgenheit, Freude und Zufriedenheit auslöst" (Brünger, 1996, S. 34) ist seit Jahrhunderten bekannt und kann durch Partner- oder Gruppenarbeit noch verstärkt werden. Bewegungslieder sind in unseren Versuchsschulen sehr beliebt. Die Kinder singen z. B. die folgenden Lieder mit großer Begeisterung und emotionaler Ausdrucksfähigkeit. Dadurch kann auch dazu beigetragen werden, dass Kinder das Singen als lebendige Kultur erleben und Erfahrungen sammeln, die über einen passiven Medienkonsum hinausgehen.

Methodisch-organisatorische Hinweise zu Bewegungsliedern:
- Jede Klasse sollte ein kleines Repertoire an Bewegungsliedern haben. Dann sind diese sehr schnell und unproblematisch im Klassenzimmer einsetzbar, ohne aufwendig Platz schaffen zu müssen (Hoffmann, 1998, S. 36).
- Lieder sind zum Singen da. Lieder von einem Tonträger können nur in der Einführungsphase ein Hilfsmittel für Lehrkräfte sein, denen das eigene Vorsingen problematisch erscheint. Dann könnte auch die Unterstützung der Lehrerinnen im Fach Musik gesucht werden.
- Die eingesetzten Bewegungsformen sollten vorrangig auf den spontanen oder gemeinsam abgesprochenen Ideen der Kinder beruhen.
- Der gesamte Schulalltag eignet sich für den meist flexiblen Einsatz von lustigen Bewegungsliedern: Als „Muntermacher" zum Schulbeginn („Hallo und guten Morgen!") und nach anstrengender Lernarbeit („Das Wachmacherlied") oder als freudvoller Ausklang am Ende des Unterrichtes (Hoffmann, 1998, S. 37).

Nach unseren Erfahrungen sind Fingerspiele mit Musik auch noch in und nach der Klassenstufe 1 geeignet.

2 Bewegter Unterricht

Patsch- und Pfote-Lied*

Alle Mitspieler klatschen in die Hände und singen dabei zur Melodie: *Ein Vogel wollte Hochzeit machen.* (Patsch = linke Hand, Pfote = rechte Hand)

Seht, Patsch und Pfote haben Geschick,
seht her, jetzt machen sie Musik.
Fiderallala, fiderallala, fiderallalalala.
(Beide Hände klatschen…)

Die Pfote und die Patschen,
die können im Rhythmus klatschen …
Fiderallala…

Was machen Patsch und Pfote nu?
Sie halten mir die Nase zu.
Fiderallala…

Die Pfote und auch unser Patsch,
die machen mit den Lippen Quatsch.
Fiderallala…

Jetzt fällt mir was Besondres auf,
gleich zeigen Patsch und Pfote drauf.
Fiderallala…

Die Pfote sieht man traumverlor'n
manchmal in ihrer Nase bohr'n…
Fiderallala
(Düsseldorf, 1994, S. 14)

Und kommt mein Onkel Ernst dazu,
dann sagt er immer „Oh – oh – oh".
Fiderallala…

Und gibt mein Onkel Ernst nicht Ruh,
dann halt' ich mir die Ohren zu.
Fiderallala…

Ja, Patsch und Pfote sind zwar lieb,
doch manchmal zeigen sie dir ,nen
Piep – Fiderallala…

und Ohren wie ein Hase,
und eine lange Nase.
Fiderallala…

Doch Patsch und Pfote, fällt mir ein,
die können auch ganz zärtlich sein.
Fiderallala…

Nun müssen Patsch und Pfote geh'n,
sie sagen euch „Auf Wiederseh'n".
Fiderallala…

Zehn kleine Finger
(auf die Melodie „Zehn kleine Negerlein")

überliefert
(Textveränderung unbekannt)

Zehn kleine Finger, die gingen in die Scheun';
der eine ist auf dem Stroh eingeschlafen, da waren es nur noch neun.

Neun kleine Finger, die hatten Angst vor der Nacht,
der eine ist vorher weggelaufen, da waren es nur noch acht.

Acht kleine Finger, die wollten sich alle lieben,
der achte hielt das nicht mehr aus, da waren es nur noch sieben.

Sieben kleine Finger, die sangen unterwegs,
der eine blieb im Gasthaus sitzen, da waren es nur noch sechs.

Sechs kleine Finger, die machten sich auf die Strümpf';
der eine kriegte Löcher, da waren es nur noch fünf.

Fünf kleine Finger, die tranken gerne Bier,
der eine trank zu viel davon, da waren es nur noch vier.

Vier kleine Finger, die aßen einen Brei,
der eine hat zu viel gegessen, da waren es nur noch drei.

Drei kleine Finger, die machten ein Geschrei,
die Polizei nahm einen fest, da waren es nur noch zwei.

Zwei kleine Finger, die zottelten allein,
sie gaben sich schnell einen Kuss – und damit ist jetzt Schluss.

2 Bewegter Unterricht

Kopf und Schulter überliefert

Beim Singen werden die jeweiligen Körperteile gezeigt.
Das Lied wird allmählich schneller und mehrere Male wiederholt.
Es kann auch auf Englisch gesunden werden.

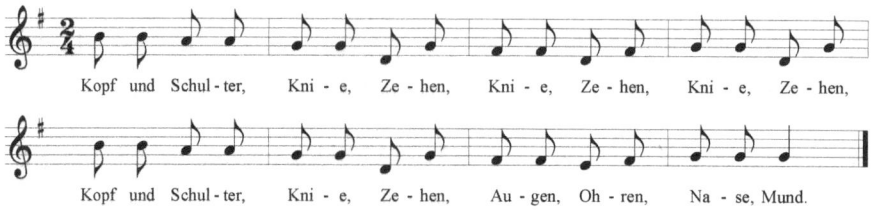

An der Gartentür überliefert

Zum Lied werden folgende Gesten ausgeführt:
Gartentür: *Eine Türklinke bewegen*
Liebster: *Beide Hände an die Brust legen*
Hand: *Sich selbst die Hände drücken*
ach, wie war …: *Arme begeistert in die Höhe werfen*
als mir das …: *Wieder beide Hände an die Brust*
Bei der Wiederholung des Liedes wird das erste Stück Text und Melodie weggelassen und nur noch die entsprechende Geste gezeigt. Bei der nächsten Wiederholung setzt sich das fort usw. bis das ganze Lied nur noch mit Gesten gezeigt wird. Das Tempo kann dabei auch gesteigert werden.

2.3 Auflockerungsminuten

Hallo und guten Morgen Text und Melodie: G. Feils

© *Rechte beim Urheber*

2. Hallo und guten Morgen ...
   Tür auf, Tür zu, stampf den Matsch von deinem Schuh!
   Dann die bunte Jacke aus, o, nun siehst du lustig aus.
3. Hallo und guten Morgen ...
   Tür auf, Tür zu, stampf den Matsch von deinem Schuh!
   Dann die bunte Jacke aus, o, nun siehst du lustig aus.
   Und dann nochmal ganz laut gähnen, wer hat Haare auf den Zähnen?
4. Hallo und guten Morgen ...
   Tür auf, Tür zu, stampf den Matsch von deinem Schuh!
   Dann die bunte Jacke aus, o, nun siehst du lustig aus.
   Und dann nochmal ganz laut gähnen, wer hat Haare auf den Zähnen?
   Ohrenwackeln, Hickelbein, Frühgymnastik, das muss sein.
5. Hallo und guten Morgen ...
   Tür auf, Tür zu, stampf den Matsch von deinem Schuh!
   Dann die bunte Jacke aus, o, nun siehst du lustig aus.
   Und dann noch mal ganz laut gähnen, wer hat Haare auf den Zähnen?
   Ohrenwackeln, Hickelbein, Frühgymnastik, das muss sein.
   Sind jetzt wirklich alle wach, dann guten Morgen, schönen Tag!

(Bewegungen: alles pantomimisch mitmachen. Ab „Tür auf..." wird rhythmisch gesprochen.)

2 Bewegter Unterricht

Die drei Schweine Text: Jens-Peter Müller
Melodie: nach einem Lied aus Schottland

© Mit Genehmigung des Verlages Edition Eres (www.eres-musik.de)

2. Das zweite Schwein, das kühlt sein Schwänzelein ...
3. Das dritte Schwein, das springt gleich ganz hinein ...
4. Das vierte Schwein, das kann doch gar nicht sein ...
   Denn nur: Drei Schweine saßen an der Leine ...

(Bewegungen: Bei dem Wort „saßen" kurz hinsetzen oder in die Knie gehen. In den Strophen die dazugehörigen Bewegungen und Geräusche imitieren.)

2.3 Auflockerungsminuten

Das Wachmacherlied Text: Lore Kleikamp
Melodie: Detlev Jöcker

© *Menschenkinder Verlag und Vertrieb GmbH, Münster c/o Melodie der Welt GmbH & Co. KG, Frankfurt am Main*

(Bewegungen entsprechend Text: gähnen, räkeln, stampfen usw.)

Hört ihr die Regenwürmer husten

(Melodie: „Hei, heute morgen mach ich Hochzeit ...")
Musik: F. Loewe
Text: überliefert

Hört ihr die Regenwürmer husten,	*Hände ans Ohr*
wenn sie durchs dunkle Erdreich zieh'n?	
Wie sie sich winden -	*mit einem Arm durch Luft wedeln*
und dann verschwinden	*Arm hinter Rücken*
auf nimmer, nimmer Wiederseh'n.	
Und wo sie waren,	
da ist ein Loch, Loch, Loch	*mit beiden Händen ein Loch*
und wenn sie wiederkommen,	*formen*
ist es immer noch, noch, noch.	

2.3.4.3 Tanzspiele

Unter Tanzspielen verstehen wir in Anlehnung an Döbler & Döbler (2018, S. 57) gesungene Spiele mit einfachen Tanzschritten, wobei die Bewegungen „stärker rhythmisch gebunden" und „nicht mehr durch den Inhalt, sondern die Musik bestimmt" (Kirchmayer, 1947, S. 9) werden. Tanzspiele erfordern Ganzkörperbewegungen und die Orientierung im Raum. Sie ermöglichen Selbsterfahrungen durch das Erfinden von Tanzbewegungen sowie die Freude an gemeinsamer Bewegungsausführung und -gestaltung nach Musik (Große-Jäger, 1988, S. 5). Das Aufgreifen altbekannter Tanzformen unterstützt die Sensibilisierung für kulturelle Werte.

Im Rahmen von Auflockerungsminuten sind Tänze ohne komplizierte Bewegungstechnik auszuwählen mit Raumwegen, die nicht erst ein Umräumen der Tische und Stühle erfordern. Tanzformen mit weiträumigen Bewegungen sollten im Sportunterricht ergänzt werden. Außerdem bietet sich die Verbindung mit dem Musikunterricht an.

Methodisch-organisatorische Hinweise zu Tanzspielen:
- Tanzspiele müssen nicht lange erklärt, sondern tanzend erlernt werden. Die aufgeführten Tanzbeschreibungen dienen nur als Anregung. Die spontanen Ideen der Kinder sollten in die Gestaltung einfließen und organisch verbun-

den werden mit der Vermittlung tradierter Tanzformen (Große-Jäger, 1988, S. 6).
- Die Tanzmusiken können von Tonträgern eingespielt werden. Es sollten aber auch Tanzspiele ausgesucht werden, bei denen die Kinder selbst singen.

Für Schüler mit sonderpädagogischem Förderbedarf müssen Wahlmöglichkeiten angeboten und ggf. längere Tanzfolgen vereinfacht werden.

Laurentia
Die Kinder fassen sich (in Kreisaufstellung) an den Händen und führen beim Singen des bekannten Liedes kleine Kniebeugen aus, zuerst bei Montag, dann bei Montag und Dienstag usw.

Stuhltanz*
Die Kinder tanzen nach einer flotten Musik um, über, mit ihrem Stuhl. Ein „Vortänzer" zeigt entsprechende Bewegungen, z. B. mit den Füßen wippen, um den Stuhl sich drehen, an der Lehne festhalten und Beine abwechseln schwingen.
(Bewegung entsprechend Text)

Labada
Wir tanzen Labada, Labada, Labada (Bewegung im Uhrzeigersinn),
wir tanzen Labada, einen neuen Tanz (Bewegung in Gegenrichtung).
Haben wir uns alle an die Hände angefasst? –
Ja! – So fassen wir uns alle an den Schultern/Ohren/Haaren/Hüften usw.
(Volkmer et al., 1996, S. 37)

2 Bewegter Unterricht

Ennstaler Polka*

überliefert (aus Österreich)

La la la la la usw.

Aufstellung: Paarweise frei im Raum
Takt 1: 1 x klatschen auf die Oberschenkel
1 x klatschen in die eigenen Hände
Takt 2: 2 x klatschen gegen die Hände des Partners
Takt 3: 2 x klatschen mit der rechten Hand gegeneinander
Takt 4: 2 x klatschen mit der linken Hand gegeneinander
Takte 5-6: s. Takte 1 und 2
Takte 7-8: Drehen am Ort
(Wörner et al., 1979, S. 36)

Jo-Jo-Action

Musik: Mr. President: JoJo Action von CD: Night Club (Wea records, 1997)

Aufstellung: Kreis oder Reihe
Teil A:
Takt 1: Nachstellschritte rechts seitwärts, letzter Schritt ohne Belastung
Takt 2: li. Fuß vorwärts, re. Fuß neben linken (ohne Belastung), re. Fuß rückwärts, li. Fuß neben rechten
Takt 3-4: s. Takte 1 und 2

Teil B.
Takt 1: re. Hand an li. Schulter, li. Hand an re. Schulter, beide Hände mit Faust 2 x neben den Hüften zurückziehen
Takt 2: re. Hand an li. Hüfte, li. Hand an re. Hüfte, beide Hände mit Faust 2 x neben Kopf zurückführen

Takt 3:   *beide Hände gefasst li. und re. neben den Kopf führen, dann direkt li. und re. neben die Hüften*

Takt 4:   *1/1 Drehung am Ort*

Wiederholung Teil A und B im Wechsel
(Pollähne, 1998, S. 26)

Bruder Jakob (Kanon für 4 Stimmen)   überliefert

Takte 1-2:   *4 Schritte vorwärts*
Takte 3-4:   *4 Schritte rückwärts*
Takte 5-6:   *4 Schritte vorwärts in Tanzrichtung (gegen Uhrzeigersinn)*
Takte 7-8:   *passende Arm- und Körperbewegung (Glocken)*
(Pollähne, 1998, S. 25)

2 Bewegter Unterricht

Kleiner Esel* überliefert

Der Text wird gemeinsam rhythmisch gesungen (oder gesprochen) und mitgeklatscht.
Bewegungen entsprechend des Textes.

Wer tanzt uns etwas vor Musik: W. Richter

Aufstellung: *Innenstirnkreis oder frei im Raum*
Takte 1-8:   *Gehschritte im Kreis oder frei im Raum*
Takte 9-16:   *Im Takt klatschen, ein Kind tanzt etwas vor (hüpfen, drehen,*
             Armbewegungen, klatschen, stampfen u. a.)
Wiederholung
Takte 9-16:   *Alle Kinder tanzen nach, was der „Vortänzer" gezeigt hat. Dieser*
             sucht einen neuen Vortänzer.
(Wörner et al., 1979, S. 13)

2.3.5 Darstellendes Spiel

Darstellendes Spiel verstanden als körperlich-spielerische oder medial-spielerische Darstellung von vorgestellten Handlungssituationen („als-ob") ist natürlich keine Besonderheit von bewegten Schulen, sollte aber seinen Stellenwert in diesem Konzept erhalten. Innerhalb einer Bewegungserziehung ist die spezielle Bedeutung des darstellenden Spieles vor allem in folgenden Zielstellungen zu sehen:
– individuelle Ausdrucksmöglichkeiten in den Bereichen Bewegungen, Mimik, Gestik ohne oder mit Verbindung zur Sprache erfahren, erweitern und bewusst nutzen sowie darin Sicherheit erlangen
– Lerninhalte in „Körpersprache" umsetzen
– mimische und gestische Ausdrucksformen bei anderen Kindern wahrnehmen, deuten und darauf eingehen
– gemeinsam vorrangig mit Mitteln der Körpersprache Situationen schöpferisch improvisieren und gestalten, dabei sowohl Einfluss geltend machen als auch sich unterordnen
– sich auf die Gefühle oder Stimmungen einlassen
– Feinmotorik der Hände ausbilden bzw. zur Entspannung der Fingermuskulatur beitragen (Figurenspiel)
– sich mit Formen der Volkskunst vertraut machen

Als problematisch erweist sich eine Zuordnung des darstellenden Spiels zu einem bestimmten Bereich der bewegten Grundschule. Unterschiedliche Spielformen durchziehen vor allem den bewegten Unterricht, können sich aber auch in Pausenaktivitäten und bei der Gestaltung des Schullebens (Theater-/Tanzaufführungen) reflektieren. Aus Gründen der Überschaubarkeit wird an dieser Stelle insgesamt auf das darstellende Spiel eingegangen und die Verbindungen zu anderen Bereichen aufgezeigt.

Systematisierungen der Formen des darstellenden Spieles sind in der Literatur sehr unterschiedlich vorzufinden und deutliche Abgrenzungen der einzelnen Formen untereinander sind schwierig. Bei den weiteren Ausführungen wird nach den Mitteln, mit denen die Darstellung vorgestellter Situationen erfolgt, gegliedert, ohne damit den Anspruch auf Allgemeingültigkeit dieser Systematisierung zu erheben.

Die unterstrichenen Formen des darstellenden Spiels werden in den folgenden Abschnitten aufgegriffen.

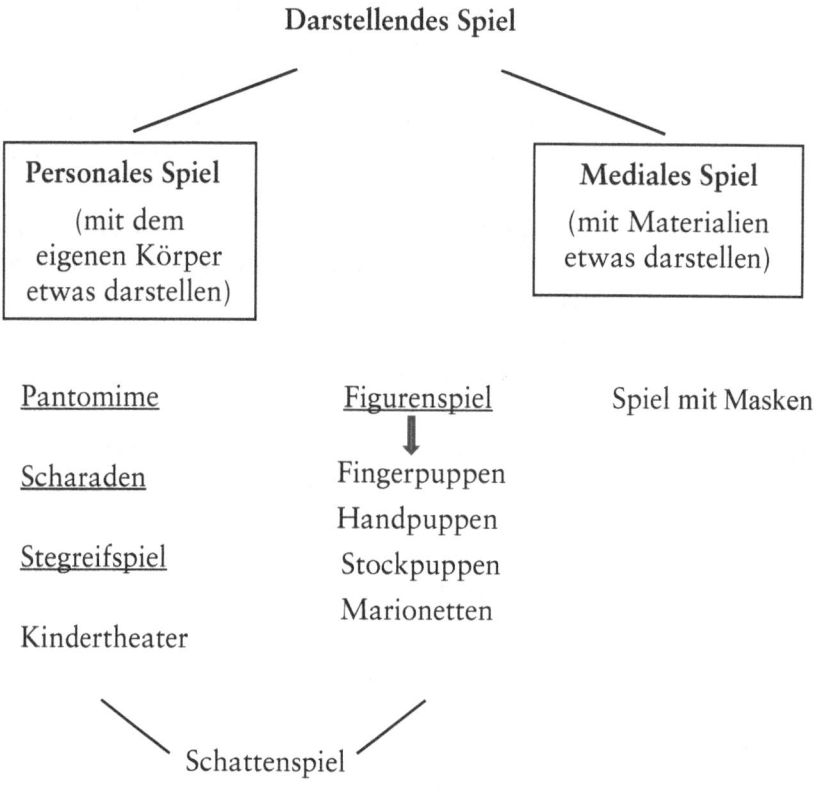

Methodische Hinweise zum darstellenden Spiel:
Die Arbeit mit den unterschiedlichen Formen des darstellenden Spieles bedeutet unter methodisch-organisatorischem Aspekten für den Lehrer:
- eine entspannte, vertrauensfördernde Atmosphäre schaffen, evtl. Kennlern- und Kontaktspiele (s. Abschnitt 2.4.1) als Einstieg wählen
- genügend Spielraum für eigene Ideen den Kindern einzuräumen
- als Auswahlkriterium für Spielsituationen ist der kindliche Verständnishorizont zu beachten, aber ohne Beschränkung auf die unmittelbare eigene Erfahrungswelt, denn Kinder schlüpfen mit Vorliebe in die Rollen von Tieren, Fabelwesen, Erwachsenen u. Ä. (Thurn, 1992, S. 55)
- kein Kind zum Mitspielen zwingen
- Spiel und Spaß gehören zusammen - es darf gelacht (nicht ausgelacht) werden

- bei der Themenwahl im Rahmen von Auflockerungsminuten ausreichende Bewegungsaktivitäten für alle Schüler bedenken
- Themen für unterschiedliche Formen des darstellenden Spieles sollten im Rahmen von Auflockerungsminuten durchaus wiederholt werden, da sich dadurch die Zeit für Erklärungen und Einstimmung verkürzt.

Das Figurenspiel (Fingerpuppen, Stockpuppen u. a.) sowie das Verstecken hinter einer Maske kommen den Möglichkeiten zur Rollenübernahme, zum Angstabbau sowie zur Selbstpräsentation von Schülern, vor allem mit sonderpädagogischem Förderbedarf, entgegen. Eine langfristige Anbahnung und eine Verbindung mit dem Unterrichtsstoff sind sinnvoll. Bei Pantomime, Scharaden, und Stehgreifspiel ist eine dem Verständnis der Schüler entsprechende Auswahl zu treffen.

Ausgehend von unserem Verständnis über die Rolle von Auflockerungsminuten (s. Abschnitt 2.3) sind schon durch den vorgesehenen zeitlichen Umfang (drei bis fünf Minuten) als Themen nur kurze Szenen auszuwählen. Der Einsatz von Stegreifspielen, Scharaden, Pantomimen und das Figurenspiel mit Fingerpuppen oder einfachen Handpuppen erscheint realisierbar und sinnvoll.

Pantomime
Pantomime ist die nonverbale Darstellung einer Szene mit Gebärden, Mienenspiel und Körperhaltung. Es ist das Spiel mit unsichtbaren Gegenständen, Tieren und Pflanzen sowie mit unsichtbaren oder/und sichtbaren Partnern in imaginären Räumen. Pantomimische Darstellungen sind allein, als Paar oder in einer Kleingruppe möglich. Als Spiel zu zweit kann auch geraten werden, was der Partner darstellt oder welchen Fehler/welche Lücke er in die Darstellung eingebaut hat. Anschließend müsste aber unbedingt gewechselt werden, denn das andere Kind soll auch eine Bewegungsmöglichkeit erhalten.

Mögliche Themen für Pantomime als Auflockerungsminuten:
Seine Lieblingssänger nachahmen
Am Kiosk (Vier Spieler stehen am Kiosk und essen unterschiedliche Speisen, ein
  weiterer Spieler muss die Gerichte erraten.)
Sportarten oder Berufe darstellen

2 Bewegter Unterricht

Wir gehen auf Glatteis (bzw. im Sand, durch hohes Gras, auf einer feuchten Wiese, über heißes Pflaster, ins kalte Wasser, gegen den Sturm, auf einem Baumstamm)
Zu zweit eine schwere Kiste aufheben und wegtragen/einen Stamm absägen und wegrollen

Pizzabäcker	Gespenster huschen durchs Haus
Zirkusclown	Zwei Schlittenfahrer, Motorradfahrer o. Ä.
Aufziehpuppe	Schattenboxen (Gegner wird nicht berührt)
Den Hund ausführen	Als Seilschaft einen Berg besteigen
Stadtbesichtigung	Miteinander telefonieren
Auf meinem Schulweg	Sich einen Ball zuwerfen
Am Teich mit Mücken	

Sprichwörter pantomimisch darstellen*
Sprichwörter oder Redensarten werden pantomimisch dargestellt. Den Aktiven muss Zeit zum Darstellen (ca. 10 Sekunden) gegeben werden, dann erst das Dargestellte raten. Beispiele:
- Wer sein Rad liebt, der schiebt.
- Wer anderen eine Grube gräbt, fällt selbst hinein.
- Lügen haben kurze Beine.
- Wer nicht hören will, muss fühlen.
- Jemandem schöne Augen machen/sein Herz ausschütten/auf den Arm nehmen/an der Nase herumführen.
- Sich zwischen zwei Stühle setzen.

Scharade

Scharaden als eine der ältesten Unterhaltungsform sind Rätsel, bei denen ein Wort in Silben oder Teile zerlegt wird. Beim Einsatz von Scharaden als Auflockerungsminuten sollte die Auflösung natürlich mit der Körpersprache dargestellt werden. Das sprachliche Umschreiben oder die bildliche Darstellung wären zwar auch Möglichkeiten der Rätselauflösung, kämen aber dem Anliegen von Auflockerungsminuten weniger entgegen.
Die Durchführung von Scharaden-Raten geht sehr schnell:

2.3 Auflockerungsminuten

Der Lehrer oder ein Schüler schreibt das zu erratende Wort hinter die Tafel. Eine größere Gruppe von Kindern kommt nach vorn. Sie lesen das Wort und stellen es dar. Die anderen Kinder versuchen das Rätsel zu lösen.

Ideen für Scharade-Wörter:*

Springreiten	Möbelauto	Packesel
Wellenreiten	Radrennen	Schlafmütze
Autorennen	Strampelhose	Froschkönig
Sackhüpfen	Autoreifen	Schneeball
Kreissäge	Bankräuber	Skifahren

Ebenso können Lieder- oder Filmtitel dargestellt werden. Eine Verbindung mit Inhalten des Deutschunterrichtes ist natürlich möglich. Die Schüler sollten auch selbst nach lustigen Wörtern suchen.

Stegreifspiel
Ein Stegreifspiel ist die spontane Darstellung eines Handlungsablaufes mittels der Sprache ohne Textvorlage. Auf die sinnvolle Verbindung mit Mimik, Gestik und Körperbewegungen sollte aus dem Blickwinkel der Auflockerungsminuten besonderer Wert gelegt werden. Stegreifspiele verlangen Improvisation und sind damit einmalig, spontan und nicht vorplanbar.

Nach Benennung des Themas oder dem Ziehen aus einer „Stegreifspieltüte" und der Einigung über die Rollenverteilung kann es schon beginnen. Die Partner- oder Kleingruppenarbeit sollte bewusst eingesetzt werden. Je größer die Gruppen sind, umso länger fallen Absprachen aus und umso weniger können sich einzelne Kinder eventuell einbringen und bewegen.

Mögliche Themen für Stegreifspiele innerhalb von Auflockerungsminuten könnten sein:
Ich habe einen Stummfilm gesehen
Tonstörung während des Wetterberichtes oder der Fernsehansage
Ein „Vielfraß" in der Gaststätte
Von Geschäft zu Geschäft hasten
Einen Impulssatz weiterspielen, wie: „Hilfe, Hilfe, ich werde verfolgt ...!"
Auf dem Spielplatz
Max und Moritz oder andere Figuren spielen

Figurenspiel

Für kurze Auflockerungsminuten eignet sich vor allem das Spiel mit Fingerpuppen oder einfachen Handpuppen Eine kleine Papprolle, eine Streichholzschachtel, ein Sektkorken, ein Fingerhut o. a. über einen oder mehrere Finger gestülpt oder ein unbenutztes Taschentuch verknotet bzw. mit einem Gummi befestigt, ergeben schnell eine Finger- bzw. Handpuppe, die in der Fantasie der Kinder sehr unterschiedliche Gestalten annehmen kann. Das Spielen mit Figuren oder auch Masken hilft den Kindern, Hemmungen abzubauen.

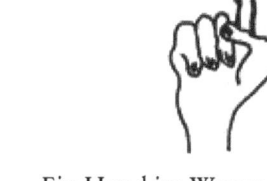

Auflockerung z. B. nach längeren Schreibübungen könnten für Paare oder Kleingruppen u. a. folgende Themen gestellt werden:

Ein Hund im Wasser
Der Bär am Bienenstock
Bergsteiger
Zwillinge gehen wandern
Kasperle auf dem Rummelplatz

Darstellendes Spiel in anderen Bereichen der bewegten Grundschule

Sowohl die im Zusammenhang mit Auflockerungsminuten bereits dargestellten Formen (Pantomime, Scharade, Stegreifspiel) als auch das Spiel mit unterschiedlichen Figuren (Finger-, Hand-, Stockpuppen, Schattenfiguren) oder mit Masken können das **bewegte Lernen** in allen Fächern bereichern. Folgende inhaltliche Verknüpfungen sollen als Anregungen zum Weiterdenken dienen:

Deutsch, evtl. auch Fremdsprache

- als Stegreifspiel sich begegnen, sich entschuldigen, sich nach etwas erkundigen, sich bedanken, seine Meinung äußern
- in Form von Scharaden-Rätsel zusammengesetzte Substantive oder Sprichwörter erraten
- pantomimisch Verben, Sätze, u. a. darstellen
- mit Finger-, Hand- oder Stabpuppen Informationen geben, Erlebnisse spielen
- Texte szenisch spielen.

Sachunterricht
- als Stegreifspiel oder mit Figuren das Verhalten in öffentlichen Einrichtungen oder im Straßenverkehr üben
- pantomimisch sich selbst, seine Hobbys, Tageszeiten u. a. darstellen

Musik
- Lieder szenisch darstellen
- Musiktheaterausschnitte (Oper, Musical) szenisch mitspielen
- Figuren zu Hörstücken bewegen
- musikalische Parameter, z. B. Melodienlinie, Rhythmen und Metren, darstellen

Spiele mit Handpuppen, Stockpuppen, Marionetten oder Masken sowie das Kindertheater können als **Projekte** besonders günstig realisiert werden. Das Basteln der Figuren und Kulissen, das Schminken, die Erarbeitung von Texten, das Einüben von Tänzen oder „Kunststücken", das Zusammenstellen einer musikalischen Umrahmung, das Schreiben von Einladungen, Programmen sowie Texten können als Aufgaben fächerverbindend gelöst werden. Die Präsentation der Ergebnisse als Theateraufführung kann das gesamte **Schulleben** bereichern. Weitere Verbindungen vom darstellenden Spiel ergeben sich zu Kennlern- und Kontaktspielen, zu rhythmisch-musikalischen Übungen und anderen Bereichen der bewegten Grundschule.

2.4 Entspannungsphasen

Entspannung ist die Fähigkeit des Organismus sich von Anstrengungen und Stress zu erholen. Der Gegenpol zu Entspannung ist Anspannung. Beide Pole müssen in einem rhythmischen Wechselspiel miteinander stehen um zum Wohlbefinden beizutragen und gesundheitlichen Störungen vorzubeugen.

Die Regulierung erfolgt über das vegetative Nervensystem durch ein ständiges Zusammenspiel von Sympathikus und Parasympathikus. Bei Erholungsvorgängen im menschlichen Körper dominiert innerhalb eines Balance-Zustandes des neurovegetativen Nervensystems der Parasympathikus, der auch „Ruhenerv" genannt wird.

Physische Wirkungen des Parasympathikus durch Entspannungsverfahren sind u. a.:
- Verringerung der Muskelanspannung
- Herabsetzung des Kortisonspiegels (Stresshormone)
- Verlangsamung der Atemfrequenz
- Gefäßerweiterung und damit bessere Durchblutung
- Veränderung der Gehirnwellen
- Verringerung des Energieverbrauches
- Veränderung der Hautleitfähigkeit

(Vaitl, 2004, S. 21-33)

Entspannungsverfahren haben nicht nur physische, sondern auch psychische Auswirkungen:
- Reduzierung von Unruhe
- Abbau unangenehmer Gefühle wie Ängste
- Erhöhung positiver Gefühle und angenehmer Empfindungen
- Steigerung der Konzentrationsfähigkeit sowie der Informationsverarbeitungs- und Gedächtnisprozesse
- Vorbeugen vor psychosomatischen Stressfolgeschäden

(Petermann, 1996, S. 13)

Es gibt viele Möglichkeiten, sich zu entspannen: Musik hören, spazieren gehen, ein warmes Bad nehmen u. a. Im Mittelpunkt von Entspannungsphasen im Unterricht sollten nach unserer Auffassung vorrangig unterschiedliche *Bewegungsformen* stehen, denn Bewegung kann nicht nur aktivieren, sondern hat auch eine beruhigende und stressabbauende Wirkung.

Unter *Entspannungsphasen* verstehen wir eine kurzzeitige (ca. drei bis fünf Minuten) Unterbrechung des Unterrichtes und die Durchführung von im Grundschulalter meist fremdgesteuerten Bewegungsaktivitäten, die den Parasympathikus aktivieren und die Gedanken auf Personen und Gegenstände, auf den eigenen Körper oder geistig vorgestellte Phänomene lenken und dadurch die hektische Gedankenflut eindämmen (Kolb, 1995, S. 62), d. h. es kommt zu einem kurzzeitigen „Abschalten" und so zu den oben beschriebenen physischen und psychischen Wirkungen. Entspannungsphasen können zur Schaffung einer Atmosphäre des Vertrauens sowie zur Sensibilisierung für den eigenen Körper beitragen.

2.4 Entspannungsphasen

In der Literatur ist eine Vielzahl von Entspannungsmethoden zu finden. Eine begründete Auswahl und eine gewisse logische Ordnung werden dadurch erschwert. Wir haben uns, basierend auf einer Klassifikation von Kolb (1995, S. 65), für den Weg zur Entspannung über Bewegungsübungen entschieden, da wir diesen Zugang für Grundschulkinder als leichter einschätzen als den Weg über geistige Übungen.

Als weitere Strukturierung differenzieren wir ebenfalls in Anlehnung an Kolb (1995, S. 65) nach der Fokussierung der Aufmerksamkeit. Die Wahrnehmungslenkung nach außen (auf Personen, Gegenstände, Geräusche) erscheint nach unseren Erfahrungen für Grundschulkinder als Einstieg in Entspannungsphasen einfacher (Kennlern- und Kontaktspiele, entspannende Spiele). Kleine Stilleübungen nehmen eine Zwischenstellung mit dem Hören auf Geräusche (außen) und dem Erleben von Kontrasterfahrungen (innen) ein. Höhere Anforderungen stellen Entspannungsübungen, die die Wahrnehmung nach innen auf den Körper oder auf geistige Vorstellungen lenken und deshalb erst zur Anwendung kommen sollten, wenn Kinder Stille als etwas Angenehmes empfinden. Der Weg zur Entspannung über geistige Übungen sollte u. E. bei Grundschulkindern aufgrund des sich erst aufbauenden Vorstellungsvermögens nur in Ansätzen gewählt werden. Entspannungsgeschichten scheinen geeignet und könnten im Sportunterricht durch Körperreise und Eutonie (s. Kapitel 5) eine Erweiterung erfahren. Autogenes Training oder meditative Übungen nach klassischem Verständnis stellen für die Durchführung u. E. an den Pädagogen und die Grundschulkinder sehr hohe spezifische Anforderungen. Es sei aber auf kindgemäße Modifizierungen verwiesen, z. B. bei Müller, E., 1996.

Das skizzierte steigende Anspruchsniveau ist weniger von der Klassenstufe, vielmehr von dem Zeitraum, über den mit Entspannungsphasen gearbeitet wird und damit von den Erfahrungen der Schüler abhängig. Bewusst werden deshalb auch Beispiele aus dem Kindergarten/Hort (Müller, 2021) einbezogen bzw. einige Vorschläge aus der bewegten Schule ab Klassenstufe 5 (Müller & Petzold, 2014).

Entspannung ist für Schüler mit speziellem Förderbedarf besonders wichtig. Dadurch können Konzentrationsschwierigkeiten, motorische Unruhe, Probleme bei der Verhaltenssteuerung u. a. positiv beeinflusst werden. Ausgewählte gleichbleibende Entspannungsrituale sollten regelmäßig in den Unterrichtsablauf einbezogen werden. (Müller & Dinter, 2020, S. 103-125)

2 Bewegter Unterricht

Der Abschnitt zu Entspannungsphasen wird wie folgt gegliedert:

Entspannungsphasen

2.4.1	2.4.2	2.4.3	2.4.4
Kennlern- und Kontaktspiele	Entspannende Spiele Kleine Stilleübungen	Wahrnehmungsspiele - Bewegungssinn - Tastsinn - Sehsinn - Hörsinn - Gleichgewichtssinn	Entspannungsübungen - Atemübungen - Anspannung und Entspannung - Spielerische Massage - Entspannungsgeschichten

Medienempfehlungen zu Entspannungsphasen

Bieligk, M. (2013). *160 Spiel- und Übungsideen zur Förderung der Sinneswahrnehmung bei Kindern und Jugendlichen.* Wiebelsheim: Limpert.

Biermann, I. (2010). *Spiele zur Wahrnehmungsförderung* (14. neu bearb. Aufl.). Freiburg im Breisgau: Herder.

Faust-Siehl, G. et al. (1993). *Mit Kindern Stille entdecken.* Frankfurt: Diesterweg.

Horn, R. (2015b). *WolkenTräumeZeit.* (mit CD) Lippstadt: Kontakte Musikverlag.

Kolb, M. (1995). Ruhe, Konzentration und Entspannung. *Sportpädagogik, 19* (6), 61-66.

Kreusch-Jacob, D. (1997). *Mit Liedern in die Stille* (2. Aufl.). Düsseldorf: Patmos-Verlag.

Müller, Chr. (2021). *Bewegte Kita.* Baden-Baden: Academia.

Müller, E. (1996). *Träume auf der Mondschaukel.* München: Kösel.

Petermann, U. (2007). *Entspannungstechniken für Kinder und Jugendliche* (5. Aufl.). Weinheim, Basel: Beltz.

Pirnay, L. (1993). *Kindgemäße Entspannung.* Lichtenbusch-Belgien: Eigenverlag.

Portmann, R. & Schneider, E. (1995). *Spiele zur Entspannung und Konzentration* (9. Aufl.). München: Don-Bosco-Verlag.

Salber, U. & Meussen, A. (2006). *Ganzheitliche Entspannungstechniken für Kinder* (4. Aufl.). Münster: Ökotopia.

Seyffert, S. (2010). *Von Frühlingstanz bis Schneeflockenmassage.* Berlin: Cornelsen.

Singerhoff, L. (2010). *Kinder brauchen Sinnlichkeit – Die Bedeutung und Förderung kindlicher Wahrnehmung.* Weinheim, Basel: Beltz.

Sprenger, K. (2010). *5 Minuten Mitmachgeschichten*. München: Don Bosco Verlag.
SMK (Sächsisches Staatsministerium für Kultus). (Hrsg.). (2014). *Spiel & Spaß. Eine Sammlung für die Hosentasche*. Dresden: SMK. Zugriff am 30. Januar 2022 unter https://publikationen.sachsen.de/bdb/artikel/22796
Zimmer, R. (2012a). *Handbuch der Sinneswahrnehmung* (1. Aufl. der überarb. Neuausgabe. 22. Gesamtaufl.). Freiburg, Basel, Wien: Herder.

2.4.1 Kennlern- und Kontaktspiele

Wenn Kinder in für sie neue unbekannte Gruppen oder Klassen kommen, dann erfordert dies, sich auf neue Bezugspersonen (Lehrer, Mitschüler) einzustellen und sich einen befriedigenden Platz in der Gruppe zu sichern. Einen besonders gravierenden Einschnitt stellt aus dieser Sicht der Schulanfang dar. Kinder befinden sich häufig im Spannungsfeld zwischen freudiger Erwartung und dem Gefühl der Unsicherheit. Wird man in einer solchen Situation mit dem Vornamen angesprochen und kann sehr schnell die Mitschüler beim Namen nennen, so trägt dies dazu bei, Anfangsängste abzubauen, sich heimisch und damit sicherer zu fühlen.

Dieser Zielstellung dienen Spiele zum Kennenlernen der Namen. Die Herausbildung sozialer Kompetenz setzt voraus, Andersartigkeit zwischen Menschen bewusst wahrzunehmen. Spiele zum Erkennen von Unterschieden zwischen den Kindern sollen dafür Unterstützung geben. Der Weg zu anderen Kindern führt auch über die Fähigkeit, körperliche Kontakte aufzunehmen und selbst zuzulassen (Spiele mit Körperberührung), sowie über Bewegungsspiele, die Verantwortung gegenüber den Mitschülern und das angstfreie Anvertrauen erfordern (Vertrauensspiele).

Durch Kennlern- und Kontaktspiele wird eine für alle weiteren Entspannungsformen notwendige vertrauensvolle Atmosphäre geschaffen.

Methodisch-organisatorische Hinweise zu Kennlern- und Kontaktspielen:
- Jeder Pädagoge sollte die Chance nutzen, bei diesen Spielen die Kinder auch selbst näher kennen zu lernen.
- Spiele mit Körperberührung erfordern ein behutsames Vorgehen, denn manchen Kindern fällt es schwer, sich auf leichte Berührungen durch einen Partner einzulassen.

- Kennlernspiele bieten sich vor allem bei neu zusammengesetzten Klassen bzw. Gruppen (Arbeitsgemeinschaften u. a.) an. Kontaktspiele sollten vor allem als Hinführung zu Massageformen Anwendung finden.

Kontakt- und Distanzprobleme von Schülern, besonders mit sonderpädagogischem Förderbedarf, sind zu beachten. Kontaktspiele sollten auf dem Prinzip der Freiwilligkeit beruhen und die Kinder vorsichtig herangeführt werden. Die Konzentration auf den eigenen Körper ist evtl. günstiger als die Partnerarbeit. (Müller & Dinter, 2020, S. 103-125)

Kennlernspiele: Spiele zum Kennenlernen der Namen

Guten Tag (Anfang 1. Klasse)
Die Kinder gehen im Klassenzimmer/auf dem Gang/auf dem Schulhof spazieren, begrüßen sich mit Handschlag und den Worten „Guten Tag, ich bin ... und wer bist du?"

Namensball (Anfang 1. Klasse)
Die Kinder stehen im Kreis und werfen sich einen Softball/aufgeblasenen Wasserball/ Wollknäuel/Knüllpapierball o. Ä. zu (evtl. auch mehrere Bälle).
Sie nennen beim Werfen ihren eigenen Namen, später den Namen des Kindes, dem der Ball zugeworfen wird.
Variante (auch für ältere Kinder):
- eigene Adresse, das Geburtsdatum nennen bzw. die des angespielten Kindes

Kennlernspiele: Spiele zum Erkennen von Unterschieden zwischen den Kindern

Platzwechsel*
Die Kinder bilden einen Kreis und nach Aufforderung des Spielleiters wechseln alle Kinder die Plätze, die:
- blonde Haare haben
- im Monat ... Geburtstag haben
- einen Bruder/eine Schwester haben
- gern malen oder gern Pudding essen usw.
- südlich der Schule wohnen

Varianten:
- vor dem Platzwechsel eine Drehung ausführen
- Schlängellauf um die Schüler bis zu einem freien Platz

Wer ist wer?*
Es finden sich etwa fünf Kinder zusammen. Einem werden die Augen verbunden und es soll durch Abtasten des Kopfes, der Arme und der Beine erkennen, wer gerade vor ihm steht.

Welche Hände gehören zusammen?*
Es finden sich bis zu vier Kinder zusammen. Sie strecken ihre Arme gekreuzt in die Mitte. Einem Kind werden die Augen verbunden und es soll durch Abtasten finden, welche Hände zusammengehören.
Variante: Erfühlen, wem die Hände gehören

Gruppen bilden*
Die Schülerinnen bewegen sich frei im Raum und die Lehrkraft erteilt verschiedene Aufgaben wie: Alle Schüler, die blaue Augen haben, finden sich zusammen.
Variante: … begrüßen sich, gehen eine Runde gemeinsam, bauen ein Denkmal u. a.

Kontaktspiele: Spiele mit Körperberührung

Begrüßung*
Die Kinder gehen durch den Raum. Auf ein vereinbartes Zeichen (Klatschen, Musikstopp u. a.) begrüßen sie sich paarweise durch Körperkontakt (Händedruck, gegen die Handflächen des Partners klatschen, am Ohr zupfen, über den Kopf streicheln, Füße „verhaken" u. a.).

Denkmal bauen*
Der „Bildhauer" versucht, einen oder mehrere Mitschüler in eine denkmalähnliche Position zu bringen, z B. Sportler (Boxer, Fußballspieler, Gewichtheber, Ringer), Seiltänzer, Verkehrspolizist, Sängergruppe, Tanzpaar.
Variante: Der Bildhauer schließt die Augen.

2 Bewegter Unterricht

Aura*
Zwei Kinder stehen sich mit geschlossenen Augen gegenüber und legen die Handflächen aneinander. Dann lassen sie die Hände sinken, drehen sich dreimal auf der Stelle herum und versuchen jetzt, mit geschlossenen Augen die Hände des Spielpartners zu finden. (Flügelmann & Tembeck, 1991, S. 37)

Händeturm*
Händeturm ist ein Spiel für die älteren Kinder. Das erste Kind legt eine Faust mit nach oben abgespreizten Daumen auf den Tisch. Das nächste Kind ergreift den Daumen und spreizt seinen ebenfalls nach oben usw.
Zum Reim (s. u.) stampfen, untere Hand wegziehen und oben auf den Turm legen, „Butter, Butter stampfen, eine Hand muss weg." (Herm, 2006, S. 102)

Kontaktspiele: Vertrauensspiele

Vorsicht Hindernisse!*
Ein Kind schließt die Augen und wird von seinem Partner durch Körperkontakt (Handfassung u. a.) um Tisch und Stühle sowie um andere Hindernisse geführt.
Varianten:
- nur durch Berührung mit den Fingerspitzen führen
- durch vereinbarte Signale führen (linke Schulter, rechte Schulter oder Kopfberührung (heißt: Stopp!)

Steifer Mann*
Zwei Kinder stehen sich gegenüber. Ein drittes Kind macht sich ganz steif und lässt sich nach vorn und hinten fallen. Die Mitspieler fangen es behutsam auf.

Kreisel*
Zwei etwa gleich schwere Kinder fassen sich an den Händen und lehnen sich zurück. Langsam beginnen sie sich gemeinsam zu drehen und werden immer schneller. Es soll nur so schnell gedreht werden, dass sich die Partner noch halten können.

Hand in Hand*
Kleingruppen bilden einen Kreis und halten sich fest an den Händen. Der Reihe nach zeigt jeder eine Bewegungsform (z. B. am Ort federn), alle machen diese nach ohne dabei loszulassen. (Erkert, 2007, S. 16)
Varianten:
- die Bewegung nach einem vorgegebenen Rhythmus ausführen
- eine Kette bilden und sich als Gruppe ohne Lösen der Handfassung durch den Raum und, über das Freigelände bewegen

Klettverschluss*
Die Kinder kletten sich in verschiedenen Ausgangspositionen so aneinander, dass die ganze Gruppe Körperkontakt hat. Alle denken sich (für sich) eine Bewegung aus. Der Klettverschluss (Kontakt) zu den anderen Kindern darf dabei aber nicht gelöst werden.
Variante:
- Auf ein Signal (Musik oder Ton) setzt sich die Kette in Bewegung. Alle bewegen sich, bis die Musik vorbei ist oder ein zweiter Ton erklingt. (Posmyk, 2008)

2.4.2 Spiele mit der Ruhe

Einen weiteren günstigen Einstieg in die Entspannungsproblematik bieten Spiele mit der Ruhe. Kindern fällt es teilweise schwer, sich auf ruhige und stille Situationen einzulassen und diese als positiv zu empfinden. Deshalb ist die Verbindung von Bewegung und Ruhe eine gute Möglichkeit, Kinder an Entspannungsphasen heranzuführen. Beispiele werden anschließend vorgestellt unter den Gliederungspunkten: Entspannende Spiele sowie Kleine Stilleübungen.

2.4.2.1 Entspannende Spiele

Bei den Folgen der Bewegungsmangel (s. Abschnitt 1.2) wurde bereits darauf hingewiesen, dass Kinder häufig unruhig und nervös sind. Es fällt ihnen schwer ruhig zu sitzen, nicht zu sprechen, Stille als positiv zu empfinden. Diese Kinder benötigen Hilfe beim Abbau von Unruhe und Erregung und bei der Hinführung zur Stille.

Unter entspannenden Spielen verstehen wir Spielformen, die vor allem durch den Wechsel zwischen Bewegung und Ruhe oder durch das Hinübergleiten von Bewegung in Ruhe helfen sollen, eine entspannte Atmosphäre und Stille herzustellen. Die Wahrnehmung von Personen oder Gegenständen wird geschult und die Kinder lernen auf das eigene und das Tun anderer zu achten.

Methodisch-organisatorische Hinweise zu entspannenden Spielen:
- Der Lehrer/Spielleiter gibt mit seiner Stimme den Ton an. Mit einer ruhigen Stimme kann er den Abbau von Unruhe unterstützen.
- Die Spiele sind so zu gestalten, dass sie deutlich in einer Ruhephase enden.
- Entspannende Spiele können nach sehr aktiven Phasen oder bei aufkommender Lustlosigkeit und Unkonzentriertheit eingesetzt werden. Sie können auch einen Einstieg in die Entspannungsproblematik geben.

Bei Schülern mit sonderpädagogischem Förderbedarf sollten Spiele mit der Ruhe anfänglich auf sehr kurze Zeitumfänge beschränkt, dafür aber öfters eingesetzt werden. Klare Regelabsprachen sind zu treffen.

Spiele mit Wechsel zwischen Bewegung und Ruhe

Mucksmäuschenstill
Die Kinder finden sich in Kleingruppen zusammen. Als „Mäuschen" hocken oder liegen sie mucksmäuschenstill am Boden. Eine „Katze" schleicht durch den Raum. Doch bald wird die Katze müde. Sie zieht sich unter einen Tisch zurück. Das ist das Zeichen, dass sich alle Mäuse bewegen dürfen. Sie können herumlaufen, lärmen und sogar die Katze necken. Doch sobald die Katze wieder unter dem Tisch hervorgekrochen kommt, müssen alle mucksmäuschenstill auf ihren Platz zurückkehren. (Portmann & Schneider, 1995, S. 23-24)

Anschleichen*
Die Kinder stehen in einer kleinen Gruppe im Innenstirnkreis. In der Mitte befindet sich ein Spieler mit geschlossenen Augen. Die Kreisspieler schleichen sich in bunter
Reihenfolge oder auf das Zeichen des Spielleiters an den Mittelmann heran. Gelingt es jemanden den „Schlafenden" zu berühren, tauschen beide Kinder ihre Plätze. Hört dieser jedoch ein Geräusch des Herannahenden und zeigt die genaue Richtung an, so muss derjenige Spieler wieder auf seinen Platz zurück. (Döbler & Döbler, 2018, S. 356)

Spiele, die von Bewegung in Ruhe übergehen

Gewitter*
Gemeinsam überlegen sich die Kinder Merkmale eines Gewitters und Möglichkeiten, diese in Bewegung darzustellen. Der Spielleiter löst das Gewitter aus. Es wird immer stärker, bis es dann wieder in der Ferne verklingt. (Portmann & Schneider, 1995, S. 22)

Orchesterprobe*
Die Kinder ahmen Musikinstrumente mit Geräuschen und Bewegungen nach. Ein Dirigent bestimmt Lautstärke und Tempo. Hebt er die Arme, heißt das lauter, senkt er die Arme, heißt das leiser. Breitet er beide Arme aus, bedeutet das - Pause. Alle Instrumente müssen dann schlagartig verstummen. (Portmann & Schneider, 1995, S. 26-27)

Eisenbahn*
Die Klasse bildet mehrere kleine Züge, die sich durch den Raum bewegen. Sie spielen einen „Schnellzug", „Bummelzug" u. a. Am Ende fahren die Züge in den Bahnhof ein und alle Räder stehen still.

Raketenstart*
Der Raketenstart beginnt mit Trommeln auf die Tischplatte, dann setzen die Füße mit Stampfen ein. Die Bewegungen werden immer schneller und lauter. Ein leises Summen steigert sich zum lauten Brummen. Dann startet die Rakete

(Kinder springen auf und werfen die Arme in die Luft). Die Rakete verschwindet in den Wolken, d. h. das Trommeln, Stampfen und Brummen wird immer leiser.

Ruhige Spiele

Der Dieb
Alle Kinder sitzen mit geschlossenen Augen im Innenkreis oder Außenkreis, jedes Kind hat einen Gegenstand zu bewachen. In der Mitte befindet sich der Dieb; er schleicht sich an und versucht Gegenstände zu stehlen. Hört ihn das jeweilige Kind kommen, darf es seinen Gegenstand kurz festhalten. Der Dieb muss sich zurückziehen und einen neuen Versuch wagen. (in Anlehnung an Keulendieb, Döbler & Döbler, 2018, S. 357.)

Der Detektiv*
Eine Kleingruppe von Kindern steht in Linie und gibt hinter dem Rücken einen Gegenstand weiter. Ein „Detektiv" muss erraten, wer diesen Gegenstand gerade in der Hand hält.

Eine Minute Ruhe*
Die Schüler stehen eine Minute mit geschlossenen Augen an ihrem Platz. Wer denkt, dass eine Minute um ist, setzt sich hin. Die Lehrkraft/der Spielleiter nennt abschließend die Schülerin, die am nächsten an der Zeitspanne dran waren.

Malen nach Musik*
Die Schüler malen mit den Händen bzw. Füßen Formen in die Luft, die sie beim Hören einer leisen Musik empfinden.
Varianten:
- Augen schließen
- auf größere Flächen malen (Tafel, Zeichenblatt u. a.)

Als weitere ruhige Spiele eignen sich z. B.:
Stille Post
Zublinzeln
Armer, schwarzer Kater

2.4.2.2 Kleine Stilleübungen

Kleine Stilleübungen knüpfen an den „Übungen der Stille" bei Montessori an, die darunter die vollkommene Beherrschung der Bewegungen und Regungen verstand (Faust-Siehl et al., 1993, S. 24). Das Wort „Übungen" kennzeichnet die Notwendigkeit der Wiederholung, das Wort „klein" den kurzen Zeitumfang von ca. drei Minuten und die wiederholte Einsatzmöglichkeit in unterschiedlichen Unterrichtsstunden, unabhängig vom Unterrichtsinhalt. Wallaschek (1993, S. 99) trennt davon „Thematische Stilleübungen" ab, die in einem engen Zusammenhang zum Unterrichtsthema stehen, nur einmal durchgeführt werden und eine längere Zeitspanne umfassen können.

Bewegung und Stille sind für uns keine Gegensätze. Stilleübungen bedeuten nicht Bewegungslosigkeit, denn „Bewegung lässt still werden, Stille kann bewegen" (Bauer, 1993, S. 68). Deshalb schließen wir uns der Auffassung von Bauer an und sehen im schweigenden Bewegen und im bewegten Schweigen „Weiterentwicklungen der Stilleübungen" (Bauer, 1993, S. 69). Bewegungsübungen in der Stille oder das Hören auf Geräusche stellen Konkretisierungen dieser Position dar.

Durch Stilleübungen sollen Unruhe und Erregung abgebaut (ausgleichende Funktion) und die Aufmerksamkeit von außen (Geräusche) zunehmend nach innen gerichtet werden (bildende Funktion). Die Kinder erleben gemeinsam die Stille und tauschen sich über ihre Erfahrungen aus. Stilleübungen sprechen die Gefühle an und ermöglichen individuelle Erfahrungen.

Methodisch-organisatorische Hinweise zu Stilleübungen:
Der Beginn von Stilleübungen sollte harmonisch in den Gesamtablauf eingebettet sein. Rituale erleichtern den Einstieg in Stilleübungen. Sie geben Sicherheit sowie Vertrauen in die eigenen Fähigkeiten und helfen Ängste abzubauen (Cavelius, 1998, S. 95). Es ist eine angenehme Atmosphäre zu schaffen, z. B. durch entspannende Sitzhaltungen, geschlossene und evtl. verdunkelte Fenster, ausgeschaltetes Licht.

Erfahrungen mit der Stille kann man nicht vermitteln. Es können nur Situationen initiiert werden, die Chancen eröffnen, dass das Kind als aktives, beteiligtes Subjekt diese Erfahrungen selbst machen kann. Stilleübungen müssen erst erlernt werden und setzen Geduld, Anstrengung und Kontinuität voraus. Sie dürfen nicht unter Zeitdruck stattfinden, aber auch nicht zu lang ausgedehnt werden (allmählich steigern auf ca. drei Minuten). Die Wertung auch kleinerer Erfolge und das Gefühl für das gemeinsame Vorwärtskommen sind wichtig.

Voraussetzungen für ein erfolgreiches Lehrerhandeln sind persönliche Erfahrungen mit der Stille sowie eine gewisse innere Ausgeglichenheit des Lehrers trotz der schulischen Belastung. Stilleübungen erfordern einen Lehrer, der selbst Ruhe ausstrahlt, sich ruhig bewegt und Worte sparsam wählt. Der Weg zur Stille sollte mit den Kindern gemeinsam gesucht werden, d. h. Stilleübungen auch selbst mitmachen und eine hilfreiche Begleitperson sein. Stilleübungen dürfen nicht zur Disziplinierung missbraucht werden. Im Anschluss an Stilleübungen sollte „auch ‚mal" darüber gesprochen werden. Stilleübungen sind aber ohne Ergebniszwang auszuführen. (Petillon & Müller, 1994, S. 165)

Auf Geräusche hören

Geräusche erkennen
Alle Kinder drehen sich zur Stuhllehne, schließen die Augen und nehmen eine Entlastungshaltung (s. Abschnitt 2.2) ein.
Sie versuchen zu hören:
- welche Geräusche vom Lehrer erzeugt werden, z. B. Papier zerreißen, an die Tafel schreiben, mit dem Schlüsselbund rasseln, ein Buch zuschlagen, mit dem Kugelschreiber klicken, den Wasserhahn aufdrehen
- mit welchen Körperteilen er Geräusche erzeugt, z. B. in die Hände klatschen, Handflächen reiben, auf den Bauch klopfen, schnalzen
- welche Gegenstände er fallen lässt, z. B. Büroklammer, Radiergummi, Bleistift
- welches Papier er zerknüllt, z. B. Zeitungspapier, Alufolie, Seidenpapier

Nach drei Geräuschen werden die Hörergebnisse der Kinder mit den tatsächlichen Geräuschen verglichen.

Wir lauschen
Die Kinder legen sich in einer Entlastungshaltung auf die Schreibplatte und lauschen auf Geräusche:
- im Schulhaus
- bei geöffnetem Fenster auf Fahrzeuge oder auf Geräusche in der Natur (Wind, Vogelstimmen u. a.)
- auf den eigenen Herzschlag

Was haben wir gehört?

Richtungshören
Kinder stehen mit geschlossenen Augen. Der Lehrer bewegt sich „lautlos" im Klassenzimmer umher und gibt Töne von sich, z. B. klatschen, nachahmen von Instrumenten, Tierstimmen. Die Kinder drehen sich in die Richtung, aus der sie das Geräusch hören.

Bewegungsübungen in der Stille
Bestimmte *Tätigkeiten* werden einmal ganz leise ausgeführt:
- Sitzkreis bilden
- Schulsachen aus dem Ranzen auspacken bzw. einpacken
- Stühle hochstellen (Faust & Siehl et al., 1993, S. 78)
- Bücher schließen

Wir schleichen wie die Indianer:
- durch unser Klassenzimmer (ohne anzustoßen)
- durch das Schulhaus (keine andere Klasse darf uns hören)

Gegenstände ertasten
Ein Kind schließt die Augen. Der Partner führt seinen Mitschüler ohne zu sprechen zu einem Gegenstand im Zimmer/auf den Flur, den er erraten soll.

Was ist anders?
Ein Kind führt am Platz drei Drehungen mit geschlossenen Augen aus. Während dieser Zeit verändert der Banknachbar etwas auf dem Tisch, auf dem mehrere Gegenstände liegen. Ohne zu sprechen, zeigt das erste Kind auf die Veränderungen.
Variante:
Ein Kind nimmt eine „Denkmalposition" ein. Während der Drehungen des Partners verändert es etwas an der Haltung (Arme beugen u. a.).

Suchspiel*
Während alle mit dem Blick zur Wand stehen, legt der Spielleiter einen abgesprochenen Gegenstand noch sichtbar ab. Dann gehen alle Kinder mit den Händen auf dem Rücken schweigend durch den Raum. Wer den Gegenstand sieht, setzt sich leise auf seinen Platz.

Durch Kontrasterfahrungen Stille bewusster erleben
Laut und leise

Musikautomaten-Museum
Jedes Kind ist ein Musikautomat. Diese stehen frei im „Museum" (Klassenzimmer). Steckt man eine Münze hinein, beginnt der Automat zu spielen (Berührung mit Hand durch Spielleiter). Jeder Automat spielt anders, d. h. jeder Schüler überlegt sich seinen Ton: z. B. singen, klatschen, schnipsen ... Ist die Spielzeit der Münze abgelaufen, wird der Automat allmählich leiser, langsamer und ganz still.

Es kann nun eine neue „Münze" eingesteckt werden oder alle Automaten verstummen nacheinander bis zur absoluten Stille.

Wir gehen laut oder leise
Die Kinder gehen im Raum/am Ort zuerst laut (mit Stampfen, Klatschen, Schnipsen u. a.) und auf ein Zeichen des Spielleiters dann ganz leise.

Körpersprache
Im Stand:
a) Töne mit dem Körper, so laut wie es geht
b) Töne mit dem Körper, so leise wie es geht
Zum Beispiel: mit den Fingern schnippen, mit der Zunge schnalzen, klatschen, stampfen.
Nun auf Zeichen des Lehrers:
- Hand in Tiefhalte → absolute Ruhe
- allmähliches Heben der Hand → immer lauter werden
- Hand in Hochhalte → so laut wie es geht
- allmähliches Senken der Hand → immer leiser werden

Schnell und langsam (Zeitraffer und Zeitlupe)

Radrennen
Die Kinder sitzen auf ihren Stühlen und treten mit den Beinen bergab und bergauf bis zum Stillstand im Ziel.

Aufziehpuppe 1
Die Puppe beginnt mit schnellen Bewegungen und wird immer langsamer bis zum Stillstand.
Variante: Wer wackelt, führt eine Bewegungsaufgabe aus.

Sportarten
Bei der Übertragung von Sportveranstaltungen tritt ein Fehler auf. Die sportlichen Bewegungen können nur zu schnell (Zeitraffer) oder zu langsam (Zeitlupe) gesehen werden. Ein Kind stellt so eine Sportart da und der Partner versucht, diese zu erkennen.
Variante:
Das Paar imitiert eine Mannschaftssportart (z. B. Tischtennis, Bobfahren, Fußball)

Groß und klein

Lagerfeuer
Durch Strecken und Recken der Arme stellen die Kinder ein Lagerfeuer dar, das immer größer wird. Dann ist aber das Holz aufgebraucht, die Flammen werden kleiner und erlöschen.

Was fliegt in der Luft?
Die Kinder bewegen sich z. B. mit großen Schritten und ausgebreiteten Armen wie ein Flugzeug durch den Raum, dann mit kleineren Schritten und schwingenden Armen wie ein Adlervogel mit kleinen Schritten und schnellen Armbewegungen wie ein Kolibri und fliegen zum Abschluss in das Nest.

Wie weit?
Distanzen (Zimmerbreite, Ganglänge u. a.) werden abgemessen mit großen Schritten und mit „Kaffeebohnen" (Fußlängen).

2.4.3 Wahrnehmungsspiele

Wahrnehmungen sind Prozesse der subjektiven Aufnahme und Verarbeitung von Informationen/Reizen durch die Sinnesorgane. Wahrnehmungen bilden mit Bewegung eine Einheit. Beide sind miteinander verschränkt (v. Weizsäcker 1950, S. 163). Wahrnehmungen mit allen Sinnen stehen mit Denken und Handeln in einem engen Zusammenhang (Sächsischer Bildungsplan 2011, S. 99). Aus diesen Aussagen wird deutlich, dass die Schulung der Wahrnehmungsfähigkeit einen sehr komplexen Charakter trägt und sich demzufolge in unterschiedlichen Abschnitten dieses Buches reflektiert, vor allem bei den bewegten Lernsituationen in den einzelnen Fächern (Abschnitt 2.1).

Im Zusammenhang mit der Entspannungsproblematik wird nachfolgend eine kleine Auswahl an Wahrnehmungsspielen vorgestellt, die:
- den eigenen Körper und seine Bewegung zum Gegenstand der Erfahrungssituation machen und damit den Bewegungssinn besonders anregen
- weitere Sinnesorgane ansprechen und Erfahrungen über die Umwelt vertiefen, besonders materiale Erfahrungen (s. Abschnitt 1.1.2)

Methodisch-organisatorische Hinweise zu Wahrnehmungsspielen:
- Unterschiedliche Sinnesorgane sollten angesprochen werden, bei dem Schwerpunkt Bewegung natürlich vor allem der Bewegungssinn und der Tastsinn. Wahrnehmungsspiele sollten aber auch den akustischen und optischen Analysator einbeziehen (s. unten), ebenso den Gleichgewichtssinn. (Weitere Sinne - wie Riechen und Schmecken - werden nicht näher betrachtet.)
- Es müssen Bedingungen geschaffen werden, die eine Konzentration auf die Wahrnehmungsaufgaben ermöglichen.
- Das Schließen der Augen kann die Konzentration auf andere Analysatoren unterstützen. Das Verbinden der Augen (mit einem Tuch o. Ä.) muss freigestellt bleiben.
- Der Schwierigkeitsgrad der Bewegungsaufgabe darf nicht bereits einen Großteil der Wahrnehmungskapazität belasten – einfache Fertigkeiten einbeziehen.
- Wahrnehmungsspiele aus dem Kindergarten sollten aufgegriffen bzw. mit dem Hort abgestimmt werden. Viele Beispiele sind enthalten in Müller (2021, S. 128-135). Einige davon werden nachfolgend vorgestellt, zumal eingangs

2.4 Entspannungsphasen

darauf verwiesen wurde, dass bei Entspannungsphasen die Erfahrungen der Kinder eine größere Rolle spielen dürften als deren Alter.
Die enge Verknüpfung von Entspannungsphasen mit der Wahrnehmungsschulung hat für Schüler mit unterschiedlichen Entwicklungsproblemen besondere Bedeutung. Solche Übungen sollten regelmäßig durchgeführt und mit differenzierten Aufgaben verbunden werden.

Kinästhetische Wahrnehmungen (Bewegungssinn)

Elefant und Maus*
Die Kinder stellen abwechselnd die Bewegungen eines Elefanten (große Stampfschritte) und einer Maus (kleine Trippelschritte) dar.
Varianten:
- andere Tiere kontrastieren
- Verkehrsmittel darstellen

Aufziehpuppe 2*
Ein Partner zieht die Puppe (Mitspieler) auf. Dann führt dieser schnellen Bewegungen aus, die immer langsamer werden bis zum Stillstand. Die Puppe muss erneut aufgezogen werden.
(s. weitere Beispiele unter Kontrasterfahrungen im Abschnitt 2.4.2.2)

Pendel*
Ein Kind spannt sich fest an. Es steht zwischen zwei Mitspielern und wird vorsichtig an den Schultern hin und her geschoben.
Variante:
- mit mehreren Spielern in einem kleinen Kreis

Leiterwagen*
Die Kinder schieben bzw. ziehen einen „Leiterwagen" (Partner) über den Weg. Der „Leiterwagen" ist einmal mit „Steinen" (Partner gibt großen Widerstand), dann mit „Heu" (geringer Widerstand) u. a. beladen.

Varianten:
- andere Fahrzeuge
- bei Rückenwind oder Gegenwind
- Wagen wird von Station zu Station schwerer bzw. leichter
- bergauf/bergab

Taktile Wahrnehmungen (Tastsinn)

Schlaue Füße*
Unterschiedliche Materialien werden zu einem Laufparcours ausgelegt. Die Kinder laufen nun barfuß und mit geschlossenen Augen über den Parcours und nehmen die verschiedenen Eindrücke wahr. Im Anschluss daran beschreiben die Kinder das Gefühlte und tauschen die Sinneseindrücke mit anderen Kindern aus. (Idee: Naumann, Rutke & Ryk)
- Plastiktüte, zerknülltes Zeitungspapier, Karton mit Sand, Blätter, Behältnis mit Wasser
- Lauf über verschiedene Untergründe in der Natur
- Beim Paarlauf mit Handfassung können die Wahrnehmungen in der unmittelbaren Situation ausgetauscht werden.
- Die Kinder äußern Vermutungen, worüber sie gelaufen sind (evtl. auch mithilfe der Hände erfühlen).

Überraschungssäckchen*
Es wird paarweise gespielt. Ein Kind schließt die Augen. Der Partner holt aus dem Säckchen einen Gegenstand. Die Mitspielerin soll nur durch Abtasten herausbekommen, um welchen Gegenstand es sich handelt und den laut benennen.
- den Gegenstand hinter dem Rücken abtasten
- mit den Füßen fühlen

- einen Gegenstand aus dem Raum betasten
- Naturmaterialien erfühlen
- mehrere bekannte Gegenstände (unter einem Tuch) ertasten und beschreiben
- paargleiche Gegenstände finden

Visuelle Wahrnehmungen (Sehsinn)

Sehen und nicht vergessen
Ein Tablett mit Gegenständen wird in die Mitte des Raumes gestellt und mit einem Tuch bedeckt. Die Kinder laufen hin, schauen unter das Tuch, gehen an den Platz zurück und schreiben die Gegenstände auf. Wie viele Gegenstände hat sich jeder gemerkt? (Idee: Vogel & Wolowski)
Varianten:
- Tablett mit Löffel, Kerze, Luftballon, Bonbon, Lappen o. Ä.
- Gegenstände aufmalen (Klasse 1)
- Wer ist als Erster fertig?
- Was fehlt? (im 2. Durchgang einen Gegenstand entfernen)

Heimlicher Vorgeber*
Alle stehen im Kreis. Ein Kind wird für einen kurzen Moment vor die Tür geschickt. Währenddessen machen sich die restlichen Schülerinnen eine Person aus, die Bewegungen vorgibt, welche die anderen Kinder nachahmen. Das Kind, welches vor der Tür steht, darf wieder hereinkommen und stellt sich in die Mitte des Kreises. Der „heimliche Vorgeber" macht nun eine Bewegung vor, ohne dass es das Kind in der Mitte mitbekommt. Alle Schüler im Kreis ahmen diese Bewegung so schnell wie möglich nach. Findet das Kind den „Vorgeber", muss dieser vor die Tür und ein neuer wird ausgewählt.
Varianten:
- langsame oder schnelle Bewegungen vorgeben
- Zu Spielbeginn führen die Kreisspieler individuelle Bewegungen am Ort aus. Diese passen sie dann dem „Vorgeber" an.
(Idee: Vogel & Wolowski)

2 Bewegter Unterricht

Wo ist der Gegenstand?*
Unter einem von den drei Bechern wird sichtbar für alle ein kleiner Gegenstand gelegt. Die Becher werden durcheinander bewegt. Die Mitspieler sollen stets wissen, wo der Gegenstand ist.
Varianten:
- mehr als drei Becher verwenden
- sehr schnell die Becher bewegen (Hofmann, 2008, S. 3)

Akustische Wahrnehmungen (Hörsinn)

Schiffe im Nebel*
Zwei bis drei Schülerinnen stellen sich vor der Wand auf. Die anderen Spieler verteilen sich im Raum und nehmen eine beliebige Position ein. Die Schüler an der Wand versuchen, sich die Aufstellung ihrer Mitspieler zu merken. Anschließend werden ihnen die Augen verbunden und sie gehen als Schiffe im Nebel durch den Raum zur gegenüberliegenden Wand. Die Spieler im Raum sind Lotsen, die immer dann einen Nebelhornruf ertönen lassen, wenn das Schiff sich auf einen Spieler, sprich ein Riff, zu bewegt.
Varianten:
- unterschiedliche Geräusche durch die Lotsen für die Bewegung nach links und rechts, um die Schiffe anzuleiten das Riff zu umsegeln
- weitere Hindernisse in den Raum stellen, z. B. Hocker, Stühle
- an der gegenüberliegenden Wand eine Hafeneinfahrt markieren

Im Tal der Klapperschlange*
Die Kinder verteilen sich ungeordnet im Raum. Sie stellen friedfertige Klapperschlangen dar. Ein Kind soll mit geschlossenen Augen durch das Tal der Klapperschlangen zur anderen Seite gelangen. Je nach Annäherung des Kindes klatschen die Klapperschlangen leise oder kräftig in die Hände.
Varianten:
- Aufstellung der Kinder verändern
- andere akustische Signale einsetzen (schnipsen, patschen u. a.)
(Hofmann, 2008, S. 5)

2.4 Entspannungsphasen

Bälle prellen*
Im Rücken einer Kleingruppe werden unterschiedliche Bälle geprellt. Die Art des Balles ist zu bestimmen.
Varianten:
- Anzahl des Prellens zählen
- auf unterschiedlichem Untergrund prellen

Weitere Beispiele s. Abschnitt 2.4.2.2 „Auf Geräusche hören"

Vestibuläre Wahrnehmungen (Gleichgewichtssinn)
Spielformen, die den Gleichgewichtssinn ansprechen, sind auch in anderen Abschnitten (z. B. 2.3.2 Kleine Kunststücke) zu finden. Dabei handelt es sich vorrangig um das dynamische Gleichgewicht oder das Objektgleichgewicht. Unter dem Themenkreis Wahrnehmung werden nachfolgend einige Übungsbeispiele zur statischen Gleichgewichtsschulung eingeordnet, bei denen die Kinder Informationen zum Erhalt des Gleichgewichts in relativer Ruhestellung wahrnehmen können. Deshalb finden die Übungen am Ort statt und sollten mit langsamen Bewegungen verbunden werden.

Im Ballenstand
Die Kinder heben sich in den hohen Ballenstand und versuchen, möglichst lange in dieser Position zu verharren. Sie ziehen dabei den Bauch ein und spannen die Gesäßmuskulatur an. Kann man dann länger stehen?
Varianten:
- beim Heben die Arme mit noch oben führen und tief einatmen, dann in die Hocke gehen und ausatmen
- paarweise in Gegenüberstellung üben: Wer steht am längsten?
- s. o. mit Handfassung: Wie lange können wir gemeinsam im Ballenstand stehen?

Auf einem Bein
Alle stellen sich auf ein Bein. Sie führen *langsame* Armbewegungen aus (vor und rückwärts schwingen, kreisen, Wörter in die Luft schreiben, z. B. „Ruhe").
Varianten:
- mit dem Schwungbein etwas langsam in die Luft malen
- Augen beim Einbeinstand schließen
- Einbeinstand ohne Schuhe

Auf dem Kopf
Die Kinder stehen am Ort und versuchen möglichst lange ein Buch auf dem Kopf zu balancieren.
Varianten:
- dabei vorsichtig in die Hocke gehen
- sich einen anderen Gegenstand auf den Kopf legen
- die Füße hintereinander in eine kleine Schrittstellung stellen

2.4.4 Entspannungsübungen

Die in den Abschnitten 2.4.1 bis 2.4.3 vorgestellten Spielformen dienen vor allem der Vorbereitung von Entspannungsübungen. Bei der Mehrzahl sind die Wahrnehmungen mehr nach außen gerichtet (Personen, Gegenstände, Geräusche u. a.). Die nachfolgenden Entspannungsspiele/-übungen zielen mehr auf Wahrnehmungen nach innen, d. h. auf den eigenen Körper. Damit stellen sie eher erste Schritte zu klassischen Entspannungsmethoden dar.

2.4.4.1 Atemübungen

Atemübungen sind eine Voraussetzung für alle weiteren Entspannungsübungen. Durch eine tiefe und regelmäßige Atmung kommt es zu einer Optimierung der Sauerstoffversorgung und dadurch zu einem Abbau von Verspannung und Stress sowie von Müdigkeit und Angst. Nicht umsonst sagt man in Stresssituationen: „Nun atme erst einmal tief durch!"

Die Kinder erfahren, wie differenziert geatmet werden kann. Sie sollen ihre Atmung bewusst spüren und die beruhigende und entspannende Wirkung eines tiefen Durchatmens empfinden.

Methodisch-organisatorische Hinweise zu Atemübungen:
- Bei Atemübungen für einen gut durchlüfteten Raum sorgen oder im Freien üben. Kleidungsstücke durch Öffnen eines Knopfes o. Ä. lockern, Brillen ablegen und bei Schnupfen nicht mitüben lassen.
- Das Atemzentrum wird durch das Ausatmen von CO_2 reguliert. Deshalb sollte auf die Ausatmung besonderer Wert gelegt und damit immer begonnen

werden. Es wird durch den leicht geöffneten Mund aus- und durch die Nase eingeatmet. Atemübungen werden langsam ausgeführt bei einem zeitlichen Verhältnis zwischen Aus- und Einatmung von 2:1!
- Für Atemübungen sich Zeit nehmen und Geduld haben. Das Anhalten der Luft vermeiden!
- Der Einsatz von Atemübungen bietet sich vor allem vor intensiven Lernphasen oder vor anderen Entspannungsübungen an.

Atemübungen können besonders Schülern mit sonderpädagogischem Förderbedarf helfen, sich eine ruhige und entspannte Atemtechnik anzugewöhnen, die bei aufkommender Nervosität und Gereiztheit bewusst eingesetzt werden kann. In den Schwerpunkten Lernen sowie Verhalten ist es notwendig, dass die Lehrkraft vor Beginn klare Anweisungen gibt (niemanden anpusten u. a.). Modifizierungen sind im Schwerpunkt Sprache notwendig (s. Müller & Dinter, 2020, S. 103-124).

Die Atmung wahrnehmen
- aufrecht, aber locker sitzen
- die Augen schließen
- spüren, wie die Luft den Körper verlässt und wie über die Nase neue Luft in die Lunge strömt

Kerze auspusten*
Die Kinder sollen sich vorstellen, dass sie eine Kerze auspusten:
- die Suppe kühler blasen
- durch einen Strohhalm blasen
- einen Luftballon aufblasen
- Eisblumen am Fenster auftauen
- auf einer Flöte spielen
- eine Pusteblume anblasen

Auf Laute ausatmen*

i	fft (Dampflokomotive)
u	hhhaaahhh (wilder Löwe)
m	kss psch (Hühner scheuchen)
ß (Schlange)	sch-sch-sch (Lokomotive)
ptk	

2 Bewegter Unterricht

„Lautes" Atmen*
- mehrmals ganz kräftig gähnen und dabei strecken und räkeln
- an etwas Trauriges denken und seufzen sowie stöhnen – und dann an etwas Lustiges
- wie ein Igel schnuffeln
- ein Nasenloch zuhalten und schnuppern wie ein Hase
- wie der Hase nach seinem Wettlauf mit dem Igel keuchen

Gemeinsam atmen*
Rücken an Rücken sitzen und versuchen, die Atmung des Partners zu spüren im Kreis an den Händen fassen und alle gleichmäßig atmen (Dabei können beim Einatmen die Arme gehoben und beim Ausatmen wieder gesenkt werden.)

Bewegen im Atemrhythmus*

Beim Ausatmen	*Beim Einatmen*
- Kopf senken	- Kopf heben
- Arme seitlich herunterführen, dabei auf den ganzen Fuß gehen	- Arme seitlich nach oben führen, dabei auf die Zehenspitzen gehen
- einen Arm nach oben strecken, den anderen nach unten (Handflächen abwinkeln)	- Arme auf den Brustkorb legen
- Arme nach hinten (am Po vorbei) schwingen, Oberkörper und Knie beugen	- Arme schwingen nach oben, dabei Körper strecken
- Arme an der Seite sinken lassen	- Arme wie ein V über den Kopf strecken
- s. o. mit drei Schritten verbinden	- s. o. mit Schritten
- im Vierfüßlerstand Rücken strecken	- einen „Katzenbuckel" machen

Tigeratmung*
Gemeinsam wird beim Heben der Arme eingeatmet, dann mit gekrallten Fingern dreimal auf „krrr..." ausgeatmet. Nach dem vierten Einatmen wird die Ausatmung auf „uhhh..." beendet. Zum Abschluss dieser Übung stößt jedes Kind den „Zauberschrei" aus. Es ist ein stimmloser Schrei, der aufgestaute Erregungen,

Ärger und Gefühle zum Ausdruck bringen soll. Danach kann es an die Arbeit oder das Spielen gehen. (Idee: Schmalz)

Gerade aufgestanden*
Die Schüler liegen entspannt mit dem Oberkörper auf dem Tisch. Sie stellen sich vor, sie hätten gerade geschlafen und die Nacht ist vorbei. Nun stehen sie auf. Dazu räkeln und strecken sie sich kräftig. Sie gehen auf die Zehenspitzen und strecken die Arme weit nach oben. Hierbei gähnen sie ausgiebig (mit Geräusch), sodass sich ihre Lungen mit Luft füllen und der Brustkorb sich vergrößert. Beim Ausatmen ziehen sich die Lungen zusammen.

2.4.4.2 Anspannung und Entspannung

Die Grundlage für wirkliches Wohlbefinden ist ein ausgewogenes Verhältnis zwischen Anspannung und Entspannung auf motorischer und psychischer Ebene. Mit den nachfolgenden Übungs- und Spielformen sollen die Kinder lernen, einzelne Muskelgruppen gezielt anzuspannen und wieder zu lockern sowie diese unterschiedlichen Spannungszustände zu erspüren.
Märchen verbunden mit An- und Entspannung bereiten eine klassische Entspannungsmethode – die Progressive Muskelentspannung – vor. (s. Das tapfere Schneiderlein)

Methodisch-organisatorische Hinweise zur Anspannung – Entspannung, bes. zur Muskelentspannung:
- Es sollte weitestgehend eine Atmosphäre der Ruhe und Geborgenheit geschaffen (Fenster schließen, wenn möglich Gardinen, Rollos o. a. zuziehen), die Augen sollten geschlossen und niemand zum Mitmachen gezwungen werden. Allerdings muss dann abgesprochen sein, dass man die anderen nicht stört.

- Bei den Märchen zur An- und Entspannung sollten die Kinder bequem auf ihren Stühlen sitzen Gesäß möglichst weit nach hinten, aufrechte Oberkörperhaltung, Rücken hat Kontakt mit der Stuhllehne, Beine stehen senkrecht nebeneinander und sind leicht ausgestreckt, Kopf leicht nach vorn, Arme auf oder neben den Oberschenkeln.
- Die Muskeln werden etwa 5 bis 7 Sekunden angespannt, dann ca. 15 Sekunden entspannt. Die Geschichte ist entsprechend sprachlich zu gestalten. Der Lehrer muss langsam und ruhig sprechen und Zeit lassen, dass die Kinder den Wechsel zwischen Anspannung und Entspannung erlernen können. Es empfiehlt sich, die Übungen selbst mitzumachen.
- Beim Anspannen einatmen, beim Entspannen ausatmen.
- An- und Endspannung sowie Progressive Muskelentspannung können eingesetzt werden nach intensiver geistiger Belastung oder vor möglichen Stresssituationen (Klassenarbeiten) und im Rahmen individueller Bewegungszeiten (s. Abschnitt 2.6).
- Progressive Muskelentspannung sollte regelmäßig durchgeführt und mit den gleichen Ritualen begonnen werden.

Einfrieren (Stopptanz)*
Die Kinder bewegen sich nach Musik oder einem Rhythmusinstrument frei im Raum. Bei Musikstopp „frieren" sie ihre momentanen Bewegungen ein. Wer schafft das?

Pudding oder Eis*
Ein Kind befindet sich in einer entspannten Lage. Der Partner prüft durch Schütteln verschiedene Körperteile, ob diese wie „Pudding" (entspannt und locker) sind. Dann werden diese Körperteile „vereist" (angespannt).

Fotomodell*
Paare finden sich. Ein Kind ist der Fotograf, der verschiedene Anweisungen gibt. Das „Modell" folgt den Anweisungen und nimmt die entsprechenden Positionen ein. Eine Position wird jeweils 5 Sekunden gehalten.

Obst und Gemüse ernten*
Die Schüler stellen sich vor, in einem Garten zu stehen. An den Bäumen und Sträuchern wachsen zahlreiche Früchte, auf den Beeten gedeiht das Gemüse. Der

Spielleiter sagt nun eine Obst- oder Gemüsesorte, die die Schüler ernten sollen. Bei Früchten, die an Bäumen wachsen, müssen sich die Schüler ganz groß machen, d. h. auf die Zehenspitzen stellen und die Arme soweit wie möglich nach oben strecken, um auch die höchste Frucht zu erlangen. Bei Früchten, die an Büschen wachsen, müssen die Kinder die Arme soweit wie möglich nach vorn und zur Seite strecken. Wird ein Obst und Gemüse genannt, das auf den Beeten wächst, beugen sich alle nach vorn und versuchen den Boden zu berühren. Nach jeder Ernte ruhen sich die fleißigen Gärtner von der Anstrengung aus, indem sie Arme und Beine lockern. (Idee: Naumann, Rutke & Ryk)
Variante: Thema „Putzen"

Schlenkerpuppe
Zur Übung finden sich jeweils zwei Partner zusammen, die sich nebeneinanderstellen. Einer der Schüler ist die Schlenkerpuppe. Dazu beugt er den Oberkörper zunächst nach vorn und lässt die Arme ganz locker nach unten hängen. Der Partner kontrolliert nun, ob die Arme der Puppe auch wirklich locker sind, indem er vorsichtig an ihnen wackelt und diese leicht anhebt und wieder fallen lässt. Danach richtet sich die Schlenkerpuppe ganz langsam auf, die Arme bleiben jedoch noch entspannt. Der Partner kontrolliert erneut, ob dies der Fall ist. Anschließend dreht die Schlenkerpuppe ihren Oberkörper hin und her, so dass die Arme ungesteuert hin und her schlenkern. Danach findet ein Rollentausch statt.
Variante:
Der Partner bringt die Schlenkerpuppe in verschiedene Positionen (Arme verschränken, Beine anheben, Verbeugen). Die Puppe muss diese Position eine bestimmte Zeitspanne beibehalten. (Idee: Naumann, Rutke & Ryk)

2 Bewegter Unterricht

Märchen mit Progressive Muskelentspannung (PM)
Die Progressive Muskelentspannung ist eine bekannte Entspannungsmethode nach dem Amerikaner Edmund Jacobson (1938). Diese Methode beruht auf dem Prinzip des nacheinander An- und Entspannens unterschiedlicher Muskelgruppen. Dadurch kommt es zur Gefäßerweiterung und besseren Durchblutung der Haut (kalte Hände und Füße werden warm), zum Abbau von Stresshormonen und zur Veränderung der Gehirnwellen. Insgesamt wird mit der Progressiven Muskelentspannung eine Verringerung der Muskelanspannung und das Erreichen eines tiefen Entspannungszustandes und damit ein Zustand innerer Gelassenheit und Ausgeglichenheit (Vaitl, 2004, S. 21-33) angestrebt.
Die Kinder sollen diese unterschiedlichen Spannungszustände erspüren. Entsprechend der klassischen Methode nach Jacobson werden nacheinander folgende 17 Muskelgruppen fest angespannt und danach völlig entspannt:

1. rechte Hand, rechter Unterarm
2. rechter Oberarm
3. linke Hand, linker Unterarm
4. linker Oberarm
5. Stirn
6. obere Wangenpartie, Nase
7. untere Wangenpartie, Kiefer
8. Nacken und Hals
9. Brust, Schulter, Rücken
10. Bauchmuskulatur
11. Gesäß und Becken (werden beim klassischen Verfahren ausgelassen)
12. rechter Oberschenkel
13. rechter Unterschenkel
14. rechter Fuß
15. linker Oberschenkel
16. linker Unterschenkel
17. linker Fuß

(Olschewski, 1992, S. 17)

Nach unseren Erfahrungen werden diese Übungen von Grundschulkindern gern angenommen und gut umgesetzt, wenn die klassischen Übungsanweisungen nach Jacobson in die Sprache der Kinder transformiert, mit Bildern und Metaphern veranschaulicht und in eine kleine Geschichte eingebunden werden. Diese Geschichte kann wiederholt zum Einsatz kommen.

2.4 Entspannungsphasen

Das tapfere Schneiderlein
(Passend zum Inhalt werden Muskelgruppen (s. oben) angespannt und entspannt.)

Stell dir vor, du bist das tapfere Schneiderlein und quetschst den Käse aus. Jetzt bist du der Riese und versuchst den Stein auszuquetschen.
Das tapfere Schneiderlein legt locker die Hände auf die Beine und schaut lachend dem Riesen zu.
Zeige mir einmal, wie stark das Schneiderlein ist. Strenge dich ganz toll an!
Nun lass abgekämpft die Arme an der Seite locker ausbaumeln.
Du bist wieder der Riese und ärgerst dich, dass aus dem Stein kein Wasser kommt. Runzele die Stirn! Schließe die Augen ganz fest! Rümpfe die Nase! Drücke die Lippen fest aufeinander! Beiße die Zähne auseinander! Ziehe die Mundwinkel nach unten!
Das Schneiderlein unterdessen sitzt auf der Wiese und lässt sich von einem Sonnenstrahl streicheln. Er hört auf das Summen der Bienen und sein Gesicht ist ganz entspannt.
Darüber noch mehr verärgert, tobt der Riese. Er macht ein Doppelkinn und zieht sich selbst an den Haaren des Hinterkopfes nach oben.
Aber dem Riesen kommt ein neuer Einfall, um das tapfere Schneiderlein zu besiegen. Darüber erfreut, lässt auch er sich erst einmal von der warmen Sonne bescheinen.
Dann zieht der Riese die Schultern an die Ohren, bläst den Brustkorb wie einen Luftballon auf und hebt einen großen Baum an. Er fordert das Schneiderlein auf anzufassen. Das Schneiderlein geht an die Seite mit den vielen Zweigen.
Es setzt sich ganz locker in die Äste. Reckt den Hals in die Luft und atmet tief aus, weil es den Riesen abermals überlistet hat.
Ein weiteres Abenteuer, das das tapfere Schneiderlein zu bestehen hat, ist der Kampf mit dem Einhorn.
Das Schneiderlein stemmt sich vor Schreck gegen einen Baumstamm. Es macht den Bauch hart und drückt den Rücken gegen den Stamm (die Stuhllehne).
Das war knapp! Das Einhorn hat aber das Schneiderlein nicht entdeckt. Dieses steht ganz locker und lässt seinen Bauch wieder heraus.
Da hat es einen Einfall. Es läuft dem Einhorn über den Weg, stellt sich vor einen Baum und zieht die Pobacken fest zusammen. Dabei macht es sich richtig groß.

Das Einhorn rennt mit vollem Tempo auf das Schneiderlein zu. Dieses bückt sich und das Einhorn spießt in den Stamm …
Das Schneiderlein ist erleichtert und steht locker und wird wieder viel kleiner.
Als dritte Aufgabe soll das Schneiderlein das Wildschwein einfangen. Auch das werde ich schaffen, denkt das Schneiderlein. Es stellt sich ganz fest auf den Boden und denkt erst einmal nach.
Da hat es einen Einfall! Erleichtert entspannt es sich erst einmal.
Im Wald hält das Schneiderlein erst einmal Ausschau nach dem Wildschwein. Es hebt die Fersen an, damit es richtig groß wird und alles besser überblicken kann.
Doch kein Wildschwein ist zu entdecken. Deshalb senkt das Schneiderlein die Fersen locker ab und steht erst einmal erleichtert da.
Während das Schneiderlein auf das Wildschwein wartet, zieht es die Zehenspitzen nach oben und drückt die Fersen fest in den Boden.
Dann setzt es sich auf einen Baumstamm und lässt die Füße hängen.
Plötzlich kommt das Wildschwein. Mit langen Schritten läuft das tapfere Schneiderlein in eine Kapelle, springt zum Fenster wieder raus und sperrt das Wildschwein ein.
Stolz dehnt und streckt sich das Schneiderlein. Frisch und munter zeigt es seinen Gürtel, auf dem geschrieben steht „Sieben auf einen Streich".
(Müller & Volkmer, 1997, weitere Beispiele in Müller, 2021)

2.4.4.3 Spielerische Massage

Massageformen helfen innere Anspannungen zu lösen und die Muskulatur zu entspannen. Da die Bedingungen im Klassenzimmer häufig nur das Massieren im Sitzen zulassen, wird vorrangig eine Entspannung der Nacken-, Schulter- und Rückenmuskulatur erreicht.

Im Sportunterricht können diese Formen der Massage durch die Möglichkeit des Liegens auf Matten eine Erweiterung erfahren (s. Kapitel 5). Unter spielerischer Massage verstehen wir, dass Massageformen mit kleinen Massagegeschichten verbunden werden sollten. Nach unseren Erfahrungen nehmen Kinder solche Formen sehr positiv auf. Die Durchführung von Kontaktspielen (s. Abschnitt 2.4.1) vor dem Einstieg in die Massageformen baut mögliche Berührungsängste ab.

Durch Massageformen wird die Aufmerksamkeit nach innen gerichtet. Die Kinder sollen für Körperwahrnehmungen sensibilisiert werden, ein positives Körpererleben empfinden und die wohltuende Wirkung von Massage genießen. Massage kann durch das Geben und Erhalten von Zuwendungen auch das Einfühlungsvermögen und die Achtung vor anderen Kindern fördern. Zur Förderung der Kreativität sollten zunehmend die Massagegeschichten von den Kindern beendet oder selbst ausgedacht werden.

Mögliche Massageformen
- *Selbstmassage* als Einstieg in die Massage, z. B. im Sitzen ein Bein mit kreisenden Bewegungen von den Füßen bis zum Oberschenkel massieren oder mit den Händen von den Füßen bis zum Kopf wie ein „Marienkäfer" über den eigenen Körper krabbeln, sich den Nacken, die Stirn, die Wangen massieren, die Ohren kneten, zwischen den Fingerknochen reiben.
- *Partnermassage,* z. B. mit einem Tennis- oder Igelball über den Rücken der Partnerin kreisen, die Hände des Partners mit kreisenden Bewegungen von den Fingerspitzen bis zu den Handgelenken massieren, über den Rücken den Partner mit leicht gewölbten Händen von oben nach unten wachklopfen, mit den Handflächen über den Rücken streichen, den Rücken abrubbeln.
- *Massage nach Musik,* z. B. afrikanische Trommelmusik einspielen und den Rhythmus mit den flachen, angespannten Händen auf den Rücken des Partners vorsichtig schlagen. (Die Massage kann auch in Kreisform erfolgen, so dass jedes Kind gleichzeitig Masseur und Massierter ist.)
- *Massageformen in einfache Handlungsmuster einkleiden,* so können unterschiedliche Sachen gekocht, gebacken, gebaut oder andere Tätigkeiten ausgeführt werden.

Methodisch-organisatorische Hinweise zur spielerischen Massage:
Die Kinder sollten eine bequeme Entlastungshaltung einnehmen, z. B. Kopf auf die Tischplatte legen (Kissen), den Stuhl drehen und sich auf der Lehne abstützen. Sie wählen sich selbst einen Partner. Die Teilnahme an Massageübungen ist immer freiwillig.

Der Lehrer muss den Kindern das Massieren zeigen. Zuerst sind die Hände durch Reiben anzuwärmen. Dann ist langsam zu beginnen – und auch zu enden. Es wird nur links und rechts neben der Wirbelsäule massiert und die Wirbelsäule selbst wird nicht bearbeitet.

Leise Hintergrundmusik (Instrumentalmusik ist besonders geeignet) kann die angenehme Atmosphäre unterstützen. Leises Kichern oder Lachen sowie miteinander Sprechen ruhig zulassen. Dies kann die Wirkung der Massage fördern. Es wird automatisch zunehmend leiser, je mehr die Kinder die Massage genießen. Sehr wichtig erscheint, dass sich die Partner über die Intensität der Massage, was angenehm und was nicht angenehm ist, austauschen.

Nach der Massage zuerst Zeit zum Genießen lassen. Danach kann auch einmal ein kurzes Gespräch in Paaren, in Gruppen oder der Klasse angeregt werden, z. B. „Wie hat dir die Massage gefallen? Was hast du gefühlt? Wie geht es dir jetzt?"

Spielerische Massage sollte vor allem nach Phasen intensiven Arbeitens (z. B. Schreiben) oder vor solchen eingesetzt und regelmäßig wiederholt werden. Massagegeschichten haben sich in unseren Versuchsschulen vor allem in der Einstiegsphase bewährt. Wenn die Kinder bereits an Massageformen gewöhnt sind, ermöglicht der Wegfall der Geschichten bzw. das Erzählen von Geschichten innerhalb des Paares das individuelle Eingehen auf die Wünsche des Partners.

Als Einstieg und für Schüler mit Kontakt- und Distanzproblemen sind Selbstmassage und die Massage mit Noppenbällen günstig. Massageregeln sollten vor Beginn öfters wiederholt und evtl. schriftlich an der Tafel fixiert werden. Bei Sprech- und Sprachproblemen wirkt unterstützend, wenn dem Partner kleine Geschichten erzählt werden und ein Austausch über Empfindungen stattfindet. Bei Hörproblemen evtl. statt Geschichten lieber Musik einsetzen, da der Blickkontakt zum Sprecher fehlt

Selbstmassage*

Die Kinder sitzen und führen bei sich selbst eine Klopfmassage aus. Sie klopfen leicht auf Arme, Beine und Oberkörper.

Varianten: streichen, kneten, drücken, zupfen oder mit den Fingern über den Körper krabbeln

Klopfmassage*

Mit der flachen Hand wird der Rücken beim Partner abgeklopft, dazu Trommelmusik einspielen.

2.4 Entspannungsphasen

Igelballmassage*
Zwei Kinder massieren sich gegenseitig mit den Noppenbällen. Sie sollen sich selbst ausdenken, was ihr Igel alles erleben könnte. Die Lehrerin gibt evtl. erste Anregungen.

Ein Igel spaziert vorsichtig durch den Garten.	*über den Rücken nach oben und unten reiben*
Er schnüffelt an den Pflanzen und sucht nach Würmern.	*spiralförmige Bewegung*
Plötzlich hat er etwas entdeckt – einen großen Apfel.	*schnellere Bewegungen Kreise*
Er spießt den schweren Apfel auf den Rücken und setzt seinen Rundgang fort. Was erlebt der Igel noch?	*etwas stärker aufdrücken und über den Rücken nach oben und unten massieren*

Varianten: Geschichte fortsetzen, eigene Geschichten erfinden

Massagegeschichten

Wettlauf der Tiere

Noch liegt eine tiefe Stille über dem Wald.	*Ruhe und Konzentration abwarten*
Die Tiere des Waldes werden heute von einem wunderbaren Sonnenaufgang geweckt.	*Eine Handfläche gleitet ganz ruhig von unten nach oben über den Rücken.*
Heut ist ein besonderer Tag, denn die Tiere treffen sich zum Wettlauf auf der großen Lichtung.	*Die Fingerspitzen einer Hand zeichnen eine große Lichtung auf dem Rücken.*
Für die Teilnehmer gibt es richtige Pokale zu gewinnen. Die haben die Tiere aus Lehm hergestellt. Dazu haben sie den Lehm zunächst auf einen großen Haufen zusammengetragen und diesen dann in mehrere kleine Häufchen geteilt.	*Beide Hände schichten auf dem Rücken einen großen Haufen auf.* *Auf dem Rücken werden mit den Händen mehrere kleine Häufchen geformt.*
Die kleineren Lehmhäufchen mussten kräftig durchgeknetet werden.	*Beide Hände kneten behutsam.*
Dann wurden die Pokale geformt und in der Sonne getrocknet.	*Beide Hände formen.* *Hände und Unterarme wärmen den Rücken.*

2 Bewegter Unterricht

Aber zurück zum Wettlauf.	
Die Teilnehmer sind die Maus,	*flinkes Tippeln mit Zeige- und Mittelfinger,*
der Hase,	*Finger hoppeln über den Rücken,*
das Reh,	*rhythmische Sprünge der 4 Fingerspitzen,*
aber auch die Schnecke,	*eine Handfläche schiebt sich langsam über den Rücken,*
die Raupe	*die gewölbte Hand robbt langsam über den Rücken, indem sie sich beugt und streckt,*
und die Schildkröte	*die gewölbte Hand schiebt sich langsam hin und her schaukelnd über den Rücken.*
Außerdem beteiligt sich das Känguru,	*Aneinander liegende Spitzen von Daumen, Zeige- und Mittelfinger imitieren die Sprünge.*
der Elefant	*Beide Fäuste stampfen vorsichtig auf dem Rücken entlang.*
und die Schlange.	*Eine Handkante schlängelt sich über den Rücken.*
Der Wettlauf hat nunmehr begonnen. An der Spitze liegt zunächst die Maus, gefolgt vom Känguru, dann der Hase und gleichauf das Reh. Aber auch am Ende des Teilnehmerfeldes ist es spannend.	*Die Kinder imitieren jeweils das genannte Tier auf dem Rücken.*
Dort führt die Schlange vor der Schildkröte, dann die Raupe und ganz zum Schluss kriecht die Schnecke.	*s. o.*
Die Tiere müssen vier Runden um die große Lichtung laufen.	*Fingerspitzen gleiten vier Runden auf dem Rücken.*
Das Känguru beendet zwar als erster die vierte Runde. Doch auf dem Zielstrich wartet bereits eine Schnecke.	

Kennt ihr die Geschichte? Hat die Schnecke wirklich gewonnen?
(Petzold, 1997a), weitere Massagegeschichten s. Anhang 2

2.4.4.4 Entspannungsgeschichten

Entspannungsgeschichten sind in unserem Verständnis kurze (3 bis 5 Minuten) vorgetragene Erzählungen meist fiktiver Ereignisse oder die Anregung, an eigene schöne Erlebnisse zu denken. Unter dieser begrifflichen Auslegung schließen wir Fantasiegeschichten als Erzählungen fiktiver Ereignisse in Entspannungsgeschichten ein.

Entspannungsgeschichten zählen wie bereits erwähnt zu dem Weg, über geistige Übungen Ruhe und Entspannung zu finden. Die Konzentration der Kinder ist nach innen gerichtet auf „fantasiegelenkte Vorstellungen einer wohltuenden Umgebung" (Kolb, 1995, S. 65). Äußere und innere Anspannungen sollen gelöst werden. Die Vorstellungskraft und Fantasie werden angeregt. Mit der Entwicklung der Fähigkeit in Bildern zu denken, wird gleichzeitig die rechte Gehirnhälfte angesprochen (s. Abschnitt 1.1.2). Entspannungsgeschichten fördern das Zusammengehörigkeitsgefühl durch das gemeinsame Erleben und das Schaffen einer Atmosphäre des Vertrauens.

Entspannungsgeschichten können im vollen Umfang von der Lehrkraft erzählt werden, wie die Geschichte vom Wolkenflug.

Methodisch-organisatorische Hinweise zu Entspannungsgeschichten:
Die Kinder nehmen eine Entspannungs- oder Entlastungshaltung ein, z. B. Kopf auf die verschränkten Arme auf die Tischplatte (Kissen) legen, Schneidersitz mit gesenktem Kopf, Droschkenkutscherhaltung, im Sitzen Oberkörper auf die Oberschenkel legen o. Ä. und schließen die Augen. Mit einer Ruhetönung wird begonnen „Liegt ganz entspannt".

Mit der Thematik sollte möglichst an das Alltägliche angeknüpft werden und der Inhalt auf die Bedürfnisse und die aktuelle Situation in der Klasse zugeschnitten sein. Die Geschichte sollte so ausgewählt werden, dass das Interesse sowie Engagement der Kinder geweckt und vor allem angenehme Erlebnisse ermöglicht werden. Die Geschichten können mit Unterrichtsthemen (z. B. Sachunterricht, Lesetexte, Gedichte, Märchen) verknüpft werden und dürfen durchaus auch lustig sein. Die Formulierungen sind möglichst in eigene Worte zu fassen und mit zunehmender Sicherheit sollten eigene Geschichten zum Einsatz kommen. Es könnte angeregt werden, dass sich die Kinder auch selbst Geschichten ausdenken, evtl. mit den Eltern gemeinsam als Gute-Nacht-Geschichten.

Beim Vortragen der Geschichte sollte die Lehrkraft selbst versuchen Entspannung zu finden. Sie muss ruhig und langsam mit einer sanften Stimme sprechen, um den Kindern Zeit für eigene Vorstellungen einzuräumen. Bei Reaktionen der Kinder (lachen u. a.) die Geschichte nicht unterbrechen. Unterstützend können für die Einstimmung ruhige Musik oder ein Bild genutzt werden.

Nach der Geschichte ist es wichtig, die Kinder behutsam in die Wirklichkeit zurückzuholen und den Kreislauf wieder anzuregen. Diese „Rücknahme" in die Geschichte einbauen oder z. B. folgendermaßen durchführen: „Ich zähle von fünf bis null. Dann atmet ihr tief, bewegt eure Hände, streckt die Arme und öffnet die Augen." Nach der Entspannungsgeschichte kann, wenn es die Zeit erlaubt, über die inneren Erlebnisse gesprochen oder evtl. ein Bild gemalt werden. Jede Bewertung durch den Lehrer sollte aber unterbleiben.

Der Einsatz kann regelmäßig vor anstrengender geistiger Tätigkeit erfolgen. Gute Erfahrungen haben wir mit Entspannungsgeschichten vor Kurzarbeiten gemacht. Nervosität und Unruhe konnten bei einem Teil der Kinder deutlich abgebaut werden (Dittrich, 1998, S. 83-84).

Bei Schülern mit sonderpädagogischem Förderbedarf sollten die Geschichten zu Beginn nicht zu lang sein und lieber Pausen im Text und Wiederholungen beinhalten. Ruhige Musik kann sehr unterstützend wirken. Ein Bezug zum Unterrichtsinhalt kann evtl. hergestellt werden.

Wolkenflug
Stell dir vor, es ist ein wunderschöner Tag. Du läufst über eine Wiese. Unter deinen bloßen Füßen spürst du das GraS. Es kitzelt ein bisschen, aber es ist ein schönes Gefühl. Die Sonne scheint von einem herrlich blauen Himmel. Fühlst du die warmen Sonnenstrahlen auf deiner Haut?

Du legst dich auf die Wiese und lässt dich von der Sonne bescheinen. Allmählich wärmt sich dein Körper auf. Du schaust nach oben zum blauen Himmel. Dort kannst du viele kleine weiße Schäfchenwolken sehen. Bedächtig ziehen sie am Himmel vorüber.

Plötzlich löst sich eine kleine Wolke von den anderen. Sie schwebt langsam vom Himmel herunter und kommt auf dich zu. Als sie auf der Wiese neben dir gelandet ist, lädt sie dich augenzwinkernd zu einem kleinen Rundflug ein. Du legst dich auf die Wolke und eure Reise beginnt. Ganz vorsichtig hebt das Wölkchen von der Wiese ab. Zuerst kribbelt es dir etwas im Bauch. Aber du hast keine Angst. Es ist ein tolles Gefühl so zu schweben. Du verspürst beim Fliegen einen

2.4 Entspannungsphasen

zarten Lufthauch über deinem ganzen Körper. Von oben kannst du die ganze Wiese überblicken. Du siehst die vielen, bunten Blumen, die auf der Wiese stehen. Danach fliegt ihr über einen wunderschönen Wald. Am Waldrand erblickst du einige Rehe, die dort gemütlich grasen.

Nach einer Weile kannst du dein Wohnhaus sehen. Und da ist ja auch deine Familie. Doch sie sehen dich nicht auf deiner Wolke. Du fliegst weiter und kannst deinen ganzen Ort von oben betrachten. Später bringt dich die kleine Wolke zu der Wiese zurück. Ganz sanft landet sie auf dem weichen GraS. Du steigst ab und die Wolke zwinkert dir zum Abschied zu. Dann schwebt sie zurück zu ihren Freunden. Du streckst dich und winkst ihr noch kurz nach. Du fühlst dich jetzt erholt und glücklich.
(Lang, 1997)

Entspannungsgeschichten können aber auch nur als Ausgangssituation vorgestellt werden, z. B. ein schönes Erlebnis mit Freunden, Erinnerungen an den Urlaub, ein Erlebnis mit dem Lieblingstier.

Stell dir vor...
Heute lade ich euch ein, sehr komische und verrückte Dinge zu denken und zu sehen. Setzt euch bequem hin und schließt die Augen.
Stell dir vor, dass
- euer Haus laufen kann und jeden Morgen eine Runde Jogging macht
- in unserer Welt plötzlich Riesen auftauchen würden
- dein Frühstücksapfel plötzlich Arme und Beine bekommen würde und du mit ihm durch deine Stadt wanderst
- du abends in deinem Bett liegst und dieses plötzlich Räder wie beim Kleinen Havelmann bekommt und auf einem Mondstrahl entlang fährt
- du mit einem Floß an ein unbekanntes Ufer gespült wirst
- du ein Schlossgespenst bist

2 Bewegter Unterricht

2.5 Bewegungsorientierte Projekte

Innerhalb der Bewegungserziehung nehmen auch Projekte einen bedeutungsvollen Stellenwert ein. Sie unterstützen das Erreichen der Hauptzielstellung: Die Befähigung zur individuellen Handlungskompetenz, die darauf gerichtet ist durch Bewegung die Umwelt zu erfahren und zu gestalten. Nach unseren Literaturanalysen und Praxisbeobachtungen spielt die bewusste Beachtung des Bewegungssinnes bei der Projektplanung und -durchführung in der Grundschule mitunter eine eher untergeordnete Rolle und beschränkt sich meist auf den handelnden Umgang mit Gegenständen oder die feinmotorische Herstellung eines vorzeigbaren Produktes. Damit werden die Möglichkeiten der Erkennung und Gestaltung der Umwelt durch Bewegung mit der Projektmethode bisher noch nicht voll ausgeschöpft. Die nachfolgend ausgewählten Beispiele konzentrieren sich deshalb auf fachübergreifenden Unterricht und Projekte, bei denen mittels des „Doppel-Mediums" Bewegung die Umwelt erkundet, erlebt und/oder durch Bewegung etwas mitgeteilt, ausgedrückt bzw. verändert wird (Grupe, 1982, S. 72).

Als eine zweite Vorüberlegung sei auf die Projektmerkmale verwiesen, die nach Gudjons (1988, S. 14-25) wenigstens teilweise ein Projekt, also auch ein bewegungsorientiertes Projekt, charakterisieren sollten: Situationsbezug, Orientierung an den Interessen der Beteiligten (Lehrer und Schüler), Selbstorganisation und -verantwortung, gesellschaftliche Praxisrelevanz, zielgerichtete Planung, Produktorientierung, Einbeziehung vieler Sinne, soziales Lernen, Interdisziplinarität, Bezug zum Lehrgang. Von diesen Merkmalen ausgehend sollen und können nicht alle Formen fachübergreifenden Arbeitens (gerade im Grundschulbereich) den Anspruch eines Projektes erheben. Aus diesem Grund wird nachfolgend die Behandlung bewegungsorientierter Themen in einem fachübergreifenden Unterricht den Projekten vorangestellt.

2.5.1 Parallele Behandlung bewegungsorientierter Themen in einem fachübergreifenden Unterricht

Gerade in der Grundschule, in der oft mehrere Fächer durch die Klassenleiterin unterrichtet werden, bietet sich die parallele Behandlung des gleichen Problems aus der Sichtweise unterschiedlicher Fächer an. Damit können Verknüpfungen von Aspekten in ihrer Komplexität für die Schüler verdeutlicht werden. In der

2.5 Bewegungsorientierte Projekte

Tatsache, dass nicht so ein hoher Arbeitsaufwand wie für die Vorbereitung und Durchführung von Projekten notwendig ist, liegt auch die Bedeutung für den normalen Unterrichtsalltag. Themen aus den Aufgabenbereichen wie Gesundheitserziehung, Freizeiterziehung, Verkehrserziehung u. a. sind offensichtlich besonders geeignet.

Beispiele für Themen und Inhalte:

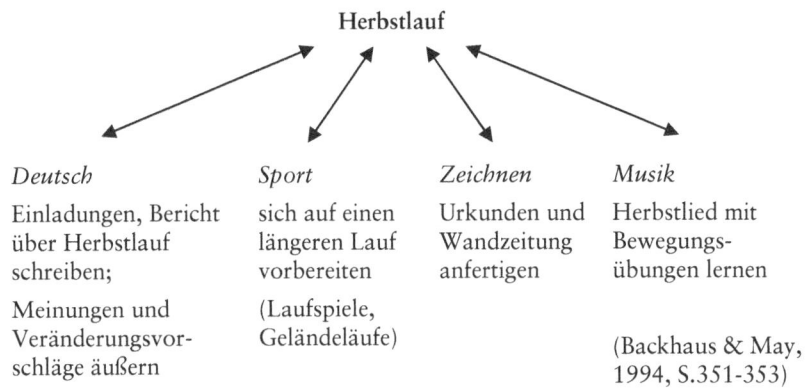

Deutsch	*Sport*	*Zeichnen*	*Musik*
Einladungen, Bericht über Herbstlauf schreiben;	sich auf einen längeren Lauf vorbereiten	Urkunden und Wandzeitung anfertigen	Herbstlied mit Bewegungsübungen lernen
Meinungen und Veränderungsvorschläge äußern	(Laufspiele, Geländeläufe)		(Backhaus & May, 1994, S.351-353)

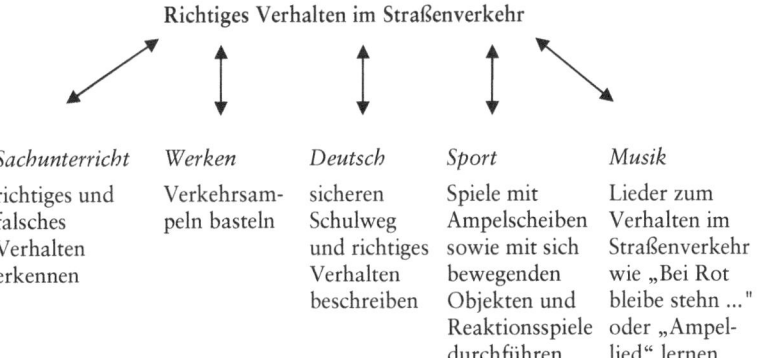

Sachunterricht	*Werken*	*Deutsch*	*Sport*	*Musik*
richtiges und falsches Verhalten erkennen	Verkehrsampeln basteln	sicheren Schulweg und richtiges Verhalten beschreiben	Spiele mit Ampelscheiben sowie mit sich bewegenden Objekten und Reaktionsspiele durchführen	Lieder zum Verhalten im Straßenverkehr wie „Bei Rot bleibe stehn ..." oder „Ampellied" lernen

2 Bewegter Unterricht

Gegenstände im Wasser

Werken
Boote und Flöße aus verschiedenen Materialien (Papier, Holz, Borke, Kork, Schilf u. a.) bauen

Schwimmunterricht
mit den Booten im Wasser spielen und deren Schwimmfähigkeit überprüfen

Wirkungen von Auftriebsmitteln erfahren und vergleichen

Sachunterricht
Kenntnisse über das Schwimmen von leichten und das Sinken von schweren Gegenständen erwerben

Das Fahrrad

Sachunterricht
situationsgerechtes Verhalten als Radfahrer lernen

verkehrssicheres Fahrrad kennen

Sport
Übungen und Spiele mit dem Fahrrad durchführen
- links und rechts absteigen
- Slalomfahren
- Abbremsen und in einem Zielkreis zum Stehen kommen
- bis in einen Zielkreis ausrollen
- Schattenfahren (Bewegungen des Vorfahrenden nachahmen)
- flache Gegenstände (Zeitungen u. a.) überfahren
- eine kleine Wippe überfahren
- „Stehversuche" und Fahren im „Schneckentempo"

Werken
Inspektionsarbeiten, Fahrradwartung und -pflege durchführen

2.5 Bewegungsorientierte Projekte

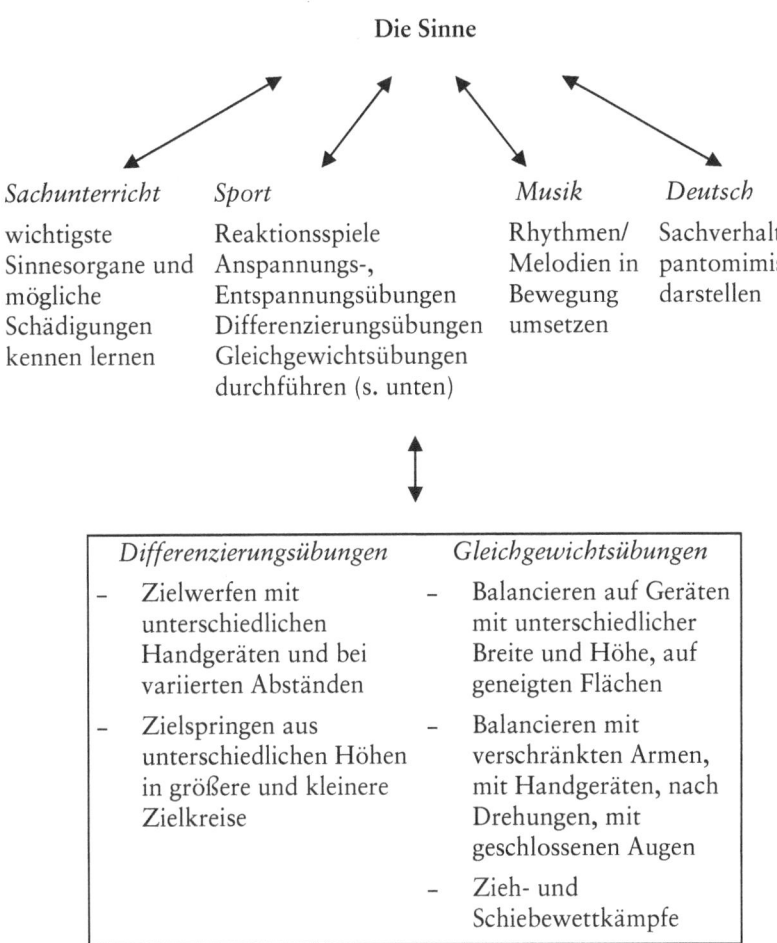

2.5.2 Bewegungsorientierte Projekte

Für Projekte in bewegten Grundschulen kann ein dem Gesamtkonzept angepasster spezifischer Rahmen abgesteckt werden durch Ziele und Themen, bei denen das Erkunden, Verändern, Arrangieren bzw. Gestalten von Bewegungssituationen und durch Bewegungshandlungen einen Schwerpunkt bildet. Nachfolgend wird dafür die Bezeichnung bewegungsorientierte Projekte gewählt, um eine gewisse Spezifik damit zu kennzeichnen. Auf Grenzen (vor allem bezüglich der

2 Bewegter Unterricht

Selbstorganisation und -verantwortung) im Grundschulbereich wurde bereits an anderer Stelle hingewiesen. Von projektorientiertem Arbeiten in dieser Altersstufe zu sprechen, erscheint gerechtfertigter. Dass trotzdem die Entscheidung für den Projektbegriff in unserem Konzept gefallen ist, kann weniger inhaltlich als viel mehr sprachlich begründet werden.

Ergebnisse bewegungsorientierter Projekte können wie auch bei anderen Projekten nach einer Unterscheidung von Duncker & Götz (1984, S. 137) äußere/ externe Produkte als Ergebnisse aufweisen, wie z. B.:
- die Dokumentation von Bewegungs- und Sportmöglichkeiten im Territorium
- das Erstellen eines Pausenspielbuches
- die Anfertigung alternativer Sitzmöbel
- der Bau von kleinen Spielgeräten oder die Gestaltung des Pausenhofes
- das Arrangieren eines Spielfestes oder
- die Gestaltung einer Zirkusaufführung

Bei bewegungsorientierten Projekten werden aber häufig *innere/interne Produkte* in den Mittelpunkt rücken, die:
- weitestgehend abgeschlossen sind, d. h. bestimmte Fertigkeiten erwerben, wie Tänze anderer Kulturen erlernen
- oder die eher offenen Charakter tragen, wie Erfahrungen sammeln, die Verbindung zwischen Natur und Bewegung erleben, Erkenntnisse zum Zusammenhang Gesundheit und Bewegung erlangen, Einsichten über Notwendigkeit des häufigen Wechsels von Sitzhaltungen oder tägliche Bewegungszeiten an frischer Luft erzielen.

Bewegungsorientierte Projekte können einen Beitrag zur Steigerung der Lernfreude und zum Erleben der Faszination von Bewegung, Spiel und Sport leisten. Bei der Projektplanung sollten sich die Kinder mit eigenen Ideen einbringen, sich aber auch in das gemeinsame Vorhaben einordnen. Sie zeigen und erfahren Verlässlichkeit. Im Rahmen von bewegungsorientierten Projekten können Bewegungstraditionen an der Schule gepflegt oder aufgebaut werden.

Nachfolgend (s. Übersicht) wird nach inhaltlichen Aspekten entsprechend der oben vorgenommenen Kennzeichnung bewegungsorientierter Projekte und in Anlehnung an die Projektformen bei Bunk (1990, S. 13) unterschieden in Projekte, bei denen vorrangig:

2.5 Bewegungsorientierte Projekte

- Bewegungsräume und -möglichkeiten bzw. Bewegungsgewohnheiten in anderen Kulturen erkundet werden (Erkundungsprojekte)
- Bewegungsbedingungen und eigene Verhaltensweisen verändert werden (Veränderungsprojekte)
- Bewegung selbst erlebt und mit/für andere arrangiert wird (Erlebnis- und Unterhaltungsprojekte)

Bei der Zuordnung treten allerdings teilweise Überschneidungen auf.

Für bewegungsorientierte Projekte werden die folgenden konkreten Hauptzielstellungen sowie ausgewählte Teilziele und inhaltliche Aspekte vorgeschlagen. Dabei kann Vollständigkeit nicht erwartet werden, denn die Ziele können nur für das konkrete Projekt entsprechend der Vorstellungen der Schüler detailliert formuliert werden. Allgemein zutreffende Ziele (z. B. Verlässlichkeit erfahren und zeigen, kulturelle Traditionen kennen lernen) und Inhalte (Sachaufgaben zum Thema, Lückentexte ausfüllen usw.) werden nicht einzeln aufgeführt.

Der Mehrzahl der folgenden Projekte liegen Belegarbeiten (1998) und praktische Erfahrungen von Kolleginnen und Kollegen einer berufsbegleitenden Weiterbildung zugrunde. In den Arbeiten wird auswertend für die durchgeführten Projekte eingeschätzt, dass sie den Kindern viel Spaß und Freude bereitet haben, die Ziele weitgehend erreicht wurden, die Kinder sehr eifrig gearbeitet haben, die Unterstützung durch die Eltern groß war u. a. Eine weitere Quelle stellen die Projektberichte von zertifizierten „Bewegten Grundschulen" dar. Die dort durchgeführten bewegungsorientierten Projekte sind zu finden auf der Homepage der Forschungsgruppe (https://bewegte-schule-und-kita.de) unter „Ideen zum Staunen".

In bewegungsorientierten Projekten können bei Abstimmung auf die Voraussetzungen der Schüler inklusive Bildungsprozesse verstärkt angedacht und realisiert werden, vor allem wenn sich jeder mit seinen Stärken einbringen kann (Beispiele s. Müller & Dinter, 2021, S. 126-150).

Methodisch-organisatorische Hinweise zu Projekten:

Für bewegungsorientierte Projekte gelten natürlich auch die für andere Projekte zutreffenden Hinweise für die Lehrkraft wie:
- Die Lehrerin sollte gemeinsam mit den Kindern das Projekt und die Teilschritte planen und organisieren, die Kinder beraten, ihnen helfen, sie ermutigen, die Aufgaben koordinieren, die Kinder beobachten. Bei allem Bemühen um Selbstbestimmung und Selbsttätigkeit der Schüler, die Verantwortung nimmt dem Lehrer niemand ab.
- Offene Arbeitsformen sind störanfällig und erfordern Flexibilität.
- Auftretende Probleme und Konflikte den Kindern nicht aus dem Weg räumen, sondern gemeinsam klären.
- Durch eine langfristige Vorbereitung bei regelmäßiger Kontrolle des Erfüllungsstandes der Teilschritte können Misserfolge weitgehend vermieden werden.
- Projekte erfordern die Zusammenarbeit mit den Eltern, dem Hort usw. (s. Kapitel 6).
- Je nach Thema und den konkreten Bedingungen können Projektformen zur Anwendung kommen, die sich im zeitlichen Umfang (Kurzzeitprojekte, Projekttag(e), Projektwoche, Langzeitprojekte) oder der Organisation (Klassenprojekte, klassenübergreifende Projekte, Schulprojekte, Projekte im Schullandheim) unterscheiden.

Darüber hinaus erscheinen folgende methodisch-organisatorische Hinweise für bewegungsorientierte Projekte wichtig:
- Bewegungsorientierte Projekte leben von der Bewegung, weniger vom Reden darüber.
- Bewegungssituationen sind für alle Projektgruppen zu planen, zumindest innerhalb eines gemeinsamen Abschlusses (Spiele auf dem veränderten Schulhof, Faschingsfeier, Indianerfest u. a.).
- Bei diesen Projekten sollte schon in der Vorbereitungsphase auf zweckentsprechende Kleidung und sicheres Schuhwerk orientiert werden.
- Projekte mit vielfältigen Bewegungsinhalten erfordern besondere Beachtung von Sicherheitsvorkehrungen sowie sich über gesetzliche Bestimmungen zu informieren.
- Schon in der Vorbereitungsphase sollte die Beratung mit den Sportlehrkräften gesucht werden.

- Erste-Hilfe-Ausrüstungen müssen jederzeit zugänglich sein.
- Angefertigte (Stelzen) oder mitgebrachte Sport- und Spielgeräte (Fahrräder) müssen auf ihre Sicherheit überprüft werden.
- Eine Reihe der vorgeschlagenen Projekte erfordert die Unterstützung durch Eltern, andere Kollegen, den Hausmeister u. a.
- Für die Projektgestaltung ergeben sich vielfältige Möglichkeiten der Verknüpfung mit den unterschiedlichen Bereichen einer bewegten Grundschule.
- Es sollte an Projekten aus dem Kindergarten angeknüpft werden. Im Buch „Bewegte Kita" (Müller, 2021) werden Ideen aus der „Bewegten Grundschule" aufgegriffen, zumal der Hort eine sinnvolle Verbindung darstellen kann.
- Wie auch in anderen Bereichen der bewegten Grundschule sollte der Lehrer sich mitbewegen, zumindest solange dies nicht im Widerspruch zur Wahrnehmung der Aufsichtspflicht führt.
- Sicherheitsvorschriften sind zu beachten, so z. B. DGUV (Hrsg.). (2019a). *Mit der Schulklasse sicher unterwegs*. DGUV Information 202-047. Berlin: DGUV.

Medienhinweise zu bewegungsorientierten Projekten
Deutsche Olympische Akademie (Hrsg.). (2022). Olympia ruft: Mach mit! Unterrichtsmaterialien Primarstufe. Zugriff am 10. Februar 2022 unter https://www.doa-info.de/
Müller, Chr. (2021). *Bewegte Kita*. Baden-Baden: Academia.

Einige Projekte aus den zertifizierten Grundschulen in Sachsen werden auf der Homepage der Forschungsgruppe „Bewegte Schule" der Universität Leipzig vorgestellt.
Bewegungsorientierte Projekte. Zugriff am 10. Februar 2022 unter https://bewegte-schule-und-kita.de/konzept/bewegteSchule/deutsch/html/staunen.html

2 Bewegter Unterricht

Übersicht zu den Bewegungsprojekten

Erkundungsprojekte	
Natur über Bewegung erleben	
Der Wald hat viele Gesichter	Der Frühling ist da
Unser Zeltlager	
Bewegungsräume und -möglichkeiten im Umfeld erkunden	
Unser Bewegungspfad	Möglichkeiten für Bewegung, Spiel und Sport in der Freizeit
Etwas über Bewegungsgewohnheiten in der Vergangenheit oder in anderen Kulturen erfahren	
„Alte" Kinderspiele*	Tänze anderer Kulturen
Veränderungsprojekte	
Bewegungsräume und -möglichkeiten verändern	
Wir verändern unseren Pausenhof	Pausenspiele im Klassenzimmer
Unsere Sporthalle wird zur Dschungellandschaft	
Durch Bewegung gesünder leben wollen	
Gesund und fit	Bewegte Grundschule
Zu Fuß zur Schule	
Erlebnis- und Unterhaltungsprojekte	
Freude beim Bewegen erleben	
Fahrradfahren macht Spaß	Olympische Spiele
Bewegungsanlässe mit/für andere arrangieren	
Unser Spiel- und Sportfest	Fasching
Gespenster	Zu Besuch im Märchenland
Mit „Bewegungskünsten" andere unterhalten	
Puppenspiel	Zirkus Zappelino
Tanzaufführung	

Erkundungsprojekte
Natur über Bewegung erleben

Der Wald hat viele Gesichter
- Wald mit unterschiedlichen Sinnen erleben (barfuß laufen, auf die Geräusche hören, durch das Laub rascheln, Fühltüten mit Waldmaterial zusammenstellen, im Wald laufen, springen, werfen, balancieren)
- mit Naturmaterial spielen und basteln
- den Wald malen, Waldcollage aus gesammeltem Material aufkleben
- Wald-Bewegungsgeschichten schreiben und durchführen

Der Frühling ist da
- den Frühling auf Wanderungen beobachten
- Lied „Die Vogelhochzeit" singend darstellen und aufführen
- Frühlingsgedichte selbst schreiben
- Collagen und Teile für ein Wandpuzzle anfertigen
- Beete anlegen
- das Projekt mit einem gemeinsamen Sport- und Spielfest zum Thema Frühling beenden, dabei die Ergebnisse vorstellen

Ähnliche Projekte können zu allen vier Jahreszeiten durchgeführt werden.

Unser Zeltlager
- ein Zeltlager planen und gemeinsam aufbauen (1. Klasse evtl. im Schulgelände)
- gemeinsam wandern und die Natur beobachten
- sich mit Karte und Kompass orientieren
- Spiele in der Natur aussuchen und durchführen
- ein Lagerfeuer aufbauen und Knüppelkuchen backen
- Bewegungslieder und -geschichten am Lagerfeuer singen bzw. erzählen
- die Natur im Dunkeln bei einer kleinen Nachtwanderung erleben

Bewegungsräume und -möglichkeiten im Umfeld erkunden
Unser Bewegungspfad
- Bewegungsräume im Freien besuchen
- Bewegungen an/um/auf natürlichen Objekten erproben (Balancieren auf Baumstämmen, Überspringen kleiner Bäche, Slalomlauf um Bäume, Werfen mit Stöckchen, Zielwerfen mit Tannenzapfen, Steinstoßen u. a.)

- einen „Bewegungspfad" zusammenstellen
- eine Karte zeichnen, Spielbeschreibungen anfertigen
- andere Klassen oder die Geschwister und Eltern zu einem gemeinsamen Besuch einladen

Möglichkeiten für Bewegung, Spiel und Sport in der Freizeit
- Spielplätze, Sportvereine, Bewegungsräume für Rollschuh laufen, Rad fahren, Inline-Skaten u.v.a.m. in der Umgebung erproben
- Vor- und Nachteile diskutieren
- eine Übersicht zusammenstellen

Etwas über Bewegungsgewohnheiten in der Vergangenheit oder in anderen Kulturen erfahren
„Alte" Kinderspiele
- Erkundungsauftrag an die Kinder, „alte" Kinderspiele zu finden (Großeltern fragen, im Internet und Büchern nachlesen)
- Ergebnisse vorstellen und gemeinsam spielen
- eine Karteikartensammlung anfertigen
- Spielenachmittag durchführen, Eltern, Großeltern, Geschwister dazu einladen
  Beispiele: Kreiseln, Knobeln, Nippen (Müller et al., 2006. Klassen 3/4), Hüpfspiele, Gummihopse, Reifenwurfspiel, Murmeln, Versteckspiele, Topf schlagen, Blindekuh, Fadenspiele (s. Woll, 1988) u. a.

Tänze anderer Kulturen
- evtl. Ausstellung über andere Kulturen besuchen
- Sachtexte über andere Kulturen lesen
- Tänze ausprobieren, einüben und evtl. aufführen
- passende Masken, Kopfbedeckungen u. a. herstellen
- Sprechtexte erarbeiten

Veränderungsprojekte
Bewegungsräume und -möglichkeiten verändern
Wir verändern unseren Pausenhof
- Spiele für die Hofpause zusammenstellen und ausprobieren

- geeignete Plätze für die unterschiedlichen Spiele auf dem Hof erkunden und auswählen
- Spielfeld(er) ausmessen und markieren
- Hüpfkästchen aufzeichnen, Wände für Zielwerfen bemalen (nach Unterstützung suchen)
- Zielwurffiguren zum Aufstellen (Clowns, Trickfiguren u. a.) bauen
- Spielgeräte (Stelzen, Schweifbälle u. a.) bauen bzw. Sandsäckchen oder Jonglierbälle nähen
- nach Finanzierungsmöglichkeiten für Spielkisten oder -tonnen suchen
- Spielanleitungen schreiben und gestalten
- gemeinsam mit anderen Kindern auf dem Pausenhof spielen

Pausenspiele im Klassenzimmer
- Spielkisten bemalen und bekleben
- Spielmaterial zusammentragen bzw. herstellen
- Spiele erkunden oder erfinden und ausprobieren
- Spielanleitungen anfertigen und gestalten, evtl. Pausenspielbuch erstellen
- Spiele anderen Kindern zeigen und gemeinsam mit ihnen spielen

Unsere Sporthalle wird zur Dschungellandschaft
- eine Dschungellandschaft gemeinsam entwerfen und aufbauen (Hängebrücke aus Wackelbank, Schlucht aus zwei Kästen, Kanus aus Rollbrettern oder Kastenoberteilen auf Stäben, Felsen aus Mattenberg, umgestürzte Baumriesen aus Langbänken, Strickleitern bauen u.v.a.m.)
- in der Dschungellandschaft spielen
- Bewegungsgeschichten im Dschungel sich ausdenken, spielen, evtl. aufschreiben
- kleine Szenen zum Thema darstellen
- Dschungelerlebnisse malen

Durch Bewegung gesünder leben wollen
Gesund und fit
- Spiele für die Freizeit sammeln und ausprobieren (Tänze, Sinnesübungen, Spiele „vor der Haustür"; „alte" Kinderspiele, Entspannungsübungen)
- einen Crosslauf vorbereiten und diesen gemeinsam durchführen
- Schulgelände zum Spielgelände verändern, Pausenspiele erproben
- gesundes Frühstück herstellen

2 *Bewegter Unterricht*

- Rezeptbücher, Plakate u. a. anfertigen
- etwas über Drogen und ihre Wirkungen erfahren

Bewegte Grundschule
- die Familien einladen und das Projekt vorstellen
- mit einem gemeinsamen Bewegungslied alle begrüßen
- Bewegungsmöglichkeiten im Gebäude und im Außengelände den Eltern zeigen und Wünsche für Veränderungen äußern
- Beispiele aus unterschiedlichen Teilbereichen den Eltern vorstellen und mit ihnen durchführen, z. B. eine Igelballmassage
- zu Bewegungsspiele zu Familienfesten anregen, ausgewählte Beispiele spielen
- die Ergebnisse eines Bewegungsprojektes vorstellen
- Sportvereine ansprechen, die über ihre Angebote informieren
- Hinweise den Eltern für die Gestaltung des häuslichen Arbeitsplatzes der Kinder geben sowie zu einem bewegten Schulweg

Weitere Ideen für Projekttage zur bewegten Grundschule sind auf unserer Homepage zu finden.

Zu Fuß zur Schule
- Informationen zur Bedeutung eines bewegten Schulweges sammeln
- den eigenen Schulweg aus dem Gedächtnis aufzeichnen
- einen Brief mit Bitte um Unterstützung an die Eltern schreiben
- an mehreren Tagen den Schulweg (wenigstens teilweise) zu Fuß zu erkunden
- die Eltern um Schrittzähler/Fitnesstracker – falls vorhanden – bitten Gruppen bilden
- von Besonderheiten, Erlebnissen, Begegnungen auf dem Schulweg berichten
- noch einmal ein Bild „Mein Schulweg" zeichnen, Veränderungen besprechen

(Projektbericht Dittes-Grundschule, Wilkau-Haßlau)

Erlebnis- und Unterhaltungsprojekte
Freude beim Bewegen erleben

Fahrrad fahren macht Spaß
- Fahrradprüfung ablegen
- Fahrradparcours, Spiele mit dem Fahrrad, Orientierungsfahrt mit dem Fahrrad
- Fahrradwerkstatt evtl. Verkehrsmuseum besuchen

- Sicherheit des Fahrrades überprüfen, Pflege des Fahrrades
- Sachtexte lesen, Lieder (z. B. „Vom BMX-Rad") singen und gestalten
- Gespräche mit einem Polizisten führen, Verhalten im Straßenverkehr üben
- Wandtafel gestalten, Eindrücke aufschreiben oder malen
- Fahrradtour gemeinsam vorbereiten und durchführen
- rücksichtsvolles Verhalten gegenüber anderen und in der Natur üben

Olympische Spiele
- Klassen- bzw. Schulolympiade vorbereiten und durchführen, dazu Wettbewerbe in Anlehnung an die Spiele der Antike oder zu Beginn der Neuzeit auswählen, wie Wagenrennen (vier Schüler ziehen einen auf dem Rollbrett, Teppichfliesen u. a.), Waffenlauf (mit Papierhelm, Stab als Waffe und Reifen als Schild), Allkampf (Mattenringkampf), Stadionlauf, Diskuswurf (mit Tennisring oder Frisbeescheibe), Hürdenlauf (über Medizinbälle), Hindernislauf, Zielwerfen, Tauziehen, Hoch-Weit-Sprung, Mini-Marathon
- Sachtexte oder Zeitungsberichte zum Thema lesen
- einen Olympiateilnehmer befragen oder anschreiben und die Tage bei Olympia nacherleben
- Olympiahymne und olympischen Eid kennenlernen, olympische Ringe basteln
- Folkloretanz aus Griechenland (Sirtaki) und aus dem aktuellen Olympialand üben und zur Eröffnung aufführen
- Siegerehrung vorbereiten (Fanfare auswählen, Urkunden u. a.)
- Entwicklungstendenzen problematisieren

Ein ähnliches Projekt kann auch in Verbindung mit den Olympischen Winterspielen durchgeführt werden. Mögliche Sportarten: Eiskunstlaufen, Curling (mit Wurfsäckchen), Biathlon (Würfe mit Maissäckchen auf Sportkreisel als Schießscheiben), Skilanglauf (ausrangierte Nordic-Walking und Skistücke mit Korken als Schutzkappen), Bob fahren (mit Rollbrettern und „Mörtelkübeln"), Skispringen, Eishockey (mit Unihockeyschlägern)
(Projektbericht, 85. Grundschule Dresden)

2 Bewegter Unterricht

Bewegungsanlässe mit/für andere arrangieren
Unser Sport- und Spielfest
- ein Sport- und Spielfest für die Familien oder für eine Kindereinrichtung planen
- nach geeigneten Bewegungsaktivitäten suchen, diese selbst erst einmal ausprobieren und danach mit anderen durchführen
- Programm erarbeiten, Ablauf planen
- Einladungen, Urkunden anfertigen
- Spielfest durchführen

Fasching
- Schminktipps zusammenstellen und ausprobieren
- Rezepte suchen und Figuren zum Fasching backen
- kulturelle Traditionen kennenlernen, einen Faschingsumzug durch das Dorf/ eine Polonaise im Schulhaus durchführen
- gemeinsam Fasching feiern

Gespenster
- Gespenstergeschichten und -gedichte ausdrucksvoll lesen und szenisch gestalten
- Kostüme, Raum- und Fensterschmuck, evtl. Hand- oder Stabpuppe herstellen
- sich als Gespenster verkleiden
- Bewegungsformen im „Gespensterland" erleben (Burg und Höhlen bauen, am Tau schwingen, balancieren u. a.)

Zu Besuch im Märchenland
- Märchenspiele und -tänze einstudieren und aufführen
- eine Wanderung durch das Märchenland mit kniffligen Aufgaben (zu Rapunzel am Tau klettern, mit dem Ball der Froschkönigin jonglieren u. a.)
- Gruselkabinett einrichten
- in einem Theater hinter die Kulissen schauen
- Märchenfiguren (evtl. als Marionetten) herstellen
- sich Märchenrätsel ausdenken, evtl. pantomimisch darstellen
- nach märchenhaften Rezepten kochen und backen

Mit Bewegungskünste andere unterhalten
Puppenspiel
– Figuren basteln
– Texte entwerfen
– Bühnenbild gestalten
– Musikumrahmung zusammenstellen und einüben
– Einladung und Programme schreiben
– Puppenspiel aufführen und dokumentieren

Zirkus Zappelino*
– „Kunststücke" erfinden und einüben
– Texte schreiben, musikalische Umrahmung zusammenstellen
– Einladungskarten basteln und schreiben
– Bühnenbild gestalten, Masken für Tiere herstellen
– Kleidung zusammenstellen und sich schminken
– Zirkusaufführung gestalten und auf Fotos/Video festhalten
– Gute Erfahrungen gibt es in unseren Projektschulen mit Aufführungen, die von einem Projektzirkus unterstützt werden.

Tanzaufführung
– Musikvarianten auswählen
– grundlegende Tanzschritte und Körperbewegungen erlernen, dabei eigene Ideen einbringen
– Bühnenbild, Beleuchtung, Bekleidung zusammenstellen
– Einladungskarten, Plakate malen
– Tanzaufführung
– durch Fotos/Video dokumentieren

2.6 Individuelle Bewegungszeit

2.6.1 Möglichkeiten und Grenzen

Die Kinder einer Klasse haben durchaus zu unterschiedlichen Zeitpunkten Bewegungsbedürfnisse, denen sie nach vereinbarten Regeln auch nachgehen sollten. Ebenso wird die Bewertung der Bewegungsangebote differenziert erfolgen.

2 Bewegter Unterricht

Was dem einen Kind gefällt, kann bei einem anderen auf Ablehnung stoßen. Deshalb ist es notwendig, in bewegten Grundschulen neben gemeinsamen Bewegungsaktivitäten den Kindern auch Freiräume für individuelle und weitgehend selbstbestimmte Bewegungssituationen zu geben. Aus diesen Gründen stellen individuelle Bewegungszeiten einen wesentlichen Bereich der Bewegungserziehung dar. Wir verstehen darunter weitgehend selbstbestimmte Situationen im Unterricht, in denen das einzelne Kind kurzzeitig im Rahmen eines abgesprochenen Handlungsspielraumes sich nach seiner aktuellen kognitiv-emotionalen Einschätzung (Hackfort, 1986, S. 48) für Bewegungshandlungen entscheidet.

Ziele:
- Entwicklung der Fähigkeit, Freiräume für Bewegungshandlungen wahrzunehmen und entsprechend der aktuellen kognitiv-emotionalen Einschätzung zu nutzen, dabei sinnvolle, gemeinsam vereinbarte Grenzen einzuhalten
- Befriedigung des Bewegungsbedürfnisses
- psychische Entlastung (nicht stillsitzen zu müssen)
- Erhöhung der Selbstbestimmung und Selbstständigkeit
- rücksichtsvolles Verhalten gegenüber anderen
- häufiger Wechsel der Arbeitshaltung und dadurch Vermeiden konstanter Haltungsmuster

Medienhinweise zu individuellen Bewegungszeiten

Dennison, P. E. & Dennison, G. (1992). *Lehrerhandbuch Brain Gym*. Freiburg: Verlag für Angewandte Kinesiologie.

Pädagogisches Zentrum Rheinland-Pfalz (Hrsg.). (1996). *Bewegung – das Tor zum Lernen*. Bad Kreuznach: PZ.

Seemann-Girrbach, R. & Staudinger, G. (1995). *Bewegung ins Klassenzimmer*. Regensburg: Wolf.

2.6 Individuelle Bewegungszeit

Möglichkeiten und Grenzen für individuelle Bewegungszeiten ergeben sich aus:

Person-Umwelt-Aufgabe-Konstellation
Welche Handlungsspielräume möglich sind, kann nicht als Rezept vorgegeben werden. Diese werden bestimmt durch die Determinanten Person, Aufgabe, Umwelt und deren gemeinsame Schnittflächen in den konkreten Situationen. Handlungsspielräume sind z. B. abhängig von
der Aufgabe, d. h.:
- dem Fach (z. B. gibt es in den Fächern Werken und Zeichnen sehr große Spielräume für Bewegungsfreiheiten)
- dem Stoff
- der didaktischen Funktion
- der Methode (Freiarbeit gibt mehr Handlungsspielraum als Frontalunterricht)

der Umwelt, d. h.:
- schulinternen Entscheidungen über Handlungsräume für Bewegungsmöglichkeiten
- der konkreten Klassensituation, den sozialen Beziehungen
- der „Tagesform" von Lehrern
- räumlichen Bedingungen, materieller Ausstattung

der Person, d. h.:
- dem Alter der Kinder
- aktuellen Befindlichkeiten
- dem Grad der Selbstständigkeit
- der Anstrengungsbereitschaft (Sucht Schüler selbst nach der Lösung oder kommt er gleich zum Lehrer?)

Freiraum und Grenzen
Freiräume zu gewähren, erfordert sinnvolle Grenzen gemeinsam zu setzen. „Grenzen als klare, überschaubare Strukturierungen von Arbeitsabläufen mit Regeln und Ritualisierungen sollen dabei nicht beherrschen, vielmehr leiten, führen, unterstützen und anregen. Das Fehlen von Regeln schafft für die Kinder ständig unüberschaubare Situationen, es verhindert den Erwerb von Handlungssicherheit und begünstigt in vielen Fällen unsoziales Verhalten. (Petillon, 1997b, S. 294)

2 Bewegter Unterricht

Grenzen müssen sorgfältig ausgewählt, gemeinsam abgesprochen und veränderbar gehalten werden. Auf die Einhaltung ist konsequent zu achten.
Dies gilt besonders für einige Förderschwerpunkte. Die Handlungsspielräume sollten erst zunehmend vom engeren „persönlichen" Raum auf den weiteren „gemeinsamen" Raum ausgedehnt werden. Die Tagesform der einzelnen Schüler kann bei der Anwendung zu Problemen führen. Deshalb sind individuelle Absprachen zu den Handlungsspielräumen zu empfehlen. Insgesamt gesehen, sind individuelle Bewegungszeiten der Teilbereich der bewegten Schule, der für die einzelnen Förderschwerpunkte sehr unterschiedlich bewertet werden muss und teilweise nur bedingt geeignet ist.

2.6.2 Mögliche Handlungssituationen

Individuelle Bewegungsfreiheiten
Unter Berücksichtigung der bisher getroffenen Aussagen ist zu hinterfragen, welche Bewegungsfreiheiten im Unterricht in Abhängigkeit von der konkreten Situation eingeräumt werden können, z. B.:
- *Notwendige Bewegungshandlungen ausführen ohne zu fragen* (da dies mehr stört): zum Papierkorb gehen, Bleistift spitzen, Hände waschen, Gardine als Sonnenschutz zuziehen, sich Material holen (nicht durch Lehrer austeilen), Hefte nach vorn bringen, zur Toilette gehen, bei guten Leistungen klatschen u. Ä.
- *Sich im Rahmen konkreter Aufgabenstellungen Informationen bzw. Hilfe holen:* vom Lehrer, von Mitschülern, Aufgaben auf Aushängen lesen, Lösungen vergleichen, wer fertig ist, kann zu anderen Schülern gehen und helfen u. Ä.
- *Den Raum nutzen:*
 In bestimmte Arbeitsphasen (z. B. bei Partnerarbeit) sich an einer selbstgewählten Stelle des Raumes oder angrenzender Räume aufhalten, die Aufmerksamkeit auf Lernobjekte an unterschiedlichen Raumseiten richten (nicht nur „vorn spielt die Musik").
- *Auch ´ mal aufstehen dürfen:*
 beim Melden, beim Antworten, wenn eine Aufgabe erfüllt ist ...

Für alle diese Bewegungsfreiheiten müssen gemeinsam **Regeln** abgesprochen werden. Solche Regeln könnten sein:
- die anderen Kinder nicht stören

- sich langsam, leise und rücksichtsvoll bewegen
- nicht planlos herumgehen
- wenn notwendig, dann leise sprechen
- sich erst selbst anstrengen, dann Hilfe einholen
- von Handlungsspielräumen nicht übermäßig Gebrauch machen
- Begrenzungen der Zeit oder Schülerzahl einhalten

Individuell einsetzbare Bewegungsprogramme
Eine *Vorstufe* könnte sein, dass sich die Kinder bei gemeinsamen Bewegungszeiten individuell für Bewegungsübungen, die bekannt sein müssen, entscheiden können.

- So sollten die Kinder vor Phasen konzentrierten Arbeitens oder vor möglichen Stresssituationen (Klassenarbeiten) 3 bis 4 Minuten Zeit erhalten, um sich vorzubereiten, z. B. durch Atemübungen, Progressive Muskelentspannung, Brain-Gym-Übungen (s. Anhang 4: Energieübungen).
- Nach Phasen konzentrierten Arbeitens können die Kinder etwa 3 Minuten lang selbst ausgewählte Auflockerungsübungen wie Übungen am Stuhl, mit Korken, Partnerübungen durchführen.

Wesentlich ist, dass die Kinder *Bewegungsprogramme* kennen, die sie selbstbestimmt innerhalb eines vorgegebenen Handlungsspielraumes einsetzen können und dürfen, z. B.
- während oder nach längeren Schreibübungen sich recken und strecken, Fingergymnastik oder Brain-Gym-Übungen (s. Anhang 4: Dehnungsübungen)
- wenn es schwerfällt weiter mitzudenken, Gesichtsgymnastik, Fußgymnastik, Übungen auf dem Stuhl, einen Igelball mit der Hand/dem Fuß rollen
- wenn sich die Fehler häufen Brain-Gym-Übungen (s. Anhang 4: Knöpfe halten)
- Sitzhaltungen wechseln (s. Abschnitt 2.2)

Individuelle Bewegungszeiten können dann erfolgreich von den Kindern genutzt werden, wenn die Befähigung dafür als Prozess gestaltet wird. Anfangs müssen die Kinder mit Unterstützung der Lehrerin Bewegungsmöglichkeiten kennen lernen, um diese zunehmend selbstbestimmt anwenden zu können.
Von den Pädagogen erfordert gerade dieser Bereich der bewegten Grundschule, dass routinierte Handlungsgewohnheiten hinterfragt werden und durch ein

besseres Verständnis für die Situation der Schüler ein Mehr an Sich-Bewegen zugelassen wird.

„Mal strecken und dehnen" (eine Geschichte aus dem Praktikum einer Studentin)
10.30 Uhr. 4. Stunde. Deutsch. Die Klassenlehrerin stellt Fragen zum Inhalt eines Textes. Ich sitze im hinteren Teil des Klassenzimmers und beobachte die Schüler. Martin rutscht schon seit fünf Minuten nervös auf seinem Stuhl herum. Er hat Mühe dem Unterricht konzentriert zu folgen. Er sitzt in der hintersten Reihe am Fenster. Jetzt hebt er beide Unterschenkel auf den Stuhl und kniet sich, doch offensichtlich tut dies weh. Plötzlich steht Martin auf und probiert am Heizungsrohr, wie hoch er sich strecken kann. Dann lässt er sich auf den Boden fallen und beginnt auf dem Bauch zu wippen. Er bemerkt, dass ich ihn beobachte, aber es stört ihn keineswegs. Er vermittelt dabei den Eindruck, als wäre es das Normalste auf der Welt. Die unterrichtende Lehrerin lässt sich davon nicht stören, denn Martin hindert die anderen Schüler nicht, dem Unterricht zu folgen. Diese spontane körperliche Auflockerung schien dem natürlichen Bewegungstrieb von Martin entsprungen zu sein. Das Dehnen und Strecken und das Anspannen seiner Muskeln haben ihm sichtlich gutgetan. Er setzt sich auf seinen Platz und schaut interessiert vor zur Tafel. (Eckstein, 1998)

Bewegungsprogramme für bewegte Hausaufgaben
Zielstellung der bewegten Schule ist es, dass die Schülerinnen Bewegungsaktivitäten aus dem Unterricht außerhalb von Schule und Unterricht selbstständig anwenden. Das betrifft selbstverständlich auch die Anfertigung der Hausaufgaben – ob im Hort oder zu Hause. Dafür muss eine bewegte Schule auch entsprechend qualifizieren – natürlich die Schüler, aber auch die Hortfachkräfte sowie die Eltern. Trotz anderer Bedingungen während der Anfertigung der Hausaufgaben im Vergleich zum Unterricht, sollten von den Kindern Erfahrungen aus der bewegten Grundschule angewendet werden. Geeignet erscheinen vor allem Bewegungsprogramme aus dem Teilbereich der individuellen Bewegungszeit, deshalb erfolgt die Abhandlung auch an dieser Stelle. Ebenso sinnvoll sind aber auch Bewegungsmöglichkeiten, die in den Teilbereichen bewegtes Lernen, dynamisches Sitzen, Auflockerungsminuten oder Entspannungsphasen beschrieben wurden. Konkretisierungen könnten sein:

- sich im Rahmen konkreter Aufgabenstellungen Informationen bzw. Hilfe holen (Nachschlagwerke, Internet, bei Mitschülern oder bei der Betreuungskraft)
- den Raum/die Räume in bestimmten Arbeitsphasen nutzen, z. B. Teamarbeit
- die Sitzhaltung selbstständig wechseln, alternative Arbeitshaltungen anwenden
- Sitzbälle, Sitzkissen nutzen
- Auflockerungsübungen anwenden, wenn es schwerfällt, weiterzuarbeiten
- vor den Hausaufgaben sich kurz entspannen, z. B. an etwas Schönes denken oder Igelballmassage (s. Abschnitt 2.4)
- Formen des bewegten Lernens anwenden (erfordert, dass von der Lehrerin entsprechende Aufgaben gestellt und Materialien in den Hort mitgegeben werden, z. B. für ein Wanderdiktat) oder für das Lösen von Mathematikaufgaben, die im Raum verteilt werden (Lösung auf Rückseite)

Regelmäßige Absprachen sowie der Austausch von Erfahrungen zwischen Erzieherinnen – Betreuungspersonal – Lehrerinnen sind sehr wichtig. Es muss im Interesse der Kinder um eine Blicköffnung aller Beteiligten gehen und um das Überwinden von Grenzen des eigenen AufgabenfeldeS.

Weitere Hinweise zu bewegten Hausaufgaben in Müller, 2021. S. 84-85 und auf unserer Homepage: https://www.bewegte-schule-und-kita.de/konzept/ bewegte-Schule/deutsch/html/ ideen_3b.html (Ideen zum Staunen/bewegtes Schulleben in allen Schularten/Ganztagsangebot „Bewegte Hausaufgaben")

3 Bewegte Pause

Neben dem bewegten Unterricht stellt die bewegte Pause einen weiteren bedeutungsvollen Teilbereich im Haus der bewegten Schule dar.
Es wird nachfolgend gegliedert in:

Bewegte Pause

3.1	3.2	3.3
Ziele der bewegten Pausen	Ideensplitter – Bewegte Pause im Klassenzimmer – Schulhaus als Bewegungsraum – Bewegte Hofpause	Gestaltung von bewegten Pausen

3.1 Ziele der bewegten Pause

Eine Schulleiterin einer unserer Versuchsschulen erinnert sich an die Hofpausen noch vor wenigen Jahren, bei denen es „drunter und drüber" ging. *„Die Jungen ärgerten die Mädchen, der Stärkere setzte dem Schwächeren zu, es wurde getobt, gerauft, gehänselt, an Kleidungsstücken gezogen und manchmal kam es auch zu Handgreiflichkeiten. Der aufsichtsführende Lehrer ... musste hier und da schlichtend eingreifen und Schlägereien verhindern. Diese Hofaufsichten waren bei uns nicht beliebt, weil sie sehr anstrengend waren"* (Schubert, 1998, S. 27). Nach dem Gestalten des Pausenhofes, dem Bereitstellen von Spielgeräten und dem Heranführen der Kinder an Pausenspiele herrscht jetzt ein buntes, überschaubares Treiben auf dem Pausenhof dieser Schule. Die Schulleiterin schätzt ein, dass die Kinder zweimal am Tag bei fast jedem Wetter gern auf den Schulhof gehen. *„Sie spielen untereinander, knüpfen dabei Kontakte, teilen sich mit, helfen sich gegenseitig, tragen füreinander Verantwortung und gehen insgesamt liebevoller miteinander um"* (Schubert, 1998, S. 27). Die

3 Bewegte Pause

Pausenaufsicht ist für die Kolleginnen entspannter geworden und die Unfallhäufigkeit ist nachweislich zurückgegangen.

Diese Einschätzung der Kollegin verdeutlicht anschaulich die Ziele, die mit dem Konzept der bewegten Pause angestrebt werden.

Die Kinder sollen Handlungsfähigkeit erwerben um spiel- und bewegungsaktive Pausen gemeinsam selbstbestimmt gestalten zu können. Die Ausbildung sozialer Kompetenzen ist dafür besonders wichtig, z. B. Kontakt zu anderen aufnehmen, Gruppen bilden, sich beraten, Regeln gemeinsam vereinbaren und anerkennen, Aufgaben und Rollen übernehmen, sich aufeinander einstellen und sich rücksichtsvoll verhalten, Spielkonflikte angemessen lösen, Spielideen weitergeben. Die Kinder müssen sich für die Spielgeräte verantwortlich fühlen. Sie sollen durch die Spiele aber auch die Möglichkeit erhalten, in spielerischer Form ihre Kräfte zu messen. Bewegte Pausen können damit auch einen Beitrag zum Abbau von Aggressionen leisten. Als eine weitere Zielstellung wird die Wiederbelebung einer vielerorts offensichtlich beinah vergessenen Spielkultur angestrebt.

Die spiel- und bewegungsaktiven Pausen tragen wesentlich zur Rhythmisierung des Schulalltages und damit zur Förderung des Wohlbefindens bei. Der Stellenwert im Gesamtkonzept der Bewegungserziehung kann vor allem auch durch die intrinsische Motivation und Spontaneität gekennzeichnet werden. Das Spiel selbst, die Freude am Spielen werden zum Handlungsziel und nicht ein außerhalb des Handlungsgeschehens stehender Zweck. Natürlich lassen vielfältige Bewegungsaktivitäten in den Pausen auch eine Zunahme von Bewegungssicherheit bei den Schülern erwarten. Dies stellt aber mehr einen „Nebeneffekt" und nicht das eigentliche Ziel dar.

Bewegte Pausen zu initiieren setzt voraus, Veränderungen sowohl von Verhaltensweisen als auch der Verhältnisse zu erreichen. Wenn wir erwarten, dass Kinder in den Pausen nicht wie eingangs beschrieben toben, raufen u. a., dann müssen die Grundschüler an entsprechende Spielformen herangeführt werden. Dies kann z. B. im Sportunterricht geschehen, ebenso aber auch durch das Lesen oder Aufschreiben von Spielen in einem Spielebuch, durch Aushängen von Beschreibungen u. a. Damit die Spielformen von den Kindern angenommen werden, sind nach unseren Erfahrungen folgende inhaltliche Auswahlkriterien von Bedeutung: (Petzold, 1997b)

– Der Gedanke des Miteinanders sollte überwiegen.
– Die Spiele müssen in Kleingruppen (zwei bis sechs Schüler) spielbar sein.

3.1 Ziele der bewegten Pause

- Es sollen keine oder nur wenige Spielgeräte benötigt werden.
- Die Spielregeln müssen in kurzer Zeit abzusprechen und der Spielgedanke leicht zu erfassen sein.
- Die Spiele sollten variabel gestaltbar sein und zu neuen Ideen anregen.
- „Alte Kinderspiele" dürfen wieder entdeckt werden.
- Die Intensität muss nicht zu hoch sein.
- Die Spiele sollten vielen Mitspielern gleichzeitig Bewegung ermöglichen.

Schüler mit sonderpädagogischem Förderbedarf zeigen häufig eine geringere Eigenmotivation. Ihnen fehlen zum Teil selbstständige Aktivitäts- und Handlungsmöglichkeiten. Deshalb sollten neben freien Spiel- und Bewegungsangeboten auch angeleitete erfolgen. Psychomotorischer Übungsgeräte sollten verstärkt zum Einsatz kommen. Bewegte Pausen sind der Bereich der bewegten Schule, der von Jungen besonders positiv angenommen wird. Da in mehreren Förderschwerpunkten die Jungen überwiegen, sollte eine sinnvolle Balance gefunden werden zwischen der Berücksichtigung jungenspezifischer Interessen, ohne die Pausengestaltung für die Mädchen zu vernachlässigen und vor allem ohne traditionelle Geschlechterrollen zu bekräftigen. (Dinter, 2013, S. 160)

Innovationsmaßnahmen dürfen sich aber nicht nur auf das Verhalten richten, sondern auch auf Veränderungen der Bedingungen. Kletterwände, Rutsch- und Rollbahnen u.v.a.m. wären natürlich wünschenswert, sind für viele Schulen aber finanziell unrealistisch. Deshalb geben wir an dieser Stelle Empfehlungen zum größten Teil aus unseren Versuchsschulen weiter, die auch den Zusammenhang zwischen Umdenken bei den Erwachsenen und dadurch erreichten Verbesserungen der Bedingungen für die Kinder ohne großen finanziellen Aufwand verdeutlichen.

Medienempfehlungen für Spielvorschläge in den Pausen

Bauer, P. & Reuhl, B. (2008). Sport Stacking – Die Kunst des Becherstapelns. *Sportpraxis*, 49 (1), S. 33-35.

Döbler, H. & Döbler, E. (2018). *Kleine Spiele* (23. Aufl.) Mühlheim an der Ruhr: Verlag an der Ruhr.

Dürr, G. & Stiefenhofer, M. (1997). *Schöne alte Kinderspiele* (7. Aufl.). Augsburg: Weltbildverlag.

Fluegelman, A. & Tembeck, S. (1979). *New Games – Die neuen Spiele*. Mülheim an der Ruhr: Verlag an der Ruhr.

Löscher, A. (1993). *Kleine Spiele für viele* (6. Aufl.). Berlin: Ullstein.

Petzold, R. (1994). *Schulhofspiele*. Bautzen: Lausitz-Druck.

SMK. (Hrsg.). (2018). *Spiel & Spaß. Eine Sammlung für die Hosentasche* (5. Aufl.). Dresden: SMK. Zugriff am 30. Januar 2022 unter https://publikationen.sachsen.de/bdb/artikel/22796

Unfallkasse Sachsen (Hrsg.). (2005, Ausgabe 2015). *Klettern in der Pause. Eine Boulderwand für unsere Schule*. Meißen: Unfallkasse Sachsen. Zugriff am 14. Februar 2022 unter https://www.uksachsen.de/fileadmin/user_upload/Download/UK-Sachsen-Publikationen/UK_Sachsen_02-12_Klettern-in-der-Pause-eine-Boulderwand-fuer-unsere-Schule.pdf

Volkmer, M. (1996). *Pausenspiele im Klassenzimmer*. Leipzig. o. V.

Medienempfehlungen für die Gestaltung von Bewegungsräumen

Burk, K. & Haarmann, D. (Hrsg). (1980). *Schulraumgestaltung: Schulhaus – Schulhof – Schulanlage*. Frankfurt: Arbeitskreis Grundschule e.V.

Köckenberger, H. (1996). *Bewegungsräume*. Dortmund: borgmann.

Natur- und Umweltschutz-Akademie des Landes NRW (Hrsg.). (2004). *Beratungsmappe Naturnahes Schulgelände* (3. völlig neu bearbeitete Aufl.) Recklinghausen: NUA.

Regelwerk der DGUV (Deutsche Gesetzliche Unfallversicherung) München: Bundesverband der Unfallkassen

2006	*Giftpflanzen – Beschauen, nicht kauen* (23. Aufl.)	DGUV Info. 202-023
2016	*Klettern in Kindertageseinrichtungen und Schulen*	DGUV Info. 202-018
2020b	*Außenspielplätze und Spielplatzgeräte*	DGUV Info. 202-022
2020c	*Seilgärten in Kindertageseinrichtungen und Schulen*	DGUV Info. 202-072

Bewegte Schule und Kita in Sachsen. Zugriff am 14. Februar 2022 unter https://bewegte-schule-und-kita.de

3.2 Ideensplitter für bewegte Pausen

3.2.1 Bewegte Pausen im Klassenzimmer

Pausen im Klassenzimmer müssen auf die 10-Minuten-Pausen beschränkt bleiben. Zwei große Pausen am Tag sollten, wenn es die Witterungsverhältnisse nur irgendwie gestatten, als „Hofpausen" stattfinden.

Für die kleinen Pausen im Klassenzimmer oder als Regenvariante können die Kinder Kisten selbst bemalen oder bekleben und u. a. folgende Spielgeräte bzw. Materialien/Objekte darin aufbewahren:

- Springseile
- Zielwurfspiel
- Luftballons
- Jogurtbecher, Tischtennisbälle
- Zeitungen, Zeitungsrollen
- Bänder, Tücher, Jonglierbälle
- Bierdeckel
- Korken
- Wollfäden, Schnur
- Jo-Jo
- Zeichenpapier, Stifte, Kreide
- Teppichfliesen
- Papprollen
- Gummiringe, Gummibänder
- Antistressbälle
- Softbälle
- Noppenbälle
- Ballfangspiel
- Knöpfe
- Hüpfball
- Kickies (Naughty-Ball)
- Koosh-Bälle

3 Bewegte Pause

Pausenspiele im Klassenzimmer
(Volkmer et al., 1996)

Balanceakt
Eine Zeitung wird zu einen „Balancierstab" zusammengerollt und fest verklebt. Die Kinder versuchen, diesen Zeitungsstab auf der flachen Hand, dem Handrücken, dem Knie oder auf dem Kopf zu balancieren.

Zimmerbasketball
Drei oder vier Spieler versuchen, mit einem Korken in einen Kasten, Korb o. a. zu treffen.

Fang den Ball
Jeder Mitspieler benötigt einen Joghurtbecher und einen kleinen Ball (Tischtennisbälle o. Ä.). Der Ball wird in die Luft geworfen und mit dem Becher wieder aufgefangen (Bild im Abschnitt 3.1). Es kann auch paarweise gespielt werden.

Jonglieren mit Tüchern
Mit Papiertaschentüchern, leichten Tüchern oder kleinen Bällen wird das Jonglieren allein oder paarweise versucht.

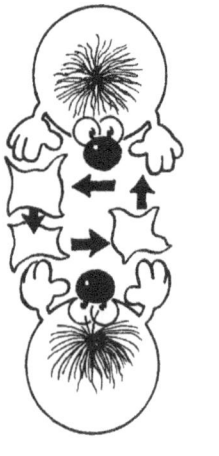

3.2.2 Das Schulhaus als Bewegungsraum

Wie bereits betont wurde, können die Veränderungen von Verhaltensweisen der Lehrer die Bedingungen für Bewegungsmöglichkeiten der Kinder positiv beeinflussen. Wenn in den Köpfen der Pädagogen nicht das Bild vorherrscht von geschlossenen Klassenzimmertüren in den Pausen, von ruhigen Gängen, auf denen sich nur Kinder bei unbedingter Notwendigkeit fortbewegen, sondern ein Schulhaus, in dem Bewegung und damit Leben ist, dann können diese Denkweisen manche nicht realisierbare materielle Veränderung ersetzen. Wenn keine Flucht- und Rettungswege versperrt, keine zusätzlichen Brandlasten verursacht und keine Stolperstellen in Verkehrsbereichen gebildet werden, könnten folgende Bewegungsecken und -flächen entstehen:
- Wahrnehmungsstrecken, Ecken/Nischen zum Entspannen
- Flächen zum Springen, wie aufgemalte/aufgeklebte Hüpfspiele oder Hüpfspielmatten, Ziffern- oder Farbentreppen oder Plätze für Seilspringen, Rope Skipping
- Balancierstrecken (aufgemalte/aufgeklebte Balancierwege, zusammengesteckte Einzelelemente wie Fluss-Elemente/Fluss-Steine oder mit Geräten selbst gebaute Wege)
- Flächen mit Spielen zum Treffen: Ringwurfspiel, Kegelspiel aus Schaumstoff, Soft-Wurfscheiben, Ballfangspiel, Shuttleball, Boing-Ball-Spiel, mit Softbällen auf eine Torwand schießen, eine Pyramide aus Joghurtbechern abwerfen, nach aufgemalten/aufgehängten Gegenständen zielen, verschiedene Bälle in oder durch Gegenstände rollen, z. B. Reifen
- Jonglierecken mit Chiffontüchern, Anti-Stressbälle, Jonglierbälle und -ringe, Diabolo, Jonglierteller, Kick-Bälle (Hacky Sacks)
- Geschicklichkeitsplätze, z. B. für Stacking (Becherstapelspiel), Twister, Spiele mit Tischtennisschlägern
- eine Boulderwand (Kletterwand bis zu 3 m Höhe, an der horizontal ohne Seilsicherung geklettert wird, empfohlene Fallhöhe bis zu 2 m), (s. DGUV Information 202-018)
- Öffnung der Turnhalle
Ein idealer Bewegungsraum ist mit der Öffnung der Sporthalle sehr schnell geschaffen (wenn diese im Schulgelände liegt). Notwendig dafür sind: die Einteilung einer Pausenaufsicht, das Absprechen von Regeln zum Verhalten in bewegten Pausen in der Halle, die Absicherung des Wechsels der Schuhe,

3 Bewegte Pause

evtl. das Festlegen der Öffnung für bestimmte Klassenstufen an den unterschiedlichen Wochentagen, die Bereitstellung bewegungsanregender Klein- und Großgeräte, evtl. die Unterteilung der Halle in verschiedene Bereiche (ähnlich Pausenhof)

Beispiele für Pausenspiele im Schulhaus

Knöpfe werfen
Zwei Meter von einer Wand entfernt wird eine Linie markiert. Ein Knopf wird so an die Wand geworfen, dass dieser so nah wie möglich an der Wand liegen bleibt. Als Variante kann eine kleine Gruppe von Spielern auch versuchen, wie viel Knöpfe in einem nah an der Wand aufgestellten Pappteller landen.

Luftballonspiel
Zwei bis drei Kinder halten einen Luftballon am Schweben, ohne dass dieser den Boden berührt.

Gummihopse
Zwei Kinder stehen etwa zwei Meter auseinander, verbunden mit einem Gummiband in Höhe der Fußgelenke (oder höher). Ein oder zwei Mitspieler springen über das Gummiband (s. Anhang 5).

Korken umkegeln
Aus ca. 1,50 m Entfernung sollen mit dem Tischtennisball so viel Korken wie möglich umgekegelt werden. Jeder hat fünf Versuche.
Varianten:
– Abstand verändern
– in die Vollen oder mit Abräumen

Becher stapeln*
Sehr schnell werden aus drei Bechertürmen (Stacking-Sets) drei Pyramiden aufgebaut und dann wieder abgebaut.
Varianten:
3er Pyramide, 3 – 3 – 3 Stack, 6er Pyramide

Von Stein zu Stein
Als Steine werden Bierdeckel o. Ä. verwendet. Es gilt eine Strecke zu überwinden, ohne „ins Wasser" zu treten.
Variante:
Jeder hat drei Deckel und bewegt sich durch den Raum, indem er auf zwei „Steinen" steht und den hinteren Deckel immer vor sich legt.

3.2.3 Bewegte Hofpausen

Eine Umgestaltung des Schulhofes zum Bewegungsraum schrittweise zu erreichen, setzt neben materiellen Bedingungen vor allem die Entwicklung des Problembewusstseins bei allen Beteiligten voraus (Kraft, 1979a, S. 81).
Bei Veränderungen des Schulhofes sollte beachtet werden, dass:
- der Schulhof als Raum für soziale Begegnungen gestaltet wird
- eine Gliederung des Schulhofes (z. B. durch Pflanzenbeete, Hecken) in Flächen für unterschiedliche Bewegungsaktivitäten vorgenommen wird, um eine Entzerrung und Verminderung der Schülerdichte sowie Entschärfung unfallträchtiger Situationen (auch durch Einbeziehung bisher nicht genutzter Flächen) zu erreichen
- eine variable Nutzung durch die Schüler dennoch möglich ist
- gesetzliche Vorschriften eingehalten werden
- die Zusammenarbeit mit Experten gesucht wird, z. B. Unfallkassen, Landschaftsarchitekten (s. Müller, 2009, S. 121-125)

Veränderungen des Pausenhofes können kaum von Grundschulkindern selbst vorgenommen werden. Es bedarf der Unterstützung durch Lehrkräfte, Schulleitung, Eltern, Hausmeister, Sachkostenträger, ortsansässige Firmen, DGUV u. a. Die Vorstellungen der Kinder sollten aber unbedingt erfragt (z. B. Malwettbewerb „So wünsche ich mir unseren Pausenhof"), beachtet (z. B. gemeinsam mit den Kindern ein Pausenhofmodell erstellen) und soweit möglich mit ihrer Hilfe realisiert werden.

Folgende Maßnahmen sind empfehlenswert:
- Bereitstellen von *Spielkisten* (Spieltonnen, Spielwagen u. Ä.) mit Bällen, Springseilen, Federballspielen, Kreiselspielen, Stelzen, Tischtennisspielen,

3 Bewegte Pause

Reifen, Becherstelzen, Ringtennis, Klammern, Murmeln, Speckbrettern, Tennisringen, „Hula-Hoop"-Reifen, Pedalos, Kegeln, Boccia
- Abtrennen von *Lauf-, Roll- und Gleitbereichen*
- Ausstatten eines *Turn- und Kletterbereiches* (Klettergeräte, Recks, Balancierbalken, zwischen Bäumen gespannte Seile oder Gurte - Slackline, Boulderwand)
- Markieren von Spielfeldern, Installation von Korbballeinrichtungen, Tischtennisplatten, Torwänden u. a. in einer *Ballspielfläche*
- Gestalten einer *Spielfläche*:
durch Einebnen einer kleinen Fläche für Murmelspiele, Boccia, Kegeln oder durch Aufmalen von Hüpfspielen

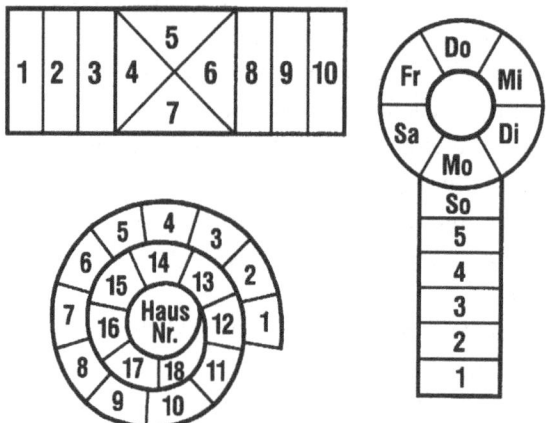

sowie durch Bemalen einer Wand für Zielwurfübungen mit kleinen Bällen, Schneebällen u. a.

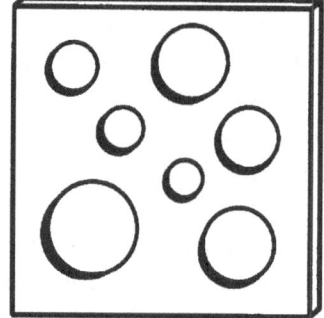

- Abtrennen einer *Laufstrecke* und Ausgestaltung z. B. als Slalomstrecke oder als einfachen Parcours mit Hindernissen zum Überspringen, Umlaufen, Balancieren
- Kennzeichnung einer *Barfußfläche*, wo die Kinder die Möglichkeit haben, bei entsprechenden Wetterbedingungen evtl. auch auf unterschiedlichen Unterlagen (Wiese, Kies, Sand) barfuß zu laufen, z. B. auch als Fußfühlpfad
- Einrichtung einer Ecke des Schulhofes als *„Bewegungsbaustelle"*, wo die Kinder aus Autoreifen, Getränkekisten, Brettern, Sand u. a. Bewegungssituationen selbst schaffen können
- Abtrennen einer kleinen *Ruhefläche*, z. B. mit Malflächen, einer Wiese zum Hinlegen, Anregungen für Wahrnehmungsspiele
- Vergrößerung der Pausenfläche durch *Integration* (falls möglich) des Hortspielplatzes, der Sportanlage, natürlicher Flächen (Rasen, kleine Hügel, Wälle, schiefe Ebenen, Mulden u. a.)

Die wichtigste Maßnahme bei der Gestaltung von bewegten Hofpausen ist die Befähigung der Schülerinnen, auf den Pausenhofflächen gemeinsam spielen zu können. Vor allem in einer Anfangsphase benötigen die Kinder nach unseren Erfahrungen dazu die Unterstützung der Klassenlehrer. Diese Aufgabe stellt aber auch eine gute Möglichkeit dar, wie sich der Sportunterricht in die Realisierung einer umfassenden Bewegungserziehung einbringen kann (s. Abschnitt 6).

Beispiele für Schulhofspiele (Petzold, 1994)

Klammerhasche
Die Kinder stecken sich eine oder mehrere Wäscheklammern an die Bekleidung und versuchen, sich diese gegenseitig abzuziehen.

Schattenlauf
Ein Schüler macht Bewegungen vor (Arme kreisen, hüpfen, im Zick-Zack laufen u. a.). Ein Partner oder eine „Schattenschlange" ahmen möglichst genau diese Bewegungen nach.

Der Kreis ist mein!
Zwei Kinder versuchen sich gegenseitig aus einem aufgemalten Kreis herauszudrängen.

Ballprobe
Ein Ball wird gegen eine Wand geworfen und wieder gefangen. Als Schwierigkeitssteigerung können vor dem Fangen Drehungen oder Händeklatschen ausgeführt oder der Ball durch die gegrätschten Beine, über den Kopf u. Ä. geworfen werden.

Zieh-Wettkampf
Zwei Kinder versuchen sich gegenseitig über eine Linie zu ziehen.

Nippen
Die Kinder versuchen ihre Murmeln in eine etwa 3 m entfernte kleine Mulde zu rollen.

Seildurchlauf
Zwei Sprungseile werden verknotet und dieses lange Seil von zwei Kindern geschwungen. Die Mitspieler laufen durch das ständig schwingende Seil.

Salzsäule
Ein „Zauberer" steht mit dem Rücken etwa 20 m entfernt von den Mitspielern. Diese schleichen sich mit kleinen Schritten an und versuchen, ihn abzuschlagen. Dreht sich der „Zauberer" herum, müssen alle zur „Salzsäule" erstarren. Wer wackelt, muss zu seiner Ausgangsstellung zurück.

Sprungball
Zwei Spieler rollen sich einen Ball zu. Ein drittes Kind steht in der Mitte und muss versuchen den Ball ohne Berührung zu überspringen.

Zielwerfen
Mit Softbällen, im Winter mit Schneebällen, wird auf Markierungen oder in Autoreifen u. a. geworfen. Dabei sollte die Abwurfstelle variiert werden.

Jurtenkreis
Etwa sechs Spieler bilden mit Handfassung einen Kreis, wobei abwechselnd ein Kind nach innen, ein Kind nach außen schaut. Vorsichtig lehnen sich alle in die Richtung, in die jeder schaut.

Schnurspringen
Ein Tennisring oder Sandsäckchen wird an ein Sprungseil gebunden. Die Kinder bilden einen Kreis. Ein Spieler kreist die Schnur vom Mittelpunkt aus. Alle anderen müssen diese überspringen.

Die Pausenhöfe sollten unbedingt mit dem Hort gemeinsam gestaltet und genutzt werden (s. Abschnitt 6.2.). Schulhöfe sind auch nach Unterrichtsschluss

3 Bewegte Pause

sowie am Wochenende und in der Freizeit interessante Bewegungsräume für die Kinder. Leider noch zu häufig stehen sie zu diesen Zeiten vor verschlossenen Türen. Auch bei diesem Sachverhalt wird der Zusammenhang zwischen Verhaltensveränderungen von Erwachsenen mit positiven Wirkungen auf die Umweltbedingungen für die Schülerinnen deutlich.

Beispiel einer Versuchsschule in einer Kleinstadt:
Nach Absprache zwischen dem Schulleiter und dem Bürgermeister steht der Schulhof zu jeder Zeit offen. Die Stadt beteiligt sich zur Hälfte an den Kosten für die Spielgeräte (Klettergerüst, Schaukel, kleines Karussell, Tischtennisplatten, Basketballkörbe). Im Winter wird eine kleine Eisbahn gespritzt. Die Abnutzung der Geräte ist durch die getroffene Entscheidung zwar größer, die Kostenteilung gleicht dies aber aus. Mutwillige Zerstörungen und Verschmutzungen traten kaum auf.

Die rechtliche Absicherung ist bei diesem Beispiel wie folgt geregelt. Die Stadtverwaltung (als Grundstückseigentümer und Schulträger) hat die Aufsichtspflicht über den technischen Zustand der Geräte entsprechend geltender Vorschriften. Führt ein nicht normgerechter Zustand zu einem Unfall, tritt der kommunale Schadensausgleich ein. Am Eingang zum Schulhof wird darauf hingewiesen, dass die Benutzung auf eigene Gefahr geschieht.

3.3 Die Gestaltung von bewegten Pausen

Bewegte Pausen dürfen nicht geprägt sein von Lehrerinnen, die immer und ständig Bewegungsspiele mit ihren Schülern durchführen. Die Pause muss ein Freiraum für die Kinder bleiben und darf keine Fortführung des Unterrichtes sein. Aufgabe des Lehrers ist es, anzuregen, zu beraten, zu betreuen (nicht zu leiten) und eventuell auch einmal mitzuspielen. Bewegungssituationen in der Pause sollten Freiräume für die Kinder zum Probieren, zum Entdecken, zum Ausdenken neuer Varianten u. a. geben.

Die Befindlichkeiten der Kinder sind sehr unterschiedlich. Bei allem Einsatz für mehr Bewegungschancen in den Pausen müssen auch Kinder zu ihrem Recht kommen, die entsprechend ihren aktuellen Befindlichkeiten in Ruhe frühstücken oder sich auf den Unterricht vorbereiten wollen bzw. die den Wunsch zum Unterhalten, zum Sich-Zurückziehen oder einfach zum Nichtstun haben.

Bewegte Pausen bedürfen Absprachen und Regeln, die von allen einzuhalten sind.

Gute Erfahrungen haben wir damit gesammelt, dass beauftragte Schülerinnen für die Spielkisten verantwortlich sind (Kisten herausstellen und am Ende der Pause die Vollständigkeit des Inhaltes überprüfen und die Kisten wieder aufräumen).

Das Anfertigen von Pausenspielkisten, die Gestaltung des Schulhofes können zu Projektthemen werden, in die die Ideen der Kinder einfließen. (s. Abschnitt 2.5.2). Bei der Umgestaltung des Schulhofes sollten die Eltern zur aktiven Mitarbeit angeregt werden.

Die Befürchtung mancher Kollegen, dass Bewegungsspiele der Kinder zu steigender Unfallhäufigkeit führen, ist so nicht zutreffend. Sowohl unsere eigenen Erfahrungen als auch andere vorliegende Untersuchungen (Kunz, 1993b) beweisen, dass durch Pausen mit sinnvollen Bewegungsspielen die Unfallzahlen sogar sinken. So ereigneten sich in den ersten beiden Projektjahren an der eingangs erwähnten Versuchsschule keine Unfälle auf dem Pausenhof.

Nicht das Verhindern von Bewegung, sondern das Anregen von Bewegungsaktivitäten führt zu mehr Bewegungssicherheit und dadurch zu weniger Unfällen.

4 Bewegtes Schulleben

Unter dem Begriff Schulleben versteht Keck (1994, S. 293) „... den ideellen und faktischen Zusammenhang von Maßnahmen, Traditionen, Anregungen und Vorstellungen, die Schule als lebendige Gemeinschaft zu gestalten, d. h. atmosphärische und institutionelle Bedingungen dafür zu schaffen, dass der einzelne Schüler seine Beziehungen zu den Mitschülern in den Klassen der Jahrgangs- und Schulstufe, zu den Lehrern und zu der zugeordneten Elternschaft positiv erfahren werden können". Schulleben im weiten Sinne verstanden beinhaltet „das Insgesamt der mit erzieherischen Intentionen gestalteten bzw. betreuten unterrichtlichen und außerunterrichtlichen Situationen und Lebensbereiche der Schule" (Hintz, 1984, S. 173).

In der Abbildung zu den Bereichen der Bewegungserziehung im Abschnitt 2.2.4 haben wir wie später auch Micken & Klupsch-Sahlmann (1997, S. 167) das bewegte Schulleben als „Dach" über den bewegten Unterricht und die bewegte Pause gesetzt. Die nur schwach gestrichelten Linien sollen keine Trennung, sondern den Zusammenhang kennzeichnen. Wir stimmen der weiten, ganzheitlichen Sichtweise auf das Schulleben zu, auch wenn wir aus Gründen der Überschaubarkeit die nachfolgenden Darlegungen im engeren Begriffsverständnis auf den außerunterrichtlichen Teilbereich der Schulwirklichkeit begrenzen (Kottmann, 1991, S. 129).

In der Bewegungserziehung eine handlungsorientierte Aufgabe auch für den außerunterrichtlichen Bereich zu sehen, bedeutet, den Anteil von Bewegung und Spiel im gesamten Schulleben zu erhöhen und eine Schulgemeinschaft zu gestalten, in der es viel Bewegung gibt und die dadurch selbst in Bewegung gerät und bleibt.

Dazu gehören:
- Formierung eines Kollegiums, das „Bewegungs-Interaktionen" als einen wesentlichen Ausgangspunkt für die Entfaltung des Schullebens begreift und realisiert
- Schaffung nachhaltiger Erlebnisse für die gesamte Schulgemeinschaft oder die einzelne Klasse, die ein Wir-Gefühl vermitteln, vor allem auch durch die

4 Bewegtes Schulleben

Verbindung von Bewegungserlebnissen mit Naturerlebnissen, z. B. bei Spielfesten, Wandertagen, Klassenfahrten
- Förderung eines pädagogischen Bezuges zwischen den Schülern und zwischen Lehrern und Schülern
- Anregung der Schülerinnen zu altersgerechter Eigeninitiative und Mitverantwortung bei der Ausgestaltung von Bewegungssituationen
- Zusammenarbeit mit dem Hort und sportlich orientierte Ganztagsangebote, um ein Bewegungsleben auch in den Nachmittagsstunden zu sichern
- Aufbau und Pflege von Traditionen der Schule und des Territoriums bei der Gestaltung von Bewegungs- und Spielanlässen
- Herstellen einer pädagogischen Kontinuität zwischen Elternhaus und Schule, besonders durch Bewegungsangebote gemeinsam für Kinder und deren Familien (s. Abschnitt 6.1)
- Zusammenwirken von Schule und Instanzen im Umfeld (Sportvereine, Kreis- und Stadtsportbünde, Horte, Freizeiteinrichtungen u. a.) bei der Gestaltung einer bewegten Schule (s. Abschnitt 6.3)
- Schaffung einer Schule, die einschließlich des Schulgeländes als Bewegungsraum gestaltet ist

Vorstellungen und erste Erfahrungen, wie der außerunterrichtliche Teil des bewegten Schullebens realisiert werden kann, konkretisieren wir nachfolgend für Ganztagsangebote, für Spiel- und Sportfeste sowie für Wandertage und Klassenfahrten.

Den nachfolgenden Abschnitten liegt folgende Struktur zugrunde:

Bewegtes Schulleben

4.1	4.2	4.3
Ganztagsangebote für Bewegung, Spiel und Sport	Spiel- und Sportfeste	Wandertage und Klassenfahrten

Eine Reihe von Ideen zum bewegten Schulleben aus den zertifizierten Grundschulen in Sachsen wird auf der Homepage der Forschungsgruppe „Bewegte Schule" der Universität Leipzig vorgestellt.

Bewegtes Schulleben. Zugriff am 10. Februar 2022 unter https://bewegte-schule-und-kita.de/ konzept/bewegteSchule/deutsch/html/staunen.html

4.1 Ganztagsangebote für Bewegung, Spiel und Sport

Der Terminus „Ganztagsangebote" suggeriert Angebote für Bewegung, Spiel und Sport über den gesamten Tag verteilt. Zur Realisierung werden unter Verantwortung der Schule auch Kooperationen mit außerschulischen Partnern vereinbart, z. B. mit Sportvereinen (s. Abschnitt 6.3). Eine enge Zusammenarbeit mit den Horten muss unbedingt erfolgen. (s. Abschnitt 6.2)

Natürlich gibt es inhaltlich sehr verschiedene Ganztagsangebote. Der Thematik des Buches entsprechend wird nachfolgend nur auf den Bewegungs- und Sportbereich eingegangen. Aus der Integration von Sportangeboten in das Ganztagskonzept ergeben sich eine Reihe von Chancen für die Schule, die sich eng an das Konzept der bewegten Schule anlehnen: Erweiterung der Angebotsmöglichkeiten, Berücksichtigung individueller Interessen und Begabungen, Beitrag zur Förderung des Freizeit- und Gesundheitsverhaltens, Förderung sozialer Kompetenzen, Steigerung der Lernbereitschaft sowie der kognitiven Leistungsfähigkeit, Möglichkeiten der Gewaltprävention u. a. (Landessportbund Sachsen, o. J.).

Für Schüler mit sonderpädagogischem Förderbedarf sind Angebote an der Schule von besonderer Bedeutung, da für sie die Zugänge zum Vereinssport u. a. nicht immer einfach sind.

Ganztagsangebote erfolgen in Form von regelmäßigen Übungsstunden, Projekten, Workshops, Kurse o. Ä. Als Zielstellungen sehen wir bei Orientierung an den Dokumenten vom SMK und LSB (s. Medienempfehlung) für bewegte (Grund-)Schulen vor allem das Heranführungen an Bewegungs- und Sportaktivitäten als regelmäßige Freizeittätigkeit, das Motivieren für Bewegung, Spiel und Sport und die individuelle Förderung von Fitness und Gesundheit. Zwischen diesen Zielstellungen bestehen durchaus eine Reihe von Verbindungen.

Für die genannten Zielstellungen werden nachfolgend ausgewählte Themen bzw. Inhalte aus zertifizierten bewegten Schulen in Sachsen aufgeführt, die evtl. für andere Schulen als Anregungen dienen können.

4 Bewegtes Schulleben

Heranführen an das Sporttreiben als regelmäßige Freizeittätigkeit (im Verein, in der Familie, in weiteren Einrichtungen des Gemeinwesens)
Angebote in bestimmten Sportarten auf breitensportlicher oder teilweise wettkampfsportlicher Basis (meist durch Vereine in Bezug zum Schulstandort), auch verbunden mit der Förderung sportlicher Talente:
- Traditionelle Sportarten wie Leichtathletik (in spielerischer Form), Gerätturnen, Gymnastik, Schwimmen und Spielsportarten
- Standortabhängig: Floorball, Hockey, Bouldern, Badminton, Kegeln, Schach, Tennis, Taekwondo, Judo, Wintersport, Eislauf

Motivieren für Bewegung, Spiel und Sport
Angebote (auch inklusiv) mit allgemeinem und sportartübergreifendem Charakter, bei denen das emotionale Erleben von Freude, Ausdruck, Gemeinsamkeit sowie der individuelle Zuwachs an Können im Mittelpunkt stehen und dadurch für die Anwendung in der Freizeit motiviert werden kann, z. B.:
- Spiel und Sport, Bewegung tut gut, Bewegungsspiele, allgemeine Sportgruppe, offene Spielangebote, Sport-Spiel-Spaß, Freizeitsport von A-Z, Kleine Spiele mit dem Ball
- Rhythmus und Bewegung, Tanzmäuse, Line Dance, Drums Alive (Trommeln mit Kids), Musical-Tanz, Funkentanz, Artistik, Zirkus
- Erlebnispädagogik, Reiten, Mut zur Bewegung

Förderung von Fitness und Gesundheit
Angebote zur individuellen Förderung von Fitness und Gesundheit
- Fit wie ein Turnschuh, Fitness-AG, Fitness durch Zumba, Fitness/Wintersport, Rückenschule
- Bewegung und Entspannung, Entspannungs-AG, Yoga, konzentrationsfördernde Spiele, BrainGym, Snoezelen
- Förderung von Kindern mit Leistungsdefiziten (ergänzende Schwimmlernkurse u. a.)
- Sportförderunterricht für Schüler mit Haltungsproblemen, mit Koordinations- und Ausdauerschwächen, mit mangelnder Bewegungserfahrung, mit Übergewicht u. a. von dafür ausgebildeten Lehrerkräften (wenn auch eigentlich als Ganztagsangebot so nicht gedacht)

Medienempfehlungen für Ganztagsangebote (für Sachsen)
Landessportbund Sachsen (2021). *Kooperation Schule und Sportverein. Hilfestellung für Sportvereine bei der Gestaltung von Ganztagsangeboten an sächsischen Schulen* Zugriff am 21. Februar 2022 unter https://www.sport-fuer-sachsen.de/files/user_upload/03_Dokumentenarchiv_LSB/Breitensport/ GTA/20211022_GTA_WEB.pdf

SMK (2021). *Hinweise. Erklärungen und Hilfen zur Sächsischen Ganztagsangebotsverordnung.* Zugriff am 21. Februar 2022 unter https://www.schule.sachsen.de/download/Hinweise_03_2021.pdf

4.2 Spiel- und Sportfeste

Feste – ob groß oder klein – sind im Alltag für Jung und Alt immer eine willkommene Abwechslung. Betrachtet man dazu die Ausführungen von Kraft (1979b, S. 9), könnte man den Begriff „Fest" folgendermaßen beschreiben: Ein Fest ist stets ein freudiger Anlass, wo Spiele, heitere Geselligkeit und Unterhaltung dominieren. Es lebt vom Mittun aller, lässt viel Freiraum, Gelegenheit und Zeit für spontanes und kreatives Handeln, wobei alle Sinne angesprochen werden. Der Wert von Festen innerhalb eines bewegten Schullebens liegt vor allem darin, dass sie ein „nicht austauschbares Feld sozialen Handelns, sozialer Erfahrungen und sozialen Lernens sind". (Brodtmann, 1985, S, 8) und einen nachhaltigen Erlebniswert aufweisen. Entscheidend ist, dass ein Fest zur Sache aller an der Schule wird und jeder seinen eigenen Beitrag zum Gelingen leistet. Der Aufbau von Traditionen sollte angestrebt werden.

Bewegung, Spiel und Sport sind unverzichtbare Bestandteile von Schulfesten. Unserer Meinung nach können in einem Fest sowohl Spiel- als auch Sportangebote enthalten sein. Sie stellen keine Alternativen, sondern interessante Ergänzungen dar und ermöglichen individuelle Akzentuierungen. So könnten Klassenturniere im „2-Felder-Ball" oder „Ball über die Leine" ergänzt werden durch:
– Geschicklichkeitsfahren mit Roller/Fahrrad/Inline-Skater, Rollbretter, Pedalo
– „Schwebende Bälle" (zu zweit mit einem Handtuch/Tischtuch o. a. möglichst lange einen leichten Ball nach oben spielen)
– Stelzenlauf, Tauziehen, Riesenmikado, Catch-Ball u.v.a.m.

4 Bewegtes Schulleben

Methodisch-organisatorische Hinweise zu Spiel- und Sportfesten:
In die *Vorbereitung* sind alle Lehrer, aber auch Eltern und Schüler aktiv einzubeziehen. Langfristig sollten Ideen gesammelt werden und Absprachen zur Aufgabenverteilung erfolgen. Dabei darf keiner in der Anonymität verschwinden und möglichst jeder sollte eine Aufgabe übernehmen. Eigene Beiträge können das Vergnügen am Fest fördern und so werden es die Kinder als „ihr Fest" verstehen. Es könnten Arbeitsgruppen gebildet werden, z. B. zur Betreuung der einzelnen Spielstände, zur Sicherstellung von Speisen und Getränken. Spiel- und Sportfeste können als Projekte geplant werden, indem Lernaktivitäten und Ergebnisse der einzelnen Unterrichtsfächer in ein sinnvolles Ganzes einfließen.

Die *Durchführung* ist so zu gestalten, dass sich alle aktiv beteiligen können, dass alle zum Mitmachen animiert werden und nicht nur eine Pflicht erfüllen. Dabei kann der Aufforderungscharakter von Geräten und Geräteengagements genutzt werden. Es sollten Wahlmöglichkeiten und vom Anspruchsniveau her differenzierte Angebote erfolgen. Eine flexible Planung müsste das Aufgreifen von Ideen der Teilnehmerinnen ermöglichen. Insgesamt hat das Miteinander den Vorrang vor dem Gegeneinander und das Erlebnis muss vor dem Ergebnis stehen.

Die Lehrer und Erzieher sollten an solch einem Tag aus ihrer „Lehrerrolle herausschlüpfen" und Mitspieler, Beteiligte und Akteure sein.
Ein Fest kann alle Sinne, z. B. durch:
- farbenfrohes fantasievolles Schmücken bzw. Ausgestalten der Räumlichkeiten oder des Festortes, eventuell Tragen selbst angefertigter Masken, Kopfbedeckungen oder Kostüme entsprechend des Themas
- Musik und Gesang, Tanz und viele andere Bewegungsmöglichkeiten
- entsprechendes Speise- und Getränkeangebot

Eine *Auswertung* des Spiel- und Sportfestes sollte optisch ansprechend (z. B. Wandzeitung mit vielen Bildern) und eventuell medienwirksam gestaltet werden. Gleichzeitig kann diese Nachlese der Ideensammlung für das nächste Jahr dienen und die Entwicklung einer festen Tradition anstreben.

Spiel- und Sportfeste bieten auch gute Möglichkeiten zur inklusiven Umsetzung und sollten viele Freizeitanregungen enthalten (Müller & Dinter, 2020, S. 194).

Weitere wichtige Tipps:
- Örtliche Sponsoren (Krankenkasse, Sparkasse u. a.) ansprechen, z. B. für kleine Erinnerungen für die Teilnehmer
- Schlechtwettervariante einplanen
- Beschallungsanlage organisieren und ausprobieren
- Fotos und Videos anfertigen, evtl. Presse einladen
- durch eigene Becher u. a. für weniger Müll sorgen
- das Spiel- und Sportfest mit einem Höhepunkt ausklingen lassen (z. B. Tombola, Sportlerball, Lampionumzug)
- für alle Fälle Verbandmaterial bereitstellen, für wenig Müll sorgen

Medienempfehlungen zu Sport- und Spielfesten
Deutsche Olympische Akademie (Hrsg.). (2022). *Olympia ruft: Mach mit! Unterrichtsmaterialien Primarstufe*. Zugriff am 10. Februar 2022 unter https://www.doa-info.de/
Heinemann, S. (1990). *Alternative Spiel- und Sportfeste*. Lichtenau: AOL.
Hoyer, K. (1995). *Der Partner-Spaß-Parcours*. Lichtenau: AOL.
Jackwerth, Chr. & Rüger, E. (o. J.). *Die Nonsense-Olympiade Nr. 2*. Lichtenau: AOL.
Kwast, D. & Rüger, E. (o. J.). *Die Nonsense-Olympiade Nr. 1*. Lichtenau: AOL.
Müller, Chr. & Volkmer, M. (1994). Bewegung, Spiel und Sport – unverzichtbare Bestandteile von Schulfesten. *Grundschulunterricht, 41* (7/8), 35-38.
Müller, Chr. (2009). *Bewegter Hort*. Meißen: Unfallkasse Sachsen.
Müller, Chr. (2021). *Bewegte Kita*. Baden-Baden: Academia.

Dreikampf – einmal anders
Der traditionelle leichtathletische Dreikampf könnte als „Dreikampf einmal anders" folgende Inhalte haben:
Lauf: Slalomlauf, Dreibeinlauf (die inneren Beine zweier Kinder vorsichtig zusammenbinden)
Sprung: Zonenzielspringen, Weit-Hoch-Sprung
Wurf: „Speerwurf" mit kleinen Stöcken, Figurenzielwurf

Spiele zu zweit*
Ein Spiel- und Sportfest könnte in Partnerform durchgeführt werden:
- Volley-Spielen (einen aufgeblasenen Wasserball möglichst oft über eine Leine sich zuspielen, ohne dass er den Boden berührt)

- „Dreibein" – Elfmeterschießen: einen Ball aus 4 – 5 m in ein (unbewachtes) Tor schießen (Brodtmann, 1993)
- „Wagenrennen" (zu zweit eine Strecke in einem Kastenteil/Reifen laufen)
- „Ballrollen" (auf einer Bank sich einen Ball zurollen, ohne dass dieser den Fußboden berührt)
- Sackhüpfen zu zweit
- Hocker-Federball (auf Sprunghockern stehend sich möglichst lange einen Federball zuspielen)

Staffeltag*

Schwedenstaffel:	Unterschiedliche Laufstrecken (z. B. 75, 125, 200, 400, 200, 125, 75 m) werden auf einer Runde markiert. Die Schülerinnen teilen sich die Laufstrecken auf.
Kuchenstaffel:	Mindestens 10 Schüler einer Klasse laufen als Staffel 2000 m oder mehr. Die Siegermannschaft gewinnt einen Kuchen.
Gaudistaffel:	Als Klassenstaffel werden auf einer Rundbahn jeweils 300 m von einem Schüler gelaufen und dann gewechselt zu dem/zu den nächsten Schülern, die dann die 100-m-Gaudistrecke (Sackhüpfen, Eierlaufen, zu zweit in einen Reifen usw.) vor der Zuschauertribüne absolvieren und anschließend den Stab an den nächsten 300-m-Läufer übergeben. (Müller & Petzold, 2014, S. 209)
Laufbiathlon:	Auf einer Rundbahn sind eine Wurfstation (z. B. Sandsäckchen in einen Reifen werfen) sowie eine Strafrunde markiert. Für jede Mannschaft läuft ein Schüler los, versucht zu treffen (ggf. Strafrunde) und schlägt den Nachfolger seiner Mannschaft ab.
Gerätestaffel:	Als Umkehr- oder Pendelstaffel werden Geräte (z. B. auch mehrere Bälle) transportiert und beim Wechseln übergeben bzw. aufgestapelt.

Olympischer Tag

Vorbereitend sollten sich die Kinder evtl. in Form von Projektarbeit über Wissenswertes zu Olympischen Spielen informieren und austauschen (welche Sportarten, wo und wann die letzten bzw. die nächsten Spiele stattfinden, aktuelles Maskottchen, Informationen zu der Stadt/dem Land, olympische Idee – bes. Fairplay). Die Broschüren von der Deutschen Olympischen Akademie (s. Medienempfehlungen) können dafür Unterstützung geben, natürlich auch das Internet.

Der Olympische Tage wird feierlich eröffnet und mit einer Siegerehrung beendet (selbstgebastelte Medaillen).

Vorschläge für einen olympischen Mehrkampf im Winter im Freien:

Skispringen:	von einer Erhöhung in den Schnee springen
Slalom:	Slalomstrecke (auf Folientüten) durchlaufen
Biathlon:	s. o., mit Schneebällen auf einen Baumstamm zielen
Rennrodeln:	Ein Mitspieler sitzt auf dem Schlitten und wird von den anderen Kindern angeschoben. Welcher Schlitten kommt am weitesten?
Eisschnelllauf:	um ein Oval laufen

Bei Schneemangel kann ein Mehrkampf im Winter auch in der Sporthalle durchgeführt werden. Beschreibungen möglicher Stationen sind im Abschnitt 2.5.2 unter dem Erlebnisprojekt „Olympische Spiele" zu finden.

Vorschläge für einen olympischen Mehrkampf im Sommer in Anlehnung an die Antike:

Wagenrennen:	vier Schüler ziehen ein Kind auf dem Rollbrett, Teppichfliesen u. a.
Waffenwettlauf:	mit Papierhelm, Stab als Waffe und Reifen als Schild
Stadionlauf:	Lauf über ca. 130 m
Diskuswurf:	mit Tennisring oder Frisbeescheibe, Bierdeckel
Weitsprung:	mit Gewichten (zwei mit Sand gefüllte Plastikflaschen)
Speerwurf:	mit Stäben oder mit Heulern
Allkampf:	Mattenringkampf (Müller et al., 2005, S. 229)

Paralympics

Bewegungsmöglichkeiten von Menschen mit Beeinträchtigungen können nachempfunden werden z. B. durch das Werfen auf ein Ziel mit verbundenen Augen bzw. das Laufen einer Strecke geführt von einem Partner, das Springen oder Hüpfen nur mit einem Bein, das Spielen von „Ball über die Leine" im Sitzen. (Müller et al., 2005, S. 228)

4 *Bewegtes Schulleben*

Märchenwaldfest (Müller & Volkmer, 1994, S. 35-36)
Eine interessante Variante bilden auch thematische Spiel- und Sportfeste, wie z. B. ein „Märchenwaldfest".

Die Märchenwelt fasziniert die Kinder immer wieder aufs Neue und regt durch ihre verschiedenen geheimnisvollen Gestalten leicht zu fantasievollen Spielen an. Die richtige Umgebung gehört für die entsprechende Atmosphäre dazu. Deshalb sollte so ein Fest an einem geeigneten Waldfleck oder in einem Park stattfinden. Interessant und spannend wird es sicher, wenn die Kinder mit selbstgebastelten Kopfbedeckungen, Masken oder gar Kostümen kommen, die unter Verwendung von Naturmaterialien hergestellt wurden. So bekommen die Waldfeen, Waldgeister, Pilzmännlein, Waldhexen, Zwerge, Waldteufel ihr märchenhaftes und abenteuerliches Aussehen.

Alle Waldbewohner treffen sich zu Beginn auf dem großen „Hexentanzplatz" und eröffnen ihr Fest mit einem gemeinsamen Hexentanz unter Führung der lustigen Waldhexe.

Der „würdige" Waldgeist informiert die Festteilnehmer, was er alles zu bieten hat:
- Glückstombola der Waldfeen
- Geschicklichkeitsübungen bei den Waldteufeln: Dosenwerfen, Zielwurfspiele, Sackhüpfen, Stelzenlauf, Dreibeinlauf, Riesenskilauf u. a.
- Mutprobe bei den Waldgeistern: Derjenige, der die Mutprobe bestehen möchte, wird mit verbundenen Augen barfuß über/durch eine Hindernisstrecke geführt, ohne die Bahn vorher gesehen zu haben. Elemente der Bahn könnten beispielsweise sein:
  - mit Wasser gefüllte Luftballons (liegen in einem Feld von 1 mal 2 Meter, durch das man vorsichtig gehen muss)
  - von einer Leine oder von Ästen hängende feine Fäden (Spinnweben)
  - ein Krabbelschlauch, der an beiden Enden von Helfern hin und her geschwenkt wird
- eine umgedrehte Turnbank auf einem Kastendeckel als Wippe
- Hexenschmaus bei den Hexen z. B.: „Zwergenhappen" (kleine Appetitshappen), „Waldmix" (Obstsalat), „Zitterschüssel" (Götterspeise) u. Ä.
- Tautropfenschänke mit „Märchendrink" oder „Wald- und Wiesenpunsch"
- Werkstatt der Heinzelmännchen (verschiedene Mal- und Bastelangebote)
- Trödelmarkt der Pilzmännlein

Sicher haben die „Waldbewohner" noch andere Ideen. Zum Abschluss treffen sich alle in der „Höhle des Teufels" am Lagerfeuer und es gibt Knüppelkuchen.

Weitere thematische Ideen (auch in Verbindung mit Projekten) könnten sein: Spieljahrmarkt, Neptunfest, Schulfasching, Zirkusfest, Waldfest, Spiele im Schnee, Sommer- oder Herbstsportfest, Lauf in den Frühling (s. auch Müller, 2009)

4.3 Wandertage und Klassenfahrten

Es existiert eine Begriffsvielfalt bezüglich Organisationsformen für außerschulisches Lernen. Deshalb wird eingangs das den nachfolgenden Ausführungen zugrunde liegende Begriffsverständnis erklärt. *Wandertage* sind in ihren Zielen weniger eng an unmittelbaren Lehrstoff gebunden als ein Unterrichtsgang, eine Besichtigung oder eine Exkursion. Sie verfolgen in erster Linie pädagogische Ziele, vor allem die Förderung des Gemeinschaftserlebnisses, und sollten im ursprünglichen Sinne des Wortes die „Überwindung von Entfernungen zu Fuß" (Neuerburg & Wilkau, 1990, S. 81) oder auch per Rad oder auf Skiern anstreben. Wandertage und Klassenfahrten unterscheiden sich durch die Zeitdauer, die daraus resultierende räumliche Reichweite und folglich auch durch die Ziele. Wandertage sind Eintagesveranstaltungen und führen in die nähere Umgebung. *Klassenfahrten* umfassen mehrere Tage (nach unseren Erfahrungen im Grundschulalter meistens drei Tage) und können dadurch etwas entfernter liegende Ziele ansteuern. Klassenfahrten sehen wir nach Gudjons (1998, S. 2) als Synonym für Klassenreisen, unterscheiden aber von Schullandheimaufenthalten (längere Aufenthaltsdauer, erweiterte Zielstellung).

Wandertage und Klassenfahrten sind natürlich nicht nur Veranstaltungen im Rahmen des Schullebens an bewegten Grundschulen. Ausgehend von den Zielstellungen einer alle Fächer übergreifenden Bewegungserziehung ergeben sich u. E. besondere Chancen und Akzentuierungen.

Wenn wir die Bewegung als Zugang zur Welt (Grupe, 1982, S. 72) sehen, dann sollten das Wahrnehmen und Erfahren der Natur durch Bewegungshandlungen und die Verbindung von Bewegungs- und Naturerlebnissen einen Schwerpunkt darstellen. Die Erfahrungen können erweitert werden, wenn unterschiedliche

Jahres- und Tageszeiten (z. B. frühe Morgenstunde, Dämmerung, Nacht) bei der Planung berücksichtigt werden.

Handlungskompetenz im Zusammenhang mit Bewegungsaktivitäten zu erlangen, einschließlich Selbst- und Sozialkompetenz, setzt voraus, dass auch Grundschulkinder ihre Wandertage und Klassenfahrten mit zunehmender Selbstständigkeit vorbereiten und durchführen. Dann sind am ehesten Transfereffekte auf den Freizeitbereich zu erwarten. Das ausschließliche Konsumieren durchaus attraktiver Angebote in Jugendherbergen, Schullandheimen u. a. erscheint unter dieser Zielstellung weniger erfolgversprechend.

Für Schüler mit sonderpädagogischem Förderbedarf sollte besonders viel Wert auf das Wahrnehmen und Erleben der Natur gelegt werden.

Wandertage und Klassenfahrten bieten neben dieser Verbindung zwischen Bewegungserziehung und Freizeiterziehung vor allem auch Verknüpfungsmöglichkeiten zur Gesundheitserziehung und besonders Umwelterziehung, denn was man kennen und schätzen gelernt hat, wird man auch bereit sein zu schützen.

Wandertage und Klassenfahrten an sich, Bewegungssituationen innerhalb dieser Veranstaltungen im Besonderen, haben einen speziellen Erlebniswert und können die Herausbildung sozialer Verhaltensweisen (Gemeinschaftsgefühl, Hilfsbereitschaft, Verantwortungsbewusstsein) unterstützen. Das ganztägige Zusammensein unter veränderten Bedingungen, die Lösung gemeinsamer (Bewegungs-)Aufgaben mit anderem Charakter als in der Schule, ermöglichen Veränderungen im Rollenverhalten. Die Kinder können ihre Fähigkeiten in außerschulischen Bereichen des Lebens beweisen und lernen mitunter ihre Mitschüler aus anderer Sicht kennen, was die Akzeptanzbereitschaft und das Aufeinander-Einstellen fördern kann.

Anforderungen an die Pädagogen
Wandertage und Klassenfahrten stellen besondere Anforderungen an die Pädagogen, vor allem auch, weil gerade im Zusammenhang mit Bewegungsaktivitäten Entscheidungen zwischen anscheinenden Widersprüchlichkeiten zu treffen sind. Einerseits trägt die Lehrkraft die volle Verantwortung für die Sicherheit und die Gesundheit der Schüler. Andererseits kann eine übertriebene Vorsicht den Erlebnisgehalt für die Kinder deutlich einschränken. Auf der einen Seite kann die Lehrerin anleiten, aber Wandertage und Klassenfahrten bieten im Vergleich zum Schulalltag viele Möglichkeiten, gerade bei Bewegungsaktivitäten den Kindern Freiräume zu geben und sich selbst zurückzunehmen. Die Schüler sollten unter-

einander Absprachen treffen, sich zwischen Wahlmöglichkeiten entscheiden und Konflikte selbst klären. Dabei darf die Lehrkraft aber auch nicht außerhalb des Geschehens stehen, sondern sollte mitspielen, Gefühle zeigen (Balz, 1998, S. 265) und auch einmal Lernender sein. Den Möglichkeiten zum fächerübergreifenden Arbeiten steht die Gefahr der „Verschulung" dieser Veranstaltungen gegenüber. Das Spielen mit Naturmaterial, das Erkunden und Spielen im Gelände müssen in jedem Fall in Übereinstimmung mit den Belangen des Naturschutzes stehen. Lösungsrezepte für eine erforderliche Balance können an dieser Stelle nicht gegeben werden. Die sicher nicht immer einfachen Entscheidungen können erleichtert werden durch eine tiefgründige Einschätzung der konkreten Klassensituation, die Kenntnis der örtlichen Bedingungen, eine langfristige Vorbereitung, genaue Information der Eltern über die Vorhaben (z. B. auch zu Regenschutzbekleidung, Schuhwerk), gründliche Absprachen mit den Begleitpersonen und ein gutes Verhältnis zwischen Lehrer und Schüler. Eine Entscheidung gegen Klassenfahrten und Wandertage wäre nach unserer Meinung nicht im Interesse der Kinder. Können doch unseren Vorstellungen entsprechende Wandertage und Klassenfahrten viele positive Auswirkungen auf den Schulalltag, vor allem auf das Sozialklima haben und stellen häufig bleibende Erinnerungen an die Schulzeit dar. Es scheint auch möglich, dass positive Erfahrungen aus der Grundschulzeit sich auf das Freizeitverhalten im Jugend- und Erwachsenenalter übertragen können, auch wenn mit der Pubertät eine Phase dazwischen liegt, in der eine Reihe von Schülern ein eher gestörtes Verhältnis zum Bewegen, besonders zum Wandern, in der Natur hat. Erlebniswanderungen können motivierend wirken (s. Müller, 2021, S. 172-175).

Lauft doch nicht so schnell
Wie ein Wandertag durch eine „Schatzsuche" zu einem Erlebnis auch für einen „Bewegungsmuffel" werden kann, berichtet eine Praktikantin:
Zu Beginn unseres Wandertages erzählte ich meiner 2. Klasse von einem versteckten Schatz. Die Kinder waren während meiner Geschichte so leise geworden, dass man sogar die kleinsten Geräusche wahrnahm. Sogar Max, der nicht wie sonst ein langes Gesicht zog, wenn es hieß: „Wir wandern durch den Wald", war total begeistert. Die Kinder konnten den Beginn kaum erwarten. Zwischen den ersten Aufgaben und Zeichen fand ein regelrechter Wettlauf statt. Jeder wollte der Erste sein, der eine neue interessante Spur entdeckte. Dabei empfanden die Kinder Hindernisse, wie das Überspringen von Gräben und kleine Anstiege nicht als Belastung und unangenehm.

Max, der seine Freizeit fast ausschließlich mit Videos verbringt, in der Pause öfters mit dem Game-Boy spielt, statt sich mit anderen Kindern auf dem Schulhof zu bewegen und auch sonst immer der Letzte bei Unterrichtsgängen ist, war an diesem Tag kaum wiederzuerkennen. Bei den Entdeckungen der Spuren und Aufgaben war er mit unter den Ersten, nicht wie sonst „Bummelletzter" oder „Hemmschuh". Für mich und die Lehrerin war es ganz angenehm, sein ständiges Murren, Quengeln und Fragen „wann wir endlich da seien" einmal nicht zu hören. An seinem Gesicht und seiner Körperhaltung konnte man erkennen, wie viel Spaß er an diesem Tag hatte. Sein Gesicht, sonst immer blass, war jetzt sogar leicht gerötet. Seine Wangen und seine Stirn waren angespannt und zeugten von der Begeisterung und Lust weiterzulaufen, um noch mehr zu entdecken. Ansonsten hält Max sich sehr zurück, doch an diesem Tag lief er viel freudvoller und selbstbewusster. Die Lehrerin versuchte die Schulklasse in ihrem großen Eifer zu bremsen: „Lauft doch nicht sooo schnell, wir wollen doch heute nicht rennen, sondern wandern und dabei auch die Natur beobachten", rief sie den Schülern zu. Doch die Kinder liefen voller freudiger Spannung immer weiter. Und Max? In seinem Gesicht stand Verwunderung scheinbar darüber, dass er nicht wie sonst aufgefordert wurde, nicht so zu bummeln, sondern dass man ihn heute versuchte in seinem so ungewöhnlichen Bewegungsdrang und seinem Lauftempo zu zügeln.
(Hadrys, 1998)

Methodisch-organisatorische Hinweise zu Wandertagen und Klassenfahrten:
Für die Durchführung der vorgestellten Ideensplitter ist unbedingt zu beachten:
- Den Kindern Wahlmöglichkeiten und Freiräume lassen!
- Den Spielort in der Natur vorher sorgfältig auswählen! Am ehesten eignen sich zentralere Orte wie Raststätten oder auch größere Kreuzungen am Waldrand. Denn Spiele sind oft emotionsgeladen und laut – die Tiere des Waldes mögen sie wohl eher nicht.
- Spielmaterialien findet man zu Hauf` auf dem Waldboden. Deshalb Hände weg von Bäumen und Sträuchern!

Weitere Hinweise:
- sich über die gesetzlichen Bestimmungen informieren
- mit den Schülern das richtige Verhalten in bestimmten Situationen absprechen
- evtl. Genehmigung der Eltern einholen, z. B. Badeerlaubnis
- Verbandsmaterial mitführen

- Genehmigung für Lagerfeuer einholen
- sich über die Wetterlage informieren
- zweckmäßige Kleidung (auch Schuhwerk) überprüfen
- Zeichen (z. B. Pfiff) und Treffpunkt ausmachen
- bei Aktivitäten im Halbdunkeln und Dunkeln Taschenlampen nicht vergessen und am Tag das Gelände schon einmal abgehen

Wanderungen zu einem wirklichen *Erlebnis* werden zu lassen, ist möglich u. a. durch: Einbeziehung von Spielen, Übernahme von Aufgaben durch jeden Schüler. Das Wandern attraktiv und erlebnisorientiert „verpacken", von Wanderungen etwas mitbringen und in der Schule z. B. damit basteln (Kastanien), nach Wanderungen Erlebnisse präsentieren (z. B. im Elternabend), Wanderungen mit einem Fest beenden.

Medienempfehlungen zu Wandertagen und Klassenfahrten
Balz, E. (1988). *Aufgaben des Sports im Schullandheim*. Hamburg: Czwalina.
Balz, E. (1998). Schullandheime als Lerngelegenheiten für den Schulsport. *Körpererziehung, 48* (7/8), 259-266.
Burk, K. & Kruse, K. (Hrsg.). (1993). *Wandertag – Klassenfahrt – Schullandheim* (2. Aufl.). Frankfurt: Arbeitskreis Grundschule e. V.
Cornell, J. (1979). *Mit Kindern die Natur erleben*. Mühlheim: Verlag an der Ruhr.
Cornell, J. (1999). *Mit Freude die Natur erleben*. Mühlheim: Verlag an der Ruhr.
DGUV (Hrsg.). (2019a). *Mit der Schulklasse sicher unterwegs*. DGUV Information 202-047. Berlin: DGUV.
DGUV. (Hrsg.). (2020a). *Mit Kindern in den Wald*. DGUV Information 202-074. Berlin: DGUV.
Döbler, H. & Döbler, E. (2018). *Kleine Spiele* (23. Aufl.). Mühlheim an der Ruhr: Verlag an der Ruhr.
Müller, Chr. (2021). *Bewegte Kita* (S. 167-176). Academia: Baden-Baden.

Ideensplitter
Die nachfolgenden Ideensplitter für die inhaltliche Gestaltung der Bewegungserziehung bei Wandertagen und/oder Klassenfahrten erfordern eine *verantwortungsvolle und kritische Prüfung unter den jeweiligen Bedingungen*. Die Sicherheit der Schüler, die Witterung, der Schutz der Umwelt, die Zustimmung der Eltern stellen wesentliche Auswahlkriterien dar.

4 Bewegtes Schulleben

Durch Bewegungssituationen die Natur erkunden
- am Morgen durch den Wald laufen
- ein kleines Dickicht erkunden, barfuß durch einen kleinen Bach waten
- barfuß durch den Sand, auf Moos, auf einer feuchten Wiese u. a. gehen
- die Wärme der Sonnenstrahlen empfinden
- im Schneetreiben wandern, gegen den Wind laufen
- auf Seilen einen Bach überwinden, in Pfützen waten (Gummistiefel)
- leise durch die Natur gehen und auf die Stimmen der Natur lauschen
- im Schnee spielen, mit Schneebällen werfen, auf Eis rutschen
- sich mit Karte und Kompass orientieren und die Gruppe ein Teilstück der Wanderung führen
- die Umwelt „von oben" (Berg, Turm) betrachten
- durch Wälder, Wiesen, Felder zu unterschiedlichen Jahreszeiten wandern und Pflanzen und Tiere beobachten

Die Natur im Dunkeln erleben
- eine kleine Nachtwanderung (oder bei Dämmerung) durchführen und sich dabei sehr leise verhalten
- über eine kurze Entfernung (ca. 100 m begrenzt z. B. durch zwei Bäume) allein oder zu zweit gehen
- im Zelt schlafen
- ein Lagerfeuer/eine Feuerstelle aufbauen und „Knüppelkuchen" backen bzw. Suppe kochen

---

Rezept für einen Knüppelkuchen (8 Personen)
Zutaten: 500 g Mehl, 1 Ei, 1 Tasse Zucker, ¼ Liter Milch,
  1 × Backpulver, 1 x Vanille-Zucker, 1 Prise Salz
Alle Zutaten zu einem geschmeidigen Teig kneten, dann ausrollen und in Streifen zerteilen.

Mit Naturmaterialien spielen
- Bau- und Konstruktionsspiele:
eine Hütte bauen, einen Bach anstauen, Boote aus Baumrinde im Bach/Teich schwimmen lassen, eine Furt bauen und darüber balancieren, Schneemänner/ Schneeplastiken/Schneehütten bauen, Sandburgen bauen

4.3 Wandertage und Klassenfahrten

- mit Tannenzapfen auf Ziele werfen (Baumstämme ...)
- flache Steine so auf das Wasser werfen, dass sie einige Sprünge ausführen
- Steine (in ein Ziel) stoßen
- Speere (lange, spitze Stöcke) in ein Ziel werfen (Treffer der Gruppe zählen)
- Tannenzapfen/Kastanien hochwerfen und von unten mit einem Stock möglichst weit oder in ein Ziel schlagen (Schlagball)

Beim Werfen mit Naturmaterialien darf sich kein Schüler in Wurfrichtung befinden. Auf seitliche Abstände ist zu achten, bes. beim Spiel „Schlagball".

Aus dem Sportunterricht bekannte kleine Spiele und Spielformen modifiziert anwenden (Petzold, 1999)

Haschespiele

In der Regel sind die aus dem Sportunterricht bekannten Haschespiele auch im Freien als Spielanregung geeignet. Thematisiert man diese in der freien Natur, so sind zunächst klare Vereinbarungen über die Spielfeldgrenzen zu treffen. Durch die Beschaffenheit des Geländes wie Mulden und Senken, Stämme und Äste, Bäume und Sträucher erhöhen sich die Anforderungen an die Spieler enorm. Möglicherweise können auch besonders markante Bäume als „Freimale" genutzt werden.

Treffball

Zwei Mannschaften nehmen so gegenüber Aufstellung, dass sich zwischen ihnen eine Bank befindet (jeweils ca. 6 – 10 m Entfernung). Dann versuchen alle Spieler die auf der Bank stehenden Keulen mit den verfügbaren Wurfgeräten zu treffen. Sieger ist die Mannschaft, auf deren Seite am Ende die wenigsten Keulen liegen.
Varianten:
- In der Natur eignen sich Kastanien, Tannenzapfen oder auch kurze Stöckchen als Wurfgeräte.
- Das Fehlen von Keulen lässt sich ausgleichen, indem man Stöcke in den Boden steckt. Findet man am Waldboden größere Stücke von Baumrinde, so ist die Trefferwahrscheinlichkeit höher.
- Um Verletzungen vorzubeugen, sollte nur von einer Seite geworfen werden. Dabei wird die Zeit gestoppt, bis alle Gegenstände abgeworfen sind. Dann versucht die zweite Mannschaft bzw. die ganze Gruppe in einem weiteren Durchgang diese Zeit zu unterbieten.

4 Bewegtes Schulleben

Wettwanderball
Die Spieler zweier Mannschaften stellen sich jeweils in Reihe auf. Dann versuchen sie so schnell wie möglich einen Gegenstand (im Sportunterricht meist einen Ball) von vorn nach hinten zu geben. Der Letzte läuft an die erste Position und gibt den Gegenstand wieder nach hinten. Variationen ergeben sich durch den Wechsel von Aufgabenstellungen, was wie in welche Richtung übergeben wird (über die Köpfe, durch die gegrätschten Beine, abwechselnd über den Kopf und durch die gegrätschten Beine, im Wechsel links bzw. rechts nach hinten geben).
(Döbler & Döbler, 2018, S. 215-216)
Varianten:
- Im Freien können alle möglichen Naturmaterialien in das Spiel einbezogen werden: Äste, Laub, Tannenzapfen, Kastanien, Eicheln, Rindenstücke usw.
- Auch die Kombination von Gegenständen kann interessante Aufgabenstellungen hervorbringen:
  - Balanciert zwei Kastanien auf einem Stück Rinde und übergebt es dem Vordermann! Benutzt dazu nur die linke/rechte Hand!
  - Fasst das große Laubblatt mit beiden Händen an seinen Rändern! Der jeweilige Vordermann übernimmt es, ohne dass die darauf liegende Eichel herunterfällt!
- Durch den verfügbaren großen Raum können die Aufgaben des Übergebens auch mit vorangegangenen Laufwegen gekoppelt werden. Die Geländebeschaffenheit bietet hierbei eine weitere Differenzierung im Schwierigkeitsgrad!

Gegebenheiten des Geländes zum Spielen nutzen
- über festliegende Baumstämme balancieren, aneinander vorbei gehen
- Gräben/Bäche überspringen
- auf Steinen u. a. balancieren
- durch ein Dickicht kriechen
- um Hindernisse (Bäume u. a.) im Slalom laufen
- einen kleinen Hang seitlich herunterrollen
- ein Hindernis (Hecke o. a.) überspringen
- auf Anhöhen klettern
- einen Abhang hinunterlaufen
- auf Steinplatten springen, ohne die Fugen zu betreten
- auf Schnee oder Eis rutschen
- an einem Hang rodeln

Geländespiele

Den Kuckuck suchen
In einem begrenzten Waldgebiet versteckt sich ein Spieler und ahmt von Zeit zu Zeit den Ruf des Kuckucks nach. Die übrigen Spieler suchen den „Kuckuck". Wer ihn findet, darf sich als Nächstes verstecken.
(Döbler & Döbler, 2018, S. 398)

Treibjagd
Um einen durch Fähnchen markierten oder durch Wege begrenzten Geländeabschnitt herum verteilen sich die „Jäger". In diesem Spielfeld versteckt sich die zweite Partei als „Wild". Auf ein Signal beginnt die Treibjagd und die „Jäger" engen den Kessel ein. Wem aus der zweiten Partei gelingt es, ohne abgeschlagen zu werden, die Jägerkette zu durchbrechen und den Spielfeldrand zu erreichen?
(Döbler & Döbler, 2018, S. 400)

Anschleichen*
Ein Spieler bewacht einen Baum. Wer kann sich ungesehen soweit anschleichen, dass er den Baumstamm mit einem Tannenzapfen treffen kann?
(Ziörjen, 1980, S. 54)

Schatzsuche
An einer markierten Strecke (Sägespäne, Stöcke, Zapfen etc.) werden Tafeln mit Aufgaben verteilt, deren Lösungen zum Versteck der „Schatzkiste" führen.
(Müller, 2021, S. 174)

Verstecken
Mehrere Spieler verstecken sich im Gelände. Die suchenden Kinder versuchen einzeln möglichst unbemerkt von den anderen zu einem Spieler in das Versteck zu gelangen. Sind keine Kinder mehr zu sehen, ruft der Spielleiter mit einem vereinbarten Zeichen zum Sammeln.

Diebe fangen*
Eine Gruppe hat Spielsachen aus der Pausenspielkiste/aus dem Hort geklaut. Mit zeitlichem Vorsprung verstecken sich die Kinder im Zielgelände der Wanderung.

Wenn die größere Gruppe der Kinder (Polizei) ankommt, gilt es, die Diebe zu fangen und ihnen das Spielzeug abzunehmen.
(Müller, 2021, S. 174)

Orientierungslauf (OL)

Findigkeitslauf
In einer Karte sind Kontrollposten eingetragen, die die Kinder in Gruppen entsprechend der Reihenfolge oder bei freier Wegwahl anlaufen. An den Kontrollposten sind touristische Aufgaben und/oder Bewegungsaufgaben zu erfüllen.

Strick- Orientierungslauf
An den Kontrollposten befinden sich Stricke mit einer unterschiedlichen Anzahl an Knoten. Entsprechend ihrer Karte suchen die Kinder die Kontrollposten auf und addieren die Anzahl der Knoten. Welche Gruppe erzielt das richtige Gesamtergebnis?

Bänder- Orientierungslauf*
Gruppen von Schülern folgen einer mit Papierstreifen/oder Bändern an Bäumen markierten Strecke. Sie müssen die auffällig gekennzeichneten Kontrollposten auffinden und in ihrer Karte eintragen.

Stern-OL*
An einem zentralen Punkt erhalten Kleingruppen eine Karte mit einem eingezeichneten Posten. Sie laufen diesen an, erfüllen die Aufgabe und tragen einen Lösungsbuchstaben am zentralen Punkt auf einer Karteikarte ein. Dann laufen sie mit einer anderen Karte einen weiteren Punkt an.
(Müller & Petzold, 2014, S. 223)

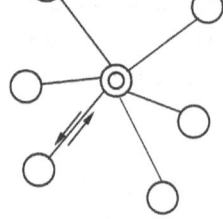

Klassenfahrten – bewegt und erlebnisreich

Mehrtägige Klassenfahrten gehören für viele Schüler zu den schönsten Erlebnissen der Schulzeit. Sie bieten wichtige Gelegenheiten, die eingangs des Abschnittes 4.3 beschriebenen Ziele zu realisieren.

Das gemeinsame Erleben und Bestehen neuer Situationen in einem mehrtägigen Zusammensein in einer unbekannten Umgebung trägt zur Erweiterung der Erfahrungen des Miteinanders bei. Die Kinder lernen sich untereinander besser kennen, aber auch die Lehrer erleben die Kinder im Vergleich zum Schulalltag unter anderen Bedingungen und in veränderten Rollen. Das Klassenklima und das Gemeinschafts- und Zusammengehörigkeitsgefühl können gefestigt werden.

Klassenfahrten sind sehr geeignete Möglichkeiten, für das Wahrnehmen und Erfahren der Natur durch Bewegungshandlungen und die Verbindung von Natur- mit Bewegungserlebnissen. Für die Umsetzung der im vorangegangenen Abschnitt vorgestellten Ideensplitter bestehen erweiterte zeitliche und örtliche Gelegenheiten.

Ebenso gilt das für die Realisierung von bewegungsorientierten Projekten. Für Schüler mit sonderpädagogischem Förderbedarf sollte viel Wert auf das Wahrnehmen und Erleben der Natur sowie auf Anregungen für die Freizeit gelegt werden (Müller, 2020, S. 199-209).

Diese und weitere Begründungen sprechen dafür, dass erlebnisorientierte Klassenfahrten in der Verbindung Natur – Bewegung unbedingt auch bereits im Grundschulalter durchgeführt werden, besonders in bewegten Grundschulen. Ein Problem, was in diesem Alter auftreten kann, ist das Heimweh einiger Kinder. Deshalb muss die Fahrt auch nicht in eine allzu große Entfernung vom Heimatort geplant werden. Dann kann das Heimweh-Kind auch von den Eltern wieder abgeholt werden, wenn es wirklich nicht anders geht. Besser ist aber eine langfristige Absprache mit den Eltern der Klasse. Sie sollten Lust auf die Reise machen, Neugier wecken, auf die Erlebnisse gespannt sein, keine eigenen Ängste äußern („Du wirst mir sehr fehlen."), das Lieblingskuscheltier mitgeben und das Übernachten ohne Papa und Mama üben, z. B. bei Verwandten oder Schulfreunden. Ein sensibler Umgang des Pädagogen mit dem Kind und der Klasse, das Wecken von Vorfreude und Spannung oder die Einbeziehung in wichtige Aufgaben können Unterstützung geben.

Klassenfahrten wirklich bewegt und erlebnisreich zu gestalten, dafür bestehen umfangreiche Möglichkeiten, vielfältige Bewegungsaktivitäten in den

4 Bewegtes Schulleben

Tagesablauf zu integrieren, z. B. Wanderungen, Spiele in der Natur, Spielerische Gymnastik und Kleine Spiele mit Naturmaterialien, auf Geräusche hören, Bewegungslieder. Der Erlebnisgehalt kann erhöht werden durch die Suche nach Tierspuren, eine Wanderung mit einem Förster, durch den Besuch einer Falknerei oder einer Burg u. Ä., durch eine GPS-Expedition, durch einen Badeausflug, durch eine Nachtwanderung, durch ein Lagerfeuer/Grillabend, durch das Versetzen in andere Figuren (Indianer ziehen durch die Prärie, s. Müller, 2021, S. 275), durch erlebnispädagogische Elemente (s. Müller 2020, S. 203-206) oder durch die Einbeziehung freizeitsportlicher Aktivitäten (z. B. Klettern in einem Niedrigseilgarten, Balancieren auf einer Slackline, Bogenschießen, Minigolf oder Discgolf – Frisbeescheiben entlang einer Bahn in Ziele befördern u. a.)

Klassenfahrten, ebenso auch Wanderungen, können sehr gut *mit anderen Bereichen der bewegten Schule verknüpft werden*. Ausgewählte Beispiele:
- Wandern nach rhythmischer Unterstützung, Bewegungslieder während der Wanderungen bzw. am Lagerfeuer, Tanzlieder als Teil einer Abendveranstaltung
- Stilleübungen, z. B. auf die Stimmen der Natur hören, einen Baum ertasten bzw. Entspannungsgeschichten als Gute-Nacht-Geschichten
- Verbindung mit Festen, z. B. Waldsportfest, Herbstfest, Märchenwaldfest (S. 4.2)
- etwas in der Natur und Gesellschaft umfangreicher erkunden als bei Unterrichtsgängen im Rahmen des bewegten Lernens (s. Abschnitt 2.1)
- fachübergreifender Unterricht (z. B. Die Sinne, s. Abschnitt 2.5.1), bewegungsorientierte Projekte (Der Wald hat viele Gesichter, Unser Zeltlager, Unser Bewegungspfad – s. Abschnitt 2.5.2)

5 Schulsport als Fundament einer bewegten Schule

Eine der zentralen Fragen einer Didaktik der Bewegungserziehung muss auf die Klärung des Verhältnisses zum Schulsport gerichtet sein. In der Vorbereitungsphase begegnete uns die Auffassung eines Sportlehrers, der auf eine eventuelle Mitarbeit in dem Projekt „Bewegte Grundschule" angesprochen, diese mit der Begründung ablehnte: „Damit macht ihr uns den Sportunterricht kaputt!" Dass diese Ängste nicht unbegründet sind, zeigen Bestrebungen in einzelnen Bundesländern, in denen Kürzungen des Sportunterrichtes mehr oder weniger damit gerechtfertigt werden, da ja ausreichend Bewegung künftig durch Bewegungspausen zwischen oder im Unterricht erfolgen sollte.

Einen qualitativ hochwertigen Sportunterricht, der die Freude am sich Bewegen stimuliert, der durch fachlich qualifizierte Pädagogen in drei Einzelstunden, ergänzt durch Sportförderunterricht erteilt wird, sehen wir als *die* Grundlage für eine bewegte Schule an. Der Abschnitt „Schulsport als Fundament einer bewegten Grundschule" hätte demzufolge an den Beginn dieses Buches gehört. Die Entscheidung, erst die anderen Bereiche abzuhandeln, soll dem Leser das Verständnis von nachfolgend beschriebenen Verknüpfungen und Abgrenzungen zwischen Schulsport und bewegter Schule erleichtern.

Bereits im Kapitel 1 wurde unsere Auffassung zum Begriffsverständnis formuliert. Bewegungserziehung als umfassende Aufgabe ist als Querschnittsaufgabe zu konzipieren (s. Abschnitt 1.3). In unserem Verständnis sollten Bewegungserziehung und Schulsport nicht in Konkurrenz treten, sondern ein sinnvolles Miteinander bei durchaus Eigenständigkeit in den Zielen, Inhalten und Methoden bilden (Müller, 1997a). Inhalte der Bewegungserziehung können im Sportunterricht eine Ergänzung und Erweiterung erfahren (Abschnitt 5.1.1). Andererseits besteht die Möglichkeit, über den Sportunterricht vielfältige Impulse für einzelne Bereiche der bewegten Schule zu geben (Abschnitt 5.1.2). Im bewegten Schulleben fließen Aktivitäten von beiden Seiten zusammen.

5 Schulsport als Fundament einer bewegten Schule

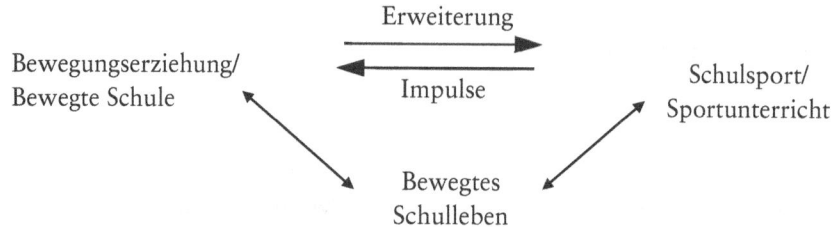

Medienempfehlungen zum Schulsport in den Klassen 1 bis 4

Müller, Chr. & Petzold, R. (1997). Bewegte Grundschule. Welchen Beitrag kann der Schulsport für eine fächerübergreifende Bewegungserziehung leisten? *Lehrbogen für Bewegung, Spiel und Sport Nr. 157.* Seelze-Velber: Kallmeyer.

Müller, Chr. (1997a). Bewegte Schule und Schulsport. *Körpererziehung, 47* (5), 174-180.

Müller, Chr., Petzold, R., Hofmann, S. & Volkmer, M. (2005). *Sportunterricht gestalten.* Berlin: Cornelsen.

Müller, Chr. (2010). *Schulsport in den Klassen 1 bis 4* (2. überarb. Aufl.). St. Augustin: Academia.

SMK (1996). *Gesundheitserziehung in der Schule durch Sport.* Leipzig: AOK-Verlag.

5.1 Beitrag des Schulsports zur bewegten Grundschule

5.1.1 Ergänzung und Erweiterung

Ziele der umfassenden Bewegungserziehung, wie die Förderung der sinnlichen Wahrnehmung, die Koordinationsschulung, die Herausbildung der Sozial- und Selbstkompetenz, die stärkere Einbeziehung des kinästhetischen Analysators oder die Vermeidung von Haltungskonstanz, können über den Schulsport vor allem durch die speziellen Bedingungen, unter denen Sportunterricht stattfindet (Sporthalle, Sportplatz, Sportbekleidung, Fachlehrer u. a.) eine Ergänzung und Erweiterung erfahren. Diese Bedingungen ermöglichen weiträumige Bewegungen, das Sammeln von Erfahrungen in unterschiedlichen Körperlagen sowie in/auf verschiedenen Medien, das Bewegen mit und an Geräten, die Vergrößerung der Variationsvielfalt sowie wesentlich höhere zeitliche Umfänge und eine intensivere Belastungsgestaltung. Zur Verdeutlichung seien folgende Beispiele aufgeführt:

- Für die aus den Auflockerungsminuten bekannten Tanzspiele können sich die Kinder neue Aufstellungsformen, Tanzfassungen, Figurenfolgen und eine den Platzverhältnissen in der Turnhalle angepasste Gestaltung der Raumwege überlegen. Volkstänze, Tänze nach moderner Musik u. Ä. mit etwas schwierigeren Schrittfolgen stellen eine Weiterführung der Tanzspiele im Sportunterricht dar.
- Unter „Kleine Kunststücke" vorgestellte Übungen (s. Abschnitt 2.3.2) können erweitert werden z. B. durch das Fortbewegen in unterschiedlichen Richtungen (vor-, seit-, rückwärts) auf Geräten, im Wasser, auf Schnee und Eis. Gemeinsam mit einem Partner (Handfassung oder mit einem Seil verbunden) besteht die Möglichkeit, Hindernisstrecken zu überwinden, sich auf Teppichfliesen durch die Halle zu bewegen oder Rollen auszuführen.
- Bewegungsgeschichten können mit dem Über- und Unterwinden von Geräten verbunden werden, z. B. „Im Gebirge".
- Im Rahmen von Auflockerungsminuten aufgeführten Übungen mit Korken oder Tüchern können in der Sporthalle mit Bällen probiert werden.
- In der Sporthalle ergibt sich auch die Möglichkeit, die im Abschnitt 2.4.4 vorgeschlagenen Entspannungsverfahren durch geistige Übungen, die die Aufmerksamkeit auf verschiedene Körperteile (Körperreise) oder auf Körperkontaktflächen (Eutonie) lenken, sowie mit Massageformen im Liegen zu erweitern.

Reise durch den Körper
Hineinspüren in einzelne Körperteile, dabei einen bestimmten Entspannungsweg folgen (rechter Daumen → Hand → Arm → Schulter, →Brustkorb → Hüfte → Bein → Fuß → Zehen – linke Seite) unterstützt durch Formeln, wie: „Du spürst das Heben und Senken des Brustkorbes ..." Zum Schluss die Reise „zurücknehmen" (Sportjugend NRW, 1996, S. 41-42)

Eutonie
Berührungsflächen oder „Hohlräume" einzelner Körperteile zum Boden oder zu verschiedenen Materialien (Tennisbälle, Kastanien u. a.) spüren, unterstützt durch Formeln, wie: „Spüre die Stellen, an denen dein Rücken den Boden berührt, spüre wie weit deine Hände von den Beinen entfernt liegen..."
(SMK, 1996, S. 52-54)

5 Schulsport als Fundament einer bewegten Schule

Es kann ein Beitrag geleistet werden, dass die Gestaltung der bewegten Grundschule eine Querschnittsaufgabe innerhalb der Grundschule wird. Besonders das *Lernen über den Bewegungssinn* (s. Beispiele Abschnitt 2.1) kann Ergänzung und Erweiterung im Sportunterricht erfahren. Beispiele:

Sich im Raum orientieren (Mathematik Klasse 1)

Zu Beginn der Klasse 1 können im Rahmen des Erwerbs grundlegender mathematischer Einsichten und Erfahrungen vielfältige Handlungserfahrungen bei der Orientierung im Raum (rechts, links, oben, unten, vor/davor/vorn, unter/darunter) über Bewegungsspiele gewonnen werden. Der Sportunterricht kann durch größere Räume sowie das Erleben der dritten Dimension beim Klettern auf den Mattenstapel, die Sprossenwand u. Ä. wertvolle Ergänzungen bieten – gleichzeitig damit das Erkunden dieser Räume mit ihren Geräten unterstützen.

Folgende Übungen zur Orientierung im Raum könnten in den Sportunterricht einfließen:

Ein Schiff geht unter
Bei dem bekannten Spiel „Ein Schiff geht unter" laufen die Kinder frei im Raum. Auf die Aufforderung „Rette sich, wer kann: links *neben* die Kletterstange/*unter* die Sprunghocker/*in das rechte* Handballtor usw.!" versuchen alle Spieler den angegebenen Platz schnell zu erreichen.

Schenk mir dein Vertrauen
Ein Kind schließt die Augen. Von seiner Partnerin wird es durch einen Kleingeräte-Parcours (Medizinbälle, Seile, Reifen, Matten, Sprunghocker u. Ä.) mit gezielten Anweisungen wie *„nach links, geradeaus,* drei Schritte *rückwärts, auf* die Bank steigen, *unter* dem Hocker hindurchkriechen, *in* den Reifen hineinsteigen usw." geleitet.

Merk dir dein Haus
Jedes Kind sucht sich einen beliebigen Platz und stellt sich auf einen Zeitungsbogen oder in einen Reifen, der das „eigene Haus" darstellt. Dann bewegen sich alle Kinder frei „um die Häuser". Auf ein akustisches Signal hin orientieren sie sich und laufen zu „ihrem Haus". Noch schwieriger wird es, wenn die Kinder ihre Plätze auf den Zeitungen/in den Reifen wechseln und sich dadurch eine „zweite

oder gar dritte Wohnung" merken müssen. Der Spielleiter nennt jeweils, ob das „erste, zweite oder dritte Haus" aufzusuchen ist.

Die Welt von oben
Die Kinder klettern auf einen Mattenstapel, auf Kästen oder auf Sprossenwände und erkunden „Was ist jetzt unter uns, was auf gleicher Höhe, was ist über uns?"

Maßeinheiten anwenden
Die im Mathematikunterricht kennen gelernten Maßeinheiten der Länge, der Masse und der Zeit können im Sportunterricht durch zusätzliche Größenerfahrungen gefestigt werden, z. B. durch folgende Bewegungsaufgaben:
- Messt eure Weitsprungleistungen und vergleicht sie! (in Kleingruppen arbeiten)
- Wie viel Meter kann ich in 6 Minuten laufen? (Erst schätzen, dann auf 10 m genau im Rundkurs ermitteln.)
- Wie hoch kann ich an der Kletterstange klettern? (Meterzahl aller 0,5 m markieren)
- Lauft von einer Startlinie 30 m und bleibt dann stehen! Danach wird die 30-m-Strecke abgemessen. Wer ist der vorgegebenen Streckenlänge am nächsten gekommen?
- Versucht eine „Schneckenrennbahn" in genau 120 Sekunden zu durchlaufen! Wer kommt der Zeit am nächsten?
- Wir stoßen mit unterschiedlich schweren Medizinbällen und vergleichen die Weiten!
- Wir laufen gemeinsam einen Kilometer/eine Meile (möglichst als überschaubare Strecke)!

Geometrische Figuren der Ebene und spiegelsymmetrische Figuren darstellen
- Im Geometrieunterricht eingeführte geometrische Figuren können mit Bewegung verbunden in anderen Größendimensionen erfahren werden. Besonders das Spiegelturnen stellt eine interessante methodische Variante für den Sportunterricht dar. Ein Kind macht einfache Übungen vor, die der Partner spiegelsymmetrisch nachvollzieht.

5 Schulsport als Fundament einer bewegten Schule

Des Weiteren sind u. a. folgende Übungsformen geeignet:
- gemeinsam mit Handfassung einen Kreis, ein Dreieck, Viereck u. Ä. bilden
- geometrische Figuren laufen, dabei zuerst die Hallenmarkierungen zur Orientierung nutzen
- mit einem Ball geometrische Figuren prellen
- Figuren suchen: Eine geometrische Figur wird genannt. Jedes Kind läuft zu einem Platz, wo diese Figur zu sehen ist. (s. Beispiele Müller & Petzold, 1997)

Geschwindigkeiten einschätzen
- Die Kinder stehen in Gassenaufstellung gegenüber. Sie versuchen, mit ihren Bällen, andere Bälle, die durch die Gasse gerollt werden, zu treffen.
- Zwei Kinder schwingen ein langes Seil bzw. zwei zusammengeknotete Springseile. Die anderen haben die Aufgabe, das Seil im richtigen Moment zu durchlaufen. (Müller, 1997b)

Auf sich bewegende Objekte schnell und zweckmäßig reagieren
Die eine Gruppe bildet eine Gasse und spielt sich Bälle so zu, dass möglichst alle Bälle gefangen werden. Die Kinder der anderen Gruppe laufen nacheinander durch die Gasse, möglichst ohne die Bälle zu berühren. Wer am Ende der Gasse angekommen ist, läuft außen zurück und startet erneut.

Die Wirkung von Kräften erleben
- Matten werden neben und auf Sprungbretter gelegt. Die Kinder rollen auf den flachen Matten sowie auf den schiefen Ebenen.
- Die Kinder laufen mit und gegen den Wind.

Die Teilzielstellung der Haltungsverbesserung im Konzept der bewegten Grundschule vor allem durch die Vermeidung von Haltungskonstanz angestrebt, kann wirkungsvoll erweitert werden durch haltungsschulende Übungen im Sportunterricht und vor allem durch zusätzlichen Sportförderunterricht für Kinder mit Herz-, Kreislauf-, Haltungs- und Koordinationsschwächen, aber auch für wenig motivierte leistungsschwache und bewegungsgehemmte Kinder.

5.1.2 Impulsgebung

Über den Sportunterricht können vielfältige Impulse für einzelne Bereiche der bewegten Schule gegeben werden. Diese wirken gleichzeitig bereichernd auf den Sportunterricht selbst, vor allem da Erfahrungen angesprochen werden, die so oftmals noch nicht gesammelt werden konnten. In der Phase der Befähigung der Kinder zur Gestaltung von bewegten Pausen hat sich in unseren Versuchsschulen bewährt, dass die Sportlehrer ihre Verantwortung für eine spiel- und bewegungsorientierte Pausengestaltung wahrnehmen. Im Sportunterricht wurden konkrete Spiele (s. Abschnitt 3.2) thematisiert und dadurch die Schüler für die Spielgedanken interessiert (Petzold, 1997b, S. 52). Um die Chance auf einen Transfereffekt vom Sportunterricht auf die Pause zu erhöhen, ist es wichtig, als Sozialform Kleingruppen zu bevorzugen, schnell erfassbare Regeln bzw. Modifikationen gemeinsam zu finden, Spiele ohne Geräte auszuwählen bzw. nach Lösungen mit den Kindern zu suchen, wo entsprechende Kleingeräte für die Pausenspiele gelagert werden. Außer für Spiele in den Pausen kann im Sportunterricht auch für die Gestaltung freier Bewegungszeiten im Hort angeregt werden (s. Abschnitt 6.2).

Ebenso ist es möglich über den Sportunterricht Impulse für Spiele in der Natur zu geben, die dann über die Kinder in die Gestaltung von Wandertagen eingebracht werden. Dies könnten einmal Spiele sein, die auch bisher ihren festen Platz im Sportunterricht einnehmen (z. B. Haschespiele, Versteckspiele). Wichtig wäre aber die Verbindung zu Wandertagen oder Klassenfahrten bewusst zu machen und mit den Kindern Einsatzmöglichkeiten und Modifikationen zu besprechen.

Als eine zweite Gruppe von Spielen könnten die Kinder an Spiele herangeführt werden, bei denen Naturmaterialien bzw. die natürlichen Gegebenheiten des Geländes für die Umsetzung des Spielgedankens von Bedeutung sind, z. B. Orientierungsläufe, Anschleich-, Versteck- und Suchspiele (s. Abschnitt 4.3).

Vom Sportlehrer und seinem Fach ausgehend müsste angeregt werden, dass bei der Planung und Durchführung von Projekten dem Bewegungssinn ein gebührender Stellenwert eingeräumt wird. Projekte, bei denen Bewegungsräume und Möglichkeiten erkundet und verändert werden (z. B. „Bewegungspfad") oder die Faszination von Bewegung, Spiel und Sport erlebt wird (z. B. „Fahrradfahren macht Spaß"), finden nach unseren Erfahrungen aufgrund der Initiative der im Fach Sport unterrichtenden Kolleginnen statt (weitere mögliche Projektthemen s. Abschnitt 2.5.2).

5 Schulsport als Fundament einer bewegten Schule

Blickt man über den Sportunterricht hinaus auf den Gesamtbereich Schulsport, so ergeben sich bei Spiel- und Sportfesten, Eltern-Kind-Spielstunden, Arbeitsge-meinschaften u. a. gemeinsame Schnittstellen zwischen bewegten Grundschulen und Schulsport, die vom Zugang her unterschiedlich akzentuiert sein können, im Erleben für die Kinder aber zusammenfließen.

Ein bewegtes Schulleben impliziert nach unserer Auffassung, dass an der Schule ein sportliches Klima als „ein Ergebnis des gesamten sportlichen Lebens an der Schule" (Zeuner, 1991, S. 238) herrscht, charakterisiert unter anderem durch:
- Sportarbeitsgemeinschaften, Ganztagsangebote für Bewegung, Spiel und Sport
- schulinterne Sportwettkämpfe, z. B. Klassenvergleiche im Spiel „Ball über die Leine", Herbstlauf (siehe Abschnitt 2.5.1)
- Teilnahme an sportlichen Schulvergleichen im Territorium
- Präsentation sportlicher Erfolge der Schule (z. B. Aushänge mit Berichten und Fotos von Sportwettkämpfen der Schule, Ausstellungen von Urkunden und Pokalen)
- Kooperation mit Sportverein(en), Jugendfreizeiteinrichtungen u. a., Zusammenarbeit mit den Familien (s. Kapitel 6)
- Teilnahme an Projekten in der Stadt/dem Bundesland, z. B. für Sachsen „Bewegte Schule" (s. Kapitel 7)
- Schaffung und Erhalt eines auch ästhetisch ansprechenden äußeren Rahmens der Sportanlagen entsprechend der materiellen Möglichkeiten, dazu zählen auch weniger kostenaufwendige Maßnahmen, wie aufgeräumte Sportstätten und Nebenräume, Sportbilder/Kinderzeichnungen im Eingangsbereich der Sporthalle und in den Umkleideräumen.

Für das sportliche Klima sind das Auftreten, die Aktivität und Wirksamkeit der Sportlehrkräfte entscheidende Bedingungen (Hinsching & Thiess, 1991, S. 25).

5.2 Facheigene Ziele des Schulsports in der Grundschule und Aspekte der methodischen Gestaltung

Schulsport hat neben der Aufgabe, sich in die Lösung einer umfassenden Bewegungserziehung einzubringen, natürlich auch facheigene Ziele zu verfolgen.

Das Konzept der bewegten Grundschule orientiert vorrangig auf Fragen der methodisch-organisatorischen Gestaltung des Unterrichtes und des gesamten Schulalltages, weniger auf veränderte Ziele in den einzelnen Fächern. Demzufolge treffen nachfolgende generell für den Sportunterricht von uns formulierte Aussagen zu facheigenen Zielstellungen und zur methodischen Gestaltung auch auf den Sportunterricht in bewegten Schulen zu, wenn auch bei Akzentuierungen und Modifizierungen.

Der Sportunterricht in der Grundschule muss sich am Bezugspunkt Kind, an seinen Bedürfnissen orientieren. Dieser Unterricht hat den Kindern Freiräume für Freude am Sich-Bewegen einzuräumen, er sollte erlebnisorientiert und erfahrungsoffen gestaltet werden. Über vielfältige Bewegungsmöglichkeiten, vor allem Spiele und Spielformen sind das Interesse und die Begeisterung der Kinder für Bewegung, Spiel, und Sport zu wecken bzw. zu erhalten. Mit einem altersgemäßen Könnenserwerb sollte aber auch ein Grundstein für sportliche Freizeitaktivitäten gelegt, das Interesse an der eigenen Leistungsverbesserung und damit verbunden am gezielten Üben angeregt und Grundlegendes des Kulturphänomens Sport exemplarisch an die Kinder herangetragen werden. Von diesen Positionen ausgehend, ist u. E. folgende fachspezifische Zielstellung abzuleiten: Facheigenes Ziel des Schulsports in der Grundschule ist es durch vielfältige Erfahrungen und Erlebnisse bei Bewegung, Spiel und Sport Freude zu schaffen, dabei zunehmend grundlegendes sportliches Können zu sichern und dadurch Interesse und wichtige Voraussetzungen für Handlungsfähigkeit bei Spiel und Sport zu entwickeln (Müller, 1991, S. 186).

Es ergeben sich folgende altersangemessene Konkretisierungen und Differenzierungen für facheigene Ziele des Schulsports in der Grundschule:

5 Schulsport als Fundament einer bewegten Schule

Klassen 1 und 2
Der Schulsport in den Klassen 1 und 2 knüpft an eine vielseitige, häufig offene Bewegungs- und Spielerziehung im Vorschulalter an. Die Schüler sammeln und erweitern vielfältige Bewegungs- und Spielerfahrungen mit unterschiedlichen Objekten, Geräten und Materialien sowie mit Partner und Gruppe, erproben Bewegungsformen und erlangen zunehmend Bewegungskönnen und -sicherheit bei der Anwendung von elementaren motorischen Fertigkeiten (Gehen, Laufen, Springen, Werfen, Fangen, Balancieren, Kriechen, Steigen, Klettern, Ziehen, Schieben, Schaukeln, Rollen u. a.). Sie erleben die Bewegungsmöglichkeiten des eigenen
Körpers sowie die Freude am aktiven Miteinander. Typische sportliche Tätigkeiten (Ehni, 1982) für das Sammeln und Erweitern vielfältiger Bewegungs- und Spielerfahrungen in den Klassen 1 und 2 sind vor allem das Erkunden von Unbekanntem und das Spielen als das Variieren von Bekanntem. Beide Vollzugsformen verlangen Offenheit, das Arrangieren entsprechender Situationen und einen Lehrer, der anregt, Hilfe gibt und mitmacht.

Klassen 3 und 4
In den Klassen 3 und 4 tritt allmählich eine Akzentverschiebung ein. Ohne die o. g. Ziele einer vielseitigen Bewegungs- und Spielerziehung aufzugeben, wird nach Vorbereitung in Klasse 3 ab Klasse 4 zunehmend auf die Sicherung grundlegenden sportlichen Könnens in altersangemessener Form orientiert. Dabei erleben die Schülerinnen und Schüler das Miteinander bei Bewegung, Spiel und Sport und erweitern ihre sozialen Kompetenzen. Sie empfinden Ausdrucksmöglichkeiten des Körpers, sammeln Grenzerfahrungen und erfahren die eigene Leistungssteigerung. Ein Mindestmaß an Bewegungskönnen sehen wir als eine Voraussetzung dafür an, dass die Kinder bei Bewegung, Spiel und Sport Freude empfinden, sich dadurch Interessen herausbilden und Bewegungsaktivitäten in der Gegenwart und auch in späteren Jahren von den Schülerinnen und Schülern auf Sinn reflektiert und als wertvolle Freizeittätigkeit eingeordnet werden. Dabei sollte Verantwortung für die eigene und die Gesundheit anderer empfunden werden.
  Ab Klasse 3 gewinnen die Vollzugsformen Üben von Fertigkeiten, Schulung (Trainieren) von Fähigkeiten und Wetteifern zunehmend Bedeutung. Beim Üben als eine zielgerichtete Aneignung von Grundformen der Bewegung sowie erster sportartspezifischer Fertigkeiten sollten Bewegungserfahrungen der Kinder aufgegriffen, neue Erfahrungssituationen arrangiert, aber m. E. auch methodisch strukturiertes Lernen organisiert werden. Die Schulung von Fähigkeiten, beson-

5.2 Facheigene Ziele des Schulsports in der Grundschule und Aspekte der methodischen Gestaltung

ders der koordinativen Fähigkeiten, sollte in der Grundschule eng mit anderen Vollzugsformen verbunden werden. Kleine Spiele eignen sich dafür besonders. Bewegungssituationen sind so zu gestalten, dass die Kinder zur Anstrengung verlockt werden und erfahren: „Sich anstrengen macht Spaß!" (Seybold, 1996, S. 17). Die Freude am gemeinsamen Wetteifern sollte bedeutsamer bewertet werden als Sieg oder Niederlage. Ebenso erscheint die Orientierung auf den Vergleich mit sich selbst als sinnvoll.

Diese Vollzugsformen, die stärker auf die Sache (Bewegung, Spiel, Sport) ausgerichtet sind, können methodisch angereichert werden, um die Schüler für Bewegung, Spiel und Sport aufzuschließen. Sach- **und** Schülerorientierung sind bei der Unterrichtsgestaltung gleichermaßen zu berücksichtigen. In Anlehnung an Zeuner (1997, S. 12) können dafür folgende (sport-)pädagogische Mittel und Methoden gekennzeichnet werden.

Für die Klassen 1 bis 4 hat eine besondere Bedeutung:
– Vielfalt an Körperübungen nutzen
– offene Situationen schaffen, Probleme lösen lassen
– Differenzieren und Individualisieren
– fachübergreifende Bezüge herstellen

Eine zunehmende Bedeutung von Klasse 1 bis 4 haben:
– Wahlmöglichkeiten anbieten
– Bewegungs- und Körpererfahrungen thematisieren
– soziale Verhaltensweisen in der Gruppe entwickeln
– mit der sportlichen Leistung pädagogisch umgehen
– ästhetische Akzente setzen
– Wissen vermitteln

Hinweise zur konkreten Umsetzung der Vollzugsformen und (sport-)methodischen Mittel und Methoden sind erschienen im Buch „Schulsport in den Klassen 1 bis 4" (Müller, 2010).

Um gleichzeitig Ziele der bewegten Grundschule, wie die Förderung der sinnlichen Wahrnehmung, die Herausbildung von Sozial- und Selbstkompetenz sowie Koordinationsschulung, auch über den Sportunterricht verstärkt anzuvisieren, sollten das Miteinander bei Bewegung, Spiel und Sport bei einem hohen Maß an Selbstständigkeit sowie das zielgerichtete variable Üben eine besondere Wichtung erhalten.

Fazit

Der Schulsport bildet das Fundament der bewegten Schule. Beide Bereiche müssen bei Eigenständigkeit der Ziele, Inhalte und Methoden ein sinnvolles Miteinander bilden. Eine Schlüsselposition in diesem Prozess nehmen die im Fach Sport unterrichtenden Pädagogen ein, denn Bewegung ist nun einmal unmittelbar mit der Gegenstandsbestimmung des Faches Sport verbunden. Die Sportlehrkräfte müssten über ihre eigenen Fachaufgaben hinaus sozusagen als „Impulsgeber" Denkanstöße geben und anregend, ermunternd, bekräftigend und motivierend auf die Kinder und Kollegen wirken. Damit könnte auch ein Beitrag zur Legitimation des Faches und zur erweiterten Rolle des Sportlehrers gesehen werden.

6 Bewegte Freizeit

Bei der Bedeutung, die Bewegung einerseits für die Entwicklung hat, bei der Einschränkung der Bewegungsmöglichkeiten für Kinder im täglichen Leben andererseits, muss die Grundschule auch um Transfereffekte auf das Freizeitverhalten der Schüler bemüht sein. Kindern mehr Bewegung zu ermöglichen, darf sich nicht nur auf die Stunden in der Schule selbst beschränken, sondern ist weiter zu denken. Die Pädagogen sollten über ihre bewegte Schule hinausblicken und den Kindern Anregungen für vielfältige Bewegungsmöglichkeiten auch außerhalb der Schule geben. Freizeittheoretische Ansätze und Begriffsdefinitionen sind vielfältig (Opaschowski, 1990, S. 82). Freizeit wird nachfolgend verstanden als „Nicht-Schule" (Kurz, 1990, S. 223). Wir sind uns dabei durchaus der Probleme mit der Definition bewusst. Es geht auch nicht darum, Schule und Freizeit als Gegenpole zu sehen, stattdessen soll der Dualismus aufgehoben und enge Verbindungen und Kooperationen aufgezeigt werden. Anregungen zu einem bewegten Freizeitverhalten für die Kinder selbst werden in den einzelnen Abschnitten zu den Teilbereichen bereits angedeutet. In diesem Kapitel 6 soll vor allem eingegangen werden auf die Zusammenarbeit von Schule mit den Personen und Institutionen, die einen starken Bezug zur Freizeit der Schüler haben. Denn durch eine Öffnung der Schule nach außen hin zur Freizeit können auch Verhaltensweisen von Erwachsenen für Bewegung positiv beeinflusst werden und dadurch entscheidende bewegungsfördernde Bedingungen für die Schüler geschaffen werden.

6 Bewegte Freizeit

Es wird nachfolgend gegliedert in:

Bewegte Freizeit

6.1	6.2	6.3
Zusammenarbeit mit den Familien – Informationen austauschen – Bewegungsaktivitäten erleben – Bewegte Schule gestalten	Kooperation mit (bewegten) Horten – Nutzung von Räumen/Geräten – Abstimmung von Bildungsprozessen – gemeinsame Bewegungserlebnisse – Zusammenarbeit bei GTA	Gesellschaftliche Integration – Öffnung, Kontakte – Kooperationen mit Sportvereinen u. a. – Zusammenarbeit mit weiteren Institutionen

Die Themen werden komplex behandelt, auch wenn nicht alles im Elternhaus, im Hort u. a. mit klassischen Freizeitbegriffen gleichzusetzen ist. So gibt es beispielsweise im Hort individuelle Freizeitangebote, aber natürlich auch Zeitfenster für die Erledigung der Hausaufgaben. Der Vorteil der gewählten Strukturierung ist, dass es Ähnlichkeiten zu den Konzepten und entsprechenden Veröffentlichungen des bewegten Hortes und des bewegten Kindergartens gibt (Müller, 2021), ebenso zur bewegten Schule (Müller & Petzold, 2014).

Für Schüler mit sonderpädagogischem Förderbedarf nimmt die Schule eine zentrale Rolle für die Unterbreitung von Freizeitangebote und die Vermittlung entsprechender Kompetenzen ein. Angebote müssen sich an den sehr verschiedenen Interessen und Voraussetzungen der Schüler orientieren sowie Wahl- und Teilhabemöglichkeiten für alle bereithalten. Erlebnispädagogische, naturbezogene und inklusive Aktivitäten sollten einbezogen werden. (Müller & Dinter, 2020, S. 212-213)

Medienempfehlungen zur bewegten Freizeit
Landessportbund Sachsen (2021). *Kooperation Schule und Sportverein*. Hilfestellung für Sportvereine bei der Gestaltung von Ganztagsangeboten an sächsischen Schulen Zugriff am 21. Februar 2022 unter https://www.sport-fuer-sachsen.de/files/user_upload/03_Dokumentenarchiv_LSB/Breitensport/GTA/20211022_GTA_WEB.pdf

Markert, T. & Wiere, A. (2008). *Baustelle Ganztag*. Eine empirische Studie zur Kooperation von Horten und Grundschulen mit Ganztagsangeboten in Dresden. Dresden: Servicestelle Ganztagsangebote Sachsen.

Markert, T. & Weinhold, A. (2009). *Ganztagsangebote im ländlichen Raum*. Eine empirische Studie zur Kooperation von Horten und Grundschulen mit Ganztagsangeboten in Sachsen. Dresden: Servicestelle Ganztagsangebote Sachsen.

Müller, Chr. (2021). *Bewegte Kita. Anregungen für mehr Bewegung in Krippe, Kindergarten und Hort*. Academia: Baden-Baden.

SMK (2021). Hinweise. Erklärungen und Hilfen zur Sächsischen Ganztagsangebotsverordnung. Zugriff am 21. Februar 2022 unter https://www.schule.sachsen.de/download/Hinweise_03_2021.pdf

SMS & SMK (Sächsisches Staatsministerium für Soziales & Sächsisches Staatsministerium für Kultus (2007). *Empfehlung zur Kooperation von Schule und Hort*. Eine Handreichung für Kindertageseinrichtungen und Schulen. Zugriff am 26. Februar 2022 unter www.kita-bildungsserver.de

6.1 Zusammenarbeit mit den Familien

Für die Kinder ist es wichtig, dass trotz aller Unterschiede ihre „Welten" in Schule, Hort und in der Familie zusammenpassen. Bereits im Kapitel 1 wurde herausgestellt, dass das Verhalten der Erwachsenen, also vor allem der Familienangehörigen, zur entscheidenden Bedingung für das Bewegungsverhalten der Kinder wird. In welchen Konflikt gerät ein Kind, wenn es in der Schule und im Hort beim Spielen und Lernen zum Bewegen angeregt wird, zu Hause aber Ermahnungen hört, wie „Sitz doch endlich still!".

Familien, in denen das Thema Bewegung im Alltag nur eine unbedeutende Rolle einnimmt, werden mit der Zeit auch bewegungsfreudige Kinder negativ beeinflussen. Eltern, Großeltern, Geschwister, die regelmäßige Bewegungsaktivitäten in ihr Lebensregime einbeziehen, sind dagegen das beste Beispiel für Erhalt und Vertiefung der Bewegungsfreude ihrer Kinder. Denn die Familien prägen entscheidend Denkweisen, Einstellungen, Gefühle und Handlungsaktivitäten – auch bezogen auf den Körper und dessen Bewegungen. Deshalb ist eine enge Zusammenarbeit mit den Eltern, aber wenn möglich auch den Großeltern und weiteren Familienmitgliedern, für Grundschulen wichtig und notwendig. Schwerpunkte der Zusammenarbeit mit den Familien können im Austausch von

6 *Bewegte Freizeit*

Informationen, im Erleben gemeinsamer Bewegungsaktivitäten sowie in der gemeinsamen Gestaltung der bewegten Schule liegen. (Müller, 2009, S. 155)

Informationen zur Bewegungsthematik austauschen
Diese Informationen müssen vor allem der Sensibilisierung der Eltern für die Bedeutung der Bewegung bei der kindlichen Entwicklung (s. Elternabend) dienen. Darüber hinaus sollten konkrete Anregungen für Bewegungsmöglichkeiten in der Familienfreizeit sowie Informationen zu Bewegungsaktivitäten im Hort ausgetauscht werden und zwar zwischen Erzieherinnen und Familien, ebenso aber auch von Eltern zu Eltern. Bewegung geht dabei über den Kulturbereich Sport hinaus und bezieht sich auch auf Alltagsmotorik.

Die sonst üblichen Kommunikationsformen können dafür natürlich genutzt werden. Die nachfolgenden Konkretisierungen betrachten konzentriert Aspekte der Bewegungsorientierung und klammern alle anderen ebenfalls notwendigen Informationen aus.
- *Mündliche Informationen* („Tür- und Angelgespräch")
  zum Austausch geplanter Vorhaben und die Mitwirkung einzelner Familienmitglieder.
- *Tag der offenen Tür, Elternsprechstunden, Elterncafé u. a.*
  mit Hinweisen zu Bewegungsaktivitäten im Schulalltag, zur Vorbereitung von Vorhaben (Ideen der Eltern und deren Mitwirkungsmöglichkeiten aufnehmen), Angebote für Spiel, Sport, Bewegung von Sportvereinen und anderen Institutionen.

- *Bewegungsmarkt* (in Verbindung mit o. g. Formen oder Elternabenden) mit zur Einsicht ausliegenden Büchern und Materialien zur Bewegungsthematik, mit einer „Ideenwand", an der in unkomplizierter Form Ideen für Bewegungsspiele am Wochenende, zu Kindergeburtstagen u. a. Familienfeiern von Eltern für Eltern weitergegeben werden, oder mit Spiel- und Sportgeräten als Anregungen für Geschenke zu Weihnachten, Ostern, Geburtstagen – auch eine Tauschbörse für Spiel- und Sportgeräte wäre denkbar.
- *Elternbriefe* mit Argumenten für die Notwendigkeit von mehr Bewegung im Familienleben und mit inhaltlichen Vorschlägen (s. Anhang 6).
- *Hinweise auf die Internetpräsentation,* die einen guten Einblick in das Konzept der bewegten (Grund-)Schule, des bewegten Hortes gewährt. (http://www.bewegte-schule-und-kita.de). Eine weitere Idee haben wir zumindest in Ansätzen durch Lernprogramme verbunden mit Bewegungsanregungen realisiert (s. Anhang 7)
- *Bewegungskalender* – Hinweise auf Einbeziehung ins Familienleben https://www.bewegte-schule-und-kita.de/konzept/download/Handreichung_gesamt_27_10.pdf

Gemeinsam Bewegungsaktivitäten erleben

Es sollte nach Möglichkeiten gesucht werden, bei denen sich Kinder und Familienmitglieder (aber auch Freunde und Bekannte) einmal gemeinsam bewegen. Wesentliche Ziele solcher Veranstaltungen liegen in dem Erkennen des Bewegungsbedürfnisses der Kinder, im Erleben der Freude an gemeinsamen Bewegungsaktivitäten und in der Kommunikation aller Beteiligten. Außerdem werden Transfereffekte auf das Familienleben erhofft. Deshalb sollten Spiele und Spielformen ausgewählt werden, die von den Kindern gemeinsam mit anderen Familienmitgliedern ausgeführt werden und die als Idee für die Familienfreizeiten dienen können. Eine enge Zusammenarbeit mit dem Hort ist sehr zu empfehlen.

Eltern-Kind-Spielstunden

Ein wesentliches Ziel dieser Veranstaltungen ist, durch gemeinsame Bewegungsangebote für Kinder und Eltern eine pädagogische Kontinuität zwischen Elternhaus und Schule herzustellen. Beide sollen dabei Freude an gemeinsamen Bewegungsaktivitäten erleben. Außerdem werden Transfereffekte auf das Familienleben erhofft.

Deshalb berücksichtigen wir bei der inhaltlichen Auswahl, dass die Spiele und Übungen sowohl von Erwachsenen als auch von den Kindern oder gemeinsam erfolgreich ausführbar sind (hin und wieder dürfen die Kinder durchaus im Vorteil sein), zumindest teilweise auch zu Hause/im Urlaub zusammen gespielt werden können und dass Wahlmöglichkeiten bestehen. Der selbstbestimmte Wechsel zwischen einzelnen Spielständen ist nach unseren Erfahrungen eine gute Variante der Gestaltung von Eltern-Kind-Spielstunden. Ein gemeinsamer Beginn und Abschluss sollten gegeben sein.

Beispiele für die Spielstände:
- *„Nonsense-Spiele"*: Streichholzweitwurf, Watteweitpusten, Kirschkernspucken, Medizinballgrätschwurf (Ball rückwärts durch die gegrätschten Beine werfen), Dreisprung rückwärts u. a. (Kwast & Rüger, Jackwerth & Rüger, o. J.)
- *Koordinationsübungen*/Geschicklichkeitsübungen: Pedalofahren, Kegeln, Zielwerfen, Dosenwerfen, Slacklining
- *„Alte Spiele"*: Reifentreiben, Ballprobe, Stelzenlauf, Sackhüpfen, Murmelspiele, Reifenzwirbeln, Kreiseln, Hüpfkästchen
- *Freizeitspiele:* Frisbee, Boccia, Speckbrett-Tennis, Indiaca, Federball, Tischtennis, Darts
- *Spielformen mit Natur- und Alltagsmaterialien:* Kastanienzielwurf, Luftballonzuspiel, Klammerzielwurf, Bierdeckelweitwurf

Bei einem aus unserer Sicht wichtigen gemeinsamen Beginn und Schluss der Eltern-Kind-Spielstunde wurden u. a. folgende Formen gern angenommen:
- Übungen mit dem Schwungtuch
  - gemeinsam wird ein Ball mit dem Schwungtuch in die Höhe geschleudert und wieder aufgefangen bzw. von rechts nach links gerollt
  - Schwungtuch wird hochgehalten und nach Aufforderung des Spielleiters wechseln alle die Plätze, die ... (einen Hund haben, im Oberdorf wohnen usw.)
- kleine Spiele (Ball über/unter die Schnur, Zwei-Felder-Ball, Bälle einsammeln, Tauziehen, Zuzwinkern u. a.) oder ein Fußballspiel Kinder gegen Väter oder gegen die Mütter
- lustige Staffelspiele
- Bewegungslieder
- Massageformen

6.1 Zusammenarbeit mit den Familien

Aus organisatorischer Sicht können wir folgende Empfehlungen geben: Die Durchführung ein- bis zweimal im Schulhalbjahr an je einem Sonnabendvormittag bei einer Zeitdauer von 60 Minuten findet die Zustimmung der Eltern. Die Trennung auf Klassenstufenebene bzw. in zwei Gruppen (Klassen 1 und 2, Klassen 3 und 4) erweist sich in unserem meist zweizügigen Versuchsschulen als günstig. Die Eltern sollten etwa zwei Wochen vor der Veranstaltung schriftlich eingeladen werden, verbunden mit der Bitte um Rückmeldung. Die Verantwortung für die Durchführung könnte eine Aufgabe sein, der sich vor allem die Sportlehrkräfte annehmen, bei Einbeziehung von Kollegen, Eltern und Kindern.

Familienwandertag*

Ein Wandertag (wie bereits für den Hort in Müller, 2021, S. 182 vorgestellt) dient der Kommunikation und kann helfen, dass die Kinder (vielleicht auch mancher Erwachsene) sich Bewegungsräume und -möglichkeiten erschließen können. Je nach den konkreten örtlichen Gegebenheiten wären folgende Ziele denkbar: Abenteuer-Spielplätze oder Bewegungslandschaften, Baumwipfelpfad, Kletterwald, Freibäder/Stauseen evtl. mit Bootsfahrten, Kinderbauern- oder Handwerkerhof, Wildgehege/-park, Themenpfade (z. B. Märchen- und Sagenweg oder der Holzpfad im Tharandter Wald), kleine Schluchten, versteckte Sanddünen in Wäldern (z. B. in der Dresdner Heide) oder andere regionale Wanderattraktionen.

Der Wandertag könnte aufgelockert werden durch Spiele in der Natur und mit Naturmaterialien.

Ideensplitter für *Spiele in der Natur*:
Versteckspiele, Haschespiele, Ballspiel, kleine Staffeln (mit Stöckchen) u. a.
Hinweis: Klare Vereinbarungen über Spielfeldgrenzen treffen, Schutz von Tieren und Pflanzen beachten!

Ideensplitter für *Spiele mit Naturmaterialien*:
- mit Tannzapfen, Kastanien, Eicheln u. a. nach unterschiedlichen Zielen werfen
- Bewegungsparcours mit Unterstützung der Eltern absolvieren (Bäume umlaufen, durch Hindernisse kriechen, kleine Gräben überspringen, über Baumstämme balancieren, an Ästen sich hochziehen, hangeln, ein kleines Stück auf einen Baum klettern ...
- Laubhütte bzw. Schneehütte bauen oder *Schneefiguren modellieren* – alternativ Sandfiguren
- (weitere Beispiele im Abschnitt 4.3)

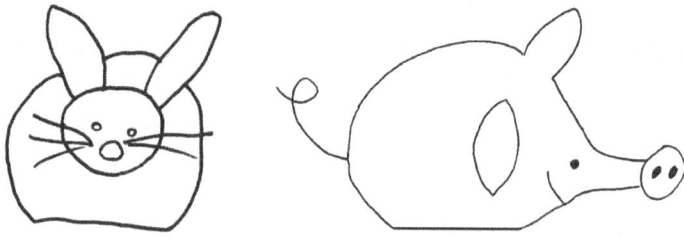

Sponsorenlauf*
Bei einem Sponsorenlauf werden finanzielle Mittel für eine Organisation (z. B. Deutsche Kinderkrebshilfe) oder für ein gemeinsames Projekt gesammelt. Ein solches Projekt könnte die Ausgestaltung einer bewegten Schule sein. Die Kinder suchen sich für den Lauf unter Bekannten möglichst viele Sponsoren. Diese sagen für jede gelaufene Runde einen bestimmten Geldbetrag zu. Je mehr Runden die Kinder laufen, umso höher ist die Geldsumme, die dann z. B. für Spiel- und Sportgeräte verwendet werden kann. Nach dem Lauf rechnet jeder Teilnehmer mit seinen Sponsoren ab. Den Lauf könnten die Schüler gemeinsam mit dem Elternrat) vorbereiten, ebenso wäre dies aber auch durch die Schüler als Projekt in Schule und/oder Hort möglich (Müller, 2021, S. 82).

6.1 Zusammenarbeit mit den Familien

Folgende Aufgaben sollten verteilt werden:
- Strecke auswählen, Zeitplan erstellen
- Schreiben an Sponsoren (Eltern, Großeltern, Betriebe im Ort usw.) anfertigen (Wofür und wann wird gelaufen? Wann wird das Geld abgegeben?)
- Sponsoren, Öffentlichkeit und Presse einladen
- für den Lauf trainieren
- Laufblatt für die Teilnehmer anfertigen (Kontaktdaten der Sponsoren, Betrag, Unterschrift)
- Laufstrecke kennzeichnen, Rundenzähler einteilen
- Gesamtsumme ausrechnen, Einzahlungen kontrollieren
- Geräte, die für Bewegungsaktivitäten gekauft werden sollen, auswählen und bestellen
- Ergebnisse des Sponsorenlaufes in der Ortspresse veröffentlichen
- Sponsorenlauf zu einem (jährlichen) Ritual entwickeln

Weitere Hinweise für die Organisation eines Sponsorenlaufs sind im Internet zu finden, z. B. unter http://www.sportpaedagogik-online.de/leicht/sponsoren lauf.html. Ebenso finden sich auch Vorlagen für das Laufblatt im Internet u. a. unter https:// www. bewegte-schule-und-kita.de/konzept/download/Laufkarte_ Sponsorenlauf.pdf

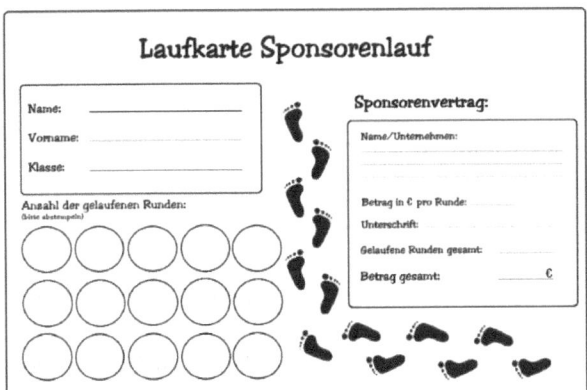

Beispiele zu gemeinsamen Bewegungsaktivitäten aus unseren Projektschulen: (s. Internet http://bewegter-schule-und-kita)

6 *Bewegte Freizeit*

Wohlfühltag
Ziel war es, dass die Eltern eigenständig einen Wohlfühltag für die Schüler gestalten. Es war nun an den Eltern, Ideen zu sammeln und eine Planung zu erstellen. Alle Eltern der Schule konnten sich am Projekt beteiligen. Die entworfenen Stationen wurden von den Eltern je Klasse betreut. Dazu zählten Stationen wie „Riechen – Schmecken – Fühlen", „Geräusche bildhaft darstellen", Staffelwettbewerbe, Tauziehen, Schwungtuchspiele, Kinderyoga, Balancieren und Jonglieren sowie eine gesunde Snackstation, an der die Schüler eine vorbereitete Snacktüte mit Obst und Gemüse erhielten. Im Anschluss fand im Elternrat eine Auswertung statt, bei der Gelungenes und Verbesserungsvorschläge besprochen wurden. Von allen Beteiligten wurde gewünscht, dass dieser durch die Eltern organisierte Wohlfühltag fester Bestandteil des Schuljahresablaufes wird und somit zu einer gelungenen Tradition an der Schule. (Projektbericht Melanchthonschule Görlitz)
Variante: Die Kinder könnten einen Wohlfühldank erwidern. Zum Frauentag oder Muttertag könnten sie ihre Mütter einladen und mit einer Kind-Mutti-Massage, mit Entspannungsgeschichten o. Ä. Wohlfühlatmosphäre schaffen.

Klein gegen Groß
Floorball ist ein Spiel, bei dem Schüler gegen Eltern antreten können. Wenn dieses Mannschaftsspiel im Sportunterricht geübt wurde, können die Schüler durchaus gleichwertige Partner für die meist in diesem Spiel ungeübten Eltern sein.
(Projektbericht Grundschule „W. Ostwald" Grimma)
Varianten:
Bei entsprechender Übungszeit können die Schüler auch beim Becherstapeln im Vorteil gegenüber ihren Eltern sein.
(Projektbericht Flemming Grundschule Chemnitz)

Weitere in unseren Zertifikatsschulen erfolgreich durchgeführte Veranstaltungen mit den Eltern sind u. a. Familienolympiade, Spiele zu Familienfesten oder „Alte" Kinderspiele. Einmalige Aktionen sind offensichtlich weniger erfolgversprechend. Kontinuität ist die Voraussetzung, um Handlungsroutine auch bei den Eltern aufzubrechen und Verhaltensveränderungen gegenüber den Kindern, aber auch im persönlichen Leben anzustreben. Nach unseren Erfahrungen stehen viele Eltern (leider nicht alle) der Problematik aufgeschlossen gegenüber.

Dies kommt beispielsweise in Aktionen zur Umgestaltung der Schulhöfe zum Ausdruck.

Bewegte Schule gemeinsam gestalten
Familienmitglieder können und sollten sich aktiv in die Planung und Durchführung der bisher vorgestellten Bewegungsveranstaltungen einbringen, z. B. Betreuung von Stationen, Initiativen für einen geselligen Abschluss, Durchführung eigener Veranstaltungen als Bewegungsexperte (Yoga, Rückenschule für Kinder/ für Erwachsene, Ballspiele, Tänze u. a.). Die Eltern könnten nach Verbindungen und damit Verbündeten suchen, so z. B. in Sportvereinen und anderen Vereinigungen, bei Krankenkassen, bei Vertretern der Kreise, Städte und Gemeinden, in weiteren Institutionen usw. (s. Abschnitt 6.3). Dadurch können sie entscheidend bei der Verbesserung von Verhältnissen und Verhaltensweisen für Bewegung mitwirken.

Exkurs: Bewegter Elternabend (Müller, 2021, S. 185-186)
Der bewegte Elternabend nimmt eine Zwischenstellung zwischen Austauschen, Erleben, Gestalten ein. Deshalb erfolgen Ausführungen erst an dieser Stelle, auch wenn der bewegte Elternabend am Anfang stehen muss. Die Hauptzielstellung ist, die Eltern für die Bedeutung der Bewegung zu sensibilisieren (s. Abschnitt 1.1). Wenn dies gelingt, sind sie sicher bereit, sich in die Gestaltung der bewegten Schule mit einzubringen. Bewegte Elternabende können gemeinsam mit dem Hort durchgeführt werden. Unterstützend sollte auf alle Fälle sein, wenn Elternabende zu wirklich bewegten Veranstaltungen werden – sowohl in den Köpfen als auch mit der gesamten Person.

Vorschläge für den Ablauf von Elternveranstaltungen mit der Zielstellung, die Eltern erst einmal an die Bewegungsthematik heranzuführen.

1. Variante: Bewegter Elternabend (nur für die Eltern)
Spiel zur Auflockerung und Kontaktaufnahme:
- einen oder mehrere Luftballons sich im Raum zuspielen, so dass kein Ballon auf den Boden fällt, unterschiedliche Körperteile beim Zuspielen verwenden
- Bedeutung der Bewegung für die kindliche Entwicklung (s. Abschnitt 1.1 und Anhang 8)

- Unterbrechungen, z. B. bei Schwerpunkt Entspannung durch gegenseitige Massage mit Noppenbällen o. a. nach leiser Musik
- Austausch über die Bedeutung und evtl. Materialien einsehen
- zum Abschluss sich mit den Eltern durch das Gebäude und über das Außengelände bewegen, Bedingungen und Möglichkeiten zum Bewegen betrachten, ggf. ausprobieren sowie Veränderungsvorschläge besprechen

2. Variante: Bewegter Elternnachmittag o. Ä. (für Eltern und mit Kindern)
Gute Erfahrungen werden in der Praxis gesammelt, wenn nicht nur die Eltern angesprochen, sondern die Kinder mit einbezogen werden. Inhalte könnten dann z. B. sein:
- Bewegungslieder von den Kindern, die zum Mitmachen animieren
- kurze Ausführungen zur Bedeutung der Bewegung für die kindliche Entwicklung (Kinder bereiten sich inzwischen auf das weitere Programm vor)
- Tänze, Projektaufführungen (spätestens am Ende die Eltern wieder aktiv mit einbeziehen)
- Entspannungsphasen, bei denen die Eltern ihre Kinder massieren und umgekehrt (Nach Berichten aus der Praxis bilden Entspannungsformen einen günstigen Einstieg in die Bewegungsthematik. Offensichtlich fällt einigen Eltern das Mitmachen dabei einfacher als bei anderen Formen des gemeinsamen Bewegens, bei denen eigene Unsicherheit auftreten kann.)
- zum Abschluss gemeinsame Bewegungsaktivitäten, z. B. mit dem Schwungtuch

In späteren Elternveranstaltungen könnten die Informationen detaillierter erfolgen und weitere Bewegungsspiele (z. B. aus diesem Buch) in das gemeinsame Bewegen einbezogen werden. Jeder „normale" Elternabend sollte unbedingt Bewegungsformen enthalten.

Hinweise zur Elternmitwirkung und zu bewegten Elternabenden sind zu finden unter https://www.bewegte-schule-und-kita.de/konzept/bewegteSchule/deutsch/html/zusammenarbeit.html

Die Vorschläge sind ausgearbeitet für weiterführende Schulen. Viele der Beispiele sind bei evtl. Modifizierungen auch auf Grundschulen übertragbar.

6.2 Kooperationen mit (bewegten) Horten

Grundschüler verbringen ihre Freizeit am Nachmittag häufig in Betreuungseinrichtungen, in Sachsen meist in Horten (lt. BertelsmannStiftung, 2020, S. 78 bezogen auf 2019 von den Schulkindern von 6 bis <11 Jahre 87,7 %). Es wird nachfolgend der Hortbegriff verwendet und dies in der Einzahl, auch wenn nicht alle Schüler einer Schule in den einen Hort gehen müssen. Hort hat im Vergleich zur Schule andere Aufgaben und besondere Bedingungen (altersgemischte Gruppen, freiwilliges Betreuungsangebot, andere Träger, größere zeitliche Freiräume, andere materielle und räumliche Bedingungen u. a.). Den Kindern mehr Bewegung zu ermöglichen, sollte das gemeinsame Anliegen sein.

Nach unserem Konzept (Müller, 2021, S. 22) können in einem bewegten Hort folgende Teilbereiche unterschieden werden:
- Bewegte Lernsituationen, die mehr den Anwendungscharakter tragen, verbunden mit Auflockerungen/Koordinationsschulung sowie Entspannungsphasen
- Hortsport und Freizeitangebote mit Bewegung, Spiel und Sport
- Feriengestaltung (Ausflüge, Erlebniswanderungen, Feste und Feiern, Hortsportfeste)
- Zusammenarbeit und Kooperationen mit dem Umfeld (Familien, Schulen, Gemeinwesen)

Wenn Schule und Hort gut kooperieren und sich auf gleicher „Augenhöhe" begegnen, können die bestehenden Möglichkeiten ausgebaut und effektiver genützt werden. Folgende Ziele könnten anvisiert werden:
- gemeinsame Gestaltung und Nutzung von Bewegungsräumen und Geräten
- Abstimmung von bewegten Bildungsprozessen
- Durchführung gemeinsamer Bewegungserlebnisse
- Zusammenarbeit bei Ganztagesangeboten für Bewegung, Spiel und Sport

Gemeinsame Gestaltung und Nutzung von Bewegungsräumen und Geräten
Die Horte befinden sich oft im Schulgelände, teilweise mit separaten Räumen. Das Außengelände wird häufig am Vormittag durch die Schule (Pause, Sportunterricht) und am Nachmittag durch den Hort genutzt. Demzufolge ist eine gemeinsame Konzipierung der Bewegungsräume unbedingt notwendig. Organi-

satorische Schwierigkeiten gilt es in Absprachen zu überwinden. Für das Raumkonzept können folgende Überlegungen einbezogen werden:
- Welche Räume (drinnen und draußen) sollten unter dem Bewegungsaspekt verändert werden?
- Wie kann das geschehen?
- Welche Wünsche haben die Kinder?
- Wie können unterschiedliche Altersgruppen und Interessen Berücksichtigung finden?
- Welche Doppelnutzungen sind möglich? (Ruheraum des Hortes am Vormittag für Leseübungen, Entspannungsphasen u. a.; Bewegungsraum des Hortes für bewegte Pause; Klassenzimmer für Hausaufgabenerledigung usw.)
- Welche Materialien und Geräte können gemeinsam genutzt werden? Wo werden diese Geräte aufbewahrt?
- Welche Projekte können von Schule und Hort zusammen realisiert werden, z. B. Bau einer Boulderwand (s. Unfallkasse Sachsen, 2005, 2015) oder eines Niedrigseilgartens (DGUV, 2020c).
- Wer übernimmt welche Kosten? Welche Sponsoren können gewonnen werden?
- Wie können die Eltern informiert und in die Planung einbezogen werden? Welche Aufgaben könnten sie übernehmen?
- Wie können die Schüler zur vielseitigen Nutzung der Bewegungsräume befähigt werden?

Wenn sich der Hort außerhalb des Schulgeländes befindet, wird die gemeinsame Nutzung nur in geringerem Maße möglich sein. Absprachen sollten trotzdem getroffen werden, z. B. um sich sinnvoll ergänzende Geräte anzuschaffen. (Müller, 2021, S. 190-194)

Abstimmung von bewegten Bildungsprozessen
Wenn sich die Horte nicht auf eine Betreuungsfunktion beschränken lassen wollen, sind Abstimmungen in den Bildungs- und Erziehungsprozessen mit den Grundschulen notwendig, vor allem auch zu bewegten Lernsituationen. Dabei darf der Hort nicht die Fortführung des Schulunterrichts sein. Unterschiede in den zeitlichen, räumlichen, materialen und personalen Bedingungen ermöglichen vor allem durch vielfältige und komplexe Anwendung des Unterrichtsstoffes erweiterte und neue Lern- und Entwicklungschancen für die Kinder.

6.2 Kooperationen mit (bewegten) Horten

Der Teilbereich des bewegten Hortes „Bewegte Lernsituationen" bietet zahlreiche Anknüpfungspunkte:

Bewegtes Lernen
Inhalte aus den unterschiedlichen Lernbereichen der Grundschule können im Hort in vielfältigen Alltagssituationen angewandt werden. Formen mit spielerischem Charakter, durchführbar in Paaren und Kleingruppen sowie im Freien, sollten einen Schwerpunkt bilden.

Bewegungsorientierte Projekte
Projekte bzw. das Herstellen fachübergreifender und fächerverbindender Bezüge können in Abstimmung zwischen Schule und Hort zu sinnvollen Bildungsprozessen werden, die den Kindern ein deutliches Mehr bringen als es nur einer Institution möglich ist. Das betrifft vor allem Erkundungsprojekte, in denen die Natur über Bewegung erlebt wird (z. B. „Den Wald mit allen Sinnen erkunden"), Veränderungsprojekte mit der Suche und Gestaltung neuer Bewegungsmöglichkeiten (z. B. „Bau einer Frisbee-Golf-Anlage") oder der Thematik Ernährung – Bewegung sowie Erlebnisprojekte wie die Durchführung einer Fahrradtour.

Hausaufgabenbetreuung
Hausaufgaben stellen eine besonders enge Verbindung zwischen Schule und Hort, aber auch zu den Eltern, dar. Im Interesse eines bewegungsorientierten Konzeptes ist es, dass bewegte Lernformen aus dem Unterricht in die Hausaufgabenerledigung einfließen und selbstständig von den Kindern angewandt werden (Ausführungen zu Bewegungsprogrammen im Abschnitt 2.6.2 sowie in Müller, 2021, S. 84-85. Die pädagogischen Fachkräfte im Hort sollten sich aber auch als Bewahrer der Kinderfreizeit (Markert & Wiere, 2008, S. 23) verstehen, damit Hausaufgaben sinnvoll und wohldosiert gestellt werden und genügend Zeit zum geplanten oder freien Bewegen und Spielen bleibt.

Individuelle Förderung
Die im Kapitel 2 vorgeschlagenen bewegten Lernformen enthalten auch viele Möglichkeiten zur individuellen Förderung. Erzieherinnen können in Absprache mit den unterrichtenden Lehrerinnen zu unterstützenden Lern- und Spielformen animieren, die Weitergabe des Gelernten unter den Kindern anregen u. a.

6 Bewegte Freizeit

Durchführung gemeinsamer Bewegungserlebnisse
Es gibt viele gute Erfahrungen hinsichtlich der Planung und Durchführung von Bewegungserlebnissen in der Gemeinsamkeit von Schule und Hort. Vorteile liegen vor allem in günstigeren zeitlichen und personalen Bedingungen sowie einer breiteren Aufgabenverteilung. Die bereits besprochenen Bewegungsprojekte gehören ebenso dazu wie Feste und Sporttage sowie Wandertage.

Beispiele könnten sein: Indianerfest, Olympische Woche, Sportfest, Faschingsfeier, Schuljahresabschluss, Begrüßung der Neuen u. a. (Beispiele aus Müller, 2021, S. 192)

Teamstunden
Im 14-tägigen Rhythmus werden in allen Klassen Teamstunden gemeinsam mit den Horterziehern durchgeführt. Diese Teamstunde ergänzt die Stundentafel. Daran nehmen alle Schüler teil. (Projektbericht Grundschule Mölkau)
Inhalte in den Stunden sind:
- Klassenangelegenheiten/Konflikte besprechen, Lösungsansätze finden
- Klassenaktivitäten vorbereiten, Teamspiele durchführen
- Entspannungsübungen erlernen und ausprobieren
- Spielideen für Hofpausen und Nachmittage ausprobieren (z. B. alte Hüpfspiele)
- Verhalten als fairer Verlierer oder fairer Gewinner erlernen

Begrüßung der Neuen*
Am Ende der ersten Schulwoche könnten sich über die Mittagszeit alle Schüler im Hortgelände treffen und die neuen Schüler der 1. Klasse begrüßen. Diese sollten an der Mütze, der Bekleidung oder an einem Luftballon ihren Vornamen tragen. Nach einem Begrüßungsspiel (z. B. bei Musikstopp Handklatsch mit einem Partner und seinen Namen nennen) bilden sich bei jedem neuen Schüler Kleingruppen, die dessen Namen übernehmen. Die Gruppen wechseln von Station zu Station, an denen sich über das gesamte Gelände verteilt Spiel- und Sportgeräte aus der Schule und dem Hort befinden. Die Gruppen überlegen sich Bewegungsmöglichkeiten mit diesen Geräten. Die älteren Kinder können eine Art Patenfunktion übernehmen.

Zum Abschluss führen alle Kinder gemeinsam kleine Tanzspiele/Tanzlieder aus z. B. „1, 2, 3 im Sauseschritt", „Wer rechts und links nicht unterscheiden kann" u. a.

6.2 Kooperationen mit (bewegten) Horten

Sporttag durch das gesamte Dorf*
Als Schulsportfest laufen die Gruppen nach einem Wegeplan wie beim Orientierungslauf zu den einzelnen Stationen im Ort. Dafür werden gefahrlose Stellen ausgewählt. An den einzelnen Stationen (Betreuung und Wegbegleitung durch Erzieherinnen, Lehrerinnen, Eltern) gilt es sportliche Anforderungen zu erfüllen, z. B. Torwandschießen, Rollerrennen, Pedalostaffel, Gruppenschnelllauf, Balltransport, Risikowurf, Kriechtunnel, Zielwerfen u. a. Die Erfüllung wird auf dem Wegeplan vermerkt und ausgewertet. Ein abschließender gemeinsamer Lauf durch Teile des Dorfes (mit Luftballons) könnte den Sporttag beenden.
(nach einer Idee der Grundschule Mockrehna, in Müller, 2021, S. 192)

Tierisch wild*
Hort und Schule bereiten gemeinsam mit Unterstützung der Eltern ein Fest unter dem Motto „Tierisch wild" vor. In den Klassen/Gruppen werden kleine Programmteile zum Thema vorbereitet und zu Beginn aufgeführt (Tänze, Sketche, Witze, akrobatische Übungen, Bewegen nach Rhythmusinstrumenten u. a.). Anschließend werden die Fortbewegungsmöglichkeiten einzelner Tiergruppen geschickt an verschiedenen Stationen umgesetzt (s. u.). Zum Abschluss können alle nach einem bekannten Hit kräftig rocken.
Beispiele für Stationen:

- Affen: Kletterwettbewerb am Klettergerüst
- Fische: Wasserstaffeln im Freigelände
- Schnecken: Tasten und Fühlen von Naturmaterial
- Bären: bärenstark Medizinball stoßen
- Pferde: Kutschfahrt (Verbindung „Pferd – Mitfahrer" durch Seile oder Reifen)
- Krebse: Krebsgang (um Hindernisse) im Freigelände
- Quiz: *über verschiedene Tierarten*
- Tombola: mit „tierischen" Preisen
- Futterstelle: mit Speisen und Getränken

(nach einer Idee der 85. Grundschule Leipzig, in Müller, 2021, S. 192)

Neue Spielideen

Neue Spielideen werden gemeinsam gesammelt und an einem Vormittag (1. Juni) ausprobiert. Am Nachmittag kann im Hort weitergespielt werden. Dazu werden die Familien in ein „Elterncafé" eingeladen und sie nehmen hoffentlich viele Spielideen für die Freizeit-/Urlaubsgestaltung mit nach Hause. Für die Verwendung in der Schule sowie im Hort wird eine Spielemappe angelegt und es soll eine Spielebibliothek für die weitere Nutzung entstehen. (Projektbericht Grundschule Hirschfelde)

Zusammenarbeit bei Ganztagsangeboten für Bewegung, Spiel und Sport

Ganztagsangebote bieten vielfältige Möglichkeiten für Bewegung, Spiel und Sport. Eine enge Zusammenarbeit von Hort und Schule ist unbedingt notwendig. In der Realität ergeben sich Hindernisse unter anderem durch fehlende gegenseitige Akzeptanz, unterschiedliche Arbeitszeiten und Bezahlung von Erzieherinnen und Lehrerinnen, angespannte Raumsituationen, Unsicherheiten in rechtlichen Rahmenbedingungen sowie bestehenden Ängsten, dass kostenlose Ganztagsangebote der Schule eine Konkurrenz für den kostenpflichtigen Hort darstellen. Dabei hat der Hort einen ganzheitlichen Bildungs- und Erziehungsauftrag zu erfüllen, bietet ein verlässliches Angebot (auch in den Ferienzeiten und fällt bei Krankheit des Personals nicht aus), schließt Zwischenzeiten sowie Früh- und Späthortzeiten ein und hat vor allem eine Betreuungsfunktion für alle angemeldeten Kinder (Markert & Wiere, 2008, S. 20-29).

Die Hindernisse zu überwinden, muss sowohl von Schule als auch Hort als Herausforderung angesehen werden, denn Ganztagsangebote bieten besondere Chancen, die im Interesse der Kinder unbedingt genutzt werden sollten.

Die unterschiedlichen Angebote (s. Abschnitt 4.1) sprechen immer nur einen Teil der Kinder an und sollten sinnvoll in den Tagesablauf von Schule und Hort integriert werden. Dafür haben Horte je nach Standortbedingungen unterschiedliche Modelle gefunden (Müller, 2021, S, 193):

- am Nachmittag nach 15.00 oder 15.30 Uhr
- über die Hortzeit hinaus (z. B. werden Kinder vom Verein in die Schwimmhalle gebracht und von dort durch die Eltern abgeholt)
- nur an drei Nachmittagen in der Woche
- durch ein bis zwei hausaufgabenfreie Tage bzw. mit mündlichen Aufgaben (z. B. Leseübungen), die zu Hause mit den Eltern erfüllt werden

- durch das zeitweise Herauslösen aus dem Hortalltag von Kindern, die Ganztagsangebote besuchen (auf Elternwunsch)

(Weitere Lösungsempfehlungen in den Standortbestimmungen bei Markert & Wiere, 2008 und Markert & Weinhold, 2009)

Kooperationen mit dem Hort
In Kooperation mit dem Hort der Grundschule Radebeul-Naundorf wurde ein umfassendes Ganztagsangebot aufgebaut, welches eine große Vielfalt an bewegungsorientierten Angeboten bereithält und in der Sporthalle stattfindet:
- Fit am Ball - diverse Ballspielvarianten
- Fit am Nachmittag - Fitnessangebote durch Gruppenspiele
- Kinderyoga, Tischtennis
- Tanz - vornehmlich Gruppenchoreographien zu moderner Musik

Das Angebot wächst schuljährlich und ist intensiv nachgefragt. Etwa 2/3 der Schüler besuchen eines der bewegten Ganztagsangebote. Außerdem wird nach Schülerwünschen eine wachsendeAnzahl von Sportgruppen unter Aufsicht des Hortes aufgebaut. Dazu zählen: Tanzgruppe, Unihockey, Fußball, Zwei-Felder-Ball. (Projektbericht Grundschule Radebeul-Naundorf)

Abschließend muss aber betont werden, dass die Ganztagsangebote für Bewegung, Spiel und Sport das Bewegungsbedürfnis der Grundschulkinder nicht erschöpfend bedienen können und deshalb unbedingt entsprechende Freizeitangebote notwendig sind.

6.3 Gesellschaftliche Integration

Die Öffnung nach außen beinhaltet auch die Integration der Schule in das Gemeinwesen. Diese Integration ist ein entscheidendes Merkmal der pädagogischen Praxis. Denn jedes Teil, also die einzelne Einrichtung, kann im sozialen Netzwerk als Ganzes Leistungen vollbringen, die qualitativ die Einzelmöglichkeiten überschreiten. Diese Aussage gilt für jede Institution allgemein. Für bewegte Schulen sind natürlich Bezüge zu öffentlichen Einrichtungen mit verstärktem Interesse an Bewegung, Spiel, Sport und an der Gesundheitsförderung, verbunden mit entsprechenden Angeboten, von besonderer Bedeutung. Diese werden nachfolgend herausgestellt. Viele andere Möglichkeiten der Zusammenarbeit dürfen natürlich nicht vergessen werden.

6 Bewegte Freizeit

Die Kooperation mit Horten wurde wegen der besonderen Bedeutung bereits im Abschnitt 6.2 behandelt. Bei der gesellschaftlichen Integration sollten folgende weitere Formen und Vorschläge je nach den konkreten Bedingungen in die Überlegungen einfließen: Kontakte, Kooperationen, Zusammenarbeit

Öffnung der Schule
Die Schule könnte ihre Türen öffnen und Bewegungs- und Spielaktivitäten für andere Kinder (und Erwachsene) anbieten, z. B. für die Freunde oder ehemalige Schüler. Als Tag der offenen Tür oder Schulfest sollten sich so Traditionen entwickeln, die in bestimmten Abständen oder zu festgelegten Terminen stattfinden und damit Interessierten bekannt sind. Die Öffnung des Schulgeländes nach Schul-/Hortschluss bzw. an den Wochenenden ist nicht unproblematisch, aber auf alle Fälle eine Möglichkeit zur Erweiterung oft eingeschränkter Bewegungsräume der Kinder (s. Abschnitt 3.2.3).

Kontakte zu anderen pädagogischen Einrichtungen für Kinder
Regelmäßige Kontakte sollten zu anderen Einrichtungen, besonders zu anderen (bewegten) Schulen, Horten und Kindergärten, hergestellt werden, aber auch zu Freizeiteinrichtungen wie Jugendfreizeitheime, Freizeitzentren und -treffs.
Vorhaben:
- Erfahrungsaustausch
- gemeinsame Spiel- und Sportveranstaltungen
- Kopplung der Zusammenarbeit mit Vereinen u. a.

Einen besonderen Schwerpunkt muss dabei die pädagogisch sinnvolle Gestaltung von Übergängen bilden (s. Kapitel 1). Es kann doch nicht im Interesse der Grundschullehrkräfte liegen, wenn ihre Kinder in den weiterführenden Schulen (in Sachsen ab Klasse 5) wieder das Stillsitzen lernen oder ohne vielfältige Bewegungserfahrungen aus den Kindergärten kommen. Dabei helfen gegenseitige Schulzuweisungen nicht weiter, sondern Formen der Zusammenarbeit – z. B. wechselseitige Hospitationen, gemeinsame Fortbildungen sowie Gesprächsrunden zum Erfahrungsaustausch, die Nutzung der Bewegungsräume (z. B. die Sporthalle durch den Kindergarten) oder die Durchführung gemeinsamer Bewegungsanlässe, wie Spiel- und Sportfest (Müller, Obier & Dinter, 2009, S. 182-186).

Kooperation mit Sportvereinen

Durch die Kooperation mit Sportvereinen kann einerseits das Bewegungsangebot für die Kinder bereichert, anderseits können die Schüler an den Vereinssport herangeführt werden. Das wird dann erfolgreich sein, wenn die Vereine ihre Angebote auf das besondere Klientel von Grundschulkindern ausrichten. Ganztagsangebote bieten besondere Chancen. Eine Reihe von Schulen (z. B. in der Stadt Leipzig) hat Kooperationsvereinbarungen mit Vereinen, z. B. zu folgenden konkreten Inhalten:

- Nutzung der Sportstätten der Vereine bzw. von Sportgeräten durch die Schule
- Sportangebote der Vereine für Kinder im Grundschulalter
- zusätzlich Bewegungsangebote durch Vereinsübungsleiter in den Schulen (u. a. als Ganztagsangebote) bzw. Durchführung von Angeboten in den Vereinsanlagen (bei Organisation des Transportes)
- Integration der Schule und des Hortes ins Vereinsleben, z. B. durch Teilnahme an Sport- und Spielfesten
- Schnupper- oder Kursangebote, z. B. Schwimmlernkurse
- Vorstellen der Vereinsangebote, z. B. bei Elternveranstaltungen oder durch Flyer, Verlinkungen der Homepages zum besseren Informationsaustausch
- Unterstützung durch den Verein bei Sportfesten, Projekten u. a.

Kooperation mit den Kreis- und Stadtsportbünden

Durch die Zusammenarbeit mit den Kreis- bzw. Stadtsportbünden und dem Landessportbund ergeben sich ebenfalls viele Möglichkeiten für zusätzliche Bewegungs- und Sportangebote, aber auch fachliche Unterstützung.

- Aus- und Fortbildungsveranstaltungen im Handlungsfeld Bewegungserziehung und -förderung
- fachliche Beratung, z. B. für die Konzepterarbeitung
- Informationen zu Vereinsangeboten
- Bereitstellen von unterstützenden Materialien
- Sportfeste der Horte und Schulen, z. B. Kreis-Kinder-Jugendspiele oder Wettbewerbe im Fußball, Uni-Hockey
- Spielmobil zum Ausleihen

Enge Zusammenarbeit mit Einrichtungen der Kommune und Institutionen des Landes

Der Träger der Einrichtung hat entsprechende räumliche, personelle und materielle Ausstattungen, Mittel sowie Qualifikationsangebote zu sichern. Weiterhin sollte er den Schwerpunkt Bewegungsförderung in der Öffentlichkeitsarbeit besonders herausstellen.

Das Schulverwaltungsamt hat die Fachaufsicht und sollte vor allem Unterstützung bei der Konzepterarbeitung geben.

Der Öffentliche Gesundheitsdienst/Gesundheitsamt kann Beratungsfunktionen übernehmen, z. B. für die Realisierung von Projektideen. Ansprechpartner sind auch der Kinder- und Jugendärztliche Dienst sowie die regionalen Arbeitsgemeinschaften für Gesundheitsförderung.

In Zusammenarbeit mit den Vertretern in Gemeinden und Städten können vielfältige Initiativen für mehr Bewegung entstehen, z. B. Sporttag im ganzen Dorf, Bewegungsaktionen bei Festen (z. B. Kirmes) für Kinder, aber auch Präsentationen durch die Kinder, Öffnung der Schule für die Kinder des Stadtteils bzw. der Gemeinde.

Die Sächsische Landesvereinigung für Gesundheitsförderung kann regionale Ansprechpartner vermitteln oder Beratung bei der Antragstellung für Projektmittel geben.

Zusammenarbeit mit weiteren Institutionen

Die Zusammenarbeit in Sachen Bewegung ist mit vielen weiteren Institutionen möglich, z. B. Krankenkassen, Unfallkasse, Stiftungen, Sparkassen, Volkshochschulen, Musikschulen, Freiwillige Feuerwehr, ADAC, Deutsche Verkehrswacht, Familienbildungsstätten der Volkssolidarität, Einrichtungen für Senioren, Wanderclubs, Schullandheimen/Jugendherbergen, Reiterhöfen, Berufsfachschule für Physiotherapie u. a., private Initiatoren.

Organisiert werden könnten: Rückenschule, Sauna-Besuch, Benutzung von Kneipp-Anlagen, Bewegungsstunden mit Physiotherapeuten, Tanzen mit Tanzpädagogen.

Unterstützung durch Forschungseinrichtungen
Unterstützung sollte vor allem für die Qualitätsentwicklung gesucht werden bei Forschungseinrichtungen, Beratungsinstituten, sozialpädagogischen Aus- und Fortbildungseinrichtungen und bei den Universitäten (in Sachsen vor allem Universität Leipzig). In Zusammenarbeit mit der Forschungsgruppe „Bewegte Schule" an der Universität Leipzig kann seit Jahren ein Zertifikat „Bewegte Schule" erreicht werden (s. Abschnitt 7.1)

7 Qualifizierung für die Gestaltung einer bewegten Grundschule

Bewegte Schule zu gestalten – und das als Querschnittsaufgabe sowohl innerhalb einer Bildungsinstitution als auch entlang des Bildungsweges (s. Abschnitt 1.3) – erfordert eine entsprechende Qualifikation der Pädagogen. Gedanken dazu werden im abschließenden Kapitel vorgestellt.

Es wird nachfolgend gegliedert in:

Qualifizierung

7.1	7.2	7.3
Wie bringe ich meine Schule in Bewegung?	Lehrerausbildung und -fortbildung	Vorschläge für ein Konzept

7.1 Wie bringe ich meine Schule in Bewegung?

Bewegungserziehung in einem Schulprofil bewegte Grundschule zu realisieren, ist mit dem Blick auf die Kinder eine sehr dankbare Aufgabe. Entspricht doch die Berücksichtigung der Bedeutung der Bewegung für die kindliche Entwicklung den Anforderungen an eine Schule, die wirklich vom Kind ausgeht. Bewegte Schule bedeutet auch nicht nur die Kinder in Bewegung zu bringen, sondern Veränderungen an der Schule zu erreichen. Und dieser Prozess ist nicht immer einfach.

Nach unseren Erfahrungen aus vielen Projektjahren bewegter Schule liegen hemmende Faktoren neben einer sehr unbeweglichen Schuladministration und ungünstigen materiellen Bedingungen auch in eingefahrenen pädagogischen Denkweisen und Gewohnheiten der Lehrer.

In Abwandlung des bekannten Sprichwortes könnte man sagen: Ein bewegungsbegeisterter Pädagoge an der Schule macht noch keine bewegte Schule aus. Nur wenn es gelingt diese Begeisterung an andere Mitglieder des Lehrerteams weiterzugeben und eine breite Akzeptanz zu erzielen, wird Schule in Bewegung kommen – und dies im doppelten Sinn. Wie kann das aber erreicht werden? Diese Frage wird uns von engagierten Lehrern immer öfter gestellt. Wir versuchen *erste* Antworten bezüglich des Weges zu einer bewegten (Grund-)Schule zu geben. Schule in Bewegung zu bringen, erscheint auf unterschiedlichen Wegen möglich: Als Schulprofil ein Gesamtkonzept der bewegten Schule basierend auf einem Schulprogramm anzustreben oder sich in kleinen Schritten um Veränderungen in einzelnen Bereichen zu bemühen. Deshalb sind auch nachfolgende Gedanken weniger als Handlungsabfolge, sondern vielmehr als Meilensteine, die in unterschiedlichem Tempo und verschiedener Reihenfolge angelaufen werden können, zu verstehen.

> **Verständnis für die umfassende Bedeutung der Bewegung für die kindliche Entwicklung wecken, verbunden mit eigenen Bewegungserlebnissen**

Ein wesentlicher Ausgangspunkt sollte sein, bei den Lehrkräften Verständnis dafür zu wecken, dass Bewegung viel mehr beinhaltet als sportliche Übungen, dass Bewegung für die Kinder, so wie im Abschnitt 1 erläutert, Erfahrungsorgan und Gestaltungsinstrument ist.

Das Vorhaben, seine Schule in Bewegung zu bringen, sollte mit Literaturstudium begonnen werden. Eigene argumentative Sicherheit kann Klarheit in den Köpfen der anderen schaffen. Unterstützend wirkt auf alle Fälle, wenn die Kolleginnen selbst Erfahrungen mit Bewegungserlebnissen sammeln können. So sollte ihnen in schulinternen Fortbildungsveranstaltungen die Möglichkeiten eingeräumt werden:
- die Freude am Spiel (z. B. mit Luftballons) zu erleben
- die Konzentration auf motorische Aufgaben (z. B. beim Jonglieren mit Korken, beim Balancieren des Lineals) und damit das kurzzeitige Abschalten-Können zu empfinden
- die gemeinschaftsfördernde Atmosphäre bei Bewegungsliedern und kleinen Tänzen zu entdecken
- die wohltuende Wirkung einer Partnermassage auf dem Rücken und im Bereich der Schultermuskulatur zu erfahren u. a.

Sportunterricht als Fundament einer bewegten Grundschule gestalten

Ein regelmäßig und in guter Qualität erteilter Sportunterricht sowie ein sportliches Klima an der Schule (s. Abschnitt 5) sind Voraussetzungen für die Gestaltung einer bewegten (Grund-)Schule. Wenn das Fundament nicht stabil ist, wird bald das gesamte Haus der bewegten Schule ins Wanken geraten. Wer seine Schule in Bewegung bringen will, sollte die im Fach Sport unterrichtenden Lehrkräfte zu seinen wichtigsten Verbündeten machen. Denn von einem Sportpädagogen kann in erster Linie erwartet werden, dass sie bzw. er eine positive Einstellung generell zum Sich-Bewegen hat, die Rolle der Bewegung im Leben von Kindern umfassend sieht und dadurch dem Gedanken einer bewegten Schule sehr aufgeschlossen, zumindest interessiert, gegenübersteht.

Sich gemeinsam Gedanken machen über individuelle Bewegungsfreiheiten im Unterricht der einzelnen Fächer

Eine weitere Wegstrecke könnte darin bestehen, erst einmal selbst darüber nachzudenken, welche Bewegungsfreiheiten den Kindern im Unterricht in den einzelnen Fächern eingeräumt werden (s. Abschnitt 2.6), bewusst Veränderungen in seiner Klasse auszuprobieren und anschließend gemeinsam mit den anderen Lehrkräften Fragen zu beraten wie:
- Wann haben Kinder die Möglichkeit einmal aufzustehen (z. B. wenn sie eine Antwort geben, wenn eine Aufgabe erfüllt ist)?
- Wann dürfen Kinder ohne zu fragen ihren Platz verlassen und welche Regeln sind dann abgesprochen (zum Papierkorb oder Waschbecken gehen, Ergebnisse vergleichen)?
- Teilt die Lehrkraft Hefte u. a. aus oder holen sich die Schüler diese Arbeitsmaterialien?
- Wie reagieren die Kolleginnen, wenn Kinder beim Zuhören, beim Lesen oder Schreiben Entspannungshaltungen einnehmen?
- Nutzt die Lehrkraft den gesamten Klassenraum zum Unterrichten (nicht nur „vorn spielt die Musik")?
- Dürfen die Kinder während des Unterrichts selbstständig Gymnastik mit den Fingern, den Füßen u. a. ausführen, sich recken und strecken oder vor Kurzarbeiten durch Atemübungen u. a. ihre Nervosität abbauen?

Antworten sind sicher nicht pauschal möglich, da die Ziele der jeweiligen Unterrichtsstunde, die konkrete Klassensituation einschließlich der räumlichen Bedingungen und auch die „Tagesform" der Lehrkraft Einfluss haben. Das Gespräch über solche Fragen führt nach unseren Erfahrungen aber dazu, eingeschliffenes pädagogisches Denken und entsprechende Gewohnheiten neu zu hinterfragen.

> **Den Unterricht in unterschiedlichen Fächern durch Lernen über den Bewegungssinn, durch Auflockerungsminuten und Entspannungsphasen erweitern**

Dieser Wegabschnitt bedarf viel Zeit. Aus vorhandener Literatur und eigenen Ideen sollte gemeinsam mit *allen* Pädagogen der Schule ein großes Repertoire entwickelt und erprobt werden, wie:
- Auflockerungsminuten mit Fingerspielen, kleinen gymnastischen Übungen, Bewegungsgeschichten oder rhythmisch-musikalischen Übungen gestaltet werden können
- Atemübungen, spielerische Massage oder kleine Geschichten zur Entspannung beitragen können
- über den Bewegungssinn gelernt werden kann (s. Abschnitt 2.1)

Wesentlich ist nach unseren Erfahrungen, dass sich zunehmend die Erkenntnis bei allen Kollegen durchsetzt, dass Bewegungszeiten nicht verlorene Zeiten für das Lernen sind, sondern Gewinn bringen.

> **Möglichkeiten finden, den Anteil von Bewegung und Spiel im Schulleben zu erhöhen**

Sportlehrkräfte mit langjährigen Erfahrungen werden das sportliche Klima als Bedingung für den Sportunterricht, als motivierendes Element für die Kinder vielfach selbst erlebt haben. Wie schon an anderer Stelle empfehlen wir den im Fach Sport unterrichtenden Pädagogen auch hier Ansätze für mehr Bewegung in der Schule erst einmal im eigenen Bereich zu sehen. Die Öffnung des Blickes auf die im Kapitel 1 dargestellte weite Sicht bezüglich der Bedeutung von Bewegung für die kindliche Entwicklung ist aber angeraten. So müsste gemeinsam mit den anderen Pädagogen, mit den Eltern sowie Instanzen im Umfeld überlegt werden, wie mehr Bewegungsräume in der Schule geschaffen werden können. Pausenspielkisten für die Klassenzimmer (mit Luftballons, Joghurtbechern, Tischtennisbällen, Zeitungen, Bändern, Tüchern, Bierdeckeln, Korken u. a.) und den Schulhof (mit Bällen, Seilen, Reifen, Federballspielen, Klettballspielen) oder Bewegungsanregungen in den Gängen (Zielwurfspiele u. a.), können ein Anfang sein. Gestaltete Schulhöfe, die auch nach 16.00 Uhr für die Kinder zugänglich sind, sollten eine Weiterführung darstellen. Konkrete Beispiele sind in den entsprechenden Abschnitten dieses Buches nachzulesen.

In regelmäßigen Abständen den Standort bestimmen

Auf dem Weg zu bewegten Schulen sollte das Lehrerkollegium (auch bei Einbeziehung des Hausmeisters, der Horterzieher, der Elternvertreter) in regelmäßigen Abständen die Frage stellen:

„Wo stehen wir auf dem Weg zu einer bewegten Schule?"

Der folgende *Kriterienkatalog* (s. Ergänzung) kann für diese Standortbestimmung eine Hilfe sein. Gemeinsam sollte kritisch geprüft werden, ob die einzelnen Kriterien bereits zutreffen oder noch nicht. Außerdem ist nach weiteren Kriterien, die den speziellen Weg der eigenen Schule kennzeichnen, zu fragen. In der Auswertung sollten gemeinsam neue Wegstrecken als Schulprogramm abgesteckt und Schwerpunkte gesetzt werden. Weitere Vorschläge für die schulinterne Evaluation auf unserer Homepage/Ideen.

Sich nicht entmutigen lassen

Schule in Bewegung zu bringen ist ein langwieriger (aber durchaus nicht langweiliger) Prozess, ein Weg, der nicht immer nur geradlinig zum Ziel verläuft.
  Nicht alle Lehrkräfte werden am Anfang die Begeisterung teilen und eher vor der Mehrarbeit zurückschrecken. Ein gut funktionierendes Lehrerkollegium ist eine wichtige Voraussetzung für die Gestaltung einer bewegten Grundschule, andererseits beobachten wir in unseren Versuchsschulen, dass die gemeinsame Aufgabe positive Auswirkungen auf die Zusammenarbeit der Lehrkräfte, ja auf

das gesamte Klima an der Schule hat. Doch einer muss als Initiator wirken, muss anregen und motivieren, sonst kommt Schule nicht in Bewegung. Auch sollte der Blick auf den Kindergarten, den Hort und die weiterführenden Schulen gerichtet werden.

Eine Erfahrung aus unserem Projekt: *Die Kinder sind die engsten Verbündeten!*

Möglichkeiten und Grenzen
Um sich nicht entmutigen zu lassen und eine optimistische Grundstimmung zu behalten, kann es hilfreich sein, Möglichkeiten und Grenzen der Gestaltung einer bewegten Grundschule realistisch zu betrachten:

Bewegte Grundschule kann zur Entschärfung des Widerspruchs zwischen der Bedeutung der Bewegung für die Entwicklung der Kinder und der Bewegungswirklichkeit beitragen. *Allerdings ist sie keine Reparaturwerkstatt für das gesamtgesellschaftliche Problem des Bewegungsmangels.*

Veränderungen müssen auf das gesamte Bedingungsgefüge gerichtet sein, bestehend aus schulpolitischen schulorganisatorischen, materiellen Bedingungen, auf das Sozialklima u. a. Auf der Verhältnisseite werden pädagogische Verhaltensweisen der Lehrerinnen und Eltern sowie deren Kompetenz und Vorbildwirkung zu entscheidenden Faktoren innerhalb des Bedingungsgefüges mit Wechselwirkung zu Verhaltensweisen der Schüler. Die Umsetzung einer Bewegungserziehung als umfassende Aufgabe der Grundschule wird begrenzt durch pädagogische Gewohnheiten von Lehrern und Eltern. *Pädagogische Gewohnheiten und Verhaltensweisen von Erwachsenen zu verändern, ist nach unseren Erfahrungen ein Prozess, der viel Zeit benötigt.*

Durch eine bewegte Schule sind für die Kinder viele zusätzliche Bewegungsaktivitäten möglich. Die Ziele der Bewegungserziehung können aber immer nur eingeordnet in die Realisierung der vielen anderen Aufgaben der Grundschule gesehen werden. Deshalb werden Bewegung und Leiblichkeit auch nicht eine so zentrale Stellung einnehmen wie im Fach Sport. Bewegungserziehung und Sportunterricht unterscheiden sich in den Zielen, Inhalten und der methodisch-organisatorischen Gestaltung (s. Kapitel 5). *Darum kann und will die Bewegte Schule nicht den Sportunterricht ersetzen, sondern beide Bereiche bilden eine sinnvolle Wechselbeziehung.*

Bewegung in die Schule zu bringen, kann nicht allein vom Fach Sport und den Sportlehrkräften bewältigt werden. Zur Lösung der Aufgaben sind Verknüpfungen zwischen den Fächern und Absprachen der Fachlehrer notwendig. Darin liegt eine *Chance für fächerverbindendes Arbeiten und innerschulische Kommunikationsprozesse.*

Zusätzliche Bewegungsaktivitäten werden nach unseren Erfahrungen von den Kindern dankend angenommen. Darin könnte aber auch die Gefahr liegen die Gegenwartserfüllung zu überbetonen. Schule hat bekanntlich aber auch die Aufgabe Lernprozesse zu initiieren, auf deren Grundlagen die Kinder Aufgaben bewältigen können, die ihnen in ihrem späteren Leben gestellt werden. Die Verantwortung muss darin bestehen, Bewegung und Lernen sinnvoll miteinander zu verbinden sowie einen rhythmischen Wechsel zu gewährleisten. *Methodische Gestaltungsmöglichkeiten einer bewegten Grundschule sollen bewährte Unterrichtsmethoden nicht verdrängen, sondern erweitern.* Bewegungsaktivitäten sollten in den Schulalltag harmonisch und im rhythmischen Wechsel eingepasst werden. Ganztagsschulen bieten dafür besonders günstige Möglichkeiten.

Grundschulkinder sind aufgrund von anlage- und umweltbedingten Einflussfaktoren sehr verschiedenartig. Sie reagieren in ihren aktuellen Befindlichkeiten unterschiedlich auf Bewegungsangebote (Dietrich, 1998). Deshalb kann mit den folgenden Anregungen nur ein Rahmen abgesteckt werden. *Die Kinder müssen Freiräume für die individuelle Annahme, Gestaltung oder Ablehnung von Bewegungsaktivitäten erhalten.*

Auf die Bedeutung komplexer Bewegungen für die Entwicklung von Gehirnstrukturen und -funktionen wurde bereits hingewiesen, ebenso darauf, dass dies ein lebenslanger Prozess ist (s. Abschnitt 1.1) *Deshalb sollte die Bewegungserziehung als umfassende Aufgabe für den Unterricht und den außerunterrichtlichen Bereich zu einer Querschnittsaufgabe vom Kindergarten bis zur Berufsausbildung werden,* einschließlich des gesamten Förderschulbereichs. Aber auch Pädagogen sollten selbst „aktiv" werden und Vorbilder sein.

Auch wenn mit diesem Buch vor allem Vorschläge für die Gestaltung der Bewegungserziehung in den Klassen 1 bis 4 angeboten werden, haben eine Reihe von Aussagen schulstufenübergreifenden Charakter. *Von den Grundschulen müssen im Interesse der Kinder vielfältige Initiativen ausgehen, damit die Schüler nicht aus bewegten Grundschulen in „unbewegte" weiterführende Schulen kommen.* Die Zusammenarbeit mit Kindergärten und Horten ist ebenso sinnvoll und pädagogisch wertvoll zu gestalten (s. Abschnitte 6.2 und 6.3).

Ergänzung:
Positive Erfahrungen haben wir in Sachsen mit der Zertifizierung von Schulen und Kindertageseinrichtungen gemacht. Damit sich bewegungsorientierte Konzepte an den Schulen verbreiten, wurde ein Zertifikat „Bewegte Schule" eingeführt. Als Zielgruppe werden alle Schulen angesprochen. Anliegen ist es, Bewegung als wichtige Grundlage für die gesunde Entwicklung von Kindern und Jugendlichen verstärkt in den Alltag von Schulen zu integrieren. Das Zertifikat können Schulen erwerben, die Bewegung nachhaltig in ihr pädagogisches Konzept integrieren. Teilnahmeberechtigt sind alle Schulen im Freistaat Sachsen, unabhängig von der Trägerschaft und der Schulart. Aktuelle Informationen zu den Zertifikaten „Bewegte Kita" sowie „Bewegte Schule" unter http://www.bewegte-schule-und-kita.de

Kriterienkatalog „Bewegte Schule"
Anmerkung: Der nachfolgende Katalog wurde in der Forschungsgruppe konzeptbezogen entwickelt und basierend auf den Hinweisen der Versuchsschullehrer und befragter Experten überarbeitet. Die Bezeichnungen Lehrer und Schüler treffen sowohl auf männliche als auch auf weibliche Personen u.a. zu.

7.1 Wie bringe ich meine Schule in Bewegung?

Nr.	Kriterium	trifft zu	trifft eher zu	trifft eher nicht zu	trifft noch nicht zu
1	Bewegte Schule ist ein wesentlicher Bestandteil des Schulprogramms.				
	Einstellung des pädagogischen Personals				
2	Die Mehrzahl der Kollegen ist gegenüber dem Thema der „Bewegten Schule" aufgeschlossen.				
3	Die Mehrzahl des pädagogischen Personals ist für die Bedeutung der Bewegung in der Entwicklung von Kindern sensibilisiert.				
4	Die Mehrzahl der Lehrer nimmt an Fortbildungsveranstaltungen zur „Bewegten Schule" teil.				
5	Die Kollegen geben untereinander Ideen zur Gestaltung einer bewegten Schule weiter.				
6	Die „Bewegte Schule" wird von der Mehrzahl des pädagogischen Personals mitgestaltet.				
	Einbeziehung der Eltern				
7	Die Eltern werden über die Bedeutung der Bewegung und die Gestaltung einer bewegten Schule informiert.				
8	Die Eltern erhalten durch die Schule Anregungen für eine bewegungsorientierte Freizeitgestaltung.				
9	Es finden gemeinsame Bewegungsaktivitäten mit Eltern, Lehrern und Schülern statt.				

Nr.	Kriterium	trifft zu	trifft eher zu	trifft eher nicht zu	trifft noch nicht zu
10	Die Eltern bringen sich in die Ausgestaltung der bewegten Schule ein (z. B. Schulhof)				
	Bereich bewegter Unterricht				
11	Den Lehrern stehen ausreichend didaktisch-methodische Anregungen für die Gestaltung einer bewegten Schule zur Verfügung.				
12	Die Mehrzahl der Lehrer verbindet das kognitive Lernen häufig mit Bewegung.				
13	Die Mehrzahl der Lehrer nutzt Bewegung als zusätzlichen Informationszugang für das kognitive Lernen.				
14	Im Unterricht werden Auflockerungsminuten eingesetzt.				
15	Im Unterricht werden Entspannungsphasen eingefügt.				
16	Individuelle Bewegungsgelegenheiten (z. B. Material holen) nehmen die Schüler im Rahmen vereinbarter Normen selbstständig wahr.				
	Dynamisches Sitzen				
17	Das Mobiliar an unserer Schule gewährleistet jedem Schüler einen größengerechten Tisch und Stuhl.				
18	Die Lehrer und Schüler achten darauf, dass die Sitzmöbel der Körpergröße entsprechen und individuell eingestellt werden.				

7.1 Wie bringe ich meine Schule in Bewegung?

Nr.	Kriterium	trifft zu	trifft eher zu	trifft eher nicht zu	trifft noch nicht zu
19	Alternative Sitzgelegenheiten (z. B. Sitzbälle, Sitzkissen) werden regelmäßig genutzt.				
20	In unserer Schule wechseln die Schüler ihre Sitzhaltung selbstständig und bewusst.				
	Bereich bewegte Pause				
21	Das Schulgelände regt die Schüler zu vielfältigen Bewegungsaktivitäten an.				
22	Auf dem Pausenhof können die Schüler bereitgestellte Spiel- und Sportgeräte nutzen.				
23	Im Schulgebäude sind Möglichkeiten zur Gestaltung von bewegten Pausen vorhanden.				
24	Die Sporthalle steht in den großen Pausen/ Mittagspausen als Bewegungsraum offen.				
25	Die Schüler können sich in Broschüren, auf Postern o. Ä. über Bewegungsmöglichkeiten in den Pausen informieren.				
26	Die Schüler kennen verschiedene Spiele oder Spielformen, die sie in den Hofpausen durchführen.				
27	Die Schüler können Einfluss nehmen auf die Gestaltung der Spiel- und Bewegungsräume.				
	Bereich Schulsport				
28	Der Sportunterricht wird entsprechend der Stundentafel erteilt.				

7 Qualifizierung für die Gestaltung einer bewegten Grundschule

Nr.	Kriterium	trifft zu	trifft eher zu	trifft eher nicht zu	trifft noch nicht zu
29	Der Sportunterricht wird von Fachlehrern erteilt.				
30	Sportförderunterricht wird angeboten.				
31	Der Stundenausfall im Sport erfährt eine Gleichbehandlung mit anderen Fächern.				
32	Im Sportunterricht werden Anregungen für selbstständiges Bewegen und Sporttreiben gegeben.				
33	Die Schule nimmt an außerschulischen sportlichen Wettbewerben teil.				
	Bereich Schulleben – Freizeit				
34	Die Schüler bringen eigene Ideen aktiv in das Leben der bewegten Schule ein.				
35	Spiel- und Sportveranstaltungen gehören zum Schulleben				
36	Der Aspekt der Bewegung findet bei der Planung von Schulfesten Berücksichtigung.				
37	Es gibt Arbeitsgemeinschaften mit Bewegungs- und Sportangeboten.				
38	Das Schulgelände kann von den Schülern auch an den Nachmittagen oder am Wochenende genutzt werden.				
39	Bewegungsräume im Nahbereich der Schule (Sportstätten, Park u. a.) werden teilweise in die Gestaltung des Schullebens einbezogen.				
40	Wandertage sind wirklich **Wander**tage.				

Nr.	Kriterium	trifft zu	trifft eher zu	trifft eher nicht zu	trifft noch nicht zu
41	Bei Klassenfahrten spielen vielfältige Bewegungsaktivitäten eine große Rolle.				
42	Die Auswahl von Projektinhalten erfolgt auch unter dem Bewegungsaspekt.				
43	Die bewegte Schule wird zunehmend von den Schülern mitgestaltet.				
44	Die materielle Ausgestaltung der bewegten Schule wird im Schulbudget regelmäßig berücksichtigt.				

7.2 Bewegte Grundschule als Thema in der Lehrerausbildung und -fortbildung

Bewegungserziehung als in allen Fächern zu konkretisierende, die Lernbereiche übergreifende und den außerunterrichtlichen Bereich implizierende Aufgabe und Perspektive der Grundschule zu betrachten, setzt eine gezielte Ausbildung sowie Fortbildung für diese Querschnittsaufgabe voraus. Da der gesamte Bildungsweg angesprochen werden soll, sind die nachfolgenden Erläuterungen für bewegte Schule insgesamt gedacht.

Unterschiede zur Sportlehrerausbildung bzw. -fortbildung
Da sich gegenwärtig in einer Reihe von Bundesländern vor allem Verantwortliche für die Aus- und Fortbildung im Schulsportbereich auch der Thematik der Bewegungserziehung annehmen, werden einleitend Akzentuierungen im Vergleich zur Sportlehreraus- bzw. Sportlehrerfortbildung, die von Bedeutung erscheinen, aufgezeigt:
- wohlüberlegte Sensibilisierung für Themen der Bewegung, da einige Studenten bzw. Lehrer der Problematik eher abwartend und verhalten gegenüberstehen werden

- Befähigung zur argumentativen Sicherheit, da Bewegungserziehung als umfassende Aufgabe noch kein etablierter Bestandteil der Bildung und Erziehung ist und teilweise auf Skepsis oder Ablehnung bei anderen Kollegen, bei Schulleitern und Schulbehörden stößt
- Einräumen eines breiten Stellenwertes für das Erfahrungslernen, da persönliche Erfahrungen mit Inhalten der bewegten Schule, wie Stilleübungen, Rhythmusübungen, Progressive Muskelentspannung, meist gering sind
- Ausbildung von Kompetenzen andere Kolleginnen begeistern zu können und mit ihnen gemeinsam ein solches Schulprofil zu entwickeln, da eine bewegte Schule nicht von Einzelkämpfern, sondern nur im Miteinander gestaltet werden kann

Theoriepositionen als Grundlagen eines Lehrerbildungskonzeptes
Das Lehrerbildungskonzept für die Bewegungserziehung als umfassende Aufgabe wird nachfolgend „Bewegte Schule" genannt, da dann nach unseren Erfahrungen etwas klarere inhaltliche Vorstellungen bei den Kolleginnen und Studentinnen vorhanden sind als zu dem sehr unterschiedlich verwendeten Begriff der Bewegungserziehung (s. Abschnitt 1.3).

Folgende wesentlichen Theoriegrundlagen lassen sich herausstellen, auf denen das Lehrerbildungskonzept bewegte (Grund-)Schule basieren sollte.

Interdisziplinär-integrativer Ansatz
Integration ist hierbei in einem weiten philosophischen Begriffsverständnis die Vereinigung von Teilen zu einem Ganzen. Dabei ist das Verhältnis von Teil und Ganzem wie folgt zu verstehen. Das Ganze ist seinem Wesen nach grundsätzlich qualitativ mehr als die Summe seiner Teile. Ein Ganzes stellt etwas qualitativ Neues dar gegenüber den Teilen, aus denen es besteht, mit neuen Eigenschaften, neuen Gesetzmäßigkeiten, neuen Verhaltensweisen (Afanasew, 1969, S. 23 und Dante, 1988, S. 337). Weiterhin besteht eine relative Selbstständigkeit des Ganzen bzw. seiner Teile (Klaus & Buhr, 1976 im Hinblick auf Aristoteles).

Komplexe Ganzheiten, wie sie das Konzept der bewegten Schule darstellt, kann man nur beschreiben, wenn Teilaspekte ins Auge gefasst werden. Erst auf der Teilebene können Konkretisierungen gegeben werden.

Welche relativ selbstständigen Teile und deren Verbindung zu einem sinnvollen Ganzen müssen bei der Aus- und Fortbildung zur Thematik der bewegten (Grund-)Schule Beachtung finden?

7.2 Bewegte Grundschule als Thema in der Lehrerausbildung und -fortbildung

- Bewegung hat für die Entwicklung von Kindern eine mehrfache Bedeutung. Sie ermöglicht differenzierte Wahrnehmungen und hilft beim Lernen sowie beim Knüpfen sozialer Beziehungen. Bewegung fördert positive Selbsterfahrungen, die Erlebnisfähigkeit sowie Gesundheit und Wohlbefinden. (s. auch Abschnitt 1.1.2) Alle diese Aspekte hängen eng zusammen. Insgesamt bietet die weite Sicht von Grupe (1982, S. 75) auf die Bewegung als Erfahrungsorgan und Gestaltungsinstrument eine definitorische Grundlage für das Ausbildungskonzept.
- Bewegungserziehung muss ähnlich wie Gesundheitserziehung, Umwelterziehung, Sozialerziehung, Freizeiterziehung überfachlich gedacht werden. Dabei stellen die einzelnen fachübergreifenden Aufgabenbereiche der Bildung und Erziehung ebenso wie die Schulfächer relativ selbstständige Teile mit durchaus eigener Spezifik in den Zielen und Inhalten dar. Zwischen den Teilen bestehen Verbindungen und wechselseitige Beziehungen und je nach Blickwinkel Akzentuierungen, Modifizierungen sowie Konkretisierungen. Der Blick auf das Ganze sollte aber gewahrt bleiben.
- Eine Ausdifferenzierung in einzelne Bereiche der bewegten Schule ermöglicht Überschaubarkeit, Begreifen von Unterschieden bei Einsatzmöglichkeiten und der methodischen Gestaltung sowie zeitweilige Akzentuierungen. Damit ist u. E. eine Strukturierungsgrundlage sowohl für Ausbildungsprogramme als auch für entsprechende Anleitungsmaterialien gefunden. Verbindungen zwischen den Bereichen sind aber unbedingt aufzuzeigen, denn im Erleben der Kinder fließt bewegte Schule als Ganzes zusammen.
- Die Weiterentwicklung des Konzeptes der bewegten Schule sollte als Ganzes ständig anvisiert bleiben. Erkenntniszuwachs aus unterschiedlichen Ebenen, wie konzeptionelle Forschungsarbeit, empirische Untersuchungen oder der Schulpraxis, sind zu verknüpfen. Meinungen und Erfahrungen aus der Lehrerfortbildung können in diesem Prozess einen wichtigen Stellenwert einnehmen.
- Die Gestaltung der Lehreraus- und Lehrerfortbildung zur bewegten Schule erfordert die Aufgabenverteilung und Kooperation unterschiedlicher Institutionen. Für jede Institution muss der Gesamtblick aber erhalten bleiben.

Subjektive Theorien
Welche Verhältnisse Kinder in der Schule für mögliche Bewegungsaktivitäten vorfinden, hängt auch von pädagogischen Verhaltensweisen der Lehrer ab. De-

ren berufliches Handeln wird maßgeblich bestimmt von subjektiven Theorien, d. h. von individuellen Überzeugungen und biographischen Erfahrungen, von subjektiven Interpretationen und Schlussfolgerungen sowie von persönlichen Handlungsgewohnheiten (Ullmann, 1997, S. 180, Köppe & Schmidt, 1994, S. 52 u. a.). Wenn Lehrer konzentriertes Arbeiten ausschließlich mit Stillsitzen verbinden, dann gibt es wenige Chancen für die Kinder. Bewegte Schule muss mit Bewegung im gesamten Menschen „Lehrer" und auch nicht nur in deren Köpfen (Pühse, 1995, S. 425-426) beginnen. Dazu reicht Wissensvermittlung nicht aus. Die Lehrer müssen eigene Erfahrungen beim Spiel mit dem Luftballon oder dem Gestalten von Bewegungsliedern sammeln, die entlastende Wirkung von Atemübungen oder einer Rückenmassage selbst spüren, sich in die Schülerperspektive hineinversetzen und zunehmend routinierte Handlungsgewohnheiten im Zusammenhang mit Bewegung sowohl beim Unterrichten als auch im persönlichen Leben hinterfragen und verändern.

Mehrphasiges Dozententraining
Veränderungen von routinierten Handlungsgewohnheiten sind individuelle und sehr langwierige Prozesse. Die Lehrer müssen auf ihrem Weg über Wissensaneignung zum veränderten Handeln begleitet werden (Wahl et al., 1991, S. 70-71).

Für die Organisation der Lehrerbildung zur Problematik der bewegten Schule empfehlen wir deshalb in Anlehnung an Amler & Knörzer (1997, S. 205) die Orientierung an Grundgedanken des mehrphasigen Dozententrainings, d. h. die Planung von Präsenzphasen (Fortbildungsveranstaltungen) im sinnvollen Wechsel mit Erprobungsphasen in Kleingruppen oder Praxis-Tandems Paaren.

7.3 Vorschläge für ein Konzept zur Aus- und Fortbildung

Ziele
Hauptzielstellung ist die Sensibilisierung für die Bewegungsproblematik und das Erlangen von Handlungskompetenzen zur Gestaltung einer bewegten Schule.

Folgende Teilziele und Akzentuierungen für die einzelnen Phasen der Ausbildung bzw. für die Fortbildung zur Thematik der bewegten Schule lassen sich, zumindest idealtypisch, ableiten:

7.3 Vorschläge für ein Konzept zur Aus- und Fortbildung

	Ausbildung		FB
1. Bewegte Schule erfahren	I	II	
– Sensibilisierung für die Bedeutung der Bewegung			
– Sammeln eigener Bewegungs- und Körpererfahrungen			
– Stärkung der Argumentationsfähigkeit			
– Erlangen von Handlungskompetenzen zur Gestaltung der einzelnen Bereiche der bewegten Schule			
– Hinterfragen routinierter Handlungsmuster			
2. Bewegte Schule erproben			
– Umstrukturierung des eigenen Handelns			
– Erlangen von Handlungssicherheit			
– Ausbau der Kompetenzen zur Zusammenarbeit mit Kollegen			
3. Bewegte Schule (weiter-)entwickeln			
– Erweiterung der Kompetenzen zum Initiieren, Steuern und Begleiten von Fortbildungsveranstaltungen (Fortbildner)			
– Anwenden von Methoden zur Evaluation des Konzeptes für interessierte Studenten bzw. der Fortbildungsveranstaltungen (Fortbildner)			
– Kennenlernen von Ergebnissen der evaluierten Interventionen			
– Vertiefen der Motivations- und Innovationsfähigkeit zur Weiterentwicklung des Konzeptes			

7 Qualifizierung für die Gestaltung einer bewegten Grundschule

Themen für die Aus- und Fortbildung
Ausgehend von dargestellten Beziehungen zwischen Teil und Ganzem lassen sich drei Komplexe an Ausbildungsthemen im Wechsel zwischen Ganzes-Teil-Ganzes klassifizieren:

Gesamtkonzept
- Bedeutung der Bewegung für die kindliche Entwicklung
- Unterschiedliche Konzepte zur bewegten Schule (international, z. B. Schweiz, Österreich) sowie bezogen auf Kita und weiterführende Schulen
- Pädagogisches Konzept bewegte (Grund-)Schule (in Sachsen)

Gestaltung einzelner Bereiche der bewegten (Grund-)Schule
- Bewegter Unterricht
  Bewegtes Lernen
  Dynamisches Sitzen
  Auflockerungsminuten
  Entspannungsphasen
  Individuelle Bewegungszeiten
  Bewegungsorientierte Projekte
- Bewegte Pause
- Bewegtes Schulleben
  Spiel- und Sportfeste
  Wandertage und Klassenfahrten
  Verbindung mit Ganztagsangeboten

Als Binnengliederung bietet sich die Orientierung auf Ziele, ausgewählte Übungsmöglichkeiten (auch für Schüler mit sonderpädagogischem Förderbedarf) sowie Aspekte der methodisch-organisatorischen Gestaltung an.

Bewegte Schule als Schulprofil, Kooperationen
- Zusammenwirken der einzelnen Bereiche
- Zusammenarbeit mit den Eltern, Horten und anderen pädagogischen Einrichtungen sowie mit Sportvereinen u. a.
- Ausgewählte Ergebnisse der evaluierten Interventionen

Damit ist eine Strukturierung gefunden, die sichern kann, dass auch Sportstudenten bzw. Sportlehrer in der Aus- bzw. Fortbildung zur bewegten Schule Neues kennen lernen und erfahren, auch wenn natürlich Bezüge zum Fach gegeben sind. Nach dieser Systematisierung war es uns ebenfalls möglich, inhaltliche Differenzierungen zur Ausbildung für den Sportförderunterricht sowie zu Fortbildungen im Rahmen der „Gesundheitserziehung in der Schule durch Sport" vorzunehmen, andererseits auch entsprechende gemeinsame Schnittflächen zu kennzeichnen.

Methodisch-organisatorische Gestaltung
Für die Fort- und Ausbildung zur bewegten Schule ist ein mehrphasiges Modell in Form einer nach oben offenen Spirale bei Differenzierungen zwischen den Ausbildungsformen empfehlenswert. Darunter ist in Anlehnung an das Design des mehrphasigen Dozententrainings nach Wahl et al. (1991) ein Wechsel zwischen Fortbildungsveranstaltungen (Präsenzphasen) und Praxisphasen, in denen ein Austausch in Paaren oder Kleingruppen erfolgen könnte, zu verstehen. Dadurch wird es eher möglich die Lehrer auf dem Weg über die Kenntnisaneignung zum veränderten Handeln zu unterstützen.

- In der I. Phase liegt der Schwerpunkt im *Erfahren* von Neuem, sowohl als Aneignung von Kenntnissen als vor allem auch im eigenen Erleben von Bewegungsaktivitäten und deren Wirkungen. Vorrangig werden darbietende Methoden (Vortrag, Lehrgespräch, Sachverständigenbefragung) und stofforientierte Methoden (wie Brainstorming) sowie das praktische Üben zum Einsatz kommen.
- Die II. Phase lässt Zeit zum Nachdenken und Verarbeiten des Neuen sowie dem *Ausprobieren*. Gespräche in Kleingruppen oder mit Paaren können eine Unterstützung sein um Anfangsschwierigkeiten zu überwinden und sich nicht entmutigen zu lassen.
- Die III. Phase, in der sich die Teilnehmer in einer weiteren Fortbildung zusammenfinden, dient dem gegenseitigen *Austausch* über die Praxiserfahrungen und ersten Vorstellungen zum Weiterdenken der bewegten Schule. Demzufolge werden kommunikativ-akzentuierte Methoden (Diskussion, Rundtischgespräch, Gruppenarbeit, Pro und Kontra) Anwendung finden.
- Die IV. und V. Phase verfolgen als Zielstellung wiederum das Erproben und das Sich-Austauschen und Weiterdenken – allerdings auf einem höheren Niveau.

Folgende Modifizierungen ergeben sich u. E.:
- Fortbildung für Fortbildner (Multiplikatoren bewegte Grundschule): Ab der III. Phase muss die Befähigung zur Durchführung eigener Fortbildungsveranstaltungen eine zunehmende Rolle spielen.
- Ausbildung: Das Studium muss sich auf die Phase I (Erfahren) konzentrieren. Für interessierte Studenten kann die Mitwirkung an empirischen Untersuchungen ergänzend einfließen. Die Erprobung wird den Praktika und vor allem der Referendarzeit vorbehalten bleiben. Gute Erfahrungen gibt es inzwischen mit der Beratertätigkeit durch Studierende an den Zertifikatsschulen.

Als Möglichkeiten zur Organisation der Fortbildung bieten sich an:
- Die Fortbildung der Fortbildner als Berater und Experten in Sachen bewegte Grundschule für ihr Territorium müsste überregional erfolgen.
- Fortbildungsveranstaltungen, die an alle Kollegen gerichtet sind, könnten in unterschiedlichen Formen stattfinden:
  - regional als Fortbildungsreihe oder Intervallseminar
  - als schulinterne Fortbildung, vor allem an Schulen, die den Weg zur bewegten Grundschule eingeschlagen haben, in Form von Pädagogischen Konferenzen, Pädagogischen Tagen, Gesprächsrunden oder einem Erfahrungsaustausch im Rahmen von Dienstberatungen

Als flankierende Maßnahmen zur Aus- und Fortbildung erscheinen von Wichtigkeit:
- Aufklärungsarbeit in den Schulbehörden
- Schulleiterfortbildung
- Bereitstellung von didaktisch-methodischen Anregungen, insbesondere für die Fortbildung sowie die Lernwerkstätten
- Einarbeitung der die Fächer und Lernbereiche übergreifenden Bewegungserziehung in die Lehrpläne/Richtlinien

Erfahrungen mit dem Konzept der Lehrerausbildung und -fortbildung zum Thema bewegte (Grund-)Schule in Sachsen

Lehrerausbildung
Seit Jahren werden an der Universität Leipzig wahlobligatorische Veranstaltungen für alle Studierenden (und nicht nur für Sportstudenten) zum Thema beweg-

te Schule angeboten. Zielstellung ist Handlungskompetenz für die Gestaltung einer bewegten Schule zu vermitteln und dies in einer engen Verflechtung von pädagogischen/fachdidaktischen und sportpädagogischen Grundlagen. Darüber hinaus erhoffen wir, dass die Studierenden auch persönliche Verhaltensweisen hinterfragen und zu Erkenntnissen für ihr Verhalten als Eltern oder zukünftige Eltern gelangen.

Hauptinhalte beziehen sich auf die einzelnen Bereiche einer bewegten Schule, deren Ziele, inhaltlichen und methodischen Gestaltungsmöglichkeiten sowie übergreifenden Fragestellungen, wie „Kindheit heute" und „veränderte Bewegungswelt".

Als positive Erfahrung können wir vor allem weitergeben, dass ausgehend von den Lehrveranstaltungen bewegte Schule interessierte Studierende nicht nur des Faches Sport für einen gewissen Zeitraum in Teilforschungsgruppen unseres Projektes integriert werden konnten. Sie erfüllten und erfüllen mit einem hohen Grad an Selbstständigkeit Aufgaben, wie Literaturanalysen, Lehrplananalysen, Erarbeitung und Begründung von Materialsammlungen, Auswertung empirischer Untersuchungen, und fixierten die Ergebnisse in Belegarbeiten, wissenschaftlichen Arbeiten, Bachelor- und Masterarbeiten oder Vordiplom- und Magisterarbeiten.

Lehrerfortbildung
Vor allem an den Zertifikatsschulen des Forschungsprojektes „Bewegte Schule", teilweise aber auch an weiteren Schulen, finden in Sachsen seit 1996 Lehrerfortbildungen zum Thema statt.
Bei einer solchen Fortbildung erlebte ich Folgendes:

Am falschen Tag?
Durch einen Verkehrsstau selbst leicht gestresst stand ich im Raum. Die Kolleginnen kamen heftig diskutierend aus dem Lehrerzimmer. Offensichtlich hatten sie sich über ein Problem sehr erregt. Den finsteren Mienen war zu entnehmen, dass sie sich nicht hatten einigen können. Ich dachte: Für das Thema „Spielerische Gymnastik" hast du heute bestimmt den falschen Tag erwischt. Ich spürte, dass nur aus Höflichkeit mir zumindest teilweise Aufmerksamkeit geschenkt wurde. Beim „Stuhltanz" und dem Erkunden von Flaschenkorken als Spielgerät entkrampften sich die Gesichter zunehmend. Beim Spielen mit Luftballons schien der Ärger vergessen. Als gar ein Ballon sich durch das offene Fenster auf den Weg zu den Hortkindern machte, konnten alle wieder lachen. Wie ent-

7 Qualifizierung für die Gestaltung einer bewegten Grundschule

krampfend Auflockerungsminuten wirken können, spürten die Kolleginnen in diesem Moment selbst. Vielleicht hatte ich doch nicht den falschen Tag erwischt?

Als positive Erfahrungen aus den Fortbildungsveranstaltungen sind u. E. hervorzuheben:

- Mit einer Sensibilisierung der Lehrerinnen für die Bedeutung der Bewegung in der kindlichen Entwicklung vor Projektbeginn wurde ein guter Grundstein gelegt. Auch wenn diese Sensibilisierung natürlich Schwankungen unterliegt und in bestimmten Abständen das Gesamtverständnis erneut thematisiert werden muss.
- Die Übergabe von didaktisch-methodischen Materialien verbunden mit Fortbildungen schließt die Kollegen auf und unterstützt das Erlangen von Handlungssicherheit.
- Das Sammeln eigener Körper- und Bewegungserfahrungen ermöglicht das bessere Verständnis für das Anliegen.
- Die Konzentration auf jeweils einen Bereich der bewegten Schule pro Fortbildung lässt Überschaubarkeit zu.
- Die Gliederung der Fortbildung in mehrere Phasen ermöglicht zunehmende Identifikation mit dem Projekt und Auseinandersetzung mit eigener Handlungsroutine. Im ersten Jahr wurde mehr mit einer Vermittlungsphase begonnen. Bis zur nächsten Fortbildung blieb dann Zeit vieles selbst auszuprobieren. Ab dem zweiten Projektjahr zielen wir zunehmend ein gegenseitiges Geben und Nehmen zwischen Forschungsgruppe und Pädagogen an oder auch zwischen den Schulen.
- Die Analysen von Hospitationen, Wochenprotokollen und Lehrerbefragungen gibt Orientierungen für notwendige Fortbildungsschwerpunkte.

7.3 Vorschläge für ein Konzept zur Aus- und Fortbildung

Eine solche Fortbildungsinitiative könnte (in Anlehnung an Wahl et al., 1991 sowie Amler & Knörzer, 1997) in zwei Spiralen verlaufen: Beginnend als Fortbildung für Fortbildner und um ein Jahr versetzt die regionale/schulinterne Fortbildung (s. Abbildung als ein für Sachsen zu Projektbeginn einmal angedachtes Beispiel, bisher aber nur teilweise umgesetzt).

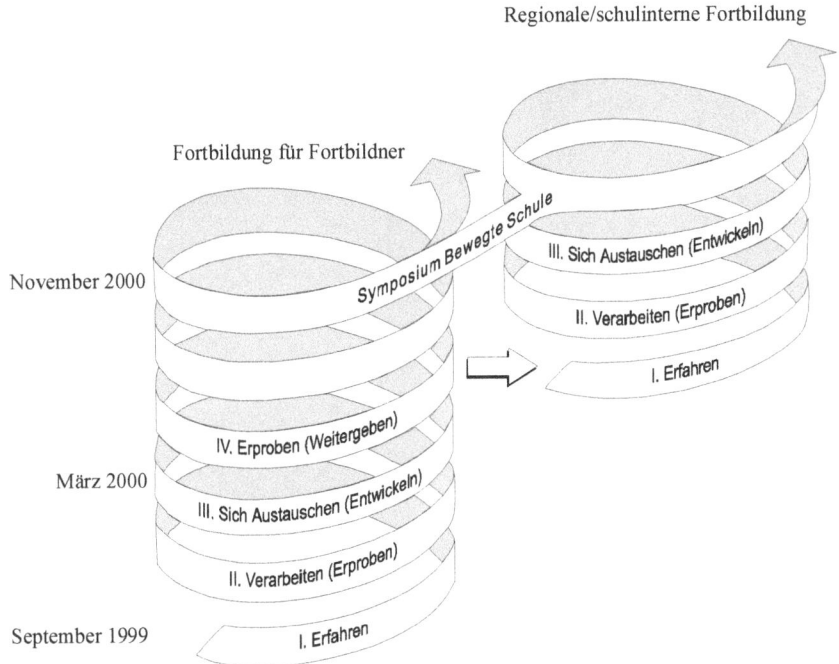

Literatur

Abele, A. & Brehm, W. (1994). Welcher Sport für welche Stimmung? In J. R. Nitzsch, & R. Seiler (Hrsg.), *Gesundheitssport – Bewegungstherapie* (S. 133-14). St. Augustin: Academia.

Abele, A. (1994). Auswirkungen von Wohlbefinden oder: Kann gute Laune schaden? In A. Abele & P. Becker (Hrsg.), *Wohlbefinden. Theorie – Empirie – Diagnostik* (S. 299-300). Weinheim: PsychologieVerlagsUnion.

Afanasew, W.G. (1969). *Wissenschaftliche Leitung der Gesellschaft*. Berlin: Staatsverlag der Deutschen Demokratischen Republik.

Alfermann, D. & Stoll, O. (1996). Befindlichkeitsveränderungen im Sport. *Sportwissenschaft, 26*, 406-422.

Amler, W. & Knörzer, W. (1997). Bewegungspausen im Unterricht. In F. Dannenmann, I. Hanning-Schosser & R. Ullmann (Hrsg.), *Schule als Bewegungsraum* (S. 201-211). Stuttgart: Ministerium für Jungend, Kultus und Sport Baden-Württemberg.

Antonowsky, A. (1979). *Health, Stress and Coping*. San Francisco: Jossey-Bass.

Antonowsky, A. (1987). *Unraveling the Mystery of Health*. San Francisco: Jossey-Bass.

AOK (1994). *Von Anfang an rückenfreundlich!* Rienagen, Leipzig: AOK-Verlag

AOK (o. J.). *Der AOK-Fitball – mehr als nur eine Sitzalternative*. Halver: Fachverlag Wilhelm Bell jr. KG.

Arndt, M. & Singer, W. (1979). *Fingerspiele und Rätsel für Vorschulkinder*. Berlin: Volk und Wissen.

Backhaus, M. & May, W. (1994). Herbstlauf. *Körpererziehung, 44* (10), 351-353.

Badtke, G. (Hrsg.). (1995). *Lehrbuch der Sportmedizin* (3. Aufl.). Heidelberg, Leipzig: Barth.

Balz, E. (1988). *Aufgaben des Sports im Schullandheim*. Hamburg: Verlag Verband Deutscher Schullandheime.

Balz, E. (1998). Schullandheime als Lerngelegenheiten für den Schulsport. *Körpererziehung, 48* (7/8), 259-266.

Bareis, A. (1995). *Mit Kindern werken und gestalten*. Donauwörth: Auer.

Literatur

Bauer, E.- M. (1993). „Bau mir das Haus!". In G. Faust-Siehl et al., *Mit Kindern Stille entdecken* (S. 39-74). Frankfurt: Diesterweg.

Bauer, P. & Reuhl, B. (2008). Sport Stacking – Die Kunst des Becherstapelns. *Sportpraxis, 49* (1), S. 33-35.

Baumann, S. (1986). *Praxis Sportpsychologie: Unterricht – Training – Wettkampf.* München: BLV.

Baur, J. (1987). Zur Bewegungswelt von Kindern und Jugendlichen. *Sportpädagogik, 11* (5), 4-13.

Baur, J. (1994). Motorische Entwicklung: Konzeptionen und Trends. In J. Baur, K. Bös & R. Singer, *Motorische Entwicklung* (8. Aufl.). (S. 27-47). Schorndorf: Hofmann.

Bayrisches Staatsministerium für Unterricht und Kultus (1977). Lehrplan für das Fach Musik- und Bewegungserziehung für die Grundschule (1./2. Jahrgangsstufe). *Amtsblatt des Bayrischen Staatsministeriums für Unterricht und Kultus,* Sondernummer 9.

Bayrisches Staatsministerium für Unterricht, Kultus, Wissenschaft und Kunst (o. J.). Bewegung macht Schule – Fetzi macht fit. *Bewegte Grundschule.* München: o. V.

Belegarbeiten (1998). B*ewegungsorientierte Projekte.* Dresden: TU Dresden.

Belorf, A. & Schmid, A. (2000). *741 Spiel und Übungsformen bewegtes Lernen. Teil 1 : Kindergarten/Vorschule und 1. - 4. Schuljahr.* Schorndorf : Hofmann.

Berquet, K. H. (1988). *Sitz- und Haltungsschäden. Auswahl und Anpassung an Schulmöbel.* Stuttgart: Thieme.

Berquet, K. H. (1994). Anpassung der Schulmöbel. In GUVV Westfalen-Lippe (Hrsg.), *Sitzen und Bewegen im Unterricht.* Münster: GUVV Westfalen-Lippe.

Bieligk, M. (2013). *160 Spiel- und Übungsideen zur Förderung der Sinneswahrnehmung bei Kindern und Jugendlichen.* Wiebelsheim: Limpert.

Biermann, I. (2010). *Spiele zur Wahrnehmungsförderung* (14. neu bearb. Aufl.). Freiburg im Breisgau: Herder.

Biewald, S. (1997). *Bewegungsgeschichten.* Manuskript. Dresden: TU Dresden.

Bildungskommission NRW (1995). *Zukunft der Bildung – Schule der Zukunft.* Niewied, Kniftel, Berlin: Luchterhand.

Börner, M., Haberkorn, G. & Schmiedl, C. (1998). Warum muss ich in der Schule immer stillsitzen? *Grundschulunterricht, 45* (4), 28-29.

Böttler, G. et al. (o. J.). *Bewegung, Spiel und Sport in der Schule.* Weilheim/Teck: Bräuer GmbH.

Breitenbach, E. & Brand, I. (1987). Tollpatschig, ungeschickt und viele Fehler im Diktat. *Sportpädagogik, 13* (4), 29-37.

Breithecker, D. (1995). In die Schule kommt Bewegung – sinnes- und bewegungsaktives Lehren und Lernen im Lebensraum Schule. *Haltung und Bewegung, 15* (1), 3-17.

Breithecker, D. (1996). Erkundungsstudie zur Effizienz des „bewegten Unterrichts". In U. Illi, s. Mundigler & D. Breithecker, *Bewegte Schule – Gesunde Schule.* o.O.

Breithecker, D., Philipp, H., Böhmer, D. & Neumann, H. (1996). In die Schule kommt Bewegung – Haltungs- und Gesundheitsvorsorge in einem „bewegten Unterricht". *Haltung und Bewegung, 16* (2), 5-47.

Brezinka, W. (1981). *Erziehung als Lebenshilfe.* München, Basel: Reinhardt.

Brodtmann, D. (1985). Schulsportfeste. *Sportpädagogik, 10* (3), 11-14.

Brodtmann, D. et al. (1993). *Kooperative Sportfestwettbewerbe für die Grundschule.* Manuskript. Hannover: Friedrich Verlage.

Brünger, P. (1996). „... und mir ein Liedlein gesungen, und alles war wieder gut ...". *Musik und Bildung, 37* (4), 34-41.

Buchner, Chr. (1996). Freiheit und Verantwortung. *Grundschulmagazin, 11* (3), 21-24.

Bundesministerium für Unterricht und Kunst Österreich (1994). *Bewegte Schule.* Wien: Bundesministerium.

Bundeszentrale für gesundheitliche Aufklärung (2002*). Lied & Bewegung* (mit CD). Köln: BzfA.

Bunk, H.-D. (1990). *Zehn Projekte zum Sachunterricht.* Frankfurt: Cornelsen Scriptor.

Burk, K. & Haarmann, D. (Hrsg.). (1980). *Schulraumgestaltung: Schulhaus – Schulhof – Schulanlage.* Frankfurt: Arbeitskreis Grundschule.

Burk, K. & Kruse, K. (Hrsg.). (1993). *Wandertag – Klassenfahrt – Schullandheim* (2. Aufl.). Frankfurt: Arbeitskreis Grundschule.

Cavelius, A. A. (1998). *Wie Kinder zur Stille finden.* Augsburg: Midena.

Clauss, G. (Hrsg.). (1995). *Fachlexikon ABC Psychologie.* Frankfurt: Verlag Harri Deutsch.

Cornell, J. (1979). *Mit Kindern die Natur erleben.* Mühlheim: Verlag an der Ruhr.

Cornell, J. (1999). *Mit Freude die Natur erleben.* Mühlheim: Verlag an der Ruhr.

Crasselt, W. (1994). Somatische Entwicklung. In J. Baur, K. Bös & R. Singer, Motorische Entwicklung. (8. Aufl.). (S. 106-125). Schorndorf: Hofmann.

Literatur

Csikszentmihalyi, M. (1992). *Flow – Das Geheimnis des Glücks*. Stuttgart: Klett-Cotta.

Dante, A. (1988). Von der Monarchie. In Autorenkollektiv, *Philosophisches Lesebuch*. Bd. 1. Berlin: Lit Verlag.

Denk, H. & Hecker, G. (1981). *Texte zur Sportpädagogik*. Teil I. Schorndorf: Hofmann.

Dennison, P. E. & Dennison, G. (1991). *Lehrerhandbuch Brain Gym*. Freiburg: Verlag für Angewandte Kinesiologie.

Deutsche Olympische Akademie (Hrsg.). (2022). *Olympia ruft: Mach mit! Unterrichtsmaterialien Primarstufe*. Zugriff am 10. Februar 2022 unter https://www.doa-info.de/

DGUV (Hrsg.). (2004). *Wahrnehmungs- und Bewegungsförderung in Kindertageseinrichtungen*. DGUV Information 202-062. Berlin: DGUV.

DGUV (Hrsg.). (2006). *Giftpflanzen – Beschauen, nicht kauen*. DGUV Information 202-023. Berlin: DGUV.

DGUV (Hrsg.). (2016). *Klettern in Kindertageseinrichtungen und Schulen*. DGUV Information 202-018. Berlin: DGUV.

DGUV (Hrsg.). (2018). *Klasse(n) - Räume für Schulen. Empfehlungen für gesundheits- und lernfördernde Klassenzimmer. Anhang A – Maße, Größenklassen und Größenkennzeichnungen*. DGUV Information 202-090. Berlin: DGUV.

DGUV (Hrsg.). (2019a). *Mit der Schulklasse sicher unterwegs*. DGUV Information 202-047. Berlin: DGUV.

DGUV (Hrsg.). (2019b). *Wahrnehmen und Bewegen*. DGUV Information 202-050. Berlin: DGUV.

DGUV (Hrsg.). (2019c). *Bewegung und Lernen*. DGUV Information 202-101. Berlin: DGUV.

DGUV (Hrsg.). (2020a). *Mit Kindern in den Wald*. DGUV Information 202-074. Berlin: DGUV.

DGUV (Hrsg.). (2020b). *Außenspielplätze und Spielplatzgeräte*. DGUV Information 202-022. Berlin: DGUV.

DGUV (Hrsg.). (2020c). *Seilgärten in Kindertageseinrichtungen und Schulen*. DGUV Information 202-072. Berlin: DGUV.

DGUV (Hrsg.). (2021). *Trampoline in Kindertageseinrichtungen und Schulen*. DGUV Information 202-081. Berlin: DGUV.

Dickreiter, B. (1997). Bewegung und Gehirn. In Chr. Müller (Hrsg.), *Symposium Bewegte Grundschule*. Konferenzbericht (S. 12-17). Dresden: TU Dresden.

Dickreiter, B. (2000). Bewegung zur Förderung der geistigen Entwicklung im Kindes- und Jugendalter mit dem Ziel des stressfreien Lernens. In Chr. Müller (Hrsg.), *Symposium: Von bewegten Grundschulen zu bewegten Schulen.* Konferenzbericht (S. 14 – 17). Dresden: TU Dresden.

Dieterich, R. & Rietz, I. (1996). *Psychologisches Grundwissen für Schule und Beruf.* Donauwörth: Auer.

Dietrich, S. (1998). *Zu Befindlichkeiten von Schülern der 2. Klasse in Abhängigkeit von Bewegungsaktivitäten im Rahmen des Konzeptes bewegte Grundschule.* Wissenschaftliche Arbeit. Dresden: TU Dresden.

Dinter, A. (2013). *Didaktisch-methodische Aspekte und Modifikationen eines Konzeptes der bewegten Schule für Schülerinnen und Schüler mit sonderpädagogischem Förderbedarf der geistigen Entwicklung.* Manuskript (Dissertation, Fassung vom 21.Juni 2013). Leipzig: Sportwissenschaftliche Fakultät.

Döbler, H. & Döbler, E. (2018). *Kleine Spiele* (23. Aufl.). Mühlheim an der Ruhr: Verlag an der Ruhr.

Duncker, L. & Götz, B. (1984). *Projektunterricht als Beitrag zur inneren Schulreform.* Langenau-Ulm: Vaas.

Duncker, L. & Popp, W. (Hrsg.). (1994). *Kind und Sache.* München, Weinheim: Beltz.

Duncker, L. (1994). *Lernen als Kulturaneignung* (2. Aufl.). Weinheim, Basel: Beltz.

Dürr, G. & Stiefenhofer, M. (1997. *Schöne alte Kinderspiele* (7. Aufl.). Augsburg: Weltbildverlag.

Düsseldorfer, E. (Hrsg.). (1994). *Das große Buch der Kinderspiele.* Niederhausen: Bassermann.

Eberspächer, H. (1993). *Sportpsychologie.* Hamburg: Rowohlt.

Eckstein, K. (1998). *Mal strecken und dehnen! Geschichten aus bewegten Grundschulen.* Praktikumsbericht. Dresden: TU Dresden.

Ehni, H. (1982). Erkunden, üben und spielen. *Grundschule, 14* (10), 474-477.

Ehni, H. (1985). Spiel und Sport mit Kindern – ein Wissensangebot. In H. Ehni, J. Kretschmer & K. Scherler, *Spiel und Sport mit Kindern* (S. 11-94). Reinbek: Rowohlt.

Eriksson, P.S.et al. (1998). Neurogenesis in the adult human hippocampus. *Nat. Med. 4*, 1313-1317.

Erkert, A. (2004). *Bewegungsspiele für Kinder. Körpererfahrung und Bewegungsförderung für jeden Tag* (2. Aufl). München: Don Bosco Verlag.

Literatur

Faust-Siehl, G., Bauer, E.-M., Baur, W. & Wallaschek, U. (1993). *Mit Kindern Stille entdecken* (4. Aufl.). Frankfurt: Diesterweg.

Faust-Siehl, G., Garlichs, A., Ramseger, J. Schwarz, H. & Warm, U. (1996). *Die Zukunft beginnt in der Grundschule*. Empfehlungen zur Neugestaltung der Primarstufe. Frankfurt: Arbeitskreis Grundschule.

Feils, G. (1991). Hallo und Guten Morgen. In G. Feils, *Das Trompetenschwein*. AKTIVE MUSIK. Dortmund: Igel Records.

Ferber, D. & Steffe, S. (2010). *Sing, klatsch & spring*. Münster: Ökotopia.

Findeisen D., Linke, P.-G. & Pickenhain, L. (Hrsg.). (1976). *Grundlagen der Sportmedizin*. Leipzig: Barth.

Finger, J.G., Varnaccia, G.,Bormann, A., Lange, C. & Mensink, GBM (2018). Körperliche Aktivität von Kindern und Jugendlichen in Deutschland – Querschnittsergebnisse aus KiGGS Welle 2 und Trends. *Journal of Health Monitoring 3* (1), S. 24-31. Zugriff am 18.Dezember 2020 unter https://www.rki.de/DE/Content/Gesundheitsmonitoring/ Gesundheitsberichterstattung/GBE-DownloadsJ/FactSheets/JoHM_01_2018_koerperliche_Aktivitaet_KiGGS-Welle2.pdf?__blob=publicationFile

Fischer, B., Dickreiter, B. & Mosmann, H. (1996). Bewegung und geistige Leistungsfähigkeit! Was ist gesichert? In U. Illi, s. Mundigler & D. Breithecker, *Bewegte Schule – Gesunde Schule*. (o.O.)

Flörchinger, L. (2013). *Sitzzeiten bei Grundschülern*. Masterarbeit. Heidelberg: ISSW.

Flügelmann, A. & Termbeck, S. (1991). *New games*. Die neuen Spiele. Mühlheim: Verlag an der Ruhr.

Gabler, H., Nitsch, J. R. & Singer, R. (1986). *Einführung in die Sportpsychologie. Teil 1*. Schorndorf: Hofmann.

Gärtner, H., Moritz, H. & Sikora, W. (1986). *Körperziehung in der ganztägigen Bildung und Erziehung*. Berlin: Volk und Wissen.

Gemeindeunfallversicherungsverband Westfalen-Lippe et al. (Hrsg.). (1999). *Mehr Bewegung in die Schule* (mit CD). Seelze: Friedrich.

Gerber, M. & Pühse, U. (2005). Selbst- und Körperkonzept bei Jugendlichen mit unterschiedlichen Sportengagement. *Spectrum, 17* (2), 26-43.

Göock, R. (1989). *1000 Spiele für drinnen und draußen*. München: Orbis Verlag.

Graf, M. (1996). Bewegte Lebensräume. Mobiliar und Einrichtungen. In U. Illi, s. Mundigler & D. Breithecker, *Bewegte Schule – Gesunde Schule*. (o.O.)

Griebel, W. & Niesel, R. (2011). *Übergänge verstehen und begleiten. Transition in der Bildungslaufbahn von Kindern.* Berlin: Cornelsen.

Griesbeck, J. (2005). *Die 50 besten Spiele für draußen.* München: Don Bosco.

Große-Jäger, H. (Hrsg.). (1988). Tanzen in der Grundschule. *Musikpraxis extra.* Bd. 1. Boppard: Fidula Verlag.

Größing, St. (1993). *Bewegungskultur und Bewegungserziehung.* Schorndorf: Hofmann.

Grupe, O. (1982). *Bewegung, Spiel und Leistung im Sport.* Schorndorf: Hofmann.

Grupe, O. (1992). Zur Bedeutung von Körper-, Bewegungs- und Spiel – Erfahrungen für die kindliche Entwicklung. In H. Altenberger & F. Maurer (Hrsg.), *Kindliche Welterfahrungen in Spiel und Bewegung* (S. 9-38). Bad Heilbrunn: Klinkhardt.

Grupe, O. & Mieth, D. (1998). *Lexikon der Ethik im Sport.* Schorndorf: Hofmann.

Gudjons, H. (1988). Was ist Projektunterricht? In J. Bastian, & H. Gudjons (Hrsg.), *Das Projektbuch* (S. 14-25). Hamburg: Bergmann + Helbig Verlag.

Gudjons, H. (1998). Klassenfahrten. *PZV-Ratgeber '98 „Klassenfahrten".* S. 27. Berlin: Pädagogischer Zeitschriftenverlag.

Hackfort, D. (1986). *Theorie und Analyse sportbezogener Ängstlichkeit.* Schorndorf: Hofmann.

Hadrys, S. (1998). *Lauft doch nicht so schnell!* Geschichten aus bewegten Schulen. Praktikumsbericht. Dresden: TU Dresden.

Hanssen-Doose, A. & Niessner, C (2020). *Factsheets – Ergebnisse kurz und knapp. Ergebnisse zur Koordination über 12 Jahre.* Zugriff am 18. Dezember 2020 unter http://www.sport.kit.edu/MoMo/fuer_Medien_und_Experten_Ergebnisse.php

Härdt, B. (2000). *Besser Lernen durch Bewegung und Entspannung.* Berlin: Cornelsen.

Haupt, B. (1996). Was tun Kinder am Nachmittag? – Analysen und Vergleiche. In W. Schmidt (Hrsg.), *Kindheit und Sport – gestern und heute* (S. 86-97). Hamburg: Czwalina.

Haupt, B. (1998). Der Zugang zu Bewegung und Sport bei Mädchen gestern und heute. In Franke, P. & Schanz, B. (Hrsg.), *FrauenSportkultur* (S. 151-160). Butzbach-Griedel: AFRA-Verlag.

Heinemann, S. (1990). *Alternative Spiel- und Sportfeste.* Lichtenau: AOL-Verlag.

Literatur

Helmke, A. (1997). Entwicklung lern- und leistungsbezogener Motive und Einstellungen: Ergebnisse aus dem SCHOLASTIK-Projekt. In F. E. Weinert & A. Helmke (Hrsg.), *Entwicklung im Grundschulalter* (S. 59-76). Weinheim: Beltz.

Henze, G. (1994). Lernen. In R. W. Keck & U. Sandfuchs (Hrsg.), *Wörterbuch Schulpädagogik* (S. 208-209). Bad Heilbrunn: Klinkhardt.

Hering, B., Hering, W. & Meyerholz, B. (o. J.). *Trio Kunterbunt Hits.* Lippstadt: Kontakte.

Hering, W. (2010). *Kunterbunte BewegungshitS.* (mit CD). Münster: Ökotopia.

Hinsching, J. & Thiess, M. (1991). Wie kann man an der Schule ein sportliches Klima gestalten? In L. Kottmann & G. Köppe (Hrsg.), *Schulleben.* (S. 22-32). Hohengehren: Schneider.

Hintz, D. (1984). *Schulleben – Einheit von Unterricht und Erziehung in der Schule.* Hildesheim: Olms.

Hirtz, P. (1985). *Koordinative Fähigkeiten im Schulsport.* Berlin: Volk und Wissen.

Hoefs, H., Götzenberg, M. & Loss, H. (o. J.). *Vom Frühstückssong zum Abschiedsgong.* Audio-CD. Mühlheim: Verlag an der Ruhr.

Höfler, H. (1993). *Das Fitneßtraining fürs Gesicht.* Stuttgart: Trias.

Hoffmann, S. (1998). Lustige Bewegungslieder im Schulalltag. *Grundschulunterricht, 45* (4), 36-38.

Hofmann, S. (2008). *Wahrnehmungsförderung durch Bewegung.* Manuskript. Leipzig: Sportwissenschaftliche Fakultät.

Hollmann, W. & Hettinger, Th. (1990). *Sportmedizin* (3. Aufl.). Stuttgart, New York: Schaltauer.

Hollmann, W. et al. (2003). Körperliche Aktivität fördert Gehirngesundheit und -leistungsfähigkeit. *Nervenheilkunde, 22* (9), 467 – 474.

Hollmann, W. et al. (2005). Gehirn und körperliche Aktivität. *Sportwissenschaft, 35* (1), 3 -14.

Horn, R. (2015a). *Meine Jahreszeiten-HitS.* (mit CD). Lippstadt: Kontakte Musikverlag

Horn, R. (2015b). *WolkenTräumeZeit.* Lippstadt: Kontakte Musikverlag.

Horn, R., Mölders, R. & Schröder, D. (o. J.). *Klassenhits – das Original.* CD-Paket. Lippstadt: Kontakte-Musikverlag.

Hoyer, Kl. (1995). *Der Partner-Spaß-Parcours.* Lichtenau: AOL-Verlag.

Illi, U. (1991). *Sitzen als Belastung.* Wäldi (Schweiz): Verlag SVSS.

Illi, U. (1995a). Bewegte Schule. *Sportunterricht, 44* (10), 404-415.

Illi, U. (1995b). *Projektskizze „Bewegte Schule".* Wäldi (Schweiz): Verlag SVSS.

IPTS (1987). *Tägliche Bewegungszeit in der Grundschule*. Kiel: ITPS.
Jackwerth, Chr. & Rüger, E. (o. J.). *Die Nonsense-Olympiade Nr. 2*. Lichtenau: AOL.
Jacobson, E. (1938). *Progressive Relaxation*. Chicago: University of Chicago Press.
Jöcker, D. & Fuhrig, H.-J. (o. J.). *Start English with a Song* (CD/DVD). Münster: Menschenkinder Verlag.
Jöcker, D. (1985). Ach, wie bin ich müde. In D. Jöcker & L. Kleikamp, *1,2,3 im Sauseschritt*. Münster: Menschenkinder Verlag.
Jöcker, D. (o. J.). *Singen & Bewegen* (mit CD/DVD). Teil 1 und Teil 2. Münster: Menschenkinder Verlag.
Jürgens, E., Hacker, H., Hänkel, P. & Lersch, R. (1997). *Die Grundschule, Zeitströmungen und aktuelle Entwicklungen*. Hohengehren: Schneider.
Kahl, H. (1993). Bewegungsförderung im Unterricht. *Haltung und Bewegung, 13* (2), 36-42.
Kahl, R. (1992). *Das Schwinden der Sinne* (Film). NDR.
Keck, R. W. (1994). Erziehung. In R. W. Keck & U. Sandfuchs (Hrsg.), *Wörterbuch der Schulpädagogik* (S. 93-96). Bad Heilbronn: Klinkhardt.
Keck, R. W. (1994). Schulleben. In R. W. Keck & U. Sandfuchs (Hrsg.), *Wörterbuch Schulpädagogik* (S. 293). Bad Heilbronn: Klinkhardt.
Kiphard, E. J. (1997). Verändertes Bewegungsverhalten als Symptom heutiger Kindheit. In R. Zimmer (Hrsg.), *Bewegte Kindheit* (S. 48-53). Schorndorf: Hofmann.
Kirchmayer, A. (1947). *Komm, spiel und tanz mit uns*. Wien: Jugend und Volk.
Klaus, B. & Buhr, N. (1976). *Philosophisches Wörterbuch*. Leipzig: Verlag Enzyklopädie.
Kleikamp, L. & Jöcker, D. (o. J.). *1, 2, 3 im Sauseschritt* (mit CD/MC). Münster: Menschenkinder Verlag.
Kleine, W. (Hrsg.). (1998). *Bewegung im Kinderzimmer*. Bd. 2. Aachen: Meyer & Meyer.
Klupsch-Sahlmann, R. (1995). Bewegte Schule. *Sportpädagogik, 19* (6), 14-22.
Knappe, W. & Köhler, H. (1987). *Sport im Hort*. Berlin: Volk und Wissen.
Koch, A. (1995). Ergonomische Tische und Stühle nach DIN ISO 5970 für Schulen – Umsetzung in Flensburger Schulen. In IPTS, *Sitzen und Bewegen im Unterricht. Rückenschule in der Schule*. Kronshagen: IPTS.
Köckenberger, H. (1996). *Bewegungsräume*. Dortmund: borgmann.

Literatur

Koinzer, K. (1995). Wachstum, Entwicklung und körperliche Leistungsfähigkeit im Kinder- und Jugendalter. In G. Badtke (Hrsg.), *Lehrbuch der Sportmedizin* (3. Aufl.) (S.316-343). Heidelberg, Leipzig: Barth.

Kolb, M. (1995). Ruhe, Konzentration und Entspannung. *Sportpädagogik, 19* (6), 61-66.

Köppe, G. & Schmidt, J. (1994). Perspektivenübernahme als zentrales Problem der Lehrer-Schüler-Interaktion – dargestellt am Beispiel sportschwacher Schüler. *Sportwissenschaft, 24* (1), 49-66.

Kottmann, L. (1991). Pausensport – Schulalltag unter pädagogischer Perspektive. In L. Kottmann & G. Köppe (Hrsg.), *Schulleben. Mit Sport Bewegung in die Schule bringen* (S. 128-132). Hohengehren: Schneider.

Kraft, P. (1979a). *Der Schulhof als Ort sozialen Verhaltens.* Braunschweig: Westermann.

Kraft, P. (1979b). *Feste und Geselligkeiten in der Schule.* Braunschweig: Westermann.

Kretschmer, J. (1981). *Sport- und Bewegungsunterricht 1-4.* München, Wien, Baltimore: Urban & Schwarzenberg.

Kreusch-Jacob, D. (1997). *Mit Liedern in die Stille* (2. Aufl.). Düsseldorf: Patmos-Verlag.

Kreusch-Jacob, D. (1999). *Musikerziehung* (3. Aufl.). München: Don-Bosco-Verlag.

Kreusch-Jacob, D. (2001). *Das Musikbuch für Kinder* (11. Aufl.). Mainz u. a.: Schott.

Kunz, T. (1993a). 15 Minuten Bewegung reichen schon. *Pluspunkt, 4*, S. 4-6.

Kunz, T. (1993b). *Weniger Unfälle durch Bewegung.* Schorndorf: Hofmann.

Kunz, T. (1993c). *Spielerische Bewegungsförderung – ein optimales Mittel der Unfallverhütung und gesundheitlichen Prävention im Grundschulalter.* Manuskript. Münster: GUVV Westfalen Lippe.

Kurz, D. (1990). *Elemente des Schulsport* (3. Aufl.). Schorndorf: Hofmann.

Kurz, D. (1997). Zur pädagogischen Grundlage des Schulsports in Nordrhein-Westfalen. In Landesinstitut für Schule und Weiterbildung: *Curriculumentwicklung im Schulsport* (S. 8-42). Soest: o.V.

Kwast, D. & Rüger, E. (o. J.). *Die Nonsense-Olympiade Nr. 1.* Lichtenau: AOL.

Laging, R. (1997). Schulsport und leibliche Bildung in einer bewegten Schulkultur. *Körpererziehung, 47* (11), 363-370.

Laging, R. (2017). *Bewegung in Schule und Unterricht.* Stuttgart: Kohlhammer.

Landau, G. & Sobczyk, B. (1996). Bewegung in der Schule – Schule in Bewegung. In W. Schmidt (Hrsg.), *Kindheit und Sport – gestern und heute* (S. 139-144). Hamburg: Czwalina.

Landessportbund Sachsen (2021). *Kooperation Schule und Sportverein. Hilfestellung für Sportvereine bei der Gestaltung von Ganztagsangeboten an sächsischen Schulen.* Zugriff am 21. Februar 2022 unter https://www.sport-fuer-sachsen.de/files/user_upload/03_Dokumentenarchiv_LSB/Breitensport/ GTA/20211022_GTA_WEB.pdf

Lang, S. (1997). *Entspannungsgeschichten.* Belegarbeit. Dresden: TU Dresden.

Lauschke, K. (1998). *Bewegungsgeschichten.* Manuskript. Dresden: TU Dresden.

Lehrl, S. & Fischer, B. (1994). *Gehirn-Jogging: Selber denken macht fit.* Ebersberg: Vless.

Losch, G. (1957). *Komm, spiel mit mir.* Bad Godesberg: Bertelsmann Lesering.

Löscher, A. (1993). *Kleine Spiele für viele.* Berlin: Ullstein.

Markert, T. & Weinhold, K. (2009). *Ganztagsangebote im ländlichen Raum.* Eine empirische Studie zur Kooperation von Hort und Grundschule mit Ganztagsangeboten in Sachsen. Dresden: Servicestelle Ganztagsangebote Sachsen.

Markert, T. & Wiere, A. (2008). *Baustelle Ganztag.* Eine empirische Studie zur Kooperation von Horten und Grundschulen mit Ganztagsangeboten in Dresden. Dresden: Servicestelle Ganztagsangebote Sachsen.

Meinel, K. & Schnabel, G. (1987). *Bewegungslehre – Sportmotorik* (8. Aufl.). Berlin: Sportverlag.

Mertens, K. & Wasmund-Bodenstedt, U. (1987). *10 Minuten Bewegung.* Dortmund: Verlag modernes Lernen.

Micken, N. & Klupsch-Sahlmann, R. (1997). Sicherheitserziehung und Gesundheitserziehung – Pädagogische Notwendigkeiten im Schulsport. In H. Hübner & H. Hundeloh (Hrsg.), *Zehn Jahre „Mehr Sicherheit im Schulsport".* (S. 154-174). Münster: LIT Verlag.

Miedzinski, K. (1993). 10 Jahre Idee Bewegungsbaustelle. *motorik, 16* (3), 108-116.

Minskin, J. (1985). *Spiele im Hort.* Berlin: Volk und Wissen.

Montessori, M. (1971). Grundlagen meiner Pädagogik. In P. Oswald & G. Schulz-Benesch (Hrsg.), *Grundgedanken der Montessori-Pädagogik* (2. Aufl.) Freiburg: Herder Verlag.

Mühlmann, R., Rühl, W., Feierabend, A. & Amstadt, H. (1995). Basler Primarklassen auf dem Sitzball – eine Bestandsaufnahme 1990 – 1995. *Basler Schulblatt, 56* (9), 8-10.

Müller, Chr. (1991). *Integratives Schulsportkonzept für die Primarstufe – Grundlagen und Lösungen.* Habilitation. Zwickau: PH.

Literatur

Müller, Chr. (1996). Bewegung im Leben von Kindern. Anspruch – Wirklichkeit – Lösungsvorschläge. *Wissenschaftliche Zeitschrift der TU Dresden, 45* (3), 59-67.

Müller, Chr. (1997a). Bewegte Schule und Schulsport. Abgrenzendes und Verbindendes. *Körpererziehung, 47* (5), 174-180.

Müller, Chr. (1997b). Fächerübergreifende Bewegungserziehung und Verkehrserziehung. *Grundschulunterricht, 44* (10), 16-19.

Müller, Chr. (2003a). *Bewegtes Lernen in Ethik.* Klassen 1 bis 4. St. Augustin: Academia.

Müller, Chr. (2009). *Bewegter Hort.* Meißen: Unfallkasse Sachsen.

Müller, Chr. (2010). Schulsport in den Klassen 1 bis 4 (2. überarb. Aufl.). St. Augustin: Academia.

Müller, Chr. (2019). Lernen und Bewegung verbinden – eine Querschnittsaufgabe in Kita und Schule. *Leipziger Sportwissenschaftliche Beiträge 60* (2), 151-168.

Müller, Chr. (2021). *Bewegte Kita. Anregungen für mehr Bewegung in Krippe, Kindergarten und Hort.* Academia: Baden-Baden.

Müller, Chr. (Hrsg.). (2006). *Gesamtausgabe Bewegtes Lernen Klasse 1 bis 4. Didaktisch-methodische Anregungen für die Fächer Mathematik, Deutsch und Sachunterricht.* (3. Aufl.). St. Augustin: Academia.

Müller, Chr. (Hrsg.). (2006). *Bewegtes Lernen Klasse 1. Didaktisch-methodische Anregungen für die Fächer Mathematik, Deutsch und Sachunterricht* (3. Aufl.). St. Augustin: Academia.

Müller, Chr. (Hrsg.). (2006). *Bewegtes Lernen Klasse 2. Didaktisch-methodische Anregungen für die Fächer Mathematik, Deutsch und Sachunterricht* (3. Aufl.). St. Augustin: Academia.

Müller, Chr. (Hrsg.). (2006). *Bewegtes Lernen Klasse 3 bis 4. Didaktisch-methodische Anregungen für die Fächer Mathematik, Deutsch und Sachunterricht.* (3. Aufl.). St. Augustin: Academia.

Müller, Chr., Ciecinski, A. & Schlöffel, R. (2016). *Bewegtes Lernen in Englisch (Anfangsunterricht). Klassen 1 bis 4.* (2. Aufl.). St. Augustin: Academia.

Müller, Chr. & Dinter, A. (2020). *Bewegte Schule für alle* (2. Aufl.). St. Augustin: Academia.

Müller, Chr. & Engemann, M. (2003b). *Bewegtes Lernen in Kunst. Klassen 1 bis 4.* St. Augustin: Academia.

Müller, Chr. & Mende, J. (2009). *Bewegtes Lernen in Musik.* Klassen 1 bis 4. St. Augustin: Academia.

Müller, Chr. & Petillon, H. (1995). *Forschungsprojekt – Entwicklung und Erprobung eines pädagogischen Konzeptes „Bewegte Grundschule".* Manuskript. Dresden: TU Dresden.

Müller, Chr. & Petzold, R. (1997). Bewegte Grundschule. Welchen Beitrag kann der Schulsport für eine fächerübergreifende Bewegungserziehung leisten? *Lehrbogen für Bewegung, Spiel und Sport Nr. 157.* Seelze-Velber: Kallmeyer.

Müller, Chr. & Petzold, R. (2002) *Längsschnittstudie bewegte Grundschule* St. Augustin: Academia.

Müller, Chr., Petzold, R., Hofmann, S. & Volkmer, M. (2005). *Sportunterricht gestalten.* Berlin: Cornelsen.

Müller, Chr. & Petzold, R. (2014). *Bewegte Schule* (2. neu bearb. und erweit. Aufl.). St. Augustin: Academia.

Müller, Chr. & Volkmer, M. (1994). Bewegung, Spiel, Sport – unverzichtbare Bestandteile von Schulfesten. *Grundschulunterricht, 41* (7/8), 35-38.

Müller, Chr. & Volkmer, M. (1997). Übungsanweisungen (PM). Manuskript. Dresden: TU Dresden.

Müller, Chr. & Ziermann, C. (2021). *Bewegtes Lernen im Fach Mathematik. Klassen 5 bis 10/12* (3. aktualisierte Aufl.) Baden-Baden: Academia.

Müller, Chr. et al. (1993). *Lehrplanforschung: Auswertung Elternbefragung, Schülerbefragung.* Manuskript. Dresden. TU Dresden.

Müller, Chr., Obier, M. & Dinter, A. (2009). Brücken bauen. Bewegte Grundschule – Bewegter Kindergarten. In I. Hunger & R. Zimmer (Hrsg.) *Bildungschancen durch Bewegung – von früher Kindheit an!* Schorndorf: Hofmann.

Müller, D. (1998). *So ein Gewackel. Geschichten aus bewegten Schulen.* Praktikumsbericht. TU Dresden, Sportpädagogik.

Müller, E. (1996). *Träume auf der Mondschaukel.* München: Kösel Verlag.

Müller, J. P. (1990). *Drei Schweine saßen an der Leine.* Das Kunterbuch. Lilienthal/Bremen: Eres Edition.

Natur- und Umweltschutz-Akademie des Landes NRW (Hrsg.). (2004). *Beratungsmappe Naturnahes Schulgelände* (3. völlig neu bearbeitete Aufl.) Recklinghausen: NUA. Zugriff am 14. Februar 2022 unter https://www.nua.nrw.de/fileadmin/user_upload/NUA/Schule_der_Zukunft/AK_Natur_an_der_Schule/Beratungsmappe_Naturnahes_Schulgelaende/Beratungsmappe_Naturnahes_Schulgelaende.pdf

Neubauer, W. F. (1976). *Selbstkonzept und Identität im Kindes- und Jugendalter.* München: Reinhardt.

Neuerburg, H.-J. & Wilken, T. (1990). Wandern – eine umweltfreundliche Bewegungs- und Sportart. *Lehrhilfen für den Sportunterricht, 39* (6), 81-84.

Obier, M. (1997). *Elternbrief 3.* Dresden: TU Dresden.

Obier, M. (1998). *Elternbrief 4.* Dresden: TU Dresden.

Obier, M. (1999) *Bewegtes Lernen.* Manuskript. Dresden: TU Dresden.

Olschewski, A. (1992). *Progressive Muskelrelaxation. Eine Einführung in das Entspannungstraining nach Jacobson.* Heidelberg: Haug.

Opaschowski, H. W. (1990). *Pädagogik und Didaktik der Freizeit* (2. Aufl.). Opladen: Leske Verlag.

Pack, R.-P. (1998). Bewegungsfreudige Schule in Nordrhein-Westfalen: Ein Projekt macht Schule. In G. Stibbe (Hrsg.), *Bewegung, Spiel und Sport als Elemente des Schulprogrammes* (S. 64-75). Baltmannsweiler: Schneider Verlag.

Pädagogisches Zentrum Rheinland-Pfalz (Hrsg.). (1996). *Bewegung – das Tor zum Lernen.* Bad Kreuznach: PZ.

Pestalozzi, J. H. (1981). Über Körperbildung als Einleitung auf den Versuch einer Elementargymnastik, in einer Reihenfolge körperlicher Übungen. 1807. (Text nach der unveränderten Ausgabe von 1815 aus: Quellenbücher der Leibesübungen Bd. 2, S. 293-367. In H. Denk & G. Hecker, *Texte zur Sportpädagogik. Teil I* (S. 293-367). Schorndorf: Hofmann.

Petermann, U. (1996). Psychophysiologie der Entspannung und Wirksamkeit bei Kindern. *PÄD Forum, 9,* 11-15.

Petermann, U. (2007). *Entspannungstechniken für Kinder und Jugendliche* (5. Aufl.). Weinheim, Basel: Beltz.

Petersen, P. (1965). *Der kleine Jena-Plan.* Weinheim: Beltz.

Petillon, H. (1993). *Soziales Lernen in der Grundschule. Anspruch und Wirklichkeit.* Frankfurt: Diesterweg.

Petillon, H. (1997a). *Von Adlerauge bis Zauberbaum. 1000 Spiele für die Grundschule.* Landau: Knecht Verlag.

Petillon, H. (1997b). Zielkonflikte in der Grundschule: Literaturüberblick. In F. E. Weinert & A. Helmke (Hrsg.), *Entwicklung im Grundschulalter* (S. 289-298). Weinheim: Beltz.

Petillon, H. & Laux, H. (2002). Soziale Beziehungen zwischen Grundschulkindern – empirische Befunde zu einem wichtigen Thema des Sachunterrichtes. In K. Spreckelsen, K. Möller & A. Hartinger (Hrsg.), *Ansätze und Methoden empirischer Forschung im Sachunterricht* (S. 185-204). Bad Heilbrunn: Klinkhardt.

Petillon, H. & Müller, Chr. (1994). Erfahrungen der Stille auch im Sportunterricht in der Grundschule. *Körpererziehung, 44* (5), 162-165.

Petzold, R. (1997a). *Massagegeschichten.* Manuskript. TU Dresden Sportpädagogik, Dresden: TU Dresden.

Petzold, R. (1997b). Zur Arbeit mit den Broschüren „Schulhofspiele" und „Pausenspiele". In Chr. Müller (Hrsg.), *Symposium bewegte Grundschule.* (S. 50-52). Konferenzbericht. Dresden: TU Dresden.

Petzold, R. (1999). Kleine Spiele zielgerichtet variieren! *Lehrbogen für Bewegung, Spiel, Sport.* Seelze-Velber: Kallmeyer.

Petzold, R. (o.J.). *Ergebnisse zur körperlich-motorischen Entwicklung von Grundschulkindern.* Manuskript. Dresden: TU.

Petzold, R. (1994). *Schulhofspiele.* Bautzen: Lausitz-Druck.

Petzold, Regina (1996). Aktuelle Untersuchungsergebnisse zur primären Prävention von Haltungsschwäche und -schäden aus Dresden, Schuljahr 1994/95. In *Primäre Prävention von Haltungsschwäche und -schäden bei Kindern und Jugendlichen.* Dokumentation des Symposiums (S. 20-27). Dresden: TU Dresden.

Pilz, G. (2005) Bewegte Schule – Möglichkeit, Aggressionen abzubauen und Gewalt vorzubeugen. In: I. Bach, H. Siekmann (Hrsg.). (2003) *Bewegung im Dialog.* Festschrift für Andreas H. Trebels (S. 115-124). Hamburg: (o.V.).

Pirnay, L. L. (1993). *Kindgemäße Entspannung.* Praxisbuch – nicht nur für den Schulalltag. Lichtenbusch (Belgien): Selbstverlag.

Pollähne, H. (1997). Bewegte Grundschule aus der Sicht von Lehrerinnen und Lehrer. In Chr. Müller (Hrsg.), *Symposium bewegte Grundschule.* (S. 81-89). Konferenzbericht. Dresden: TU Dresden.

Pollähne, H. (1998). Mal aus der Reihe tanzen – TANZEN auch im Klassenzimmer. *Grundschulunterricht, 45* (4), 24-26.

Pollähne, H. (2000). *Konzeption und Gestaltungsmöglichkeiten einer bewegungsbetonten Grundschule. Theoretische Grundlagen und empirische Untersuchungen der am Projekt „Bewegte Grundschule" beteiligten Lehrerinnen.* Dissertation A. Dresden: TU Dresden.

Portmann, R. & Schneider, E. (1995). *Spiele zur Entspannung und Konzentration* (9. Aufl.). München: Don-Bosco-Verlag.

Pühse, U. (1995). Bewegte Schule – eine bewegungspädagogische Perspektive. *Sportunterricht, 44* (10), 425-426.

Reichert, A. & Vogt, C. (1996). *Abenteuerreisen. Bewegungsspiele für die Grundschule.* Puchheim: Pb-Verlag.

Literatur

Richter, S. (1998). *Das scheinbar Einfache, was so schwer ist. Geschichten aus bewegten Schulen.* Praktikumsbericht. Dresden: TU Dresden.

Roth, H. (1971). *Pädagogische Anthropologie II.* Entwicklung und Erziehung. Hannover: Schroedel.

Rousseau, J.-J. (1981). Emile oder über die Erziehung. Herausgegeben von M. Rang. Stuttgart 1978. In H. Denk & G. Hecker, *Texte zur Sportpädagogik. Teil I.* (S. 46-75). Schorndorf: Hofmann.

Rütten, A. & Pfeifer, K. (Hrsg.). (2016). *Nationale Empfehlungen für Bewegung und Bewegungsförderung.* Erlangen-Nürnberg: FAU.

Rusch, H. & Weineck, J. (1988). *Sportförderunterricht* (3. Aufl.). Schorndorf: Hofmann.

Salber, U. & Meussen, A. (2006). *Ganzheitliche Entspannungstechniken für Kinder* (4. Aufl.). Münster: Ökotopia.

Scheid, V. (1994). Motorische Entwicklung in der mittleren Kindheit. In J. Baur, K. Bös, & R. Singer, *Motorische Entwicklung* (8. Aufl.) *(S. 276 – 290).* Schorndorf: Hofmann.

Scheid, V. & Brückel, F. (1998). Hort an der Schule – Ein sozialpädagogischer Beitrag zur Ganztagsbetreuung. *Sportunterricht, 47* (9), 359-370.

Schendel, M. (1998). *Bewegung und Lernfreude – Präventive Aspekte der selbst- und leistungsbezogenen Einstellungen in der Grundschule.* Diplomarbeit. Landau: Universität Koblenz-Landau, Abteilung Landau.

Scherler, K. (1975). *Sensomotorische Entwicklung und materiale Erfahrung.* Schorndorf: Hofmann.

Schierz, M. (1998). Weltenwechsler, Modernopfer, Gegenbilder. *Körpererziehung,* 48 (10), 323-328.

Schmidt, W. (1996). Veränderte Kindheit – Veränderte Bewegungs- und Sportwelt: Analyse und pädagogische Konsequenzen. In Schmidt, W. (Hrsg.), *Kindheit und Sport – gestern und heute* (S. 9-30). Hamburg: Czwalina.

Schmidt, W. (Hrsg.). (2008). *Zweiter Kinder- und Jugendsportbericht.* Schorndorf: Hofmann.

Schmiedl, C. & Schumacher, G. (1998). *Schülerbefragung zu alternativen Sitzelementen.* Unveröffentlichtes Manuskript. Dresden: TU Dresden.

Schmiedl, C. (1998). *Ungeahnte Nutzung. Geschichten aus bewegten Schulen.* Praktikumsbericht. Dresden: TU Dresden.

Schubert, K. (1998). Bewegte Pause. *Grundschulunterricht, 45* (4), 27.

Seemann-Girrbach, R. & Staudinger, G. (1995). *Bewegung im Klassenzimmer*. Regensburg: Wolf.

Seybold, A. (1996). Unzeitgemäße Betrachtung über der Kinder Tun und Lassen. In St. Größing, A. Sandmayer & R. Stadler (Hrsg.), *Antworten der Sportdidaktik* (S. 15-19). Salzburg: Universität.

Seyffert, S. (2010). *Von Frühlingstanz bis Schneeflockenmassage*. Berlin: Cornelsen.

Singer, R. & Bös, K. (1994). Motorische Entwicklung. Gegenstandsbereich und Entwicklungseinflüsse. In J. Baur, K. Bös & R. Singer (Hrsg.), *Motorische Entwicklung* (8. Aufl.). (S. 15-26). Schorndorf: Hofmann.

Singerhoff, L. (2010). *Kinder brauchen Sinnlichkeit – Die Bedeutung und Förderung kindlicher Wahrnehmung*. Weinheim, Basel: Beltz.

SMK (Sächsisches Staatsministerium für Kultus). (2021). *Hinweise. Erklärungen und Hilfen zur Sächsischen Ganztagsangebotsverordnung*. Zugriff am 21. Februar 2022 unter https://www.schule.sachsen.de/ download/Hinweise_03_2021.pdf

SMK (1996). *Gesundheitserziehung in der Schule durch Sport*. Leipzig: AOK-Verlag.

SMK . (Hrsg.). (2011). *Der Sächsische Bildungsplan – ein Leitfaden für pädagogische Fachkräfte in Krippen, Kindergärten und Horten sowie für Kindertagespflege*. Weimar, Berlin: verlag das netz. Zugriff am 19, März 2021 unter https://www.kita.sachsen.de/download/17_11_13_ bildungsplan_leitfaden.pdf

SMK. (Hrsg.). (2018). *Spiel & Spaß. Eine Sammlung für die Hosentasche* (5. Aufl.). Dresden: SMK. Zugriff am 30. Januar 2022 unter https://publikationen.sachsen.de/bdb/artikel/22796

SMS & SMK (Sächsisches Staatsministerium für Soziales & Sächsisches Staatsministerium für Kultus). (2007). *Empfehlung zur Kooperation von Schule und Hort. Eine Handreichung für Kindertageseinrichtungen und Schulen*. Zugriff am 26. Februar 2022 unter www.kita-bildungsserver.de

SMS (Staatsministerium für Soziales und Verbraucherschutz). (2016). *Spiele vor der Haustür*. (6. Aufl.). Zugriff am 17. April 2021 unter https://publikationen.sachsen.de/bdb/artikel/11338

Speck-Hamdan, A. (1992). Schulanfang: Situationen der Einführung und Neuorientierung. In G. Faust-Siehl & R. Portmann (Hrsg.), *Die ersten Wochen in der Schule* (S. 10-22). Frankfurt/Main: AK Grundschule e. V.

Sportjugend im LandesSportBund Nordrhein-Westfalen e.V. (1996). *Kinder mit mangelhaften Bewegungserfahrungen*. Duisburg:

Sprengeler, O., Wirsik, N. Hebestreit, A., Herrmann, D. & Ahrens, W. (2017). Domain-specific self-reported and objectively measured physical activity in children. *International journal of environmental research and public health, 14* (3).
Sprenger, K. (2010). *5 Minuten Mitmachgeschichten.* München: Don Bosco Verlag.
Stibbe, G. (1998). Schulsport und Schulprogrammentwicklung. *Sportunterricht, 47* (10), 389-398.
Thurn, B. (1992). *Mit Kindern szenisch spielen.* Berlin: Cornelsen.
Tietze, W. & Viernickel, S. (Hrsg.). (2016). *Pädagogische Qualität in Tageseinrichtungen für Kinder. Ein Nationaler Kriterienkatalog.* (vollständig überarb. und aktualisierte Aufl.). Weimar: verlag das netz.
Titel, K. (1976). *Beschreibende und funktionelle Anatomie des Menschen.* Jena: Fischer.
Ullmann, R. (1997). Bewegungs(t)raum Schule. In F. Dannemann, J. Hannig-Schosser & R. Ullmann (Hrsg.), *Schule als Bewegungsraum* (S. 179-200). Stuttgart: Bräuer.
Unfallkasse Sachsen (Hrsg.). (2005, Ausgabe 2015). *Klettern in der Pause.* Eine Boulderwand für unsere Schule. Meißen: Unfallkasse. Zugriff am 14. Februar 2022 unter https://www.uksachsen.de/fileadmin/user_upload/Download/UK-Sachsen-Publikationen/UK_Sachsen_02-12_Klettern-in-der-Pause-eine-Boulderwand-fuer-unsere-Schule.pdf
Unfallkasse Sachsen (o. J.). *Bewegung bringt's! 100 kleine Sp*ielideen. Meißen: Unfallkasse Sachsen. Zugriff am 30. Januar 2022 unter https://www.uksachsen.de/kita.
Vahle, F. (1996). *Bewegungsliederbuch.* Weinheim, Basel: Beltz.
Vahle, F. (2001). *Hupp Tsching Pau. Bewegungsliederbuch* (2. Aufl.). Weinheim, Basel: Beltz.
Vaitl, D. (2004). Psychophysiologie der Entspannungsverfahren. In Vaitl, D. & Petermann, F. (Hrsg.), *Entspannungsverfahren* (3. Aufl.) (S. 25-639. Weinheim, Basel: Beltz.
Vaitl, D. & Petermann, F. (Hrsg.). (2004). Entspannungsverfahren (3. Aufl.). Weinheim, Basel: Beltz.
Vester , F. (1992). *Denken, Lernen, Vergessen.* München: Dt. Taschenbuch-Verlag.
Volkmer, M. et al. (1996). *Pausenspiele im Klassenzimmer.* Leipzig: o. V.
Vopel, K. (1989). *Interaktionsspiele für Kinder.* Band 1-4 (4. Aufl.). Hamburg: ISKO-Press.

Wahl, D., Wölfing, W., Rapp, G. & Heger, D. (Hrsg.). (1991). *Erwachsenenbildung konkret* (4. Aufl.). Weinheim: Dt. Studien-Verlag.

Wallaschek, U. (1993). Thematische Stilleübungen. In G. Faust-Siehl, E.-M. Bauer, W. Baur & U. Wallaschek. *Mit Kindern Stille entdecken* (S. 98-126) Frankfurt: Diesterweg.

Wasmund-Bodenstedt, U. (1984). *Die tägliche Bewegungszeit in der Grundschule.* Schorndorf: Hofmann.

Weineck, J. (1993). *Sportbiologie* (3. Aufl.). Erlangen: perimend-Fachbuch-Verlag-Ges.

Weiss, K. (Hrsg.). (1994). *Bewegungsspiele mit Kindern.* Weinheim, Basel: Beltz.

Weizsäcker, R. v. (1950). *Der Gestaltkreis.* Stuttgart: Hirzel Verlag.

WHO (2010). *Global Recommendations on Physical Activity für Health.* Geneva: WHO.

WHO (2018). *Global actions plan on physical activity 2018-2030: more active people for a healthier world.* Zugriff am 30. Dezember 2021 unter https://apps.who.int/iris/bitstream/handle/10665/272722/9789241514187-eng.pdf?sequence=1&isAllowed=y

Winter, R. (1987). Motorische Entwicklung des Menschen von der Geburt bis ins hohe Alter (Überblick). In K. Meinel & G. Schnabel, *Bewegungslehre – Sportmotorik.* (8. Aufl.). (S. 275-397). Berlin: Volk und Wissen.

Wörner, I., Dürenfeldt, N. & Schlotter, G. (1979). *Tanzen in der Schule.* Leipzig: Verlag für die Frau.

Zeuner, A. (1991). Sportliches Klima an der Schule wirkt anregend. *Körpererziehung, 41* (6), 238-243.

Zeuner, A. et al. (1997). *Sportiv Leichtathletik.* Leipzig, Stuttgart, Düsseldorf: Klett Schulbuchverlag.

Zimmer, R. (1995). Leben braucht Bewegung. *Haltung und Bewegung, 15* (3), 4-14.

Zimmer, R. (1997). *Handbuch der Sinneswahrnehmung.* Freiburg, Basel, Wien: Herder.

Zimmer, R. (2006). *Alles über den Bewegungskindergarten.* Freiberg, Basel, Wien: Herder.

Zimmer, R. (2009). *Handbuch Sprachförderung durch Bewegung.* Freiburg, Basel, Wien: Herder.

Zimmer, R. (2012a). *Handbuch der Sinneswahrnehmung* (1. Aufl. der überarb. Neuausgabe. 22. Gesamtaufl.). Freiburg, Basel, Wien: Herder.

Literatur

Zimmer, R. (2012b). Mit dem Körper die Sprache entdecken – Lustvolle Zugänge zu Sprache und Literatur. In I. Hunger & R. Zimmer (Hrsg.), Frühe Kindheit in Bewegung (S. 92-104). Schorndorf: Hofmann.
Zimmer, R. & Cicurs, H. (1993). *Psychomotorik*. Schorndorf: Hofmann.
Zimmermann, R. (2020). Bewegter Unterricht – reloaded! In: P. Neumann & E. Balz (Hrsg.), *Grundschulsport* (S. 241-255). Aachen: Meyer & Meyer.
Ziörjen, M. (1980). *Turnen und Sport in der Schule*. Bd. 9. Spiel und Sport im Gelände. Bern: Eidg. Drucksachen- und Materialzentrale.
Zuckrigl, H., Zuckrigl, A. & Helbig, H. (1980). *Rhythmik hilft behinderten Kindern*. München, Basel: Reinhardt.

Projektberichte aus zertifizierten „Bewegten Schulen" in Sachsen (besonders Jahrgänge 2017 bis 2020) wurden vor allem in den Kapiteln 2.bis 6 verwendet und dort konkret ausgewiesen.

Belegarbeiten/Abschlussarbeiten von ehemaligen Studierenden an der Sportwissenschaftlichen Fakultät der Universität Leipzig, besonders von: Saskia Vogel, Maria Wolowski, Franziska Schmalz, Nicole Naumann, Sophie Rutke, Juliane Ryk, Claudia Eckert

Weitere Internetadressen:
Bewegte Schule und Kita in Sachsen. Zugriff am 12. März 2022 unter https://bewegte-schule-und-kita.de
Geländespiele. Zugriff am 30.März 2022 unter http://www.praxis-jugendarbeit.de/ spielesammlung/spiele-gelaende-schnitzeljagd.html
Geocaching. Zugriff am 26. März 2022 unter https://www.ndr.de/ratgeber/reise/Wie-funktioniert-Geocaching,geocaching376.html
Querschnittsaufgabe (2022). In Educalingo - Wörterbuch für neugierige Menschen. Wörterbuch Deutsch. Zugriff am 20. März 2022 unter https://educalingo.com/de/dic-de/querschnittsaufgabe
Sponsorenlauf. Zugriff am 22. März 2022 unter https://www.fundmate.com/blog/die-perfekte-organisation-fuer-den-sponsorenlauf-an-eurer-schule

Anhang

Anhang

Anhang 1: Bilder für Bewegungsgeschichte (Biewald, 1997)

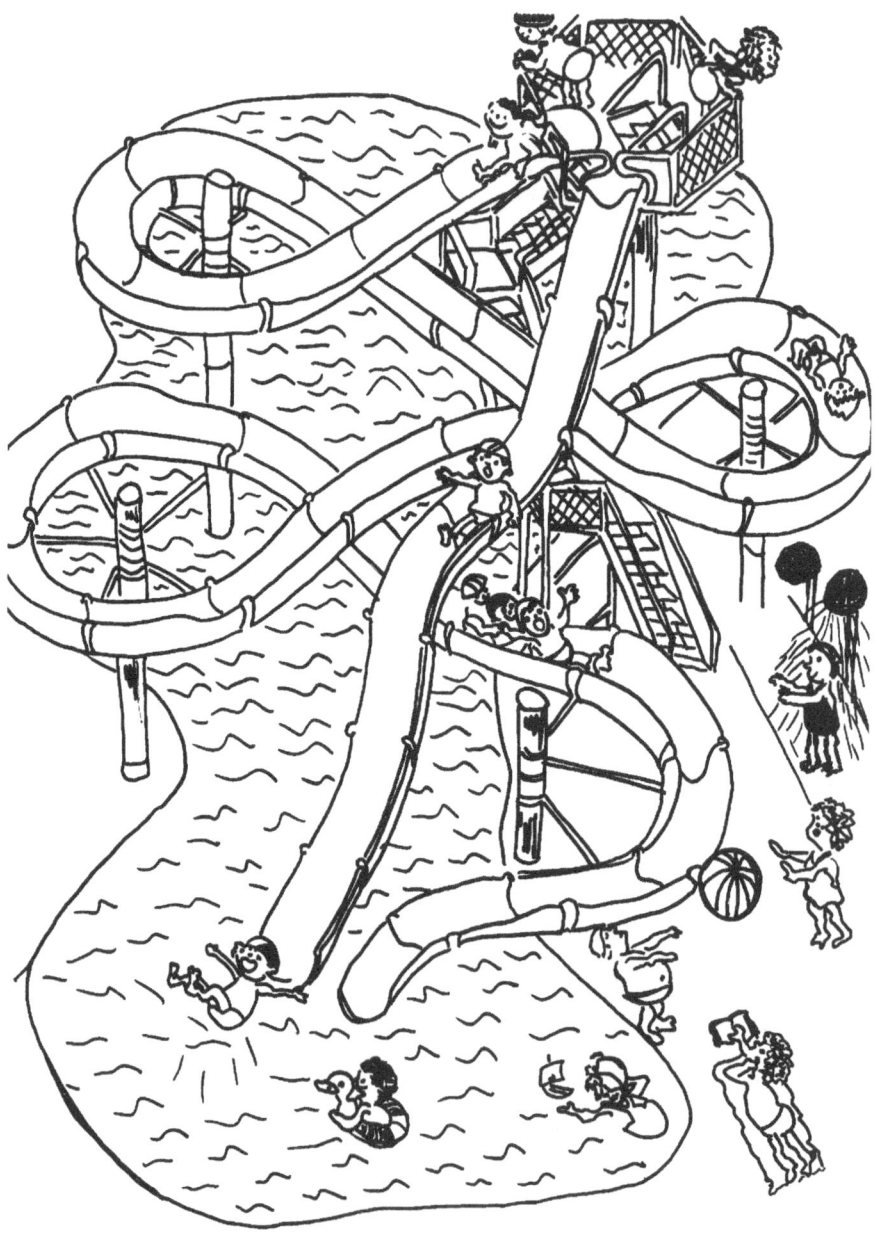

Anhang 1: Bilder für Bewegungsgeschichte (Biewald, 1997)

Anhang

Anhang 2: Massagegeschichten (Petzold, 1997a)

Heute grillen wir!

Den ganzen Tag war schönes Wetter. Deshalb wollen heute einen Grillabend machen. Oje, der Grill ist ja noch vom letzten Mal ganz schmutzig! Zuerst werden wir ihn vom groben Schmutz mit einem Lappen reinigen.	*Eine Handfläche reibt den Rücken ab.*
Nun muss der Rest mit der Bürste abgeschrubbt werden.	*Vier Finger bürsten sanft den Rücken.*
Um den Grillrost richtig sauber zu bekommen, werden die einzelnen Streben poliert.	*Die aneinander gelegten Spitzen von Daumen, Zeige- und Mittelfinger polieren sanft die einzelnen Streben.*
Nun schütten wir die Grillkohle in die Wanne.	*Alle Finger imitieren durch leichtes Trommeln auf dem Rücken wie die Grillkohle in die Wanne fällt.*
Damit die Kohle richtig anbrennt, kommt flüssiger Kohleanzünder darauf.	*Mit immer größer werdenden Kreisen gleitet der Zeigefinger auf dem Rücken. Unterstützt wird dies durch ein „Tsch"-Geräusch, welches das Sprühen aus der Flasche imitiert.*
Nun ist die Kohle zwar angebrannt, aber sie muss erst richtig durchbrennen. Dabei hilft uns ein Blasebalg.	*Die gestreckte Hand wird so bewegt, dass die Fingerspitzen ständig Rückenkontakt haben, während der Handballen auf und ab wandert.*

Anhang 2: Massagegeschichten (Petzold, 1997a)

Auch von der anderen Seite muss das Feuer richtig lodern.	*Andere Hand bzw. andere Seite des Rückens.*
Jetzt können wir die glühende Grillkohle auf dem Grill verteilen.	*Die senkrecht angestellten Finger einer Hand verteilen sorgfältig die Kohle auf dem Rücken.*
Wer möchte eine Bratwurst? O.k. zuerst zehn Bratwürste auf den Grill.	*Mit der Handkante wird das Auflegen der Würste imitiert.*
Sobald Flammen aufsteigen, müssen diese gelöscht werden.	*Die Finger einer Hand spritzen Wasser auf den Grill, was ein lautes Zisch-Geräusch zur Folge hat.*
Oh, es riecht verbrannt. Mit der Grillzange drehen wir die Würste.	*Daumen und Zeigefinger zwacken sanft am Rücken und drehen alle Würste herum.*
So, die Würste sind fertig.	*Daumen und Zeigefinger holen die Würste vorsichtig vom Grill.*
Wie es sich gehört, essen wir mit Messer und Gabel.	*Die gestreckten Zeige- und Mittelfinger stechen als Gabel sanft in die Wurst und dahinter wird mit der Handkante das schneidende Messer imitiert.*
Jetzt ist auf dem Grill wieder Platz für die Steaks. Die einzelnen Fleischstücke werden aufgelegt.	*Die gestreckte Handfläche setzt mit dem Handballen auf und rollt über die Fingerspitzen ab.*
Sind die Steaks auf der einen Seite fertig, können wir sie wenden.	*Die gestreckten Zeige- und Mittelfinger stechen als Gabel sanft in die Steaks und wenden sie.*
Ist das Fleisch fertig, so kommt es auf den Teller auf der Grillablage.	*Wiederum sticht die Gabel vorsichtig ein und legt die Steaks auf die flach ausgestreckte andere Hand.*

Anhang

Wieder essen wir mit Messer und Gabel.	*Die gestreckten Zeige- und Mittelfinger stechen als Gabel sanft in die Steaks und dahinter wird mit der Handkante das schneidende Messer imitiert.*
Wenn dann auch das Fleisch alle ist, kann man sich noch Brot rösten. Die Brotscheiben werden auf den Grill gelegt.	*Die Handfläche einer Hand drückt sanft auf den Rücken und legt einige Scheiben Brot auf.*
Weil der Grill noch heiß ist, müssen wir das Brot vorsichtig wenden.	*Die Fingerspitzen zupfen kurz am Rücken und wenden so die einzelnen Schnitten.*
Nun haben wir genug gegessen.	*Kinder reiben sich selbst den Bauch.*
Vor allem, wenn es mehrmals läutet, wandert das ganze Telefon auf dem Tisch.	*Der Unterarm wackelt hin und her und wandert mit jedem Klingeln ein Stück weiter.*

Wir arbeiten am Computer (eventuell erst Klasse 4)

Vor uns haben wir einen Computer-Arbeitsplatz. Dazu gehören: der Rechner, der Bildschirm, der Drucker, die Tastatur und die Maus.	*Der Zeigefinger zeichnet auf dem Rücken die Lage der einzelnen Geräte ein.*
Der Bildschirm ist aber schmutzig. Den müssen wir erst abwischen.	*Die Handfläche wischt sorgfältig den Bildschirm ab.*
Die Tastatur könnten wir ruhig einmal mit dem Pinsel reinigen.	*Vier Fingerspitzen imitieren den Pinsel und reinigen ganz sacht die Tastatur.*

Anhang 2: Massagegeschichten (Petzold, 1997a)

So, nun können wir einschalten. Zuerst den Rechner, dann den Bildschirm und zuletzt den Drucker.

Der Zeigefinger drückt sanft auf drei Stellen des Rückens.

Sobald der Rechner eingeschaltet ist, sucht er sich alle Informationen zusammen, die er braucht. Man hört richtig, wie die Daten hin und her flitzen.

Die Fingerspitzen flitzen auf dem Rücken hin und her.

Nun können wir unser Programm auswählen. Mit der Maus sucht man das richtige Symbol.

Die gewölbte Handfläche gleitet auf dem Rücken.

Ist der Pfeil genau darauf, klicken wir zweimal mit der Maus.

Die gewölbte Handfläche verharrt an einer Stelle. Der Zeigefinger tippt zweimal auf den Rücken.

Wieder sucht sich der Rechner nun seine Informationen.

Die Fingerspitzen flitzen auf dem Rücken hin und her.

Mit so einem Computer kann man eine ganze Menge machen. Man kann Texte schreiben.

Die Finger tanzen auf dem Rücken und imitieren die Texteingabe in die Tastatur.

Man kann Tabellen anlegen.

Der gespreizte Zeige- und Mittelfinger gleiten mehrmals von links nach rechts über den Rücken und zeichnen Tabellen-Spalten.

Oder man zeichnet mit der Maus.

Die gewölbte Handfläche gleitet als Maus auf dem Rücken.

Das geht aber nur, wenn man die Maus-Taste ständig drückt.

Die gewölbte Handfläche gleitet als Maus auf dem Rücken. Der Zeigefinger übt dabei leichten Druck aus.

Anhang

Das Geschriebene oder Gezeichnete kann man sich dann auch ausdrucken. Aber man muss einige Seiten Papier einlegen.

Eine Handfläche auflegen. Die zweite Handfläche darauf und die untere wieder hervorziehen. Und so weiter.

Manche Drucker rattern mächtig los.

Die Fingerspitzen wandern auf dem Rücken von links nach rechts und imitieren das Drucken.

Es gibt aber auch ganz leise Drucker.

Die Fingerspitzen wandern ganz sacht auf dem Rücken von links nach rechts und imitieren das Drucken.

Wenn wir fertig sind, können wir unsere Arbeit auf dem Rechner speichern Dazu klicken wir mit der Maus auf den Befehl „Speichern".

Die gewölbte Handfläche wandert und der Zeigefinger klickt.

Nun wandern die ganzen Daten auf die Festplatte.

Die Fingerspitzen flitzen auf dem Rücken hin und her.

Sind wir dann fertig, beenden wir mit der Maus das Programm.

Die gewölbte Handfläche wandert und der Zeigefinger klickt.

Und wir schalten die Geräte wieder aus: den Drucker, den Bildschirm und den Rechner.

Der Zeigefinger imitiert das Drücken der Knöpfe.

So, lange genug gesessen. Jetzt brauchen wir Bewegung!

Anhang 3: Entspannungsgeschichten (Lang, 1997)

Im Frühling
Stell dir vor, es ist Frühling. Du spielst zusammen mit einem guten Freund oder einer Freundin auf einer Wiese. Die Blumen blühen in allen Farben.

Am Rand der Wiese stehen ein paar Obstbäume. Dorthin lauft ihr jetzt gemeinsam. Bei den Bäumen angekommen, setzt ihr euch auf das weiche Gras. Die Sonne scheint und streichelt mit ihren Strahlen eure Haut.

Die Obstbäume, unter denen ihr sitzt, stehen in voller Blüte. Während ihr euch ausruht, schnuppert ihr in der Luft. Die Blüten duften herrlich. Ihr könnt das Zwitschern von vielen verschiedenen Vögeln hören, die den Frühling begrüßen, Manche Vögel entdeckt ihr sogar auf den Ästen und Zweigen der Bäume. Ihr seid ganz still um sie nicht zu verscheuchen.

Nun hört ihr auch noch ein anderes Geräusch. Es ist das Summen der Bienen, die ausgeschwärmt sind um Nektar zu sammeln. An den unteren Zweigen der Bäume könnt ihr die Bienen beobachten, die von einer Blüte in die nächste schlüpfen. Ihr bewegt euch nur ganz langsam um die Tiere nicht zu stören.

Während ihr gemeinsam unter dem Baum sitzt, fühlt ihr euch sehr wohl. An diesen schönen Frühlingstag werdet ihr euch bestimmt noch lange erinnern. (Rücknahme)

Im Märchenwald (Teil 1)
Stell dir vor, du spazierst durch einen wunderschönen Wald. Es ist ein verzauberter Wald, der Märchenwald.

Während du also über Stock und Stein läufst, begegnet dir ein kleines Mädchen. Es hat ein rotes Käppchen auf und einen Korb mit Wein und Kuchen in der Hand. Das Mädchen stellt sich als das Rotkäppchen vor und fragt dich, ob ihr ein Stück des Weges gemeinsam gehen wollt. Es erzählt dir, dass es die kranke Großmutter besuchen möchte. Zusammen lauft ihr weiter. Da das Wetter so schön ist, hilfst du dem Rotkäppchen ein paar Blumen für die Großmutter zu pflücken. Die Blumen duften so herrlich und die Sonne scheint dir auf die Haut. An einer Weggabelung verabschiedest du dich von dem Mädchen.

Du gehst weiter durch den Wald. Dann kommst du an eine Wiese, auf der ein altes Schloss steht. Das Schloss ist ganz von Dornenbüschen umgeben, aber du findest ein kleines Schlupfloch. Nun siehst du dir das Schloss von innen an.

Anhang

Es ist alles ganz still. Das Einzige, was du hörst, ist dein eigener Atem. Du atmest ganz langsam ein und aus, ein und aus. Alle Menschen, die du im Schloss siehst, sind eingeschlafen und atmen wie du ein und aus.
Du verlässt das Schloss wieder und gehst weiter.
Du wanderst über Berge und durch Täler und stehst plötzlich vor einem kleinen Haus. Dort gehst du hinein. Im Haus sind sieben lustige Zwerge, die gerade das Haus säubern. Sie erzählen dir, dass sie die ganze Hausarbeit allein machen müssen, seit Schneewittchen zu ihrem Prinzen ins Schloss gezogen ist. Die sieben Zwerge fragen dich, ob du nicht Lust hast bei ihnen zu bleiben und dich um den Haushalt zu kümmern. Doch du möchtest dich lieber noch etwas im Wald umsehen. Das können die Zwerge gut verstehen. Du winkst ihnen zum Abschied nach. Du freust dich und fühlst dich wohl.

Im Märchenwald (Teil 2)
(kann mit Teil 1 zusammengelesen werden; dann ohne 1. Satz)
Stell dir vor, du wanderst durch einen wunderschönen Märchenwald. Du wanderst durch den Wald, bis du an eine Lichtung kommst. Dort steht ein hoher Turm. Ganz oben hat er ein kleines Fenster. Du gehst zu dem Turm und ein schönes Mädchen lässt ihren Haarzopf am Turm herab. Da erkennst du Rapunzel. Du ziehst dich mit aller Kraft am Zopf hoch. Oben angelangt, kannst du mit Rapunzel eine herrliche Aussicht über den ganzen Wald genießen. Du lässt deinen Blick über die Bäume schweifen. Du hörst, wie der Wind in den Baumwipfeln rauscht.
Du fühlst dich richtig wohl.
Nach einer Weile musst du dich von Rapunzel verabschieden, denn sie erwartet Besuch von ihrem Freund, dem Prinzen. Vorsichtig kletterst du am Zopf wieder herunter.
Du läufst über die Lichtung, springst über einen kleinen Bach und stehst auf einmal vor einer Hütte. Die ist ganz mit Süßigkeiten und Pfefferkuchen bedeckt. Aus der Hütte kommen zwei Kinder, Hänsel und Gretel. Seit es die böse Hexe nicht mehr gibt, wohnen sie hier. Sie laden dich ein, ein wenig zu naschen. Das lässt du dir nicht zweimal sagen. Die Pfefferkuchen schmecken süß und saftig. Als du genug gegessen hast, gehst du weiter.
Du kommst an ein wunderschönes Schloss. Aus dem Schloss tönt eine herrliche Musik. Du gehst hinein und wirst von einer hübschen, jungen Frau begrüßt. Es ist Aschenputtel, die heute ihre Hochzeit mit dem Prinzen feiert.

Du begegnest vielen Bekannten auf dem Fest. Da sind die sieben Zwerge und Schneewittchen mit ihrem Prinzen, das tapfere Schneiderlein, Rapunzel, Hänsel und Gretel und viele andere Märchenfiguren. Rotkäppchen hat sogar ihre Großmutter mitgebracht.

Alle zusammen vergnügen sich, es wird gelacht, gespielt und getanzt. Du hast viel Spaß mit deinen neuen Freunden. Dann verabschiedest du dich und reckst und streckst dich. Du fühlst dich zufrieden und glücklich.

Am Bach
Stell dir vor, du läufst über eine schöne grüne Sommerwiese. Du hast keine Schuhe an und spürst das weiche Gras unter deinen Füßen. Ein paar Meter vor dir hoppelt eine Hasenfamilie über die Wiese. Du gehst weiter, bis du an einen Bach kommst. Das Wasser ist klar und glitzert in der Sonne. Langsam watest du durch den Bach. Das Wasser umspült deine Füße. Es ist ein sehr angenehmes Gefühl. Du kommst an einen großen Stein, der mitten im Bach aus dem Wasser ragt. Seine Oberfläche ist durch die Sonne ganz warm geworden. Du setzt dich auf den Stein um dich ein wenig auszuruhen. Die Sonne scheint und dir ist angenehm warm.

Du tauchst deine Hände in den Bach und besprizt deine Arme und dein Gesicht mit Wasser. Spürst du, wie erfrischend das ist?

Die Wassertropfen rieseln langsam an deinen Körper herunter. Das kitzelt ein bisschen, aber es ist ein schönes Gefühl.

Du lauschst und hörst, wie der Bach an dem großen Stein vorbeiplätschert.

Als du in das Wasser schaust, siehst du einen kleinen Fisch vorbeischwimmen. Flink bewegt er sich mit der Strömung des Baches mit.

In einiger Entfernung entdeckst du einige Enten. Sie schwimmen ganz ruhig auf dem Wasser herum. Ab und zu stecken sie ihr Köpfchen ins Wasser, um etwas zu fressen. Die Enten scheinen sich genauso wohl zu fühlen wie du.

Du bleibst noch eine ganze Weile auf dem Stein sitzen und lässt dich von der Sonne bescheinen. Du hörst das Rauschen des Baches und du genießt die klare Luft, bevor du nach Hause gehst, atmest du noch einmal tief ein und aus. Du rekelst und streckst dich.

Jetzt fühlst du dich richtig erholt.

Anhang

Im Zoo
Heute willst du im Zoo spazieren gehen. Stell dir vor, du gehst in den Zoo hinein. Aber heute ist irgendetwas anders als sonst.

Du hörst kein Geräusch. Alles ist ganz still. Du atmest tief ein und aus, bevor du weitergehst. Alle Tiere im Zoo schlafen ganz fest. Sie schlafen im Liegen, im Sitzen und sogar im Stehen. So eine Gelegenheit lässt du dir nicht entgehen. Heute willst du die Tiere hautnah erleben.

Zuerst kommst du zu den Elefanten. Sie sind viel größer als du. Ihr langer Rüssel hängt fast bis auf die Erde. Du berührst ihre lederne Haut. Die Elefantenhaut fühlt sich etwas rauh an, aber sie ist warm. Leise gehst du weiter. Du gelangst zum Wasserbecken. Am Rand schlafen die Pinguine und Seehunde. Auch diese Tiere möchtest du anfassen. Du stellst fest, dass sie glatt und nass sind. Ihr Körper ist nicht so warm wie der der Elefanten. Trotzdem ist es ein schönes Gefühl, wenn du deine Hand über die Körper gleiten lässt.

Nach einer Weile setzt du deinen Weg fort. Da siehst du ein Stachelschwein. Seine Stacheln sind lang und spitz. Als du deine Hand vorsichtig auf die Stacheln legst, pikst es ein wenig. Also nimmst du die Hand wieder weg.

Als nächstes besuchst du die Löwen. Sie haben sich aneinander gekuschelt und schlafen ganz ruhig. Langsam gehst du zum größten Löwen und streichelst ihm über das weiche Fell. In seiner zotteligen Mähne kannst du herrlich wühlen. An den Ohren hat der Löwe ein besonders weiches Fell.

Jetzt wird es Zeit zu gehen. Du schaust dich noch einmal um. Noch immer ist alles ganz ruhig und friedlich. Doch dann wachen die Tiere langsam auf. Sie dehnen und strecken sich. Auch du dehnst und streckst dich, so wie es die Tiere auch gerade tun.

Danach fühlst du dich frisch und munter.

Dornröschen
Heute lade ich dich in ein Märchen ein. Um welches Märchen es geht, ist nicht so wichtig. Vielleicht findest du es später heraus.

Stell dir vor, du bist ein Kind, das in einem großen Schloss aufgewachsen ist. Alle Menschen um dich herum sind sehr freundlich zu dir. Deine Eltern haben dich immer beschützt.

Heute sind sie nicht da. Du beschließt einen Entdeckungsrundgang zu machen. Zuerst besuchst du die Pferdeställe. Hier bist du schon manchmal gewesen. Hörst du das Schnauben der Pferde?

Anhang 3: Entspannungsgeschichten (Lang, 1997)

Danach gehst du in die Küche. Hier sind viele Leute. Alle laufen geschäftig hin und her. Du naschst von einem leckeren Stück Kuchen und schleichst dich davon. Mehrere Ecken und Kammern kannst du erforschen. Du entdeckst viele Dinge, die du sonst noch nie gesehen hast. Macht es dir Spaß, so viel zu sehen?

Nun kommst du an einen Turm. Er steht in der äußersten Ecke des Schlossgartens. Du gehst hinein und steigst die Stufen hinauf bis ganz oben. Dort siehst du eine Tür. Du öffnest diese vorsichtig und gehst in eine kleine Kammer. Hier bist du noch nie gewesen. Du schaust dich im Zimmer um. Es gibt hier allerhand merkwürdige Sachen.

Plötzlich wird es um dich herum ganz still. Du bemerkst, dass du ganz müde wirst. Du lässt dich auf das große Bett in der Ecke sinken. Deine Arme und Beine sind ganz schwer. Du träumst von einer großen Wiese, auf der du mit deinen Freunden spielst. Alles ist ganz friedlich. Dein Atem geht ruhig. Du fühlst dich wohl.

Da spürst du eine sanfte Berührung. Langsam kommst du von deinem Traum zurück. Vor dir steht ein lieber Mensch. Du streckst dich und stehst auf. Dann gehst du zusammen mit dem lieben Menschen nach draußen. Es ist, als kehre alles Leben in die Welt zurück. Du fühlst dich erholt und freust dich über den schönen Tag.

Das Geheimnis
(eine Entspannungsgeschichte zum selbstständigen Weiterführen)
Stell dir vor, es ist ein schöner Nachmittag. Du hast alle Aufgaben schon erledigt und möchtest jetzt eine Entdeckungsreise machen. Du trittst aus der Haustür heraus. Es ist schönes Wetter. Du atmest tief durch. Dann läufst du die Straße entlang.

Du gehst ruhig Schritt für Schritt, bis du am Ende der Straße angelangt bist. Dann biegst du auf einen kleinen Weg ab. Der Weg ist dir vorher noch nie aufgefallen und du bist neugierig, wohin er dich führt. Am Rande des Weges stehen Bäume. Der Wind lässt das Laub der Bäume rascheln. Du fühlst dich geschützt.

Jetzt kannst du am Ende des Weges schon etwas sehen, aber du weißt noch nicht, was es ist. Gespannt läufst du weiter. Nach einer Weile kommst du an ein kleines Haus.

Das Haus ist von einem Garten umgeben, in dem die schönsten Blumen blühen.

Du trittst durch die Gartenpforte ein und schnupperst. Die Blumen riechen ganz wundervoll.

Anhang

Nun bist du am Häuschen angelangt. Du möchtest wissen, was es in dem Haus zu sehen gibt. Deshalb drückst du ganz langsam die Türklinke herunter, öffnest die Tür und trittst ein. Was du nun siehst, überrascht dich.
Stell dir selbst vor, was du im Haus alles entdecken kannst....

Anhang 4: Gehirngymnastik (Brain-Gym)

Grundlagen für die Gehirngymnastik sind in der Kinesiologie (Lehre von der Bewegung) zu finden, speziell die Edu-Kinestetik. Vor allem Dennison & Dennison (1992) vertreten die Auffassung, dass durch Brain-Gym-Übungen körpereigene Energien erhalten und aktiviert werden, dass Lernblockaden gelöst und Verbindungen zwischen beiden Gehirnhälften hergestellt und dadurch das gesamte Lernpotenzial besser ausgeschöpft werden kann.

Mit den nachfolgenden Übungsbeispielen beziehen wir uns vor allem auf Dennison & Dennison (1992). Diese Übungen sind als Anregungen gedacht und reflektieren nicht das Gesamtkonzept der Edu-Kinestetik. Wenn Brain-Gym-Übungen als Therapie eingesetzt werden sollen, muss eine vertiefte Auseinandersetzung mit den Grundlagen erfolgen. Muskeltests bilden dann die Voraussetzung. Als Routineübungen können Brain-Gym-Übungen vor allem beim Stressabbau helfen. Unterschiedliche Autoren weisen wiederholt darauf hin, dass die ausreichende Versorgung des Körpers mit Wasser eine optimale Kommunikation zwischen Gehirn und Körper unterstützt (gute Leitung des elektrischen Stromes).

Energieübungen:

Knöpfe halten
Ziele:
- Anregen des Energieflusses zum Gehirn
- Entspannung und Stressabbau
- Verbindung beider Gehirnhälften

Anhang 4: Gehirngymnastik (Brain-Gym)

Ausführung:
- eine Hand auf den Nabel legen
- zwei Finger der anderen Hand etwa eine halbe Minute
  - unterhalb der Unterlippe (Erdknöpfe) halten bzw. hin- und herstreichen
  - auf die Einbuchtung im Nacken (Balancierknöpfe) halten, eventuell den Kopf sanft dagegen drücken
  - auf die zwei Mulden unter dem Schlüsselbein (Gehirnknöpfe) legen und massieren

Varianten:
- die Hände wechseln
- Übungen im Stehen ausführen
- leise und langsame Musik einsetzen

Denkmütze
Ziele:
- Anregen des Energieflusses zum Gehirn
- Verbesserung der Aufmerksamkeit und des Kurzzeitgedächtnisses
- Wahrnehmungsförderung des Gehörsinnes
- Entspannung der Gesichtsmuskulatur

Ausführung:
- mit Daumen und Zeigefinger die Ohren nach außen falten
- oben an den Ohrenspitzen beginnen und an den Ohrläppchen enden

Variante:
- dazu kräftig gähnen

Mittellinienbewegungen:

Über-Kreuz-Bewegungen
Ziele:
- Anregung beider Gehirnhälften
- Erhöhung der Aufmerksamkeit, Konzentration und Merkfähigkeit
- Verbesserung der Links-rechts-Koordination sowie des Raumbewusstseins

Ausführung:
Im Stehen gleichzeitig einen Arm und das gegenüberliegende Bein bewegen.

Anhang

Varianten:
- Ellbogen an die Knie, Hand an die Knie
- Hand an den Fuß (vor und hinter dem Körper)
- langsame Twist-Bewegung
- Armschwung und Seitspreizen
- beim Üben in unterschiedliche Richtungen blicken
- Fußspitzen überkreuzen, Arme entgegengesetzt schwingen
- Musik einsetzen, z. B. „Black Lady", „Puppentanz" (Lindner, 1988)
- Bei einer Reihe von Übungen mit Materialien (auf/an Stühlen, mit Tüchern), bei Bewegungsgeschichten sowie Rhythmusübungen können Über-Kreuz-Bewegungen eingebaut werden.

Liegende Acht
Ziele:
- Verbindung zwischen beiden Gehirnhälften
- Verbesserung des räumlichen, plastischen und peripheren Sehens
- Entspannung von Auge, Nacken und Schulter

Ausführung:
Mit der linken bzw. rechten Hand mindestens drei große Achten vor dem Körper in die Luft malen, dabei von der Mitte aus nach **oben** beginnen.

Varianten:
- Augen schließen
- mit den Füßen malen
- mit dem ausgestreckten Arm und dem Ohr an der Schulter (Elefant) malen

Positive Punkte
Ziele:
- Abbau von Stress und Spannung

Ausführung:
- Ellbogen aufstützen
- die Finger etwa eine Minute leicht auf die Stirnbeinhöcker zwischen Augenbrauen und Haaransatz legen
- die Augen schließen

Variante:
- Die Punkte massieren.

Dehnübungen:

Eule
Ziele:
- Lösen von Verspannungen, Stressabbau
- Verbesserung der Aufmerksamkeit und der Merkfähigkeit
- Verbesserung der Auge-Hand-Koordination

Ausführung:
- mit einer Hand die entgegengesetzte Schulter umfassen
- den Kopf mehrmals erst über die eine, dann die andere Schulter drehen
- den Kopf langsam nach vorn sinken lassen und tief atmen

Varianten:
- Übung mit der anderen Schulter ausführen
- beim Ausatmen das „Uhuuu" der Eule hervorbringen

Anhang

Anhang 5: Gummitwist

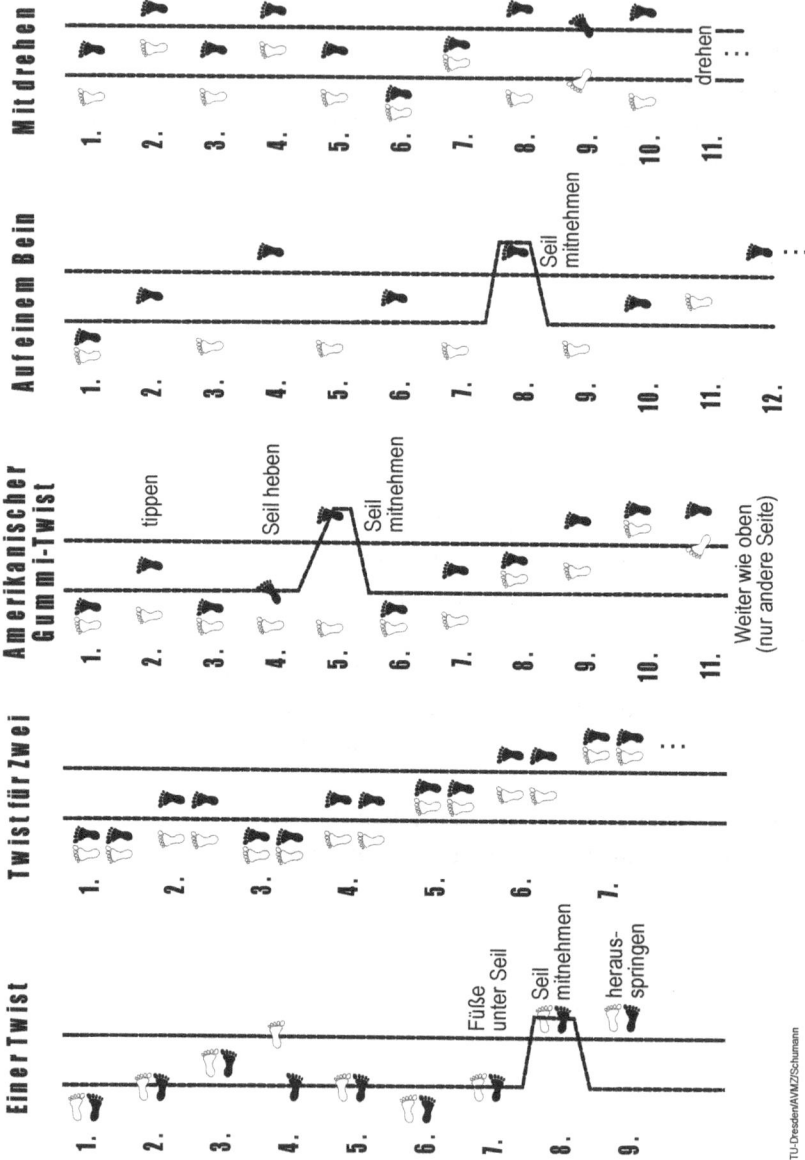

Anhang 6: Elternbriefe

Als einen weiteren Weg, den Eltern kontinuierlich Hilfestellung für die Einbeziehung von Bewegungsaktivitäten in das Familienleben zu geben und damit eine Verbindung zwischen der Bewegungserziehung in der Schule und dem Freizeitbereich der Kinder anzustreben, haben wir die schriftliche Form als Elternbriefe gewählt.

1. Elternbrief

Zielstellung: Sensibilisierung für die Bedeutung der Bewegung für die kindliche Entwicklung, Hinweise zu Entlastungshaltungen und Sitzmöbeln

Auszug aus dem Elternbrief:

> Sehr geehrte Eltern,
> die Kinder sind das große Glück in unseren Familien und bestimmt möchten wir sie nicht missen. Doch manchmal können uns die lieben Kleinen oder auch Großen ganz schön nerven. Mitunter ruft schon unser Unverständnis hervor, wenn sie ständig herumhampeln, hin- und herrennen, kippelnder Weise am Tisch sitzen oder wenn die Älteren sich mit den Ellenbogen auf dem Tisch abstützen, bäuchlings mitten im Zimmer liegen und dabei ihre Hausaufgaben erledigen. In solchen oder ähnlichen Situationen können uns doch schnell Äußerungen herausrutschen wie „Zappele nicht so!", „Sitz doch endlich still!", „Bei den Hausaufgaben wird ordentlich am Tisch gesessen!". Bei diesen Ermahnungen ist uns Erwachsenen sicher nicht immer bewusst, dass sich Kinder naturgemäß richtiger verhalten, als uns selbst die eingeschliffenen Normen vorgeben.
>
> Wichtig zu wissen ist, dass:
> - leichte Bewegungen, wie das Hin- und Herrutschen, das Gehen durch das Zimmer u. a. die Versorgung des Gehirns mit Sauerstoff und Zucker anregen. Dadurch ist es möglich konzentrierter zu arbeiten. So könnten

unsere Kinder beispielsweise Übungswörter oder Vokabeln, die gelernt werden sollen, an unterschiedlichen Stellen im Zimmer oder in der Wohnung verteilen und danach aufsuchen, sich einprägen, zum Arbeitsplatz zurückkehren und aufschreiben.
- ähnliche Wirkungen kurze Bewegungspausen während einer anstrengenden Lerntätigkeit, z. B. sich recken und strecken, durch das Zimmer hüpfen oder tanzen, einige Gymnastikübungen ausführen u. a. haben
- Bewegung beim Lernen hilft, indem die Informationen nicht wie meist üblich über den akustischen Analysator (das Ohr) oder den optischen Analysator (das Auge), aufgenommen werden, sondern auch über den Bewegungssinn. So kann das Kind einen neu zu lernenden Buchstaben durchaus einmal großräumig abhüpfen oder in den Schnee stampfen, einfache Rechenaufgaben mit Schritten gehen oder hüpfen u. a. m.
- wechselnde Arbeitshaltungen einseitigen Belastungen der Rückenmuskulatur und damit Rückenschmerzen in späteren Jahren vorbeugen können. Das Abstützen auf der Tischplatte, das Sitzen auf dem herumgedrehten Stuhl, das Lernen in der Bauchlage sind für den Rücken wirklich besser.

Die aufgeführten Beispiele sollen helfen, die beschriebenen Bewegungstätigkeiten unserer Kinder nicht als Ungezogenheit, sondern als etwas Natürliches zu erkennen und zu akzeptieren – ja vielleicht sogar den einen oder anderen Gedanken auf seine Relevanz für uns selbst zu überprüfen.

Im Interesse unserer Kinder wäre es wichtig, dass sie weniger hören „Sitz doch endlich still!", sondern des Öfteren „Bewege dich doch mehr!". Das ist auch deshalb wichtig, weil unsere Kinder von einer bewegungsfeindlicher werdenden Welt umgeben sind, in der sich Bewegung teilweise auf die Bedienung des Computers reduziert, Schilder wie „Spielen verboten" die Bewegungsräume der Kinder einschränken u. a.

Lassen Sie sich doch einen Tagesablauf Ihres Kindes einmal durch den Kopf gehen:

Wann hat Ihr Kind wirklich ausreichend Möglichkeiten für Bewegung?
Was müsste verändert werden?
Wer trägt dabei Verantwortung?

Es folgen Erläuterungen zum Projekt bewegte Grundschule sowie zu möglichen Entlastungshaltungen, der normgerechten Höhe von Sitzmöbeln sowie zu alternativen Sitzgelegenheiten.

2. Elternbrief

Zielstellung: Hinweise zum häuslichen Üben/zur Erledigung der Hausaufgaben unter dem Aspekt des bewegten Lernens und in Verbindung mit Auflockerungsminuten und Entspannungsphasen (Auszug)

Vor den Hausaufgaben sich fünf bis zehn Minuten entspannen!
Durch die folgenden Bewegungsübungen von fünf bis zehn Minuten können Verspannung, Stress sowie Müdigkeit nach der Schule abgebaut werden:
- am geöffneten Fenster tief aus- und einatmen, dabei die Arme nach unten und nach oben führen
- leise Musik hören, sich auf den Rücken legen und an etwas Schönes denken
- bei geöffnetem Fenster die Augen schließen und Geräusche wahrnehmen
- wie ein Indianer durch die Wohnung schleichen und ganz leise den Ranzen auspacken
- sich selbst oder durch ein Elternteil die Hände und Arme massieren (Igelball)
- sich gegenseitig den Rücken massieren oder auf dem Rücken „einen Kuchen backen", „Klavier spielen" bzw. mit den Fingern „erzählen", was man am Vormittag erlebt hat.

Durch Bewegung lernen!
Beim Schreiben und Lesen nehmen die Kinder die Informationen meist über die Augen auf, teilweise über die Ohren. Über den Bewegungssinn kann unterstützend eine zusätzliche Informationsaufnahme erfolgen, z. B.:
- sich einen Zahlenstrahl auf den Boden aufmalen und Aufgaben darauf abschreiten
- Längenmaße mit dem Körper empfinden, z. B. eine Strecke mit „Kaffeebohnen" messen oder einen Kilometer/eine Meile ablaufen
- Uhrzeiten mit den Füßen darstellen
- geometrische Figuren bei geschlossenen Augen auf einem Seil erfühlen

Anhang

- Buchstaben oder Wörter nicht nur im Heft üben, sondern mit einem Stöckchen in den Sand malen, dabei besonders groß oder klein schreiben oder auch einmal mit der linken Hand und den Füßen das Wort üben
- das Lernen eines Gedichtes oder Liedes mit zum Inhalt passenden Bewegungen verbinden
- eine gelesene Geschichte nacherzählen und dazu mit Fingerpuppen (z. B. bemalte Streichholzschachtel), Stockpuppen (Kochlöffel o. Ä.), mit Masken, Handpuppen oder Plüschtieren u. a. spielen
- für ein Diktat üben, indem sich bei Substantiven ganz groß, bei Verben ganz klein gemacht wird
- örter in Silben zerlegen und bei jeder Silbe einen Hüpfer seitwärts ausführen
- neue Buchstaben und Ziffern sich auf den Rücken schreiben lassen, mit einem Bein in die Luft malen oder mit einem Seil legen und anschließend mit den Füßen ertasten
- ein Hüpfkästchen mit Buchstaben oder Ziffern aufmalen und Wörter bzw. Aufgaben abhüpfen

Beim Bewegen lernen!
Bereits geringe Bewegungen regen die Gehirndurchblutung an, dadurch steigt die geistige Leistungsfähigkeit. Sinnvolle Verbindungen zwischen Bewegen und Lernen können sein:
- einen Luftballon nach oben spielen und dabei eine Aufgabe bilden; das Ergebnis muss vom Partner genannt werden, bevor der Luftballon den Boden berührt
- Regeln, Vokabeln o. Ä. lernen und dabei im Zimmer auf und ab gehen
- zu übende Wörter (Wortgruppen, Sätze) im Zimmer verteilen; das Kind prägt sich jeweils ein Wort ein und schreibt es an seinem Arbeitsplatz auf
- einen Text (vor-)lesen, dabei nach jedem Abschnitt den Sitzplatz/die Sitzhaltung ändern
- für ein Diktat üben, indem Rechtschreibschwerpunkte durch Bewegungen dargestellt werden, z. B. bei Schreibung eines Wortes mit doppeltem Konsonanten zweimal am Ort springen, bei einem Konsonanten nur einmal

- beim Schreiben einen Knautschball kneten, mit der Zunge kreisen, einen runden Baustein unter der Fußsohle hin- und herrollen, einen Kaugummi kauen. (Bereits diese leichten Bewegungen können zu einer besseren Durchblutung des Gehirns führen.)

Während der Hausaufgaben Bewegungspausen einlegen!
Nach dem Ausführen folgender Bewegungsübungen fühlt man sich wieder frisch und munter:
- das Radio anschalten und durch das Zimmer tanzen
- sein Lieblingslied singen und dazu passende lustige Bewegungen ausführen
- mit einem Luftballon spielen
- die Füße turnen lassen, z. B. kreisen, auf- und abwippen, Zehen und Fersen im Wechsel aufstellen, einen kleinen Gegenstand ergreifen, die Zehen einkrallen, federn und hüpfen
- mit den Füßen eine Zeitung zusammen- und auseinanderfalten
- das Lineal, eine Papp- oder Zeitungsrolle auf unterschiedlichen Körperteilen (Schulter, Kopf, Knie) balancieren
- einen Korken (Radiergummi) in die Luft werfen und wieder fangen
- die Treppe im Wohnhaus schnell nach unten und wieder hochlaufen
- ein Kissen auf dem Kopf ohne es zu verlieren, durch die Wohnung transportieren

Die Arbeitshaltung häufig ändern!
Längeres Sitzen in einer Position führt zur Verspannung der Rückenmuskulatur, zur einseitigen Beanspruchung der Wirbelsäule und zur Behinderung der Atmung.
Mündliche und schriftliche Hausaufgaben können angefertigt werden:
- in der Bauchlage
- in der Rückenlage, Unterschenkel auf dem Stuhl
- im Schneider- oder Fersensitz auf dem Fußboden
- im Kutsch- oder Reitersitz auf dem umgedrehten Stuhl
- auf einem Sitzball u. a.

Nach den Hausaufgaben im Freien spielen!
Für eine gesunde Entwicklung Ihrer Kinder sind tägliche Bewegungsspiele im Freien wichtig.
- Zeigen Sie doch einmal Ihrem Kind Bewegungsspiele aus Ihrer Kindheit oder gar aus Omas Zeiten wie Ballprobe, Himmel und Hölle, Murmelspiele, Kreiseln, Hüpfspiele, Reifen rollen u. a. Bestimmt ist das für Ihr Kind interessant!
- Griffbereit sollten die Kinder in einer Spieltasche oder -beutel Spielgeräte für den Hof, den Garten haben wie einen Ball, ein Sprungseil, ein Stück Kreide zum Aufmalen eines Hüpfkästchens, ein Klettballspiel, Joghurtbecher zum Zielwerfen oder zum Kegeln, ein Gummiband für Hopsespiele, einen Indiaca-Ball, Luftballons, Stelzenrollen u.v.a.m.
- Sinnvolle Geschenke zum Geburtstag der Kinder könnten Geräte sein, die zum Bewegen anregen wie Bälle, Reifen, ein Federballspiel, ein Basketballkorb, Inline-Skater, Skateboard, Wurfspiele verschiedener Art, Familien-Tennis, Moonhopper, Sitzball, Igelball, Tauchteller, Schwimmhilfen, Wasserball u. a.
- Spielen mit anderen Kindern oder auch einmal mit den Eltern macht mehr Spaß als allein!

Übrigens kann eine Unterbrechung der Arbeit am Schreibtisch oder am Computer mit einfachen Bewegungsübungen auch Erwachsenen das Weiterarbeiten erleichtern. Es muss ja nicht das Hüpfkästchen sein. Atemübungen, ‹mal recken und strecken, des Öfteren nach Arbeitsmitteln oder Unterlagen ein paar Schritte gehen müssen und nicht alles im Sitzen erreichen können, wären schon ein Anfang.

Anhang 6: Elternbriefe

3. Elternbrief

Zielstellung: Hinweise zur Verbesserung motorischer Fähigkeiten, besonders im koordinativen Bereich

Auszug aus dem Elternbrief: (Obier, 1997)

Übungen zur Verbesserung der Reaktionsfähigkeit
- Kind und ein Elternteil sitzen sich gegenüber. Das Kind legt seine Hände auf die Oberschenkel der Mutter/des Vaters. Während Mutter/Vater probiert, die Hände abzuschlagen, versucht das Kind, diese rechtzeitig wegzuziehen.
- Ein Kissen, Ball oder Korken wird mit beiden Händen vor dem Körper gehalten. Nun wird versucht den Gegenstand fallen zulassen und ihn vor Berührung des Bodens wieder aufzufangen. Erschwert wird die Übung, wenn man vor dem Fangen ein- oder mehrmals in die Hände klatscht oder sich im Kreis dreht.
- An einem Korken wird ein Faden befestigt. Mutter/Vater führt diese „Maus" mit vielen Richtungsänderungen über den Tisch. Das Kind versucht mit der flachen Hand (rechts oder links) auf den Korken zu schlagen und somit die „Maus zu fangen".

Übungen zur Verbesserung der Gleichgewichtsfähigkeit
- Mit dem rechten (linken) Bein eine Zahl oder einen Buchstaben in die Luft schreiben. Diese Übung auch als Ratewettbewerb durchführen.
- Das Kind dreht sich möglichst schnell um sich selbst. Auf Zuruf der Eltern bleibt es plötzlich „wie versteinert" stehen – in frei gewählter Schrittstellung, in der Grundstellung, im Einbeinstand rechts oder links. Diese Übung kann mit offenen oder geschlossenen Augen durchgeführt werden.
- Einen Joghurtbecher mit verschiedenen Körperteilen (Kopf, Hand) balancieren, dabei
  - auf den Boden setzen (Schneidersitz) und aufstehen
  - neben dem Stuhl eine Drehung rechts (links) um sich selbst machen und wieder setzen

- auf den Stuhl auf- und absteigen (einmal, zweimal)
- auf den Stuhl steigen und um sich selbst drehen
- Einen Joghurtbecher balancieren auf
  - dem Handrücken, Handteller, den gespreizten Fingern, dem Kopf

Übungen zur Verbesserung der räumlichen Orientierungsfähigkeit
- Das Kind sitzt mit geschlossenen Augen im Zimmer. Ein Elternteil bewegt sich leise durch das Zimmer. Das Kind zeigt mit dem Arm jeweils die Richtung, in der sich Mutter/Vater gerade befindet.
- Das Kind schließt die Augen. Ein Elternteil stellt sich vor das Kind und führt es durch verschiedene Räume der Wohnung. Bevor das Kind die Augen wieder öffnen darf, wird es gefragt:
  - In welchem Zimmer befinden wir uns?
  - Zeige in die Richtung des Fensters, der Tür!
- Von einem festgelegten Punkt (z. B. Türschwelle, Fenster) wird geschätzt, wie viel große, kleine oder winzige Schritte („Kaffeebohnen") für eine vorgegebene Entfernung (z. B. bis zum Tisch,) benötigt werden. Im Anschluss wird die Vermutung überprüft.
- Fünf bis zehn auffällige Markierungen (farbige Bänder, Kegel o. Ä.) werden auf einer Wiese oder auf dem Wäscheplatz verteilt. Wer findet den schnellsten Laufweg, wenn er alle Markierungen anläuft? (Bedenkzeit lassen; eventuell Zeit stoppen)

Übungen zur Verbesserung der Differenzierungsfähigkeit
- Das Kind liegt auf dem Boden und spannt seine Muskeln an. Ein Elternteil rollt den „Baumstamm" um die Körperlängsachse.
- Verschiedene Materialien (Zeitungsball, Radiergummi, Tuch, Plüschtiere u. Ä.) werfen und fangen (auch mit einem Partner).
- Zielwerfen in markierte Zonen (mit Seilen gelegt, in Reifen oder an eine Wand):
  - verschiedene Bälle und Wurfgeräte (Steine, Münzen usw.)
  - unterschiedliche Ausgangsstellungen (Sitz, Hockstand u. a.) und Entfernungen
  - verschiedene Wurfvarianten (rechts/links, mit offenen/geschlossenen Augen u. a.)

- Schuss oder Einwurf mit einem Ball gegen eine Wand. Dabei soll dieser entweder zum Spieler zurückprallen oder genau an der Wand liegen bleiben. Diese Übung kann auch mit Münzen oder Tischtennisbällen in der Wohnung durchgeführt werden. Wer schafft es am nächsten an die Wand?

Übungen zur Verbesserung der Rhythmusfähigkeit
- Lieder singen, dazu rhythmisch klatschen, schnalzen u. a.
- Ein Partner schlägt auf der Keksdose einen Rhythmus, der andere schlägt ihn nach
- rhythmisches Ballprellen am Ort, rechts- und linkshändig im Wechsel (z. B. r-r-l-l; r-l-l-r-l-l), Kombination von Werfen und Fangen (z. B. 4-mal Prellen – Hochwurf – Fangen)

Übungen zur Verbesserung der Auge-Hand-Koordination
- Eine Waschmitteltonne, einen Eimer oder einen Papierkorb in die Mitte des Raumes stellen. Mit Tennis- oder Tischtennisbällen versuchen hineinzutreffen.
- Ein Stuhl wird mit der Sitzfläche auf einen anderen gestellt, so dass seine vier Beine nach oben ragen. Über die Stuhlbeine können nun Ringe geworfen werden (Entfernung selbst wählen).
- Mehrere Blechdosen oder Joghurtbecher auf einer erhöhten Unterlage (z. B. Mauer im Freien, Regal) aufstellen. Mit einem Tennis- bzw. Schaumstoffball die Dosen versuchen abzutreffen.
- Mit Murmeln in ein Loch am Boden bzw. eine größere Murmel versuchen zu treffen. Dabei die Murmeln mit den Fingern anschnipsen oder sie über den Boden rollen.
- Das Kind hält einen Eimer oder einen Korb. Mutter/Vater steht ihm im Abstand von ca. 3 m gegenüber und prellt den Ball auf den Boden. Das Kind versucht den Ball mit dem Eimer zu fangen.
- In einer 10-er bzw. 30-er Eierlage werden die einzelnen Vertiefungen verschieden farbig angemalt und mit unterschiedlichen Punktzahlen versehen. Mit Kastanien, kleinen Steinchen oder Tischtennisbällen werden Wettbewerbe durchgeführt, wer die meisten Punkte erreicht.

Übungen zur Verbesserung der Ausdauer

Beim Ausdauerlauf so langsam laufen, dass man noch miteinander „schwatzen" kann.
- Läufe im Gelände mit Zusatzaufgaben
  - Überwinden von Hindernissen (Baumstämme, Gräben → Zeitungsblätter, Bananenkisten, Eimer)
  - in Verbindung mit Sprüngen nach Baumästen
  - in Verbindung mit Weit- und Weitzielwürfen (z. B. nach jeder Runde Wurf mit Tannenzapfen, Steinchen)
- „Pferdchenspiel" – Kind und Mutter/Vater sind durch ein Seil miteinander verbunden. Der Kutscher lenkt sein „Pferd" (Kind) auf verschiedenen Wegen mit unterschiedlichen Geschwindigkeiten.
- „Begegnungsdauerlauf" – Es wird eine Rundstrecke (um den Häuserblock) festgelegt, die im lockeren Dauerlauf in ein bis zwei Minuten bewältigt werden kann. Eltern und Kind laufen die Runde in entgegengesetzter Richtung und versuchen einander genau im Ausgangspunkt wieder zu treffen (auch mehrere Runden).
- Eltern und Kind versuchen gemeinsam so viele Minuten zu laufen, wie das Kind Jahre alt ist.

Übungen zur Verbesserung der Kraft

Die nachfolgenden Übungen sollten von zwei etwa gleich starken Partnern oder bei reduziertem Krafteinsatz eines Elternteiles durchgeführt werden.
- Zwei Partner stehen einander gegenüber und haben die rechte (linke) Hand gefasst. Jeder versucht den anderen zu sich herüberzuziehen.
- Zwei Partner stehen einander gegenüber und haben die Hände gegen die Schultern oder die Hand des Partners gestemmt. Jeder versucht den anderen über eine Grenze zu schieben.
- „Armdrücken": Zwei Partner liegen in Bauchlage einander gegenüber. Die rechten Ellenbogen sind aufgestützt mit Handfassung. Die linken Unterarme liegen auf dem Boden auf. Die Partner versuchen die Hand des anderen auf den Boden zu zwingen (der Ellenbogen bleibt am Boden).

- Kind und ein Elternteil liegen einander gegenüber in Rückenlage. Die Beine sind leicht angehockt, die Fußsohlen gegeneinander gestemmt. Mutter/Vater streckt gegen den Widerstand des Kindes die Beine und umgekehrt.
- Einen Gegenstand (z. B. Plüschtier) mit den Zehen festhalten und diesen hüpfend transportieren.

Übungen zur Verbesserung der Haltung
- Rückenlage, Füße aufgestellt, Knie leicht gebeugt. Kopf und Oberkörper anheben, zu den angezogenen Zehen schauen, bis sechs zählen, wieder ablegen
- Hampelmann (Bauch anspannen, Arme überm Kopf geschlossen, Handflächen zusammen, Sprung, Füße auseinander und Arme waagerecht)
- ein Kissen auf den Kopf (und darauf einen Ball) legen und dieses balancieren
- kleine Gegenstände (Figuren aus Überraschungseiern, Knöpfe, Murmeln, Wattebällchen u. a.) im Zimmer verteilen und diese mit den Füßen einsammeln und in verschiedene Behälter einordnen

Eine Reihe weiterer Spiele und Spielformen, auf die bereits innerhalb der Auflockerungsminuten (s. Abschnitt 2.3) hingewiesen wurden, ergänzen diesen Elternbrief.

Anhang

4. Elternbrief

Zielstellung: Anregungen für Spiele zu Familienfeiern, Kindergeburtstagen sowie in Wartesituationen

Bei der Auswahl der Spiele wurde darauf Wert gelegt, die Eltern oder auch Großeltern an Spiele aus ihrer Kindheit zu erinnern, die beklemmende Situation des Ausscheidens müssen oder des sich Blamierens zu vermeiden, das Miteinander vor das Gegeneinander zu stellen, die erfolgreiche Spieldurchführung trotz Altersunterschieden zu ermöglichen.

Auszug aus dem Elternbrief:

> **Sehr geehrte Eltern,**
> die Worte „mir ist langweilig" haben sie sicherlich schon öfter von Ihrem Kind gehört. Ob bei Familienfeiern, dem eigenen Kindergeburtstag oder während Wartezeiten beim Arztbesuch oft würde ein spontanes, gemeinsames Bewegungsspiel Kinderaugen wieder strahlen lassen. Mit dem vorliegenden Material haben wir versucht für verschiedene Anlässe einige Ideen zusammenzutragen.
> Im ersten Abschnitt finden Sie viele Spiele aus ihrer eigenen Kindheit. Das Beleben alten Kulturgutes ist eine Absicht von uns. Erinnert sei an Spiele wie „Topfschlagen", „Zublinzeln", „Stuhlpolonaise", „Stille Post", „Ringlein, Ringlein, du musst wandern" oder „Alle Vögel fliegen hoch in die Luft". Oftmals endeten diese Spiele mit Ausscheiden oder Pfänder einlösen. Um aber die Freude am gemeinsamen Tun zu erhalten, haben wir diese Spiele verändert.
> (Obier, 1998)
>
> **Alte Spiele**
>
> **Eierlaufen**
> Material: Löffel und Toneier (Kartoffeln, Überraschungseier)
> Es werden Paare oder Gruppen gebildet. Jeweils ein Kind läuft mit einem Löffel, auf dem ein Ei liegt, frei durch den Raum und um Hindernisse (Stüh-

le u. a.) herum. Es bestimmt selbst den Zeitpunkt, wann es den Löffel an einen Mitspieler weitergibt. Welcher Gruppe gelingt es das Ei am längsten zu balancieren, ohne dass es herunterfällt?

Armer schwarzer Kater
Ein Kater geht nacheinander zu verschiedenen Mitspielern, kniet nieder, miaut und mauzt in unterschiedlichen Tonlagen und schneidet dabei Grimassen. Der Mitspieler muss dem Kater dreimal über den Kopf streichen und dabei die Worte „Armer schwarzer Kater" sagen. Wenn er zum Lachen gebracht wird, ist er der neue „Kater".

Luftballontanz
Nach Musik tanzen alle und versuchen einen oder mehrere Luftballons in der Luft zu halten.

Hänschen piep einmal!
Alle Mitspieler sitzen in einem Stuhlkreis. Ein Spieler setzt sich mit verbundenen Augen auf den Schoß eines anderen Kindes und sagt „Hänschen piep einmal!". Mit verstellter Stimme antwortet der Gefragte mit „Piep!". Wird richtig geraten, wechseln beide ihre Rollen, sonst muss der Spieler mit den verbundenen Augen erneut sein Glück versuchen.

Spiele für gesellige Anlässe

Kommando Pimperle
Alle Teilnehmer klopfen nach den Vorgaben des Spielleiters auf den Tisch, z. B.:
- „Kommando Pimperle!"   mit den Zeigefingern,
- „Kommando flach!"   mit den flachen Händen,
- „Kommando Faust!"   mit den Fäusten usw.

Fehlt das Wort „Kommando", muss sofort mit dem Klopfen aufgehört werden. Wer falsch reagiert, gibt einen Pfand ab, läuft eine Runde um den Tisch o. Ä.

Knopfwerfen
Material: Knöpfe, Münzen
Jeder Mitspieler erhält drei Knöpfe. Diese werden gegen eine Wand geworfen, vor der mit etwas Abstand ein Plasteteller aufgestellt/ein Kreis markiert ist. Wie viel Knöpfe landen pro Spieler (Mannschaft) auf dem Teller? Werden beim nächsten Durchgang noch mehr Treffer erzielt?

Klipp – Klapp
Die Mitspieler sitzen um einen Tisch. Wenn der Spielleiter „Klipp" sagt, stehen alle auf, bei „Klapp" setzen sie sich wieder. Wer eine falsche Bewegung macht, läuft eine Runde um seinen Stuhl.

Mäusefang
Material: aus Korken angefertigte Mäuse (verschiedenfarbig)
Die Spieler legen ihre „Mäuse" auf den Tisch und halten den „Mäuseschwanz" fest. Ein Mitspieler ist die „Katze" und hat einen Farbwürfel. Würfelt die „Katze" gelb, muss sie versuchen mit dem Würfelbecher die gelbe Maus zu fangen. Gelingt dies, werden die Aufgaben gewechselt.

Ringe werfen
Material: Pappringe (z. B. aus Papptellern geschnitten), Flaschen mit Punkten
Gruppenweise wird mit den Ringen auf die Flachen geworfen. Welche Gruppe erzielt die meisten Punkte?

Memory
Zwei Mitspieler verlassen das Zimmer. Jeweils zwei Mitspieler (Memorypaar) einigen sich auf eine gleiche Bewegung (Hampelmann, Ohrzupfen). Die „Memorykarten" werden aufgedeckt, indem jeweils eine „Karte" umkreist und sich vor ihr verbeugt wird. Wurde ein Paar entdeckt, setzt sich dieses hin. Wer findet die meisten „Kartenpaare"?

Ideenbörse für Kindergeburtstage

Der wandernde Stab
Material: Stab
Ein Kind bekommt einen Stab/ein Lineal. Alle Bewegungen, die der Stab zeigt, machen die Mitspieler nach. Nach einiger Zeit wird der Stab zum Nächsten weitergegeben.

Bierdeckelzielwurf
Material: Steinchen/Kastanien, Bierdeckel
Die Steinchen oder Bierdeckel werden von den Mitspielern nacheinander so geworfen, dass möglichst eine Figur entsteht, z. B. ein Pilz.

Flaschendrehen einmal anders
Material: eine leere Flasche
In einem möglichst großen Kreis wird eine Flasche in Umdrehungen versetzt und ein Name aufgerufen. Dieser Mitspieler muss die Flasche erreichen, solange sie sich noch dreht und ihr einen neuen Impuls geben. Das Spiel wird mit einem aufrechtstehenden Plaste- oder Holzteller schwieriger.

Korkenvertreiben
Zwei Gruppen stehen sich an zwei Linien gegenüber. In der Mitte liegt ein Korken, der mit Hilfe von Tennisbällen über die gegnerische Linie getrieben werden soll.

Anschleichen
Die Mitspieler bilden einen Kreis. Ein Kind sitzt schlafend in der Mitte. Einzeln schleichen sich die Kinder als „Diebe" in die Mitte. Hört der Schlafende ein Geräusch, zeigt er sofort in die entsprechende Richtung und der ertappte Dieb muss zurück auf seinen Platz. Schafft es der Dieb den Schlafenden zu berühren, werden die Plätze gewechselt.

Klatschen

Ein Kind verlässt den Raum. Die anderen einigen sich auf eine Aufgabe (auf einen Stuhl setzen, auf einem Bein stehen), die das Kind erfüllen soll. „Kalt" oder „heiß" werden durch die Stärke des Klatschens angegeben. Ganz laut wird es, wenn die Zielaufgabe gefunden wurde.

Spiele um Wartezeiten zu überbrücken

Knobeln

Zwei Mitspieler stehen sich gegenüber. Sie zählen bis drei und stellen dann mit der Hand eine Schere (Finger gespreizt), einen Stein (Faust), ein Blatt Papier (flache Hand) oder einen Brunnen (Daumen und Zeigefinger bilden einen Kreis) dar.

Und so wird gewertet:
- Schere gewinnt gegen Papier, denn sie zerschneidet es.
- Papier gewinnt gegen Stein, denn es wickelt ihn ein.
- Papier gewinnt gegen Brunnen, denn es deckt ihn zu.
- Stein gewinnt gegen Schere, denn er macht sie stumpf.
- Brunnen gewinnt gegen Schere und Stein, denn beide können in ihn hineinfallen.

Rücken schreiben

Auf den Rücken des Partners werden Buchstaben, Zahlen oder Bilder gezeichnet, die der Partner erraten soll.

Fadenspiele

Material: ca. 1,5 m langer dicker Wollfaden oder dünne Schnur

Fadenspiele allein

Ausgangsstellung:
- Faden über Daumen und Zeigefinger legen
- mit dem Zeigefinger von unten den Faden jeweils auf der Gegenseite aufnehmen

Spielvarianten:
- Daumen holt von oben den hinter dem Zeigefinger liegenden Faden; mit den Zähnen den unteren Daumenfaden hochziehen, Faden vom kleinen Finger rutschen lassen und auseinanderziehen („Auslegeboot")
- Daumenschlinge fallen lassen und von oben vorderen Faden der kleinen Finger holen, mit den Zeigefingern in das kleine Dreieck zwischen Daumen und Zeigefinger greifen, Hände nach unten drehen und die Schlingen von den kleinen Fingern abwerfen
- Schlinge an den kleinen Fingern fallen lassen und vordere Zeigefinger-Fäden holen

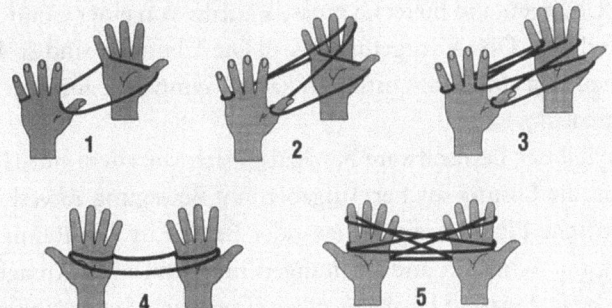

Fadenspiele zu zweit oder zu dritt

Ausgangsstellung:
- Faden um die rechte und linke Hand legen
- mit dem Zeigefinger von unten den Faden jeweils auf der Gegenseite aufnehmen

Spielvarianten:
- Mitspieler fasst mit Daumen und Zeigefinger von oben in die Kreuzpunkte und zieht die Fäden über außen nach unten und wieder nach oben
- nächster Mitspieler fasst in die Kreuzpunkte und hebt ab
- mit etwas Geschick können durch entsprechendes Abheben weitere Figuren entstehen.

Anmerkung: Die Spiele wurden in ähnlicher Form in unterschiedlichster Literatur bisher bereits beschrieben (siehe z. B. Medienweise im Abschnitt 2.2.5)

Anhang

Anhang 7: Lernprogramme mit Bewegungsanregungen

Lernen am Computer – kombiniert mit pfiffigen Bewegungsangeboten

Computerspiele und Bewegung scheinen eigentlich kaum miteinander vereinbar. Deshalb entstand ausgehend vom Projekt „Bewegte Schule" gemeinsam mit einem Lernspieleentwickler eine neue Idee: Um den Bewegungsmangel am Computer etwas zu kompensieren, laden Lernprogramme auch zur Gymnastik und zu Bewegungsspielen ein – jeweils passend zum Lerninhalt. Die Lernsoftware unterbricht bei sehr anstrengenden Denkaufgaben nach etwa 10 Minuten die Übungen und bietet Gymnastik an, die von einer Comic-Figur – dem grünen Hündchen Dixi – vorgeführt wird. Die Übungen sind so konzipiert, dass man sie vor dem Monitor ausführen kann (Gymnastik auf dem Stuhl oder Gesichtsgymnastik).
Ein Teil der Lernsoftware beschäftigt sich vor allem mit Geometrie. Da liegt es nahe, die Lösung solcher Aufgaben mit Bewegung zu verbinden. So sollen geometrische Figuren mit Armen oder Beinen in den Raum gezeichnet oder ein Weg mit Schritten und Drehungen im Raum nach Ansage ausgeführt werden. Auch ein Tanz mit Überkreuzbewegungen zur Synchronisation der rechten und linken Hirnhälfte wird vorgeführt und lädt zum Mitmachen ein.
In einem anderen Lernprogramm soll verstehendes Lesen geübt werden. Also führt Dixi die Übungen nicht vor, sondern gibt dem Kind ein Buch mit Beschreibungen von Bewegungsspielen zum Lesen. Auch hier werden Verbindungen zu den anderen Übungen des Lernprogrammes hergestellt. So kann man zum Beispiel ein ganz langes Wort, das in einem der Texte vorkommt, beim Ballprellen silbenweise sprechen.
Die Lernprogramme unterbrechen die Arbeit nach etwa 45 Minuten. Im Abspann läuft Hündchen Dixi mit einem Sportgerät über den Monitor und erklärt, dass er jetzt keine Lust mehr zum „Computern" hat und lieber spielen geht – eine Anregung, die die Kinder gern aufnehmen! (https://www.dixiswelt.de/)

Anhang 8: Bedeutung der Bewegung

Bewegung ermöglicht differenzierte Wahrnehmungen und vielfältige Erfahrungen
- Der eigene Körper und seine Bewegung wird selbst zum Gegenstand der Erfahrungssituation.
- Bewegung ist das Mittel, um über Mit- und Umwelt Erfahrungen und damit Erkenntnisse zu gewinnen.

Bewegung fördert die kognitive Entwicklung, weil ...
- die Vernetzung von Nervenzellen unterstützt wird
- mit dem Bewegungssinn ein zusätzlicher Informationszugang zur Verfügung steht
- durch Verbesserung der Sauerstoffversorgung die Informationsverarbeitung optimiert werden kann
- die Zusammenarbeit der linken und rechten Gehirnhälften aktiviert wird
- durch Bewegung die Sprachentwicklung gefördert wird

Bewegung fördert das soziale Lernen, weil Bewegungssituationen
- die Kontaktaufnahme und -annahme ermöglichen
- das gegenseitige Einfühlen verlangen
- oft gegenseitige Hilfe und Akzeptanz sowie Vertrauen und Verlässlichkeit erfordern
- das Bewusstsein der Zusammengehörigkeit fördern
- das Ausleben Können und -Dürfen von Gefühlen ermöglichen

Bewegung regt das emotionale Erleben an, durch ...
- das Ausleben des Bewegungsbedürfnisses
- Kontrasterlebnisse
- die Verbindung von Bewegungserlebnissen mit Naturerlebnissen
- Beruhigung, Stressabbau

Anhang

Bewegung ist die Voraussetzung für die motorische und gesunde körperliche Entwicklung
- Entwicklung motorischer Fähigkeiten und Fertigkeiten
- Ausbildung leistungsfähiger Organe
- Vermeidung von Haltungsschwächen
- Verbesserung des Wohlbefindens (physisch, psychisch und sozial)
- Stärkung des Immunsystems
- Erhöhung der Bewegungssicherheit, dadurch Verringerung der Unfallrisiken

Bewegung unterstützt den Aufbau eines positiven Selbstkonzeptes
- Erkennen des Zusammenhanges zwischen Erfolg und Anstrengung
- Gewinnen der Überzeugung, selbst etwas bewirken zu können
- Erleben schwieriger Situationen als Herausforderung
- Übertragung positiver motorischer Könnenserfahrungen auf andere Bereiche

Bildnachweis

Fotos:
Marit Obier, Dresden (Vorwort, 2.2.2 Sitzelement)
Forschungsgruppe „Bewegte Schule" (2.2.2 Sitzkissen, Hokki)
Grundschule Th. Münzer, Limbach-Oberfrohna (2.2.2 Stehpult)
AVMZ der TU Dresden, (4.2.3)
Förderschulzentrum Flöha (6.1)

Zeichnungen:
Martin Veit, Leipzig (Umschlag)
Heide Hoeht, Berlin (Vorwort, 2.2.1 Entlastungshaltungen, 3.2.1)
Monika Börner, Dresden (2.2.2)
Simone Biewald, Dresden (2.3.5, Anhang 1)
Heike Schumann, TU Dresden, AVMZ (3.2.3, 7.3, Anhang 5 und 6)
Jennifer Hotze, Leipzig (2.1 Triangelgespenst, 2.3.4.1)
Lars Eberlein. Leipzig (2.1 Singhaltung)
Beate Kern, Leipzig (2.1 Die sehende Hand)
Tina Petzold, Dresden (2.1 Kartoffeldruck)
Lutz Grotzke, Leipzig (2.2.1 Sitzpositionen, Körperhaltung)
Theresia Lehnert, Leipzig (2.2.1 Entlastungsstellungen/-bewegungen)
Dana Leopold, Leipzig (2.3.2, 2.4.3 Leiterwagen)
Helga Pollähne, Landau (2.3.4.3)
Nicole Naumann, Leipzig (2.4.1, 2.4.3 Schlaue Füße, 2.4.4.1, 2.4.4.2, 2.4.4.4)
Lydia Eidner, Leipzig (6.1)